Wettbewerbsverbot für Aktionäre

Europäische Hochschulschriften
Publications Universitaires Européennes
European University Studies

Reihe II
Rechtswissenschaft

Série II Series II
Droit
Law

Bd./Vol. 4658

PETER LANG
Frankfurt am Main · Berlin · Bern · Bruxelles · New York · Oxford · Wien

Jörg Schneider

Wettbewerbsverbot für Aktionäre

PETER LANG
Internationaler Verlag der Wissenschaften

Bibliografische Information der Deutschen Nationalbibliothek
Die Deutsche Nationalbibliothek verzeichnet diese Publikation in der Deutschen Nationalbibliografie; detaillierte bibliografische Daten sind im Internet über <http://www.d-nb.de> abrufbar.

Zugl.: Gießen, Univ., Diss., 2007

D 26
ISSN 0531-7312
ISBN 978-3-631-57315-0

www.peterlang.de

Im Andenken an

Hedwig Zarham, geb. Zück

Vorwort

Die vorliegende Arbeit wurde im Sommersemester 2007 vom Fachbereich Rechtswissenschaften der Justus-Liebig-Universität Gießen als Dissertation angenommen.

Meinem Doktorvater, Herrn Prof. Dr. Jens Ekkenga, danke ich sehr herzlich für die Anregung und Begleitung dieser Arbeit sowie für die weitere Förderung, die ich von ihm erfahren habe. Die wesentlichen Teile dieser Arbeit sind während meiner Zeit als wissenschaftlicher Mitarbeiter an der Professur für Bürgerliches Recht, Handels- und Wirtschaftsrecht, Rechtsvergleichung (Prof. Dr. Jens Ekkenga) entstanden.

Herrn Prof. Dr. Ulrich Ehricke, Direktor des Instituts für das Recht der Europäischen Gemeinschaften der Universität zu Köln, gilt mein Dank für die rasche Erstellung des Zweitgutachtens.

Meinen Freund und ehemaligem Kollegen Heyo Maas möchte ich sehr herzlich für seine stete Gesprächsbereitschaft sowie die Mühen des Korrekturlesens danken. Ebenso möchte ich mich bei meinem Freund Eike Richter für die vielen rechtsdogmatischen Streitgespräche bedanken, die ihren Ausgangspunkt bereits zu Examenszeiten in dem so genannten „Hexenhäuschen" der Gießener öffentlich-rechtlichen Professuren in der Hein-Heckroth-Straße fanden und die ihre Spuren in dieser Arbeit hinterlassen haben.

Schließlich gilt mein besonderer Dank meinen Eltern, Margrit und Horst Schneider, die mir immer ermöglicht haben, meinen eigenen Weg zu gehen, sowie meiner Freundin und Ehefrau, Michaela Schneider, die mit großer Geduld und Rücksichtnahme die Endbearbeitung dieser Arbeit begleitet hat.

Frankfurt am Main, im September 2007 Jörg Schneider

Inhaltsübersicht

Inhaltsverzeichnis

I. Einführung

Das gesetzliche und das satzungsmäßige Wettbewerbsverbot für Aktionäre bilden den Untersuchungsgegenstand der vorliegenden Arbeit. Mangels einer geschriebenen Regelung steht in Frage, ob Aktionäre unter bestimmten Umständen einem gesellschaftsrechtlichen Wettbewerbsverbot unterliegen können.[1] Die Rechtsprechung konnte – soweit ersichtlich – noch keinen Beitrag zur Klärung dieser Frage leisten. In der Literatur war sie bislang Gegenstand vielfacher Erörterung, gilt aber dennoch als nicht hinreichend geklärt.[2]

Die mögliche Anerkennung von gesetzlichen oder satzungsmäßigen Wettbewerbsverboten für Aktionäre birgt eine beträchtliche Brisanz in sich. Denn die Annahme von Wettbewerbsverboten ist geeignet, die Konzernierung von Aktiengesellschaften zu erschweren, beispielsweise wenn der potentielle Übernehmer ein Konkurrent der Gesellschaft ist. Dem Wettbewerbsverbot kommt dann ein konzernpräventiver Charakter zu. Traditionell liegt der Schwerpunkt des deutschen Konzernrechts auf dem nachträglichen Schutz von Tochtergesellschaften und deren Minderheitsgesellschaftern. Dies kommt in den §§ 291 ff., 311 ff. AktG hinreichend zum Ausdruck. Dieser Standpunkt erscheint inzwischen jedoch überwunden. Dem Konzerneingangsschutz wurde insbesondere in der letzten Dekade eine stärkere Beachtung entgegengebracht. Jüngstes Zeugnis dieser Tendenz ist das Wertpapiererwerbs- und Übernahmegesetz (WpÜG) mit den Veröffentlichungs- und Angebotspflichten des Bieters.[3]

---

1 Allein vor der Geltung des preußischen Aktiengesetzes von 1843 konnte fraglich sein, ob die Aktionäre so genannter „nichtbestätigter Aktiengesellschaften" dem positiv gesetzlichen Wettbewerbsverbot des § 636 (Zweyter Theil, Achter Titel, Siebter Abschnitt) des Allgemeinen Landrechts für die Preußischen Staaten von 1794 unterlagen, vgl. *Heße*, Die historische Entwicklung der Wettbewerbsverbote im Gesellschaftsrecht der Neuzeit, S. 88 ff., 95 ff.

2 Zur Frage des Wettbewerbsverbotes zu Lasten eines „herrschenden Aktionärs" beispielhaft, *Burgard*, Festschrift Lutter, S. 1033, 1034: „Von einer Klärung der Frage kann allerdings bisher noch keine Rede sein."; *Habersack*, in: Emmerich/Habersack, Aktien- und GmbH-Konzernrecht, Vor § 311, Rn. 7: „Noch nicht abschließend geklärt [...]"; *Koppensteiner*, in: KölnKomm, AktG, 2. Aufl., Vorb. § 311, Rn. 28: „Nicht zureichend geklärt [...]".

3 Vgl. nur *Ekkenga/Hofschroer*, DStR 2002, S. 724 ff., 768 ff.

Die spezielle, konzernpräventive Wirkungsweise spiegelt sich auch in der literarischen Diskussion wieder: Das Wettbewerbsverbot für Aktionäre wird in der Kommentarliteratur – abgesehen von kurzen Anmerkungen zu § 55 AktG –[4] einheitlich unter dem Aspekt der Konzernbildungskontrolle abgehandelt.[5] Dies mag verwundern, handelt es sich doch bei dem Wettbewerbsverbot für Gesellschafter um eine Figur des allgemeinen Gesellschaftsrechts ohne eine konzernspezifische Ausbildung.

Auch in einer Reihe von Monographien, welche seit Mitte des letzten Jahrzehnts entstanden sind, wird das Wettbewerbsverbot für Aktionäre aus dem Blickwinkel seiner konzernpräventiven Wirkung untersucht.[6] Der Umfang und die Tiefe der Bearbeitung des Wettbewerbsverbotes für Aktionäre hängen dabei vom jeweiligen Untersuchungsgegenstand ab. Eine weitere Monographie widmet sich allein den Wettbewerbsverboten im Konzern. Diese Bearbeitung ist rechtsformübergreifend angelegt.[7]

Neben diesen konzernrechtlichen Arbeiten wird auf das Wettbewerbsverbot für Aktionäre nur noch in zwei weiteren Monographien näher eingegangen: Die erste Arbeit beschäftigt sich allgemein mit Wettbewerbsverboten im Gesellschaftsrecht.[8] Das Wettbewerbsverbot für Aktionäre wird dabei neben den jeweiligen organ- und mitgliedschaftlichen Wettbewerbsverboten der einzelnen Gesellschaftsformen behandelt. Die zweite Arbeit hat die personalistische Aktienge-

---

4 Vgl. *Hüffer*, AktG, § 55, Rn. 4; *Bungeroth*, in: MünchKomm, AktG, § 55, Rn. 17; *Henze*, in: GroßKomm, AktG, § 55, Rn. 17; *Lutter*, in: KölnKomm, AktG, § 55, Rn. 6.

5 Vgl. *Habersack*, in: Emmerich/Habersack, Aktien- und GmbH-Konzernrecht, Vor § 311, Rn. 2, 7 f.; *Kropff*, in: MünchKomm, AktG, Vor § 311, Rn. 62 ff., 85 f.; *Koppensteiner*, in: KölnKomm, AktG, Anh. § 318, Rn. 8 ff.

6 *Liebscher*, Konzernbildungskontrolle, 1995; *Seydel*, Konzernbildungskontrolle bei der Aktiengesellschaft, 1995; *Binnewies*, Konzerneingangskontrolle in der abhängigen Gesellschaft, 1996; *Eckert*, Konzerneingangsschutz im Aktienkonzernrecht, 1998; *Kim*, Der konzernrechtliche Präventivschutz, 1999; *Bouchon*, Konzerneingangsschutz im GmbH- und Aktienrecht, 2002; *Mai*, Aktionärsschutz und Minderheitenschutz bei der Abwehr unkoordinierter Übernahmen börsennotierter Aktiengesellschaften, 2004.

7 *Geiger*, Wettbewerbsverbote im Konzern, 1996.

8 *Salfeld*, Wettbewerbsverbote im Gesellschaftsrecht, 1987.

sellschaft zum Gegenstand.[9] Auf ein Wettbewerbsverbot für Aktionäre geht der Verfasser als ein Charakteristikum der personalistischen Aktiengesellschaft ein.

Im Gegensatz zu dem Wettbewerbsverbot für GmbH-Gesellschafter[10] konzentriert sich bislang noch keine Monographie auf die parallele Problematik im Aktienrecht. Diese „Lücke" soll mit der vorliegenden Arbeit wenn nicht geschlossen, dann doch zumindest „verengt" werden. Die Auswirkungen des Wettbewerbsverbotes auf Konzernstrukturen werden dabei im Auge behalten. Es wird jedoch nicht das Ziel verfolgt, ein (mögliches) Wettbewerbsverbot für Aktionäre in ein „System der Konzernbildungskontrolle" einzubinden. Die Schwerpunktbildung ist eine andere: Unter kritischer Würdigung der bisherigen Ansätze wird das Wettbewerbsverbot für Aktionäre in erster Linie als allgemeines gesellschaftsrechtliches Prinzip bearbeitet. Konzernrechtliche Schlüsse werden erst ex post gezogen.[11] Eine stärkere Besinnung auf das allgemeine Gesellschaftsrecht erscheint mir im Konzernrecht zwingend geboten. Neuere Entwicklungen – insbesondere im Bereich der Haftung im faktischen GmbH-Konzern, aber auch darüber hinaus – bestätigen dies.[12]

Die gesamte Untersuchung steht – auf der Grundlage der so genannten Immanenztheorie – unter der Prämisse, dass Wettbewerbsverbote kartellrechtlich zulässig sind, wenn sie allein dazu dienen, das im Übrigen kartellrechtsneutrale Gesellschaftsunternehmen in seinem Bestand und seiner Funktionsfähigkeit zu erhalten.[13]

---

9 *Friedewald*, Die personalistische Aktiengesellschaft, 1991.

10 Vgl. *Ivens*, Das satzungsmäßige Konkurrenzverbot des GmbH-Gesellschafters, 1987; *A. Müller*, Das Wettbewerbsverbot des GmbH-Gesellschafters und seine körperschaftssteuerlichen Folgen, 1995; *Lawall*, Das ungeschriebene Wettbewerbsverbot des GmbH-Gesellschafters, 1996; *Angelis*, Ungeschriebene Wettbewerbsverbote für Gesellschafter im GmbH-Recht, 1997; *Becker*, Das gesellschaftsrechtliche Wettbewerbsverbot in der Einmann-GmbH, 1997.

11 Vgl. das Kapitel „Das Wettbewerbsverbot des Aktionärs im konzernrechtlichen Kontext", unten S. 277 ff.

12 Vgl. *K. Schmidt*, Gesellschaftsrecht, § 17 II. 3. b), S. 497; ferner *J. Schneider*, ZVglRWiss 102 (2003), S. 387, 423.

13 BGHZ 89, S. 162, 169 (Heumann/Ogilvy); 104, 246, 251 (neuform); vgl. ferner *K. Schmidt*, Gesellschaftsrecht, § 20 V. 2., S. 597 ff., m. w. N.

Abschließend soll der Untersuchungsgegenstand der Arbeit anhand von drei Fallbeispielen veranschaulicht werden, auf die in der weiteren Bearbeitung hie und da zurückzukommen ist:

Beispiel 1: Die börsennotierte T-AG ist in der Telekommunikationsbranche tätig. Sie gründet eine 100%ige Tochtergesellschaft, die Online-AG, welche im Bereich der E-Mail- und Internetzugangsdienste tätig wird. Im April 2000 geht die Online-AG an die Börse, wobei Aktien in dreistelliger Millionenhöhe an Privatanleger, institutionelle Anleger und Mitarbeiter ausgegeben werden. Die T-AG bleibt auch nach dem Börsengang mehrheitlich an der Online-AG beteiligt.

Bis zum Frühjahr 2001 zählt die Online-AG neben mehreren Millionen Privatkunden auch rund eine Million Geschäftskunden zu ihrem Kundenstamm. Auf einer im Mai 2001 stattfindenden Hauptversammlung verkündet der Vorstandsvorsitzende der Online-AG, dass aufgrund von verbesserten Angeboten im Geschäftskundenbereich in diesem Segment auch weiterhin mit hohen Zuwachsraten gerechnet werden kann. Diese Erwartung gerät aber in Gefahr, als die T-AG ab Juli 2001 selbst einen Internetzugang anbietet, der sich insbesondere an Geschäftskunden als Zielgruppe richtet.[14]

Fragen: Unterliegt die T-AG als Mehrheitsaktionär der Online-AG grundsätzlich einem Wettbewerbsverbot? Wenn ja, verstößt die T-AG mit dem Anbieten eigener Internetzugänge gegen sein Wettbewerbsverbot? Liegt bereits ein Befreiungstatbestand darin, dass die Online-AG als 100%ige Tochtergesellschaft der T-AG gegründet wurde? Gibt es andere Befreiungsmöglichkeiten?

Beispiel 2: Das Geschäftsfeld der börsennotierten V-AG ist die Automobilbranche. Sie hält eine 99%ige Beteiligung an der A-AG, welche ebenfalls in der Automobilbranche tätig ist. Die A-AG entwickelt ein Nachfolgermodell eines ihrer Luxuswagen. Aber auch die V-AG entwickelt einen Luxuswagen, mit welchem sie erstmals in dieses Marktsegment vorstoßen möchte. Beide Modelle erreichen zur gleichen Zeit das Stadium der Produktionsreife. Um die Markteinführung ihres Luxuswagens nicht zu gefährden, „bestimmt" die V-AG zum Nachteil der A-AG,

---

14 Fallkonstellation in Anlehnung an FAZ vom 5. Juli 2001, S. 22: „Telekom wirbt T-Online die Kunden ab".

dass die Markteinführung deren Luxuswagens erst zu einem späteren Zeitpunkt stattfinden dürfe.[15]

Fragen: Unterliegt die V-AG einem Wettbewerbsverbot? Wenn ja, würde sie auch als Alleingesellschafterin oder beim Vorhandensein eines Beherrschungsvertrages einem Wettbewerbsverbot unterliegen?

Beispiel 3: Die Maschinen-AG betreibt ein mittelständisches Unternehmen, welches sich mit der Herstellung und dem Vertrieb von Zerkleinerungsmaschinen für die Kunststoff- und Holzindustrie befasst. Die Gesellschaft hat ein Grundkapital von 100.000,-- €. A ist Alleingesellschafter und Alleinvorstand. Um seine Söhne an das Familienunternehmen zu binden, überträgt A im Laufe des Jahres 2001 jeweils 30% der Anteile an B und C. Ferner wird B in den Vorstand bestellt; für C hingegen wird ein Entsendungsrecht in den Aufsichtsrat in der Satzung festgeschrieben. C entsendet daraufhin seinen Sandkastenfreund X in den Aufsichtsrat.

Nachdem sich A und C zerstritten haben, gründet C Anfang des Jahres 2002 eine Maschinen-GmbH. Mit diesem Unternehmen stellt C in der Folgezeit die gleichen Produkte wie die Maschinen-AG her.[16]

Fragen: Unterliegen B und C einem Wettbewerbsverbot? Wenn ja, welche Befreiungsmöglichkeiten bestehen?

---

15 Fallkonstellation in Anlehnung an SPIEGEL, 21/2002, S. 208 f.: „Wut in der Warteschleife – Weil der Luxus-VW Phaeton allein glänzen soll, darf der serienreife A8-Nachfolger der Konzerntochter Audi noch nicht auf den Markt". Bereits in früheren Jahren kam es zu Benachteiligungen des „Juniorpartners". Exemplarisch sei auf einen besonders eindrucksvollen Fall hingewiesen, welcher sich Ende der 60er Jahre abspielte: Seitens der Volkswagen AG wurden damals die Modelle Audi 50 und Audi 80 der damaligen Audi-NSU AG als VW Polo und VW Passat übernommen; vgl. *Werner*, Der aktienrechtliche Abhängigkeitstatbestand, S. 101, Fn. 6; ferner *Beuthien*, JuS 1970, S. 53, 58 ff.; zu dem zwischen der Volkswagen AG und der Audi-NSU AG Anfang 1971 geschlossenen Beherrschungs- und Gewinnabführungsvertrag vgl. nur *Emmerich*, in: Emmerich/Sonnenschein/Habersack, Konzernrecht, § 22 VII. 1., S. 354 f., m. w. N.

16 Fallkonstellation in Anlehnung an BGH, NJW 2002, 1046 ff.

II. Das gesetzliche Wettbewerbsverbot für Aktionäre

A. Überblick: Gesetzliche Wettbewerbsverbote im Arbeits-, Handels- und Gesellschaftsrecht

Gesetzliche Wettbewerbsverbote finden sich im Arbeits-, Handels- und Gesellschaftsrecht. Unter dem Terminus „gesetzlich" werden dabei sowohl geschriebene als auch ungeschriebene, das heißt sich aus dem Gesetz oder aus übergeordneten Rechtsprinzipien ergebende Wettbewerbsverbote, verstanden.[17]

1. Handelsrecht

Im Bereich des Handelsrechts finden sich mit den §§ 60, 61 HGB Vorschriften zu einem Wettbewerbsverbot für Handlungsgehilfen. Dieses Verbot stellt eine gesetzliche Konkretisierung der Treuepflicht des Handlungsgehilfen gegenüber seinem Prinzipal dar.[18] Nach § 60 Abs. 1 HGB ist es dem Handlungsgehilfen ohne Einwilligung des Prinzipals versagt, ein Handelsgewerbe zu betreiben oder in dessen Handelszweig Geschäfte für eigene oder fremde Rechung zu machen. Dadurch soll der Prinzipal vor Konkurrenz durch seinen Handlungsgehilfen geschützt und ferner eine Kollision der Interessen von Prinzipal und Handlungsgehilfen verhindert werden.[19] Nach allgemeiner Ansicht ist der Wortlaut der Vorschrift jedoch zu weit geraten und kollidiert mit der in Art. 12 GG verfassungsrechtlich garantierten Berufsfreiheit des Handlungsgehilfen.[20] Nach verfassungskonformer Auslegung darf der Handlungsgehilfe ein Handelsgewerbe betreiben, solange diese Betätigung seinem Prinzipal nicht schädlich werden kann. Eine schädliche Betätigung ist in der Regel anzunehmen, wenn er sie in

---

17 Beispielhaft für die Verwendung des Terminus „gesetzlich" für ungeschriebene Wettbewerbsverbote *Friedewald*, Die personalistische Aktiengesellschaft, S. 141, 143; *Geiger*, Wettbewerbsverbote im Konzernrecht, S. 173: „kraft Gesetzes"; *Binnewies*, Die Konzerneingangskontrolle, S. 348: „gesetzliche Pflicht"; *Röhricht*, WPg 1992, S. 766, 779. Die Verwendung des Terminus „gesetzlich" dient der Abgrenzung gegenüber den schuldvertraglichen und satzungsmäßigen Wettbewerbsverboten.

18 Statt anderer *Konzen/Weber*, in: Staub, HGB, § 60, Rn. 1.

19 *Konzen/Weber*, in: Staub, HGB, § 60, Rn. 1 mit Hinweis auf die praktische Bedeutsamkeit für den Fall des „Reisenden" gemäß § 84 Abs. 2 HGB.

20 Vgl. nur Baumbach/*Hopt*, HGB, § 60, Rn. 1 f.; *Konzen/Weber*, in: Staub, HGB, § 60, Rn. 7.

dem Handelszweig des Prinzipals ausübt.[21] Jedoch sind dem Handelsvertreter auch Geschäfte im Handelszweig seines Prinzipals nicht allgemein verwehrt. Betroffen sind nur Geschäfte aus dem Bereich, in dem der Prinzipal tatsächlich tätig ist.[22] Das Wettbewerbsverbot hat nur während der Dauer des Arbeitsverhältnisses Geltung; eine vertragliche Verlängerung für die Zeit nach Ende des Arbeitsverhältnisses ist gegen die Gewährung einer Karenzentschädigung unter Beachtung der §§ 74 ff. HGB möglich.

2. Arbeitsrecht

Im Gegensatz zum handelsrechtlichen Bereich findet sich für die Arbeitnehmer im nichtkaufmännischen Bereich kein geschriebenes Wettbewerbsverbot. Es entspricht aber der vorherrschenden Ansicht, dass sich ein gesetzliches Wettbewerbsverbot für nichtkaufmännische Arbeitnehmer aus der vertraglichen Treuepflicht – § 242 BGB – ableitet.[23] Eine analoge Anwendung des für den Handlungsgehilfen geltenden Wettbewerbsverbot der §§ 60, 61 HGB wurde bislang vom Bundesarbeitsgericht abgelehnt. Jedoch scheint sich hier eine Veränderung anzubahnen.[24] Durch das Wettbewerbsverbot soll sichergestellt werden, dass dem Arbeitgeber ein bestimmter Marktbereich ohne die Gefahr einer nachteiligen Beeinflussung durch seinen Arbeitnehmer offen steht.[25]

3. Gesellschaftsrecht

Für die vorliegende Untersuchung bedeutsamer sind die Konkurrenzverbote im Gesellschaftsrecht:

---

21 BAG, DB 1970, S. 1788, 1789; DB 1983, S. 2527, 2528.

22 Baumbach/*Hopt*, HGB, § 60, Rn. 2; *Konzen/Weber*, in: Staub, HGB, § 60, Rn. 19.

23 *Schaub*, ArbRHdb, § 57, Rn. 2, 24; *ders.*, in: ErfurtKomm, 390 HGB, § 60, Rn. 3; *Preis*, in: ErfurtKomm, 230 BGB, § 611, Rn. 882; *Konzen/Weber*, in: Staub, HGB, § 60, Rn. 2; *Weidenkaff*, in: Palandt, BGB, § 611, Rn. 42a: § 241 Abs. 2 BGB; BAG DB 1970, S. 497, 498; DB 1977, S. 307; NJW 1991, S. 518, 519; ArbG Göttingen, DB 1974, S. 632.

24 Vgl. *v. Hoyningen-Huene*, in: MünchKomm, HGB, § 60, Rn. 9, m. w. N.

25 BAG, DB 1977, S. 307.

a) Gesellschaft bürgerlichen Rechts

Für die Gesellschafter einer Gesellschaft bürgerlichen Rechts (GbR) sieht das Gesetz in den §§ 705 ff. BGB kein Wettbewerbsverbot vor.[26] Dennoch ist für die unternehmenstragende GbR auf der Grundlage der gesellschaftsrechtlichen Treuepflicht ein Wettbewerbsverbot für die geschäftsführenden Gesellschafter anerkannt.[27] Denn die Ausübung einer konkurrierenden Tätigkeit durch einen geschäftsführenden Gesellschafter kann die Verwirklichung des gemeinsamen Zwecks beeinträchtigen. Für die Gesellschaft besteht die Gefahr, dass der sich im Interessenwiderstreit befindliche Gesellschafter im eigenen Interesse nachteilig auf die GbR Einfluss nimmt. Auch besteht die Gefahr, dass er interne Informationen unberechtigt verwertet. Ein von der Geschäftsführung ausgeschlossener Gesellschafter unterliegt nach einer Ansicht ebenfalls einem Wettbewerbsverbot, soweit nicht seine Kontrollrechte auf das nach § 716 Abs. 2 BGB zulässige Mindestmaß reduziert sind.[28] Für die Gegenansicht hat die Beschränkung der Kontrollrechte keinerlei Bedeutung. Sie kommt zu dem Ergebnis, dass der Ausschluss von der Geschäftsführung einem Wettbewerbsverbot entgegensteht.[29]

Unabhängig von der Rechtsstellung des einzelnen Gesellschafters negiert ein Teil der Literatur das Bedürfnis eines Wettbewerbsverbotes für die GbR mit ideeller Zielsetzung.[30] Dies wird damit begründet, dass es der Sinn und Zweck

---

26 Anders ist dies im österreichischen Recht. § 1186 ABGB beinhaltet ein Wettbewerbsverbot für die Gesellschafter der Gesellschaft bürgerlichen Rechts: „Kein Mitglied ist befugt [...] ein der Gesellschaft schädliches Nebengeschäft zu unternehmen." Das Verbot des § 1186 ABGB geht aber über ein Wettbewerbsverbot hinaus und umfasst auch andere „schädliche Nebengeschäfte", vgl. *Jarbornegg/Resch*, in: Schwimann, ABGB, § 1186, Rn. 7.

27 *Ulmer*, in: MünchKomm, BGB, § 705, Rn. 235; *Hadding*, in: Soergel, BGB, § 705, Rn. 62; *H. P. Westermann*, in: Erman, BGB, § 705, Rn. 50; *Keßler*, in: Staudinger, BGB, 12. Aufl., Vorbem. § 705, Rn. 51; *Habermeier*, in: Staudinger, BGB, § 705, Rn. 52; *Kardaras*, Das Wettbewerbsverbot in den Personengesellschaften, S. 34 f.; a.A. jedoch ohne Begründung *Thomas*, in: Palandt, BGB, 57. Aufl., § 705, Rn. 19; differenzierter nunmehr *Sprau*, in: Palandt, BGB, § 705, Rn. 27.

28 *Ulmer*, in: MünchKomm, BGB, § 705, Rn. 236; *Hadding*, in: Soergel, BGB, § 705, Rn. 62.

29 *H. P. Westermann*, in: Erman, BGB, § 705, Rn. 50; *Armbrüster*, ZIP 1997, S. 261, 272.

30 *Salfeld*, Wettbewerbsverbote im Gesellschaftsrecht, S. 109 f.; ihm nachfolgend *Armbrüster*, ZIP 1997, S. 261, 272 mit Fn. 121.

eines Wettbewerbsverbotes sei, den Ertrag der Gesellschaft zu schützen. Da eine Gesellschaft mit ideeller Zielsetzung aber gerade nicht darauf gerichtet sei, Ertrag zu erwirtschaften, bedürfe diese insoweit auch keines Schutzes.[31] Eine solche Sichtweise ist jedoch abzulehnen. So hängt bereits die Schutzbedürftigkeit einer Gesellschaft nicht von ihrer Zielsetzung ab.[32] Sowohl bei der ideellen als auch bei der unternehmenstragenden GbR gilt es, die Erreichung des gemeinsamen Zwecks zu fördern. In Abhängigkeit vom jeweiligen Zweck kann seine Erreichung auch bei einer ideellen GbR durch eine konkurrierende Tätigkeit eines Gesellschafters in Frage gestellt sein. Im Unterschied zur unternehmenstragenden GbR kann einer ideellen GbR zudem in zwei verschiedenen Arten Konkurrenz gemacht werden. Zum einen kann die konkurrierende Tätigkeit auf denselben Zweck ausgerichtet sein, will ihn unter Unständen aber mit anderen Mitteln erreichen.[33] Zum anderen kann die konkurrierende Betätigung aber auch einen konträren Zweck verfolgen.[34]

b) Personenhandelsgesellschaften

(1) Offene Handelsgesellschaft

Im Recht der Handelsgesellschaften sehen die §§ 112, 113 HGB ein Wettbewerbsverbot für die Gesellschafter einer offenen Handelsgesellschaft (oHG) vor. Es handelt sich hierbei um eine gesetzliche Ausprägung der gesellschaftsrechtlichen Treuepflicht.[35]

---

31 *Salfeld*, Wettbewerbsverbote im Gesellschaftsrecht, S. 109 f.

32 Vgl. auch unten S. 16 f. (Verein) und S. 219 ff. (gemeinnützige Aktiengesellschaft).

33 Beispiel: Zwei Gesellschaften wollen beide die Attraktivität der Innenstadt – mit gegebenenfalls verschieden, sich gar ausschließenden Konzepten – fördern.

34 Beispiel: Gesellschaft zur Förderung genmanipulierter Lebensmittel versus Gesellschaft zur Verhinderung genmanipulierter Lebensmittel.

35 BGHZ 70, 331, 335; 89, 162, 165 f.; *G. Hueck/Windbichler*, Gesellschaftsrecht, § 14 IV., Rn. 14, S. 149; *Langhein*, in: MünchKomm, HGB, § 112, Rn. 1, 6 a.E.; *Koller*, in: Koller/Roth/Morck, HGB, §§ 112, 113, Rn. 1. *Ulmer*, in: Staub, HGB, § 112, Rn. 3, weist darüber hinaus auf die eigenständige Bedeutung von § 112 HGB gegenüber der gesellschaftsrechtlichen Treuepflicht hin. Neben der Einwilligungsfiktion (§ 112 Abs. 2 HGB) und den Rechtsfolgen (§ 113 HGB) gehe auch der als Gefährdungstatbestand ausgestaltete § 112 Abs. 1 HGB über das hinaus, was einem Gesellschafter aufgrund der allgemeinen Treuepflicht verboten wäre.

Nach § 112 Abs. 1 HGB darf ein Gesellschafter ohne Einwilligung seiner Mitgesellschafter weder in dem Handelszweig der Gesellschaft Geschäfte machen noch an einer anderen gleichartigen Handelsgesellschaft als persönlich haftender Gesellschafter teilnehmen. Die erste Alternative von § 112 Abs. 1 HGB – das Verbot des Geschäftemachens im Handelszweig der Gesellschaft – umfasst die sowohl in eigenem als auch in fremdem Namen abgeschlossenen Geschäfte. Daher ist neben einer einzelkaufmännischen Betätigung auch die Übernahme einer geschäftsführenden Organstellung in einer Kapitalgesellschaft untersagt.[36] Die zweite Alternative – das Verbot der Beteiligung als persönlich haftender Gesellschafter an einer gleichartigen Handelsgesellschaft – beschränkt sich nach vorherrschender Ansicht auf Beteiligungen im Handelszweig[37] und nicht, so wie ebenfalls vertreten wird, auf jede Beteiligung an einer anderen Personenhandelsgesellschaft[38].

Das Wettbewerbsverbot des § 112 HGB soll nach seinem Sinn und Zweck die Gesellschaft und die Mitgesellschafter davor schützen, dass ein Gesellschafter seinen Einfluss auf die Gesellschaft im eigenen Interesse missbraucht und interne Informationen und Kenntnisse zu eigenen Zwecken verwertet.[39] Im Gegensatz zu § 60 Abs. 1 HGB und dem später noch aufzugreifenden § 88 Abs. 1 AktG dient § 112 Abs. 1 HGB nicht dazu, der Gesellschaft die Arbeitskraft des Gesellschafters zu sichern.[40] Ferner soll § 112 Abs. 1 HGB nicht die Kreditwür-

---

36 *Ulmer*, in: Staub, HGB, § 112, Rn. 23; Baumbach/*Hopt*, HGB, § 112, Rn. 4; vgl. ferner BGHZ 70, 331, 334.

37 Für die Literatur statt anderer *Ulmer*, in: Staub, HGB, § 112, Rn. 14; Baumbach/*Hopt*, HGB, § 112, Rn. 6; *Stuhlfelner*, in: HeidelbergKomm, HGB, § 112, Rn. 3; für die Rechtsprechung BGHZ 38, 306, 309, 312 ff.; 89, 162, 169 f.

38 So aber *Kraft/Kreutz*, Gesellschaftsrecht, D. II. 1. b), S. 182, welche die ratio legis der zweiten Alternative in der Sicherung der Kredit- und Haftungsgrundlage der Gesellschaft sehen. Daher verstehen sie den Terminus „gleichartig" als Hinweis auf die Rechtsform; der Handelszweig sei ohne Bedeutung. Ausführlich zu diesem Meinungsstreit *Armbrüster*, ZIP 1997, S. 261, 262 f., m. w. N.

39 Statt anderer Baumbach/*Hopt*, HGB, § 112, Rn. 1; *Langhein*, in: MünchKomm, HGB, § 112, Rn. 2; *Ulmer*, in: Staub, HGB, § 112, Rn. 1, m. w. N.

40 *Mattfeld*, in: MünchHdbGesR oHG, § 59, Rn. 6; *Ulmer*, in: Staub, HGB, § 112, Rn. 2, 24; Baumbach/*Hopt*, HGB, § 112, Rn. 1; *Martens*, in: Schlegelberger, HGB, § 112, Rn. 1; *Beuthien*, ZHR 142 (1978), S. 259, 271 f., 284; a.A. aber *Wiedemann/Hirte*, ZGR 1986, S. 163, 166 f., welche unter Bezugnahme auf § 114 HGB das Wettbewerbsverbot des § 112 Abs. 1 HGB auf das Betreiben jedes Handelsgewerbes ausdehnen wollen.

digkeit der Gesellschaft schützen, indem den Gesellschaftern der Einsatz von Privatmitteln für andere unternehmerische Zwecke untersagt wird.[41]

Nach einer Ansicht soll es für ein Wettbewerbsverbot keinen Unterschied machen, ob der Gesellschafter an der Geschäftsführung der oHG beteiligt ist oder nicht.[42] Dies ergebe sich neben dem Wortlaut insbesondere aus dem Zweck der Vorschrift. Auch ein von der Geschäftsführung ausgeschlossener Gesellschafter verfüge gemäß § 118 Abs. 1 HGB über Zugang zu internen Informationen und zudem gemäß § 116 Abs. 2 HGB über Einwirkungsrechte auf die Geschäftsführung.[43] Nach anderer Ansicht beschränkt sich das Wettbewerbsverbot auf Gesellschafter, die an der Geschäftsführung mitwirken – unabhängig davon, ob ihnen formal auch die Befugnis zur Geschäftsführung zusteht oder nicht.[44] So könne ein Wettbewerbsverbot zum einen nicht auf § 116 Abs. 2 HGB gestützt werden. Denn erst die Mitwirkung an der laufenden Geschäftsführung begründe die Gefahr, welche ein Wettbewerbsverbot rechtfertige.[45] Zum anderen sei die Gesellschaft gegen den Missbrauch von Informationen bereits durch das Eingreifen anderer rechtlicher Instrumente (Geheimhaltungspflichten, Geschäftschancenlehre, UWG) hinreichend geschützt.[46]

Eine analoge Anwendung soll § 112 Abs. 1 HGB in Fällen finden, in denen der Gesellschafter an einer anderen ausländischen Gesellschaft[47] oder einer unternehmenstragenden GbR beteiligt ist,[48] in einer anderen Kommanditgesellschaft

---

41 *Beuthien*, ZHR 142 (1978), S. 259, 272; *Ulmer*, in: Staub, HGB, § 112, Rn. 2, 24; a.A. für die zweite Alternative des § 112 Abs. 1 HGB aber *Kraft/Kreutz*, vgl. oben Fn. 38.

42 *Ulmer*, in: Staub, HGB, § 112, Rn. 1, 6; *Langhein*, in: MünchKomm, HGB, § 112; Rn. 5; Baumbach/*Hopt*, HGB, § 112, Rn. 2; *Stuhlfelner*, in: HeidelbergKomm, HGB, § 112, Rn. 1; *Martens*, in: Schlegelberger, HGB, § 112, Rn. 1.

43 *Langhein*, in: MünchKomm, HGB, § 112; Rn. 5; *Ulmer*, in: Staub, HGB, § 112, Rn. 6. Etwas anderes kann nach *Ulmer* erst dann gelten, wenn der Gesellschafter auf die gesetzlichen Mindestrechte des § 118 Abs. 2 HGB beschränkt ist oder aufgrund seiner Treuepflicht gehindert ist, von seinem Recht aus § 118 Abs. 1 HGB Gebrauch zu machen; ebd., Rn. 7.

44 *Armbrüster*, ZIP 1997, S. 261, 265 ff., 267 f.

45 *Armbrüster*, ZIP 1997, S. 261, 266.

46 *Armbrüster*, ZIP 1997, S. 261, 267.

47 Baumbach/*Hopt*, HGB, § 112, Rn. 6.

48 Umstritten ist dabei, welche Alternative des § 112 Abs. 1 HGB Anwendung finden soll: Für die erste Alternative *Stuhlfelner*, in: HeidelbergKomm, HGB, § 112, Rn. 3; für die

als (atypischer) Kommanditist an der Geschäftsführung mitwirkt[49] oder in einer GmbH oder Aktiengesellschaft beherrschenden Einfluss auf die Geschäftsführung hat.[50] Umgekehrt soll im Wege der teleologischen Reduktion des § 112 Abs. 1 HGB darauf geschlossen werden, dass ein in der anderen Gesellschaft von der Geschäftsführung ausgeschlossener oHG-Gesellschafter keinem Wettbewerbsverbot unterliegt.[51] Als Begründung wird angeführt, dass in diesem Fall keine Gefährdung der Gesellschaft durch eine Beteiligung an der Geschäftsführung zweier Gesellschaften gegeben sei.[52]

(2) Kommanditgesellschaft

Über § 161 Abs. 2 HGB findet das Wettbewerbsverbot des § 112 HGB auf die Komplementäre der Kommanditgesellschaft (KG) Anwendung. Dagegen werden die Kommanditisten durch § 165 HGB vom Anwendungsbereich des Wettbewerbsverbotes ausgeschlossen. Der Gesetzgeber trägt mit § 165 HGB dem Umstand Rechnung, dass ein typischer Kommanditist weder Einfluss auf die laufende Geschäftsführung nehmen kann noch über weitreichende Informationsrechte verfügt.

Etwas anderes soll nach vorherrschender Ansicht aber dann gelten, wenn ein Kommanditist tatsächlich oder aufgrund gesellschaftsvertraglicher Basis die Geschäfte der Gesellschaft führt.[53] Ein solch atypischer Kommanditist soll einem Wettbewerbsverbot unterliegen. Rechtstechnisch wird dieses Ergebnis über eine teleologische Reduktion des § 165 HGB gewonnen, so dass § 112 HGB direkte

---

zweite Alternative *Martens*, in: Schlegelberger, HGB, § 112, Rn. 11; *Armbrüster*, ZIP 1997, S. 261, 268.

49 Für die erste Alternative *Stuhlfelner*, in: HeidelbergKomm, HGB, § 112, Rn. 3; für die zweite Alternative *Ulmer*, in: Staub, HGB, § 112, Rn. 24; *Martens*, in: Schlegelberger, HGB, § 112, Rn. 11; *Armbrüster*, ZIP 1997, S. 261, 268; vgl. ferner *Salfeld*, Wettbewerbsverbote im Gesellschaftsrecht, S. 74 f.

50 Für die erste Alternative *Ulmer*, in: Staub, HGB, § 112, Rn. 25; für die zweite Alternative *Armbrüster*, ZIP 1997, S. 261, 268.

51 Dies gelte auch für einen Komplementär in der KG, *Armbrüster*, ZIP 1997, 261, 268; vgl. ferner *Martens*, in: Schlegelberger, HGB, § 112, Rn. 11.

52 *Armbrüster*, ZIP 1997, S. 261, 268, der in diesem Zusammenhang nicht auf eine weiterbestehende Gefährdung durch Informationsmissbrauch eingeht.

53 Vgl. BGHZ 89, 162, 165 f. (Heumann/Ogilvy); zuletzt bestätigt durch BGH, NJW 2002, S. 1046, 1047; ferner *Schilling*, in: Staub, HGB, § 165, Rn. 2; *Martens*, in: Schlegelberger, HGB, § 165, Rn. 5, 9, 16; Baumbach/*Hopt*, HGB, § 165, Rn. 3, m. w. N.

Anwendung findet.[54] Einige Autoren vertreten ferner die Ansicht, dass auch ein Kommanditist, der über Informationsrechte verfügt, welche über den Rahmen des § 166 HGB hinausgehen, einem Wettbewerbsverbot unterliege.[55]

c) Stille Gesellschaft

Die §§ 230 ff. HGB enthalten weder für den stillen Gesellschafter noch den Inhaber des Handelsgeschäfts ein Wettbewerbsverbot.[56] Die §§ 112, 113 HGB finden in der stillen Gesellschaft mangels einer Verweisungsnorm keine Anwendung. Nach allgemeiner Auffassung unterliegt der „Stille" auch keinem ungeschriebenen Wettbewerbsverbot gegenüber dem Geschäftsinhaber. So verfügt der stille Gesellschafter nach § 233 HGB über nur sehr beschränkte Einsichts- und Kontrollrechte und ist von der Mitwirkung an der Geschäftsführung ausgeschlossen.

Für einen atypischen stillen Gesellschafter kann etwas anderes gelten. § 112 Abs. 1 HGB soll analoge Anwendung finden, wenn dem Stillen gesellschaftsvertraglich Einflussrechte auf die Geschäftsführung des Handelsgeschäfts, wie beispielsweise die Geschäftsführungsbefugnis, gewährt werden.[57] Denn im Gegensatz zu einem typischen stillen Gesellschafter hat er die Möglichkeit, eigennützig auf die Gesellschaft einzuwirken und gesellschaftsinterne Informationen für eigene Zwecke zu verwenden.

---

54 *Salfeld*, Wettbewerbsverbote im Gesellschaftsrecht, S. 85 ff., 89; *Armbrüster*, ZIP 1997, S. 261, 270; für eine Analogie zu § 112 HGB *Ulmer*, in: Staub, HGB, § 112, Rn. 3, 9; *Schilling*, in: Staub, HGB, § 165, Rn. 2.

55 *Martens*, in: Schlegelberger, HGB, § 165, Rn. 14; *Schilling*, in: Staub, HGB, § 165, Rn. 2; Baumbach/*Hopt*, HGB, § 165, Rn. 3; *Röhricht*, WPg 1992, S. 766, 767; *Weipert*, in: Ebenroth/Boujong/Joost, HGB, § 165, Rn. 8; *Salfeld*, Wettbewerbsverbote im Gesellschaftsrecht, S. 85 ff.; a.A. *Grunewald*, in: MünchKomm, HGB, § 165, Rn. 9; *Armbrüster*, ZIP 1997, S. 261, 270 f.; vgl. ferner BGH, NJW 1995, S. 194, 195 f.

56 Baumbach/*Hopt*, HGB, § 230, Rn. 16.

57 *Ulmer*, in: Staub, HGB, § 112, Rn. 9; *Zutt*, in: Staub, HGB, § 230, Rn. 71; Baumbach/-*Hopt*, HGB, § 230, Rn. 16; *Grunewald*, Gesellschaftsrecht, 1. D. II. 3. b), Rn. 16, S. 156 f.; *Armbrüster*, ZIP 1997, S. 261, 272, m. w. N.; vgl. ferner BGHZ 89, 162, 165 f. (Heumann/Ogilvy); zuletzt bestätigt durch BGH, NJW 2002, S. 1046, 1047.

Für den Inhaber des Handelsgeschäfts besteht nach allgemeiner Meinung aufgrund seiner Treuepflicht ein Wettbewerbsverbot.[58] Er ist dazu verpflichtet das Geschäft zum gemeinsamen Nutzen zu betreiben, was mit einer konkurrierenden Betätigung nicht zu vereinen ist.

d) Kommanditgesellschaft auf Aktien

Für das Recht der Kommanditgesellschaft auf Aktien (KGaA) findet sich in § 284 Abs. 1 Satz 1 AktG ein Wettbewerbsverbot zu Lasten des persönlich haftenden Gesellschafters. Ähnlich der Regelung in § 112 Abs. 1 HGB ist es ihm untersagt, ohne die Einwilligung der übrigen persönlich haftenden Gesellschafter und des Aufsichtsrates im Geschäftszweig der Gesellschaft für eigene oder fremde Rechnung Geschäfte zu machen, Mitglied des Vorstandes, Geschäftsführer oder in einer anderen gleichartigen Handelsgesellschaft persönlich haftender Gesellschafter zu sein. Neben dem Anwendungsbereich stimmt auch der Schutzzweck der Norm im Wesentlichen mit dem des § 112 Abs. 1 HGB überein. Im Unterschied zu § 88 Abs. 1 Satz 2 AktG beschränkt aber § 284 Abs. 1 Satz 1 AktG das Verbot, Vorstandsmitglied, Geschäftsführer oder persönlich haftender Gesellschafter einer anderen Handelsgesellschaft zu sein, auf gleichartige Gesellschaften.[59]

Wie bereits für die oHG und KG vertreten, soll ein persönlich haftender Gesellschafter keinem Wettbewerbsverbot unterliegen, wenn er von der Geschäftsführung ausgeschlossen ist.[60] Neben § 284 AktG ist kein weiteres Wettbewerbsverbot in den §§ 278 ff. AktG normiert. Wie bei der KG soll aber auch in der KGaA ein Kommanditaktionär, der tatsächlich die Geschäfte der Gesellschaft führt, einem Wettbewerbsverbot analog § 284 AktG unterliegen.[61]

---

58 *Zutt*, in: Staub, HGB, § 230, Rn. 72; Baumbach/*Hopt*, HGB, § 230, Rn. 16; *Armbrüster*, ZIP 1997, S. 261, 272; *Grunewald*, Gesellschaftsrecht, 1. D. II. 3. b), Rn. 15, S. 156; ausführlich *Salfeld*, Wettbewerbsverbote im Gesellschaftsrecht, S. 114 ff.

59 Zum § 88 AktG vgl. unten S. 22 ff.

60 *Armbrüster*, ZIP 1997, S. 1269, 1271; *Salfeld*, Wettbewerbsverbote im Gesellschaftsrecht, S. 217 f.; a.A. *Barz*, in: GroßKomm, AktG, 3. Aufl., § 284, Anm. 3; *S. Wilhelmi*, in: Godin/Wilhelmi, AktG, § 284, Anm. 3; vgl. ferner oben Fn. 51.

61 *Armbrüster*, ZIP 1997, S. 1269, 1271; a.A. *Barz*, in: GroßKomm, AktG, 3. Aufl., § 284, Anm. 3; vgl. ferner oben bei Fn. 53.

e) Verein

Expressis verbis enthält das Vereinsrecht keine Wettbewerbsverbote. Für die Mitglieder eines Wirtschaftsvereines wird teilweise ein Wettbewerbsverbot aufgrund ihrer vereinsrechtlichen Treuepflicht bejaht.[62] Daneben steht in Frage, ob die Mitglieder eines Vereins mit ideeller Zwecksetzung einem Konkurrenzverbot unterliegen.[63] Teilweise wird angenommen, dass es Vereinsmitgliedern für die Zeit ihrer Vereinsangehörigkeit untersagt sein soll, einen konkurrierenden Verein zu gründen.[64] Ob hierin aber bereits ein Konkurrenzverbot zu sehen ist, erscheint zweifelhaft.[65] Zutreffenderweise ist in der Gründung eines konkurrierenden Vereines nur ein allgemeiner Verstoß gegen die passiven Förderpflichten der Mitglieder zu sehen.[66] Eine Konkretisierung der vereinsrechtlichen Treuepflicht zu einem Konkurrenzverbot ist aber nicht anzunehmen. In einer bloßen Doppelmitgliedschaft in zwei gleichartigen Vereinen wird regelmäßig weder eine konkrete noch eine abstrakte Gefahr der Schädigung des Vereinszwecks liegen. Denn dazu stehen dem einfachen Vereinsmitglied in aller Regel keine hinreichenden Einwirkungs- und Informationsmöglichkeiten auf und in Geschäftsführungsangelegenheiten des Vereins zu.[67] Dieses Ergebnis ist – entgegen der oben angeführten Ansicht – auf den Wirtschaftsverein zu übertragen.

Anders als die „einfachen" Vereinsmitglieder verfügen die Mitglieder des Vorstandes über ein großes Einflusspotential auf die Geschäftsführung des Vereins und sind auch eingehend informiert. Sie unterliegen daher sowohl beim ideellen

---

62 *Reichert*, Vereins- und Verbandsrecht, Rn. 614, S. 216.

63 Zur GbR mit ideeller Zielsetzung vgl. oben S. 9.

64 *Lutter*, AcP 180 (1980), S. 84, 113. *Lutter* verweist in seiner Fn. 132 auf die Entscheidung des Bundesgerichtshofes, DB 1977, S. 2226 ff., der die Klage einer Gewerkschaft gegen ehemalige Mitglieder zugrunde lag. Diese hatten noch während ihrer Gewerkschaftszugehörigkeit die Gründung einer konkurrierenden Vereinigung betrieben. Ein Unterlassungsanspruch scheiterte schon daran, dass die Beklagten inzwischen aus der Gewerkschaft ausgeschieden waren und daher nicht mehr der vereinsrechtlichen Treuepflicht unterlagen. Ein Schadensersatzanspruch wegen Verletzung der vereinsrechtlichen Treuepflicht wurde dagegen vom Bundesgerichtshof bejaht.

65 *Burgard*, Festschrift Lutter, S. 1033, 1037, geht dagegen von einem Wettbewerbsverbot aus.

66 So auch *Reichert*, Vereins- und Verbandsrecht, Rn. 614, S. 215.

67 Vgl. *Grunewald*, Gesellschaftsrecht, 2. A. IV. 2., Rn. 43 ff., S. 194 ff., 2. A. V. 2., Rn. 59, S. 200.

als auch beim Wirtschaftsverein auf der Grundlage ihrer organschaftlichen Treuepflicht einem Konkurrenzverbot.[68]

f) Genossenschaft

Im Genossenschaftsgesetz findet sich ebenfalls kein Wettbewerbsverbot. Ähnlichkeiten mit einem Wettbewerbsverbot weist jedoch § 68 Abs. 1 GenG auf, der eine Ausprägung der genossenschaftlichen Treuepflicht ist.[69] Nach § 68 Abs. 1 Satz 1 GenG kann ein Genosse wegen seiner Mitgliedschaft in einer anderen Genossenschaft, welche an demselben Ort ein gleichartiges Geschäft betreibt, aus der Genossenschaft ausgeschlossen werden. Nach Satz 2 gilt dies bei Vorschuss- und Kreditvereinen ohne eine örtliche Beschränkung. Der Regelungszweck der Vorschrift wurde ursprünglich allein im Schutz der Kreditwürdigkeit der Genossenschaft gesehen.[70] Dieser Zweck ist aber mit der Möglichkeit, die Nachschusspflicht der Genossen durch das Statut zu beschränken oder ganz auszuschließen,[71] obsolet geworden.[72] Aus heutiger Sicht stellt insbesondere die Vermeidung eines Informationsmissbrauchs den vorrangigen Regelungszweck dar.[73] Denn ein Genosse ist schon aufgrund seiner Mitgliedschaft über betriebsinterne Daten informiert.[74] Eine kontinuierliche Weitergabe interner Informationen und deren Verwertung durch Wettbewerber können zum Verlust der Wettbewerbsfähigkeit der Genossenschaft führen.[75] Eine analoge Anwendung soll § 68 Abs. 1 GenG dann finden, wenn ein Genosse zwar nicht Mitglied in einer anderen Genossenschaft ist, jedoch mit einem eigenen Unternehmen in Konkur-

---

68 *Burgard*, Festschrift Lutter, S. 1033, 1037 mit Fn. 21.

69 Statt anderer *Beuthien*, GenG, § 68, Rn. 2; *Sandrock*, Kartellrecht und Genossenschaften, S. 61.

70 So die amtliche Begründung RT-Drucksache VII/4 (1888/89) Nr. 28, S. 93 f., 229 f.; vgl. ferner BGHZ 27, 297, 301 f.; zur Sicherung der Kreditgrundlage als Normzweck von § 112 HGB vgl. Fn. 38.

71 §§ 6 Nr. 3, 105 Abs. 1 Satz 1 GenG. § 2 GenG wurde 1973 geändert. Nach § 2 GenG a.F. waren die Genossen gegenüber der Genossenschaft nachschusspflichtig.

72 *Beuthien*, GenG, § 68, Rn. 1.

73 *Schaffland*, in: Lang/Weidmüller/Metz/Schaffland, GenG, § 68, Rn. 6; *Pöhlmann*, in: *Hettrich/Pöhlmann/Gräser/Röhrich*, GenG, § 68, Rn. 2; *Beuthien*, GenG, § 68, Rn. 1; *ders.*, ZHR 142 (1978), S. 259, 294; ferner BGHZ 120, 161.

74 *Beuthien*, ZHR 142 (1978), S. 259, 294.

75 *Beuthien*, GenG, § 68, Rn. 1; *ders.*, ZHR 142 (1978), S. 259, 294.

renz zur Genossenschaft tritt[76] oder aber sich an einem förderwirtschaftlichen Konkurrenzunternehmen anderer Rechtsform beteiligt.[77] Neben § 68 Abs. 1 GenG ist für ein ungeschriebenes Wettbewerbsverbot für Genossen kein Platz.[78] So ist es dem einzelnen Genossen weder direkt noch indirekt möglich, Einfluss auf die Geschäftsführung auszuüben,[79] noch ist es ihm möglich, Informationen über die aktuelle Geschäftstätigkeit[80] zu erhalten.[81]

Im Gegensatz zum Wettbewerbsverbot untersagt § 68 Abs. 1 GenG nicht schon unmittelbar die Mitgliedschaft in einer konkurrierenden Genossenschaft oder den Betrieb eines Konkurrenzunternehmens. Die Mitgliedschaft in einer konkurrierenden Genossenschaft kann erst aufgrund ihrer Unvereinbarkeit mit der Mitgliedschaft in der Genossenschaft ex post mit einem Ausschluss sanktioniert werden. Durch den drohenden Verlust der Mitgliedschaft hat die Regelung des § 68 Abs. 1 GenG allenfalls die Wirkung eines mittelbaren Wettbewerbsverbotes.[82]

Für die Mitglieder des Vorstandes und des Aufsichtsrates einer Genossenschaft finden sich ebenfalls keine geschriebenen Wettbewerbsverbote. Vorstandsmitglieder sollen auf der Grundlage ihrer organschaftlichen Treuepflicht einem Wettbewerbsverbot analog § 88 Abs. 1 AktG mit der Besonderheit unterliegen, dass das Wettbewerbsverbot sachlich auf die Marktstufe der Genossenschaft beschränkt ist.[83] Hierdurch soll die Genossenschaft ähnlich der Aktiengesellschaft vor Konkurrenz durch ihre Vorstandsmitglieder geschützt und ihr darüber hin-

---

76 *Beuthien*, ZHR 142 (1978), S. 259, 290, 292.

77 *Beuthien* , ZHR 142 (1978), S. 259, 290; für eine direkte Anwendung von § 68 GenG *Sandrock*, Kartellrecht und Genossenschaften, S. 70 f.

78 *Armbrüster*, ZIP 1997, S. 1269, 1278; *Salfeld*, Wettbewerbsverbote im Gesellschaftsrecht, S. 235 ff.

79 Vgl. § 24 Abs. 2 Satz 1 i.V.m. §§ 4, 43 Abs. 3 Satz 1 und 5 GenG.

80 Vgl. § 48 Abs. 3 GenG.

81 Ausführlich *Salfeld*, Wettbewerbsverbote im Gesellschaftsrecht, S. 235 ff.

82 So *Beuthien* , ZHR 142 (1978), S. 259, 290, 292, anders hingegen *Sandrock*, Kartellrecht und Genossenschaften, S. 61, der von einer gesetzlichen Pflicht des Genossen ausgeht, Wettbewerb in dem von § 68 Abs. 1 GenG bestimmten Umfang zu unterlassen.

83 *Armbrüster*, ZIP 1997, S. 1269, 1278; ausführlich *Salfeld*, Wettbewerbsverbote im Gesellschaftsrecht, S. 239 ff., 243

aus die Arbeitskraft der Vorstandsmitglieder gesichert werden.[84] Die Mitglieder des Aufsichtsrates sollen dagegen wegen ihrer eingeschränkten Einfluss- und Informationsmöglichkeiten keinem Wettbewerbsverbot unterliegen.[85]

g) Gesellschaft mit beschränkter Haftung

Das GmbHG normiert weder für den Geschäftsführer noch für den Gesellschafter ein Wettbewerbsverbot. § 71 Abs. 1 RegE GmbHG 1971 sah für Geschäftsführer ein Wettbewerbsverbot vor.[86] Danach sollten die Geschäftsführer ohne Einwilligung der Gesellschafter weder ein Handelsgewerbe betreiben noch im Geschäftszweig der Gesellschaft für eigene oder fremde Rechnung Geschäfte machen. Ihnen sollte weiterhin untersagt sein, ohne Einwilligung Mitglied des Vorstandes oder Geschäftsführer oder persönlich haftender Gesellschafter einer anderen Handelsgesellschaft zu sein. Im Zuge der GmbH-Novelle von 1980 blieb dieser Regelungsvorschlag jedoch unberücksichtigt. Es entspricht dennoch allgemeiner Meinung, dass ein GmbH-Geschäftsführer einem Wettbewerbsverbot unterliegt.[87] Rechtsgrundlage hierfür ist seine organschaftliche Treuepflicht gegenüber der Gesellschaft.[88] Den Geschäftsführern ist es untersagt, ein konkurrierendes Handelsgewerbe zu betreiben oder auch nur einzelne Geschäfte im Geschäftszweig der Gesellschaft zu tätigen. Ferner ist es ihnen verboten, in einer konkurrierenden Handelsgesellschaft Mitglied des Vorstan-

---

84 Das Betätigungsverbot gilt nicht für ehren- oder nebenamtliche Vorstandsmitglieder (vgl. § 24 Abs. 3 Satz 1 GenG).

85 *Salfeld*, Wettbewerbsverbote im Gesellschaftsrecht, S. 246 ff.

86 BT-Drucksache VI/3088, S. 20, 124.

87 Vgl. nur BGHZ 49, 30, 31; BGH, WM 1964, S. 1320; *Zöllner/Noack*, in: Baumbach/Hueck, GmbHG, § 35, Rn. 41; *Altmeppen*, in: Roth/Altmeppen, GmbHG, § 6, Rn. 46, § 43, Rn. 20; *U. H. Schneider*, in: Scholz, GmbHG, § 43, Rn. 126; *Salfeld*, Wettbewerbsverbote im Gesellschaftsrecht, S. 182 ff. Eine Ausnahme soll aber nach vorherrschender Meinung dann gegeben sein, wenn der Geschäftsführer gleichzeitig der einzige Gesellschafter der GmbH ist; vgl. *Hommelhoff/Kleindiek*, in: Lutter/Hommelhoff, GmbHG, Anh. § 6, Rn. 20, m. w. N.

88 *Mertens*, in: Hachenburg, GmbHG, § 43, Rn. 39; *Zöllner/Noack*, in: Baumbach/Hueck, GmbHG, § 35, Rn. 41; *Altmeppen*, in: Roth/Altmeppen, GmbHG, § 6, Rn. 46, § 43 Rn. 20; jeweils m. w. N; für eine Analogie zu § 88 Abs. 1 AktG: *Hommelhoff/Kleindiek*, in: Lutter/Hommelhoff, GmbHG, Anh. § 6, Rn. 20; *Spiegelberger*, GmbHR 1992, S. 727, 728; *Merkt*, ZHR 159 (1995), S. 423, 434; für § 43 GmbHG als Grundlage des Wettbewerbsverbotes *Osten*, GmbHR 1989, S. 450, 453.

des, Geschäftsführer oder persönlich haftender Gesellschafter zu sein.[89] Auch soll es dem Geschäftsführer nicht erlaubt sein, eine beherrschende Beteiligung an einer konkurrierenden Kapitalgesellschaft zu halten.[90] Der Grund für das Wettbewerbsverbot des GmbH-Geschäftsführers liegt in seiner Möglichkeit, eigennützig auf die Gesellschaft einzuwirken und gesellschaftsinterne Informationen für eigene Zwecke zu verwenden.[91]

Für GmbH-Gesellschafter, die nicht zugleich auch Geschäftsführer der Gesellschaft sind, ist grundsätzlich kein Wettbewerbsverbot anzunehmen.[92] Ein GmbH-Gesellschafter soll nach der vorherrschenden Ansicht jedoch dann einem Wettbewerbsverbot unterliegen, wenn er Einfluss auf die Geschäftsführung der Gesellschaft ausüben kann. Dies ist insbesondere in Fällen gegeben, in denen er eine beherrschende Stellung – beispielsweise aufgrund einer Mehrheitsbeteiligung – innehat.[93] Grundlage des Wettbewerbsverbotes ist seine gesellschaftsrechtliche Treuepflicht.[94] Das Verbot soll die Gesellschaft davor schützen, „von innen her ausgehöhlt zu werden".[95] Es soll verhindert werden, dass ein Gesellschafter die aufgrund seiner Stellung erlangten Informationen und Einflussmöglichkeiten dazu verwendet, die eigenen Geschäfte zum Nachteil der Gesellschaft zu fördern.[96] Abweichend wird zum Teil in bestimmten Konstellationen – insbesondere bei personalistischer Gesellschaftsstruktur – ein Wettbewerbsverbot

---

89 *U. H. Schneider*, in: Scholz, GmbHG, § 43, Rn. 128; *Zöllner/Noack*, in: Baumbach/Hueck, GmbHG, § 35, Rn. 41.

90 Vgl. nur *U. H. Schneider*, in: Scholz, GmbHG, § 43, Rn. 129; *Zöllner/Noack*, in: Baumbach/Hueck, GmbHG, § 35, Rn. 41; *Röhricht*, WPg 1992, S. 766, 768.

91 *Salfeld*, Wettbewerbsverbote im Gesellschaftsrecht, S. 186 f.; *Hommelhoff/Kleindiek*, in: Lutter/Hommelhoff, GmbHG, Anh. § 6, Rn. 20.

92 *G. Hueck/Fastrich*, in: Baumbach/Hueck, GmbHG, § 13, Rn. 34; *Altmeppen*, in: Roth/Altmeppen, GmbHG, § 13, Rn. 45 f., m. w. N; vgl. ferner OLG Köln, BB 1991, S. 859; OLG Karlsruhe, GmbHR 1999, S. 539.

93 *G. Hueck/Fastrich*, in: Baumbach/Hueck, GmbHG, § 13, Rn. 34; *Altmeppen*, in: Roth/Altmeppen, GmbHG, § 13, Rn. 45 f.; *Lutter/Bayer*, in: Lutter/Hommelhoff, GmbHG, § 14, Rn. 24; *Schießl*, in: MünchHdbGesR GmbH, § 34, Rn. 6; *Claussen/Kort*, Festschrift Beusch, S. 111, 127; jeweils m. w. N.; vgl. ferner BGHZ 89, 162, 166 (Heumann/Ogilvy); BGH, NJW 1988, S. 2737, 2738; zuletzt bestätigt BGH, NJW 2002, S. 1046, 1047.

94 Statt anderer *Altmeppen*, in: Roth/Altmeppen, GmbHG, § 13, Rn. 46; *G. Hueck/-Fastrich*, in: Baumbach/Hueck, GmbHG, § 13, Rn. 34, m. w. N.

95 BGH, NJW 1988, S. 2737, 2738.

96 *U. H. Schneider*, in: Scholz, GmbHG, § 43, Rn. 126b.

auch für nicht geschäftsführende Minderheitsgesellschafter angenommen.[97] Dies wird mit den weitreichenden Informationsrechten des GmbH-Gesellschafters und der damit einhergehenden Missbrauchsgefahr begründet.[98] Für die Einpersonen-GmbH wird ein Wettbewerbsverbot für den Alleingesellschafter von der vorherrschenden Ansicht abgelehnt,[99] da es bereits an einer Treuepflicht des Alleingesellschafters gegenüber „seiner" GmbH fehle.[100] Einzelheiten zum Wettbewerbsverbot des GmbH-Gesellschafters sind weiterhin ungeklärt.[101]

Die Mitglieder eines Aufsichtsrates oder eines Beirates sollen regelmäßig keinem gesetzlichen Wettbewerbsverbot unterliegen.[102] Etwas anderes kann jedoch

---

97 *U. H. Schneider*, in: Scholz, GmbHG, § 43, Rn. 126b; *Lutter/Bayer*, in: Lutter/Hommelhoff, GmbHG, § 14, Rn. 24; *Claussen/Kort*, Festschrift Beusch, S. 111, 127; *Lutter/Timm*, NJW 1982, S. 409, 419; vgl. ferner *Mertens/Cahn*, Festschrift Heinsius, S. 545, 555 ff.; a.A. statt anderer *Altmeppen*, in: Roth/Altmeppen, GmbHG, § 13, Rn. 49; *Armbrüster*, ZIP 1997, S. 1269, 1273.

98 *U. H. Schneider*, in: Scholz, GmbHG, § 43, Rn. 126a; gegen das Argument des Informationsmissbrauchs *Armbrüster*, ZIP 1997, S. 1269, 1273.

99 *Ulmer*, in: Hachenburg, GmbHG, Anh. § 77, Rn. 64; *Koppensteiner*, in: Rowedder, GmbHG, § 43, Rn. 70 a.E.; *Pentz*, in: Rowedder, GmbHG, § 13, Rn. 88; *Altmeppen*, in: Roth/Altmeppen, GmbHG, § 13, Rn. 47; *Lutter/Bayer*, in: Lutter/Hommelhoff, GmbHG, § 14, Rn. 24; *U. H. Schneider*, in: Scholz, GmbHG, § 43, Rn. 127; *Schießl*, in: MünchHdbGesR GmbH, § 34, Rn. 3, § 32, Rn. 14 a.E.; *H. Schneider*, BB 1991, S. 1681, 1684 f.; *Mertens/Cahn*, Festschrift Heinsius, S. 545, 561, 565 f.; *Röhricht*, WPg 1992, S. 766, 784 ff.; *ders.*, Festschrift 50 Jahre Bundesgerichtshof, S. 83, 105; *Knobbe-Keuk*, GmbHR 1992, S. 333, 335; *Armbrüster*, ZIP 1997, S. 1269, 1277 f.; *Lawall*, Das ungeschriebene Wettbewerbsverbot des GmbH-Gesellschafters, S. 107 f.; *Tieves*, Der Unternehmensgegenstand der Kapitalgesellschaft, S. 604 f.; jeweils m. w. N.; a.A. – meines Erachtens zu Recht – *Burgard*, ZIP 2002, S. 827, 836; *Priester*, ZGR 1993, S. 512, 531 f.; *Becker*, Das Wettbewerbsverbot in der Einmann-GmbH, S. 174 ff., 216; tendenziell auch *Mayer*, DNotZ 1992, S. 641, 644; *Crezelius*, Gesellschaftsrecht 1995, S. 47, 61 f., 66 ff.

100 Vgl. nur *Lutter/Hommelhoff*, GmbHG, 15. Aufl., § 14, Rn. 24; *Schießl*, in: MünchHdbGesR GmbH, § 34, Rn. 3, § 32, Rn. 14 a.E.; *G. Hueck/Fastrich*, in: Baumbach/Hueck, GmbHG, § 13, Rn. 34: „Grenzen aber ggf. unter Gesichtspunkt des existenzvernichtenden Eingriffs".

101 Vgl. nur *U. H. Schneider*, in: Scholz, GmbHG, § 43, Rn. 126a; *Pentz*, in: Rowedder, GmbHG, § 13, Rn. 88.

102 *Zöllner/Noack*, in: Baumbach/Hueck, GmbHG, § 52, Rn. 66 a.E.; *Altmeppen*, in: Roth/Altmeppen, GmbHG, § 52, Rn. 8; RGZ 165, 68, 82; zumindest für eine Inkompatibilität bei leitender Tätigkeit in einem Konkurrenzunternehmen *Lutter/Hommelhoff*, in: Lutter/Hommelhoff, GmbHG, § 52, Rn. 8; für ein Wettbewerbsverbot aber *U. H. Schneider*, in: Scholz, GmbHG, § 52, Rn. 350 f.; *ders.*, BB 1995, S. 365, 370.

auf der Grundlage ihrer Treuepflicht dann gelten, wenn sie Einfluss auf die laufende Geschäftsführung haben.[103]

h) Aktiengesellschaft

Das AktG enthält kein geschriebenes Wettbewerbsverbot für Aktionäre. Die Frage nach einem ungeschriebenen Wettbewerbsverbot zu ihren Lasten ist Gegenstand der Untersuchung. Das AktG kennt jedoch ein geschriebenes Wettbewerbsverbot für die Mitglieder des Vorstandes; ein Wettbewerbsverbot für die Mitglieder des Aufsichtsrates steht in Frage. Abschließend ist auf diese beiden Themenbereiche einzugehen, auf die auch im weiteren Fortgang der Arbeit immer wieder zu rekurrieren ist:

(1) Wettbewerbsverbot für Mitglieder des Vorstandes

§ 88 Abs. 1 AktG normiert ein Wettbewerbsverbot für die Mitglieder des Vorstandes. Es ist Ausfluss ihrer organschaftlichen Treuepflicht gegenüber der Gesellschaft.[104] Über § 94 AktG gilt das Wettbewerbsverbot auch für stellvertretende Vorstandsmitglieder.[105]

Den Mitgliedern des Vorstandes ist es gemäß § 88 Abs. 1 Satz 1 AktG untersagt, ohne Einwilligung des Aufsichtsrates ein Handelsgewerbe zu betreiben oder im Geschäftszweig der Gesellschaft für eigene oder fremde Rechung Geschäfte zu machen. Auch dürfen die Mitglieder des Vorstandes gemäß § 88 Abs. 1 Satz 2 AktG nicht ohne Einwilligung Mitglied des Vorstandes, Geschäftsführer oder persönlich haftender Gesellschafter einer anderen Gesellschaft sein. Keine Aussage trifft § 88 Abs. 1 AktG hingegen zu einer Mitgliedschaft im Aufsichtsrat einer konkurrierenden Gesellschaft. Nach vorherrschender Ansicht umfasst das Wettbewerbsverbot des § 88 Abs. 1 AktG nicht die Mitgliedschaft im Aufsichtsrat einer konkurrierenden Gesellschaft.[106] Eine analoge Anwendung soll § 88

---

103 *Salfeld*, Wettbewerbsverbote im Gesellschaftsrecht, S.203 f.; *Armbrüster*, ZIP 1997, S. 1269, 1278.

104 *Mertens*, in: KölnKomm, AktG, § 88, Rn. 3; *Hefermehl/Spindler*, in: MünchKomm, AktG, § 88, Rn. 1; *Hüffer*, AktG, § 88, Rn. 1; *Fleischer*, AG 2005, S. 336, 337; ferner OLG Frankfurt, AG 2000, S. 518, 519.

105 Nach § 34 Satz 1 VAG findet das Wettbewerbsverbot zudem für Vorstandsmitglieder eines Versicherungsvereins auf Gegenseitigkeit (VVaG) entsprechende Anwendung.

106 *Hüffer*, AktG, § 88, Rn. 4; *Wiesner*, in: MünchHdbGesR AG, § 21, Rn. 64.

Abs. 1 Satz 2 AktG in Fällen finden, in denen eine Kommanditistenstellung des Vorstandsmitgliedes atypisch mit der Befugnis zur Geschäftsführung verbunden ist[107] oder er geschäftsführender Gesellschafter einer unternehmenstragenden GbR ist[108]. Ferner ist es dem Vorstandsmitglied analog § 88 Abs. 1 Satz 2 AktG untersagt, eine geschäftsführende Position in einer ausländischen Gesellschaft zu bekleiden.[109] Dahingegen soll die bloße Beteiligung an einer Kapitalgesellschaft unschädlich sein.[110] Etwas anders kann aber für eine Mehrheitsbeteiligung gelten, wenn damit eine faktische Einflussnahme auf die Geschäftstätigkeit der Gesellschaft verbunden ist.[111] Eine Besonderheit soll für die so genannte Einpersonen-Aktiengesellschaft gelten: Ist der Alleinaktionär zugleich Mitglied des Vorstandes, unterliege er keinem Wettbewerbsverbot. Dies ergebe sich aus der teleologischen Reduktion des § 88 Abs. 1 AktG, welche im Kern mit einer Interessenidentität von Alleingesellschafter, Gesellschaft und fraglichem Vorstandsmitglied begründet wird.[112]

Im Vergleich zum § 112 Abs. 1 HGB ist § 88 Abs. 1 AktG weiter gefasst. Einem Vorstandsmitglied ist es ohne Einwilligung generell, das heißt ohne Rücksicht auf den Handelszweig der Gesellschaft, versagt, ein Handelsgewerbe zu betreiben. Ebenso ist ihm die Geschäftsführungstätigkeit in einer anderen Handelsgesellschaft generell versagt. Diese Unterschiede zeigen, dass sich die Regelung des § 88 Abs. 1 AktG nicht auf ein reines Wettbewerbsverbot beschränkt, sondern ein Betätigungsverbot mitumfasst. Das Betätigungsverbot soll sicherstellen, dass der Gesellschaft – zumindest grundsätzlich – die volle Arbeitskraft der Vorstandsmitglieder zur Verfügung steht.[113]

---

107 *Hüffer*, AktG, § 88, Rn. 4.

108 *Mertens*, in: KölnKomm, AktG, § 88, Rn. 3.

109 *Mertens*, in: KölnKomm, AktG, § 88, Rn. 3.

110 *Hüffer*, AktG, § 88, Rn. 4.

111 So *Armbrüster*, ZIP 1997, S. 1269, 1270.

112 *Armbrüster*, ZIP 1997, S. 1269, 1270; *Fleischer*, AG 2005, S. 336, 340; a.A. aber *Claussen/Kort*, Festschrift Beusch, S. 111, 117, die auf den Wortlaut der Vorschrift hinweisen und ein „Sonderrecht" für Vorstandsmitglieder, welche zugleich Alleinaktionäre sind, ablehnen. Zum Eigeninteresse der Einpersonen-Aktiengesellschaft siehe unten S. 78 ff.

113 Vgl. nur *Hüffer*, AktG, § 88, Rn. 1.

(2) Wettbewerbsverbot für Mitglieder des Aufsichtsrates?

Für die Mitglieder des Aufsichtsrates sieht das AktG kein Wettbewerbsverbot vor; sie sind insbesondere nicht Adressat des § 88 Abs. 1 AktG.[114] Nach allgemeiner Ansicht sollen sie auch keinem Wettbewerbsverbot auf der Grundlage ihrer organschaftlichen Treuepflicht unterliegen.[115] Der Aufsichtsrat könne zwar über die Bestellung des Vorstandes gemäß § 84 Abs. 1 Satz 1 AktG mittelbar auf die Geschäftsführung der Gesellschaft Einfluss nehmen; jedoch stehe diese Einflussnahmemöglichkeit nicht dem einzelnen Aufsichtsratsmitglied sondern nur dem Aufsichtsrat als Kollektivorgan zu (§ 108 AktG). Daher sei auch ein Wettbewerbsverbot zu Lasten des einzelnen Mitglieds des Aufsichtsrates zum Schutz der Gesellschaft nicht notwendig.[116] Zudem werden auch die Informationsrechte der Mitglieder des Aufsichtsrates nicht als ausreichend erachtet, um damit ein Wettbewerbsverbot zu rechtfertigen.[117, 118] Dass die Mitglieder des Aufsichtsrates keinem Wettbewerbsverbot unterliegen, könne ferner aus § 105 Abs. 2 Satz 4 AktG geschlossen werden.[119] Nach dieser Vorschrift gilt das Wettbewerbsverbot des § 88 AktG nicht für Aufsichtsratsmitglieder, die für den begrenzten Zeitraum von höchstens einem Jahr zu stellvertretenden Vorstands-

---

114 *Hüffer*, AktG, § 88, Rn. 2; *Fleischer*, AG 2005, S. 336, 340.

115 *Salfeld*, Wettbewerbsverbote im Gesellschaftsrecht, S. 164 ff., 22 f.; *Armbrüster*, ZIP 1997, S. 1269, 1271; *U. H. Schneider*, BB 1995, S. 365, 366 f.; *Ulmer*, NJW 1980, S. 1603, 1606; ferner *Seydel*, Konzernbildungskontrolle bei der AG, S. 172 mit Fn. 4, der als abweichende Ansicht jedoch zu Unrecht *Reiß* zitiert. So unterliegt nach *Reiß*, Die Besetzung des Aufsichtsrates durch das herrschende Unternehmen, S. 149 f., ein *Aktionär* einem Wettbewerbsverbot, wenn er zugleich Mitglied im Aufsichtsrat der Gesellschaft ist; vgl. aber dazu unten S. 99 ff.

116 *Salfeld*, Wettbewerbsverbote im Gesellschaftsrecht, S. 166; *Armbrüster*, ZIP 1997, S. 1269, 1271.

117 Ausführlich *Salfeld*, Wettbewerbsverbote im Gesellschaftsrecht, S. 167 ff.; ferner *Armbrüster*, ZIP 1997, S. 1269, 1271, nach dem Informationsrechte grundsätzlich kein Wettbewerbsverbot begründen können.

118 Aufgrund der Ergebnisse der weiteren Untersuchung – insbesondere zu der Bedeutung von Informationen im wettbewerblichen Kontext (unten S. 144 ff.) und zu der Fallgruppe „Aktionär mit Entsendungsrecht in den Aufsichtsrat" (unten S. 171 ff.) – ist aber meines Erachtens die Annahme eines Wettbewerbsverbotes für Mitglieder des Aufsichtsrates aufgrund ihrer Informationsmöglichkeiten durchaus erwägenswert.

119 *U. H. Schneider*, BB 1995, S. 365, 367; *Seydel*, Konzernbildungskontrolle bei der Aktiengesellschaft, S. 172.

mitgliedern bestellt worden sind.[120] Nach dem Regelungszweck soll den Aufsichtsratsmitgliedern nicht zugemutet werden, für nur kurze Zeit den Restriktionen des § 88 Abs. 1 AktG zu unterliegen.[121] Diese Vorschrift mache aber nur dann einen Sinn, wenn das Gesetz davon ausgehe, dass die Mitglieder des Aufsichtsrates de lege lata keinem Wettbewerbsverbot unterliegen. Dies ergebe sich aus einem Umkehrschluss.[122]

Kontrovers ist dagegen die Diskussion um die Frage der Zulässigkeit einer Mitgliedschaft im Aufsichtsrat einer Aktiengesellschaft bei gleichzeitiger Mitgliedschaft im Aufsichtsrat oder in einem anderen Leitungsorgan eines Konkurrenten:

Eine – im Wesentlichen auf *Lutter* zurückgehende – Ansicht nimmt in solchen Konstellationen eine spezielle Inkompatibilität an.[123] Sie begründet dies damit, dass die betreffende Person ihr Aufsichtsratsmandat aufgrund der permanenten Interessenkollision nicht ordnungsgemäß ausüben könne. Ihr sei es unmöglich, den gegenüber beiden Unternehmen uneingeschränkt bestehenden Treue- und Förderpflichten nachzukommen.[124] Zudem sei durch ein solches Doppelmandat die Grundlage für eine vertrauensvolle Zusammenarbeit im Aufsichtsrat zerstört

---

120 Eine dem § 105 Abs. 2 Satz 4 AktG inhaltsgleiche Vorschrift findet sich für den Abwickler in § 268 Abs. 3 AktG. Diese Regelung hat ihren Grund in der Annahme, dass eine in Abwicklung befindliche Gesellschaft durch Wettbewerbshandlungen nicht mehr beeinträchtigt werden kann und daher nicht mehr schutzbedürftig ist; vgl. *Salfeld*, Wettbewerbsverbote im Gesellschaftsrecht, S. 144; ferner aber auch unten S. 222 ff. mit Fn. 1033.

121 *Salfeld*, Wettbewerbsverbote im Gesellschaftsrecht, S. 143.

122 *U. H. Schneider*, BB 1995, S. 365, 367. Meines Erachtens kann die Norm aber auch dahingehend ausgelegt werden, dass die Mitglieder des Aufsichtsrates für den betreffenden Zeitraum in erster Linie keinem Betätigungsverbot nach § 88 Abs. 1 AktG unterliegen sollen. Nicht zwingend wäre damit auch eine Aussage über ein Wettbewerbsverbot auf der Grundlage der organschaftlichen Treuepflicht getroffen.

123 *Lutter*, Festschrift Beusch, S. 509 ff., 526 f.; *ders.*, ZHR 145 (1981), S. 224, 236 f.; *ders.*, 25 Jahre Aktiengesetz, S. 53, 63 ff.; *ders.*, ZHR 159 (1995), S. 287, 303; *ders./Krieger*, Rechte und Pflichten des Aufsichtsrates, § 1, Rn. 20 ff.; *Säcker*, Festschrift Rebmann, S. 781, 788; *ders.*, AG 2004, S. 180, 183; *Reichert/Schlitt*, AG 1995, S. 241, 244 ff.; *Wardenbach*, Interessenkonflikte und mangelnde Sachkunde, S. 70 ff., 99 f.; *ders.*, AG 1999, S. 74, 76 f.; *ders.*, FAZ vom 5. Dezember 2005, S. 8; *Scheffler*, DB 1994, S. 793, 795.

124 *Lutter*, Festschrift Beusch, S. 509, 516; *Scheffler*, DB 1994, S. 793, 795.

und damit die Funktionsfähigkeit des Organs insgesamt stark beeinträchtigt.[125] Die spezielle Inkompatibilität wird auf eine Analogie zu den §§ 100 Abs. 2, 105 Abs. 1 AktG gestützt.[126] Der Gesetzgeber habe das Problem einer dauernden Interessenkollision, die sich aus der Mitgliedschaft eines Angehörigen eines Konkurrenzunternehmens im Aufsichtsrat ergibt, übersehen;[127] zudem sei die vorliegende Interessenkollision mit denen vergleichbar, die in §§ 100, 105 AktG geregelt sind.[128] Werde eine Person entgegen der Inkompatibilitätsregel zum Mitglied des Aufsichtsrates gewählt, ergebe sich die Nichtigkeit des Wahlbeschlusses analog § 250 Abs. 1 Nr. 4 AktG.[129, 130]

Die Gegenansicht lehnt die Annahme einer speziellen Inkompatibilität ab.[131] Eine solche Inkompatibilitätsregel mache den Wettbewerber zu einem Aktionär „minderen Rechts", weil er nicht in den Aufsichtsrat gewählt werden dürfe, um

---

125 *Lutter*, Festschrift Beusch, S. 509, 517.

126 *Lutter*, Festschrift Beusch, S. 509, passim; *Reichert/Schlitt*, AG 1995, S. 241, 247.

127 *Reichert/Schlitt*, AG 1995, S. 241, 247; ferner *Lutter*, Festschrift Beusch, S. 509, 518 mit Fn. 33; *Säcker*, Festschrift Rebmann, S. 781, 788; *Wardenbach*, Interessenkonflikte und mangelnde Sachkunde, S. 50 ff.

128 *Reichert/Schlitt*, AG 1995, S. 241, 247.

129 *Lutter*, Festschrift Beusch, S. 509, 517 f.; zudem nimmt *Lutter*, ebd., S. 509, 518 ff., eine Unwirksamkeit der Annahmeerklärung der gewählten Person an; ausführlich *Wardenbach*, Interessenkonflikte und mangelnde Sachkunde, S. 299 ff.

130 In der Rechtsfolge zeigt sich der wesentliche Unterschied zwischen Wettbewerbsverbot und Inkompatibilität. Ihnen ist zunächst gemein, dass sie dem Entstehen von Interessenkonflikten entgegenwirken. Während aufgrund einer Inkompatibilitätsregelung schon die Bestellung zum Aufsichtsrat unwirksam wäre, wäre sie unter der Annahme eines Wettbewerbsverbotes wirksam. Die Verletzung des Wettbewerbsverbotes würde erst nach der (wirksamen) Bestellung Unterlassungs- und Schadensersatzansprüche der Gesellschaft begründen. Zum Teil werden Wettbewerbsverbot und Inkompatibilität einheitlich unter dem Terminus „Wettbewerbsverbot" zusammengefasst, vgl. beispielsweise *U. H. Schneider*, BB 1995, S. 365 ff.; *ders.*, WM 2000, Sonderbeilage 3, S. 24, 33; *Burgard*, Festschrift Lutter, S. 1033, 1037 mit Fn. 24.

131 *U. H. Schneider*, BB 1995, S. 365, 367 ff.; *Ulmer*, NJW 1980, S. 1603, 1606 f.; *Dreher*, JZ 1990, S. 896, 898 f.; *Kübler*, Festschrift, Claussen, S. 239, 241 ff.; *Semler/Stengel*, NZG 2003, S. 1, 5 f.; *Wirth*, ZGR 2005, S. 327, 343 ff.; *Grunewald*, Gesellschaftsrecht, 2. C. V. 1. c), Rn. 65, S. 251; *Hommelhoff*, Konzernleitungspflicht, S. 244; *Matthießen*, Stimmrecht und Interessenkollision im Aufsichtsrat, S. 202; *H. Häuser*, Interessenkollisionen durch Wahrnehmung des Aufsichtsratsmandats, S. 91 f.; *Gündel*, Interessenwahrung bei der Besetzung des Aufsichtsrates, S. 34 f.; *Hüffer*, AktG, § 103, Rn. 13b; vgl. ferner OLG Schleswig, ZIP 2004, S. 1143, 1144.

dort seine Beteiligungsinteressen wahrzunehmen.[132] Ferner könne auch nicht generell angenommen werden, dass Aufsichtsratsmitglieder in solchen Konstellationen keine sachgerechte Arbeit mehr leisten könnten; Interessenkonflikte seien bei der Aufsichtsratsarbeit typisch.[133] Es reiche vielmehr aus, dass vor der Wahl zum Aufsichtsrat die fraglichen Beziehungen offen gelegt würden,[134] so dass die Hauptversammlung selbst darüber entscheiden könne.[135] Falls sich anschließend zeige, dass ein betreffendes Aufsichtsratsmitglied die Interessen der Gesellschaft nicht hinreichend wahrnehme, bestehe die Möglichkeit der Abberufung nach § 103 Abs. 3 AktG.[136, 137]

Im Jahre 1995 wurde im Rahmen der Diskussion um eine Aktienrechtsreform von der damaligen Opposition der Entwurf eines „Gesetz[es] zur Verbesserung von Transparenz und Beschränkung von Machtkonzentrationen in der deutschen Wirtschaft (Transparenz- und Wettbewerbsgesetz)“[138] in den Deutschen Bundestag eingebracht.[139] Am Rande enthielt der Gesetzentwurf auch eine Inkompatibilitätsregelung für die hier in Frage stehenden Konstellationen. Das Bundeskartellamt sollte durch eine neue Vorschrift im GWB befugt werden, unter anderem den Mitgliedern des Aufsichtsrates die Ausübung dieser Tätigkeit zu untersagen, wenn das betreffende Mitglied zugleich Mitglied des Aufsichtsorgans oder des Geschäftsführungsorgans eines im Wettbewerb stehenden Unternehmens ist. Mit der Bestandskraft der Untersagungsverfügung sollte das Organmitglied aus dem

---

132 *Hüffer*, AktG, § 103, Rn. 13b; *U. H. Schneider*, BB 1995, S. 365, 367.

133 *U. H. Schneider*, BB 1995, S. 365, 367; vgl. dazu auch Begründung RegE zum Transparenz- und Publizitätsgesetz (TransPuG), NZG 2002, S. 213, 223 (unter „Zu Nummer 10“): „ [...] ein Interessenkonflikt ganz bewusst im System angelegt [...]“.

134 § 125 Abs. 1 Satz 3 AktG für börsennotierte Aktiengesellschaften.

135 *Grunewald*, Gesellschaftsrecht, 2. C. V. 1. c), Rn. 65, S. 251.

136 *Grunewald*, Gesellschaftsrecht, 2. C. V. 1. c), Rn. 65, S. 251.

137 Für die weiteren Argumente der Gegenansicht vgl. die in Fn. 131 genannten Nachweise; für eine ausführliche Auseinandersetzung mit diesen Argumenten vgl. nur *Reichert/Schlitt*, AG 1995, S. 241, 244.

138 BT-Drucksache XIII/367.

139 Ein gleichlautender Gesetzesentwurf war bereits in der vorhergehenden Wahlperiode eingebracht worden, vgl. *U. H. Schneider*, BB 1995, S. 365, Fn. 2.

betreffenden Organ ausscheiden.[140] Die Gesetzesinitiative blieb erfolglos. Eine vergleichbare Regelung fand sich später nicht im „Gesetz zur Kontrolle und Transparenz im Unternehmensbereich“ (KonTraG) vom 27. Juli 1998[141].

Aufgrund dieser Entwicklungen wird vertreten, dass die spezielle Inkompatibilität entgegen der ersten Ansicht jetzt nicht mehr auf eine Analogie zu den §§ 100 Abs. 2, 105 Abs. 1 AktG gestützt werden könne.[142] Die bestehende Regelungslücke sei nun als planmäßig zu qualifizieren. Denn der Gesetzgeber habe „diese Situation im Gesetzgebungsverfahren des KonTraG erkannt und bewusst ungeregelt gelassen“.[143] Es ist zutreffend, dass der Gesetzgeber die fragliche Konstellation (spätestens) im Gesetzgebungsverfahren zum KonTraG erkannte und diesbezüglich keine Regelung traf. Meines Erachtens ist jedoch unklar, ob es sich hierbei tatsächlich um ein so genanntes „beredtes Schweigen des Gesetzes“ handelt oder ob der Gesetzgeber den Problemkreis nicht – oder noch nicht – selbst regeln wollte und ihn stattdessen bewusst der Rechtsprechung zur richterrechtlichen Normsetzung und der Wissenschaft zur weiteren Diskussion belassen hat.[144]

Der Deutsche Corporate Governance Kodex (DCGK) enthält für die hier teilweise in Frage stehenden Konstellationen zumindest eine Empfehlung. Nach Nr. 5.4.2 Satz 4 sollen Aufsichtsratsmitglieder keine Organfunktionen oder Beratungsaufgaben bei wesentlichen Wettbewerbern des Unternehmens ausüben. Diese Empfehlung soll mithelfen, dass der Aufsichtsrat weitgehend unabhängig

---

140 BT-Druchsache XIII/367, S. 13; zustimmend: *Adams*, ZBB 1994, S. 77, 83; *Baums*, ZBB 1994, S. 86, 98; kritisch: *Reichert/Schlitt*, AG 1995, S. 241, 253 f.; *Kübler*, Festschrift Claussen, S. 239, passim.

141 BGBl. I 786.

142 *Semler/Stengel*, NZG 2003, S. 1, 5; *Semler*, in: MünchKomm, AktG, § 100, Rn. 169; ferner *Gündel*, Interessenwahrung bei der Besetzung des Aufsichtsrates, S. 35, der aber den Entwurf der Opposition mit dem Referentenentwurf gleichsetzt; vgl. auch OLG Schleswig, ZIP 2004, S. 1143, 1144 und *Regierungskommission Corporate Governance*, Kommissionsbericht, Rn. 54.

143 *Semler/Stengel*, NZG 2003, S. 1, 5.

144 Eine gewisse Parallele zeigt sich zum Wettbewerbsverbot des GmbH-Geschäftsführers: Der RegE GmbHG 1971 sah zunächst ein Wettbewerbsverbot für den Geschäftsführer vor. Die GmbH-Novelle normierte ein solches aber nicht. Daraus wird aber nicht der Schluss gezogen, dass der Geschäftsführer keinem Wettbewerbsverbot unterliege. Vielmehr ist das Gegenteil allgemeine Ansicht, vgl. oben S. 19.

und frei von Interessenkonflikten aus anderweitigen Tätigkeiten seiner Mitglieder arbeiten kann.

In jedem Fall kann die Inkompatibilität aber in der Satzung der Aktiengesellschaft geregelt werden.[145]

4. Ergebnis

Der Überblick über die gesetzlichen Wettbewerbsverbote im Arbeits-, Handels- und Gesellschaftsrecht zeigt, dass die geschriebenen Wettbewerbsverbote gegenüber den ungeschriebenen Wettbewerbsverboten quantitativ unterrepräsentiert sind. Das Vorliegen einer „Lücke“ stellt die Regel und nicht die Ausnahme dar; aus dem Fehlen eines geschrieben Wettbewerbsverbotes kann nicht bereits auf das Fehlen eines Wettbewerbsverbotes geschlossen werden.[146] Qualitativ ist den geschriebenen Wettbewerbsverboten gemein, dass sie gesetzliche Ausprägungen einer vertrag-, organ- oder mitgliedschaftlichen Treuepflicht sind und ihnen damit nur ein exemplarischer und deklaratorischer Charakter zukommt.[147] Daher mag es auch nicht verwundern, dass die ungeschriebenen Wettbewerbsverbote weniger aus Analogien zu den geschriebenen Wettbewerbsverboten sondern (direkt) aus den jeweiligen Treuebindungen gewonnen werden.[148] Ordnet das Gesetz ein Wettbewerbsverbot an, stellt die Befreiung von ihm die Ausnahme dar. Aus diesem Umstand kann aber nicht umgekehrt geschlossen werden, dass außerhalb der gesetzlich normierten Wettbewerbsverbote die Wettbewerbsfreiheit generell die Regel ist. Dies zeigt das Beispiel des GmbH-Geschäftsführers. Anders ist es jedoch für die Gruppe der Gesellschafter: Außerhalb der geschriebenen Wettbewerbsverbote stellt die Wettbewerbsfreiheit für sie die Regel dar; Wettbewerbsverbote müssen für den Einzelfall per analogiam oder aufgrund der gesellschaftsrechtlichen Treuepflicht abgeleitet wer-

---

145 *Hüffer*, AktG, § 103, Rn. 13b a.E.; *Breuer/Fraune*, in: AnwaltKomm, AktienR, AktG, § 103, Rn. 17; *Wirth*, ZGR 2005, S. 327, 346 f.; ausführlich *Reichert/Schlitt*, AG 1995, S. 241, 248 ff.

146 *Burgard*, Festschrift Lutter, S. 1033, 1036.

147 *Geiger*, Wettbewerbsverbote im Konzernrecht, S. 57; *Burgard*, Festschrift Lutter, S. 1033, 1038; ferner *K. Schmidt*, Gesellschaftsrecht, § 20 V. 1. b), S. 596.

148 *Burgard*, Festschrift Lutter, S. 1033, 1037 f.

den.[149] Des Weiteren konnte der Überblick erste Aufschlüsse über die Elemente geben, die wiederkehrend zur Begründung oder Rechtfertigung eines – gleich, ob geschriebenen oder ungeschriebenen – Wettbewerbsverbotes herangezogen werden: Zum einen sind dies die Einflussmöglichkeiten insbesondere auf die Geschäftsführung der Gesellschaft; zum anderen die Informationsmöglichkeiten über Gesellschaftsinterna.

B. Die Rechtsgrundlage des gesetzlichen Wettbewerbsverbotes für Aktionäre

Das AktG enthält kein Wettbewerbsverbot für Aktionäre. Allein daraus kann aber noch nicht gefolgert werden, dass Aktionäre grundsätzlich keinem Wettbewerbsverbot unterliegen.[150] Es ist nach der möglichen Rechtsgrundlage des Wettbewerbsverbotes zu fragen. In Betracht kommen neben der gesellschaftsrechtlichen Treuepflicht grundsätzlich auch Analogien zu § 88 AktG und § 112 HGB:

1. Einzelanalogie zu § 88 Abs. 1 AktG[151]

Ein Wettbewerbsverbot zu Lasten der Aktionäre könnte sich zunächst aus einer analogen Anwendung des § 88 Abs. 1 AktG ergeben.[152] Dazu müsste neben einer Regelungslücke eine vergleichbare Interessenlage gegeben sein.[153]

a) Regelungslücke

Eine Regelungslücke ist eine planwidrige Unvollständigkeit innerhalb des positiven Rechts.[154] Weil dem Aktiengesetz ein Wettbewerbsverbot für Aktionäre

---

149 Vgl. *K. Schmidt*, Gesellschaftsrecht, § 20 V. 1. c), S. 597.

150 Vgl. oben S 29 f.

151 Zur Terminologie: Die „Einzelanalogie“ wird teilweise auch als „Gesetzesanalogie“ bezeichnet. So z.B. von *Rüthers*, Rechtstheorie, Rn. 891 f., passim; vgl. ferner *Larenz/Canaris*, Methodenlehre, S. 204.

152 Diese Fragestellung ist zu unterscheiden von den Fragen, ob und unter welchen Umständen ein Aktionär als „faktisches Organ“ direkt dem Wettbewerbsverbot des § 88 Abs. 1 AktG unterliegt; dazu unten S. 37 ff.

153 *Larenz/Canaris*, Methodenlehre, S. 191 ff., 202 ff.

154 *Canaris*, Die Feststellung von Lücken im Gesetz, S. 39; *Larenz/Canaris*, Methodenlehre, S. 191 ff.

fremd ist, ist zunächst nur vom Fehlen einer gesetzlichen Bestimmung zu sprechen. Denn andere aktienrechtliche Institute könnten dieses Fehlen bereits kompensiert haben mit der Folge, dass es keines per analogiam abgeleiteten Rechts mehr bedarf. So könnte sich ein Wettbewerbsverbot für Aktionäre bereits aus dem Institut der gesellschaftsrechtlichen Treuepflicht ergeben. Ob dies der Fall ist – es also deshalb schon an einer Regelungslücke fehlt –[155], muss hier noch offen bleiben, da diese Frage erst an anderer Stelle ausführlich behandelt werden kann.

Allein aus dem Fehlen einer gesetzlichen Bestimmung kann aber auch aus anderen Gründen noch nicht auf das Vorliegen einer Regelungslücke geschlossen werden. Denn das Fehlen eines Wettbewerbsverbotes für Aktionäre könnte eine gewollte Nichtregelung des Gesetzgebers darstellen. Er kann damit zum Ausdruck bringen, dass er ein Wettbewerbsverbot für Aktionäre – anders als für die Mitglieder des Vorstandes – gerade nicht anordnen will; es sich also um ein so genanntes „beredtes Schweigen" handelt.[156] Konstellationen, in denen die Aufnahme oder Ausübung einer Konkurrenztätigkeit durch einen Aktionär zu einer drohenden oder tatsächlichen Schädigung der Gesellschaft führen können, sind aber – soweit ersichtlich – vom Gesetzgeber bei der Regelung der Wettbewerbsverbote nicht bedacht worden.[157] Aus der Tatsache, dass er mit § 88 Abs. 1 AktG und § 284 Abs. 1 Satz 1 AktG nur Wettbewerbsverbote für Leitungsorgane kodifizierte, lässt sich im Umkehrschluss nicht schließen, dass ein „beredtes Schweigen" vorliegt. Es ist nicht schon aus diesem Grunde von einer gewollten Nichtregelung auszugehen.

Des Weiteren muss zur Annahme einer Regelungslücke eine Normierung aufgrund der Regelungsabsicht zu erwarten gewesen sein.[158] Die Regelungsabsicht

---

155 Vgl. *Canaris*, Die Feststellung von Lücken im Gesetz, S. 30, 35.

156 Vgl. *Canaris*, Die Feststellung von Lücken im Gesetz, S. 39 f.; *Rüthers*, Rechtstheorie, Rn. 838.

157 *Friedewald*, Die personalistische Aktiengesellschaft, S. 141; *Kim*, Der konzernrechtliche Präventivschutz, S. 114, mit einer Beschränkung auf Aktiengesellschaften mit personalistischer Struktur; vgl. aber auch *Wackerbarth*, Grenzen der Leitungsmacht, S. 426.

158 Vgl. *Larenz/Canaris*, Methodenlehre, S. 191 ff., 194.

ist durch eine historische und teleologische Auslegung zu ermitteln.[159] Zunächst ist zu unterstellen, dass der Gesetzgeber mögliche Konfliktsituationen und Gefahrenpotentiale, welche aus dem Wettbewerb „aus den eigenen Reihen“ resultieren, umfassend und vollständig regeln wollte. Dabei ist er von der Publikumsgesellschaft als Leitbild der Aktiengesellschaft ausgegangen, in der ein einzelner Aktionär weder Einfluss auf die Geschäftsführung ausüben noch Informationen über die laufende Geschäftsführung erhalten kann.[160] Der Gesetzgeber bestimmte daher im AktG – aus seiner Sicht folgerichtig – nur die Mitglieder der Geschäftsführungsorgane zu Adressaten eines Wettbewerbsverbotes. Dies zeigen § 88 Abs. 1 AktG und § 284 Abs. 1 Satz 1 AktG, nach denen die Vorstandsmitglieder der Aktiengesellschaft und die persönlich haftenden Gesellschafter der KGaA einem Wettbewerbsverbot unterliegen. Nichts anderes ergibt sich auch unter Berücksichtigung von § 105 Abs. 2 Satz 4 AktG und § 268 Abs. 3 AktG, nach denen Mitglieder des Aufsichtsrates als Stellvertreter eines verhinderten Vorstandsmitglieds und Abwickler vom Anwendungsbereich des § 88 AktG ausgenommen sind.[161] Vielmehr bestätigen diese Ausnahmen die Konzentration des Gesetzgebers auf den Geschäftsführungsbereich. Der Gesetzgeber bedachte keine Konstellationen, in denen auch ein Aktionär der Ratio des Wettbewerbsverbotes unterfallen könnte. Der Gesetzgeber hat damit eine regelungsbedürftige Rechtsfrage übersehen.

Im Ergebnis ist von einer planwidrigen Unvollständigkeit des positiven Rechts auszugehen. Eine anfängliche, unbewusste Regelungslücke ist gegeben.[162, 163]

---

159 *Larenz/Canaris*, Methodenlehre, S. 194 f.

160 Vgl. Begründung zum RegE AktG 1965, abgedruckt bei *Kropff*, Aktiengesetz 1965, S. 14; ferner *Lutter*, JZ 1976, S. 225, 230; *Mestmäcker*, Verwaltung, Konzerngewalt und Recht der Aktionäre, S. 349 f.; *Grunewald*, Gesellschaftsrecht, 2. C. I. 1., Rn. 3, S. 223.

161 Vgl. aber *Seydel*, Konzernbildungskontrolle bei der Aktiengesellschaft, S. 172.

162 A.A. *Hüffer*, Festschrift Röhricht, S. 251, 272 f.; zweifelnd *Seydel*, Konzernbildungskontrolle bei der Aktiengesellschaft, S. 172.

163 Nicht ersichtlich ist, warum *Friedewald*, Die personalistische Aktiengesellschaft, S. 141 und ihm offensichtlich folgend *Kim*, Der konzernrechtliche Präventivschutz, S. 114, trotz der Annahme einer Regelungslücke – *Kim* nimmt zudem das Vorliegen einer vergleichbaren Interessenlage an – die Analogieprüfung mit dem Hinweis abbrechen, dass der persönliche Anwendungsbereich des § 88 AktG abschließend geregelt sei. So geht es doch gerade nicht um die direkte Anwendung dieser Norm. Im Zuge einer Analogie

b) Vergleichbare Interessenlage

Des Weiteren müssen die Interessenlagen vergleichbar sein: Die Interessenlage des (fraglichen) Wettbewerbsverbotes für Aktionäre muss also mit der Interessenlage des gesetzlich geregelten Wettbewerbsverbotes für Vorstandsmitglieder soweit übereinstimmen, dass der Gesetzgeber die getroffene Regelung auch für den ungeregelten Sachverhalt vorsehen würde.[164]

Grundsätzlich können die Gefahren, die von einem konkurrierenden Aktionär für die Gesellschaft ausgehen, mit den Gefahren, die von einem konkurrierenden Vorstandsmitglied ausgehen, vergleichbar sein. Dann nämlich, wenn der Aktionär beispielsweise eine „beherrschende Stellung" in der Gesellschaft einnimmt. Allerdings bezieht sich das Wettbewerbsverbot des § 88 Abs. 1 AktG auf den Vorstand als Leitungsorgan der Aktiengesellschaft. Dieser organschaftliche (amtsbezogene) Bereich ist vom mitgliedschaftlichen (beteiligungsbezogenen) Bereich zu unterscheiden und aufgrund des Prinzips der Dritt- oder Fremdorganschaft[165] in der Aktiengesellschaft grundsätzlich streng zu trennen. Es handelt sich somit bereits um strukturell ungleiche Sachverhalte.[166] Zudem – und dies mag entscheidender sein – ergibt sich eine Disparität der Interessenlagen aufgrund des Umfanges des angeordneten Verbotes. § 88 Abs. 1 AktG beschränkt sich keineswegs auf ein Wettbewerbsverbot, sondern untersagt den Mitgliedern des Vorstandes daneben auch eine anderweitige Betätigung, so dass der Gesellschaft die gesamte Arbeitskraft ihrer Leitungsorgane zukommt. Ein solch weitreichender Umfang widerspricht in ganz erheblichem Maße der gesetzlichen Ausgestaltung und dem Wesen der Aktionärsstellung.[167] So sind die Aktionäre neben der Leistung ihrer Einlage grundsätzlich zu keinen weiteren Leistungen verpflichtet, § 54 Abs. 1 AktG. Die Anordnung eines Betätigungsverbotes aufgrund der Gesellschafterstellung ist dem gesamten Gesellschaftsrecht fremd und

---

wird schließlich der Wortsinn des Gesetzes überschritten und die „Überwindung" des persönlichen Anwendungsbereiches einer Norm erst möglich; vgl. *Canaris*, Die Feststellung von Lücken im Gesetz, S. 25.

164 Vgl. *Rüthers*, Rechtstheorie, Rn. 889.

165 Vgl. *K. Schmidt*, Gesellschaftsrecht, § 14 II. 2., S. 409 ff.

166 *Seydel*, Konzernbildungskontrolle bei der Aktiengesellschaft, S. 172.

167 *Seydel*, Konzernbildungskontrolle bei der Aktiengesellschaft, S. 172.

auch nicht mit Art. 12 GG vereinbar. Im Ergebnis ist daher nicht von einer vergleichbaren Interessenlage auszugehen.[168]

Eine Analogie zu § 88 Abs. 1 AktG kommt als Rechtsgrundlage für ein Wettbewerbsverbot für Aktionäre nicht in Betracht.

2. Einzelanalogie zu § 112 Abs. 1 HGB

Ein gesetzliches Wettbewerbsverbot zu Lasten der Aktionäre könnte sich aus einer analogen Anwendung des § 112 Abs. 1 HGB ergeben. Eine Regelungslücke liegt – wie gezeigt – vor.[169] In Frage steht damit allein die vergleichbare Interessenlage.

Nach dem Prinzip der Selbstorganschaft[170] liegt die Geschäftsführung der oHG in den Händen ihrer Gesellschafter. Die Geschäftsführung ist der wesentliche Anknüpfungspunkt für das Wettbewerbsverbot des § 112 Abs. 1 HGB. Dies ergibt sich schon aus einer Gesamtschau der §§ 164 Satz 1 Halbsatz 1 und 165 HGB, nach denen die Kommanditisten von der Geschäftsführung ausgeschlossen sind und (daher) keinem Wettbewerbsverbot unterliegen.[171] Die Verbindung von Geschäftsführung und Wettbewerbsverbot zeigt sich ferner in der restriktiven Auslegung des § 165 HGB für geschäftsführende Kommanditisten[172] sowie dem Ausschluss des Wettbewerbsverbotes für nichtgeschäftsführende Komplementäre[173]. Dies zeigt, dass das Wettbewerbsverbot des § 112 Abs. 1 HGB vornehmlich mit der Führung der Geschäfte und weniger mit der Mitgliedschaft in der Gesellschaft verbunden ist.[174] § 112 HGB kann daher ebenso wie § 88 AktG als amtsbezogen qualifiziert werden.[175] Wie schon dort gezeigt, ist aber streng

---

168 *Seydel*, Konzernbildungskontrolle bei der AG, S. 172; a.A. *Kim*, Der konzernrechtliche Präventivschutz, S. 114.

169 A.A. *Hüffer*, Festschrift Röhricht, S. 251, 272 f., der jedoch teilweise nicht hinreichend zwischen Regelungslücke und vergleichbarer Interessenlage differenziert.

170 Vgl. *K. Schmidt*, Gesellschaftsrecht, § 14 II. 2., S. 409 ff.

171 Vgl. ferner die Begründung zum preußischen Entwurf zum ADHGB 1857, S. 80; zitiert nach *K. Schmidt*, Gesellschaftsrecht, § 20 V. 1. b), S. 596, Fn. 141.

172 Vgl. oben S. 13.

173 Vgl. oben bei Fn. 44 bis 46.

174 *Geiger*, Wettbewerbsverbote im Konzernrecht, S. 189 f.

175 *Hirte*, Bezugsrechtsausschluss und Konzernbildung, S. 192; *Wiedemann/Hirte*, ZGR 1986, S. 163, 166 f.

zwischen amts- und beteiligungsbezogenem Bereich zu differenzieren. Dies gilt umso mehr, als bei der Aktiengesellschaft das Prinzip der Fremdorganschaft besteht. Es handelt sich daher auch hier um strukturell ungleiche Sachverhalte. Daneben kann offen bleiben, ob eine Vergleichbarkeit der Interessenlagen ferner aufgrund einer unterschiedlichen Abdingbarkeit des Wettbewerbsverbotes in oHG und Aktiengesellschaft ausscheiden muss.[176] Von einer vergleichbaren Interessenlage kann bei einem geschäftsführenden Komplementär und einem Aktionär nicht ausgegangen werden.[177]

Eine Analogie zu § 112 Abs. 1 HGB kommt als Rechtsgrundlage für ein gesetzliches Wettbewerbsverbot für Aktionäre nicht in Betracht.[178]

3. Gesamtanalogie zu §§ 112 Abs. 1 HGB, 88 Abs. 1 AktG[179]

Ein gesetzliches Wettbewerbsverbot zu Lasten der Aktionäre könnte sich aus einer Gesamtanalogie zu den §§ 112 Abs. 1 HGB, 88 Abs. 1 AktG ergeben.[180] Im Gegensatz zur Einzelanalogie, bei der eine einzelne Gesetzesnorm auf einen ungeregelten Sachverhalt bezogen wird, wird bei der Gesamtanalogie aus einer Mehrzahl gleichartiger gesetzlicher Vorschriften ein allgemeiner Rechtsgrundsatz hergeleitet. Dieser Rechtsgrundsatz wird dann auf den ungeregelten Sachverhalt entsprechend angewendet.[181]

Das Gesetz schreibt mit den §§ 112 Abs. 1 HGB, 88 Abs. 1 AktG für bestimmte Personengruppen ein Wettbewerbsverbot vor. Nach § 112 Abs. 1 HGB unterliegen die Gesellschafter einer oHG einem Wettbewerbsverbot. Dieses Wettbewerbsverbot gilt über § 161 Abs. 2 HGB auch für die Komplementäre der KG. Nach § 88 Abs. 1 AktG unterliegen die Mitglieder des Vorstandes einer

---

176 Vgl. nur *Geiger*, Wettbewerbsverbote im Konzernrecht, S. 190, m. w. N.

177 Ebenfalls gegen § 112 HGB als Grundlage einer Analogie bei Beteiligungen an Kapitalgesellschaften, *Koppensteiner*, in: Rowedder, GmbHG, Anh. § 52, Rn. 38, m. w. N.

178 So im Ergebnis auch *Hüffer*, Festschrift Röhricht, S. 251, 272 f.

179 Zur Terminologie: Die „Gesamtanalogie“ wird teilweise auch als „Rechtsanalogie“ bezeichnet. So z.B. von *Rüthers*, Rechtstheorie, Rn. 891 f., passim; vgl. ferner *Larenz/Canaris*, Methodenlehre, S. 204.

180 Zu einer Gesamtanalogie zu den §§ 112 HGB, 88 AktG vgl. *Raiser*, Festschrift Stimpel, S. 855, passim.

181 *Larenz/Canaris*, Methodenlehre, S. 204; *Rüthers*, Rechtstheorie, Rn. 892.

Aktiengesellschaft einem Wettbewerbsverbot. Über § 94 AktG gilt dieses Verbot auch für deren Stellvertreter. Sowohl § 112 Abs. 1 HGB als auch § 88 Abs. 1 AktG dienen dem Zweck, die Gesellschaft vor einer missbräuchlichen, eigennützigen Einflussnahme und einer ebensolchen Verwertung gesellschaftsinterner Informationen zu schützen.[182] Der Ableitung eines allgemeinen Rechtsgrundsatzes, nach dem jede Person, die einen bestimmten Einfluss auf die Gesellschaft nehmen und von gesellschaftsinternen Informationen Kenntnis erlangen kann, einem Wettbewerbsverbot unterliegt, steht entgegen, dass sich bei § 88 Abs. 1 AktG und § 112 Abs. 1 HGB jeweils um vornehmlich amtsbezogene Pflichten handelt. Dies wurde vorstehend gezeigt. Ein aus den §§ 112 Abs. 1 HGB, 88 Abs. 1 AktG hergeleiteter Grundgedanke wird sich daher ausschließlich auf Personen beziehen können, welche die Geschäfte einer Gesellschaft führen. Eine Ausdehnung auf den mitgliedschaftlichen Bereich erscheint damit ausgeschlossen.

Eine Gesamtanalogie zu den §§ 112 Abs.1 HGB, 88 Abs. 1 AktG kommt somit als Rechtsgrundlage für ein Wettbewerbsverbot für Aktionäre nicht in Betracht.

4. Gesellschaftsrechtliche Treuepflicht

Ein Wettbewerbsverbot zu Lasten der Aktionäre könnte sich aber aus der gesellschaftsrechtlichen Treuepflicht ergeben. Gesetzliche Wettbewerbsverbote werden – wie gezeigt – in Abwesenheit geschriebener Regelungen oftmals aus Treuepflichten abgeleitet. Die geschriebenen Wettbewerbsverbote selbst sind Ausprägungen spezieller Treuepflichten, so dass ein direkter Rückgriff auf die Treuepflichten gegenüber der Ableitung eines Wettbewerbsverbotes im Wege des Analogieschlusses ohnehin vorzugswürdiger erscheint.

Versteht man die gesellschaftsrechtliche Treuepflicht zunächst als eine Pflicht der Gesellschafter, die im Hinblick auf die Gesellschafterrechte rechtsbeschränkend wirkt und grundsätzlich auch das Unterlassen von schädlichen Handlungen oder die Förderung der Gesellschaft diktieren kann,[183] könnte sie geeignet sein, die Grundlage eines Wettbewerbsverbotes für Aktionäre zu bilden. Gründe, die

---

182 Vgl. oben S. 10 ff. (§ 112 HGB), S. 22 (§ 88 AktG) m. w. N.

183 Vgl. nur *Guntz*, Treubindungen von Minderheitsaktionären, S. 90.

der Annahme einer solchen These offensichtlich entgegenstehen, bestehen zunächst nicht.

Die gesellschaftsrechtliche Treuepflicht kommt somit – zumindest grundsätzlich – als Rechtsgrundlage für ein Wettbewerbsverbot für Aktionäre in Betracht.

5. Ergebnis

Es ist festzuhalten, dass sich ein Wettbewerbsverbot für Aktionäre weder auf Einzelanalogien zu § 88 Abs. 1 AktG oder § 112 Abs. 1 HGB noch auf eine Gesamtanalogie zu diesen Normen stützen lässt. Einzig die gesellschaftsrechtliche Treuepflicht kommt als mögliche Grundlage eines Wettbewerbsverbotes für Aktionäre in Betracht. Dies bedarf der näheren Untersuchung.

6. Exkurs: Wettbewerbsverbot für Aktionäre aus faktischer Organschaft

Unabhängig von dem Bestehen eines Wettbewerbsverbotes für Aktionäre stellt sich die Frage, inwieweit ein Aktionär dem Wettbewerbsverbot zu Lasten der Vorstandsmitglieder nach § 88 Abs. 1 AktG unterliegen kann. Das Interesse gilt dabei nicht dem Fall, dass ein Aktionär wirksam zum Mitglied des Vorstandes bestellt ist und damit eindeutig dem Wettbewerbsverbot des § 88 Abs. 1 AktG unterliegt.[184] Ungleich interessanter ist im vorliegenden Kontext die Fragestellung, ob und inwieweit ein Aktionär ohne wirksame Bestellung oder ohne jeglichen Bestellungsakt dem organschaftlichen Wettbewerbsverbot unterliegen kann. Angesprochen ist damit der Problemkreis der so genannten „faktischen Organschaft".[185]

Ihm Rahmen der „faktischen Organschaft" sind im Wesentlichen drei Fallgruppen zu unterscheiden:[186] (1) Allgemein anerkannt ist der Fall der „faktischen Organschaft", bei der eine bestimmte Person als Mitglied des Vorstandes vorge-

---

184 *Liebscher*, Konzernbildungskontrolle, S. 351; *Kim*, Der konzernrechtliche Präventivschutz, S. 113; *Friedewald*, Die personalistische Aktiengesellschaft, S. 143 f.; vgl. ferner unten S. 99 ff.

185 Eingehend *Stein*, Das faktische Organ, passim; *dies.*, ZHR 148 (1984), S. 207 ff.; ferner auch *J. Schneider*, ZVglRWiss 102 (2003), S. 387 ff.; jeweils m. w. N.

186 Die Nachweise für die nachfolgend referierten Ansichten finden sich bei *J. Schneider*, ZVglRWiss 102 (2003), S. 387, 391 ff. mit Fn. 33 bis 43.

sehen war, deren Bestellung aber fehlerhaft oder unwirksam gewesen ist. Dies stellt den Grundfall der „faktischen Organschaft" dar, der auch als „fehlerhafte Organstellung" bezeichnet wird. Die vorherrschende Ansicht erstreckt den Anwendungsbereich der Figur der „faktischen Organschaft" über diesen Grundfall hinaus auf Fälle, in denen zwar kein Bestellungsakt vorliegt, die Person aber die Geschäftführung der Gesellschaft tatsächlich übernimmt. (2) Vorwiegend die Rechtsprechung fordert hierbei ein Auftreten des Geschäftsführers beziehungsweise des Vorstandsmitgliedes nach außen, wobei umstritten ist, ob das „faktische Organ" allein die volle Organstellung einnehmen, das heißt andere mögliche Organmitglieder aus ihrer Stellung verdrängt haben muss, oder ob es bereits ausreicht, einzelne Geschäftsführungsmaßnahmen zu übernehmen. (3) In der Literatur wird teilweise auf ein Auftreten nach außen verzichtet und – ähnlich dem „shadow director" des englischen Rechts –[187] eine Einflussnahme auf die Geschäftsführung als ausreichend erachtet. Umstritten ist, wie stark die Einwirkung auf die Geschäftsführung sein muss. Zum Teil wird eine dauerhafte, bestimmende Einflussnahme gefordert; andere erachten einzelne Weisungen schon für ausreichend.

Dem Meinungsspektrum entsprechend ist die Frage nach dem organschaftlichen Wettbewerbsverbot für Aktionäre zu beantworten: Eindeutig sind also zunächst die Fälle, in denen die Bestellung eines Aktionärs zum Mitglied des Vorstandes fehlerhaft oder unwirksam war. Ein solcher Aktionär unterliegt dem Wettbewerbsverbot des § 88 Abs. 1 AktG, als wenn er wirksam bestellt worden wäre.[188] Ferner kann auch die Annahme eines organschaftlichen Wettbewerbsverbotes für Aktionäre als weitgehend gesichert gelten, die ohne Bestellungsakt aber unter Verdrängung der wirksam bestellten Organmitglieder als Mitglieder

---

187 Vgl. *J. Schneider*, ZVglRWiss 102 (2003), S. 387, 404 ff., 419 f., m. w. N.

188 *Stein*, Das faktische Organ, S. 114; *Freudenberg*, Das Nebentätigkeitsrecht der Vorstandsmitglieder, S. 76; *Fleischer*, AG 2005, S. 336, 340. Die von *Stein*, Das faktische Organ, S. 14 in Fn. 50 zitierte Entscheidung BGHZ 41, 282, 287, kann nicht unterstützend herangezogen werden. In dem der Entscheidung zugrundliegenden Sachverhalt geht es um eine Person, die aufgrund eines fehlerhaften Anstellungsvertrages für die Aktiengesellschaft tätig geworden ist. Jedoch ist zwischen einer fehlerhaften Anstellung und einer fehlerhaften Bestellung zu differenzieren.

des Vorstandes nach außen hin auftreten.[189] Über diese Fallkonstellationen hinaus muss die Annahme eines organschaftlichen Wettbewerbsverbotes für Aktionäre als ungesichert gelten. Die Fragestellung kann im Rahmen dieser Arbeit nicht weiter vertieft werden. An anderer Stelle trete ich im Hinblick auf die Harmonisierung des Konzernhaftungsrechts auf europäischer Ebene für die Aufwertung der Ansicht ein, die eine Einflussnahme auf die Geschäftsführung für die Qualifizierung als „faktisches Organ" als ausreichend erachtet.[190] Meines Erachtens ist die Annahme eines organschaftlichen Wettbewerbsverbotes für Aktionäre unter der Voraussetzung einer dauerhaften und bestimmenden Einflussnahme durchaus möglich.

Dies alles gilt jedoch nur unter der Bedingung, dass es sich bei dem betreffenden Aktionär um eine natürliche Person handelt. Denn die Einordnung einer juristischen Person als „faktisches Organ" der Gesellschaft muss an § 76 Abs. 3 Satz 1 AktG scheitern, nach dem nur eine natürliche Person Mitglied des Vorstandes einer Aktiengesellschaft werden kann.[191] Eine juristische Person kann somit de lege lata nicht als „faktisches Organ" dem organschaftlichen Wettbewerbsverbot unterstellt sein.[192] In jüngerer Zeit mehren sich die Stimmen, die de lege ferenda für die Zulassung von juristischen Personen als Geschäftsführungsorgan von Kapitalgesellschaften eintreten,[193] so dass in – wohl erst ferner – Zukunft auch juristische Personen dem Wettbewerbsverbot des § 88 Abs. 1 AktG unterliegen könnten.[194]

---

189 Vgl. *Freudenberg*, Das Nebentätigkeitsrecht der Vorstandsmitglieder, S. 77 f.

190 *J. Schneider*, ZVglRWiss 102 (2003), S. 387, 421.

191 Ausführlich *J. Schneider*, ZVglRWiss 102 (2003), S. 387, 389 ff., m. w. N.

192 Vgl. *Wiedemann/Hirte*, ZGR 1986, S. 163, 167.

193 *Wasmann*, Juristische Personen als gekorene Mitglieder von Körperschaftsorganen, passim; *ders.*, BB 2002, S. 479; *Komp*, Die juristische Person als Geschäftsführungsorgan einer Kapitalgesellschaft, passim; ferner *J. Schneider*, ZVglRWiss 102 (2003), S. 387, 420 f.; a.A. *Fleischer*, RIW 2004, S. 16 ff.

194 Zur Anwendung des § 88 AktG auf juristische Personen vgl. *Komp*, Die juristische Person als Geschäftsführungsorgan einer Kapitalgesellschaft, S. 264 ff.

C. Die Treuepflicht im Aktienrecht

1. Einleitung

Das AktG verpflichtet den Aktionär nur zur Leistung seiner Einlage (§ 54 Abs. 1 AktG). Dies ist seine Hauptpflicht.[195] Weitere Pflichten zu Lasten der Aktionäre lassen sich – mit Ausnahme von Nebenverpflichtungen gemäß § 55 AktG – weder durch die Satzung noch durch einen Beschluss der Hauptversammlung begründen. Daneben soll der Aktionär nach der heute vorherrschenden Ansicht einer ungeschriebenen, gesellschaftsrechtlichen Treuepflicht unterliegen.[196] Diese kann als eine weitere Hauptpflicht des Aktionärs bezeichnet werden.[197] Knapp skizziert, umfasst die gesellschaftsrechtliche Treuepflicht die Pflicht der Gesellschafter, den Zweck der Gesellschaft zu fördern und alles zu unterlassen, was der Gesellschaft schadet, sowie – näher zu beschreibende – Beschränkungen bei der Ausübung von Gesellschafterrechten.[198] Sie ist insoweit ein Oberbegriff für eine Vielzahl von unterschiedlichen Pflichten und geht über das allgemeine – grundsätzlich auch im Aktienrecht geltende – Gebot von Treu und Glauben (§ 242 BGB) hinaus.[199]

Bedarf das Aktienrecht überhaupt einer ungeschriebenen, übergesetzlichen Formel wie der gesellschaftsrechtlichen Treuepflicht? An ihrer schlichten Notwendigkeit würde es dann mangeln, wenn der Gesetzgeber den bestehenden Normbedarf bereits abdeckte, oder anders gewendet, die geschriebenen Regeln

---

195 *K. Schmidt*, Gesellschaftsrecht, § 28 I. 3., S. 799.

196 Eine ausführliche Darstellung des Meinungsbildes findet sich im Anschluss an die Einleitung. Zur Terminologie beziehungsweise zu sprachlichen und begrifflichen Abwandlungen vgl. *Guntz*, Treubindungen von Minderheitsaktionären, S. 84 ff.; *Jilg*, Die Treuepflicht des Aktionärs, S. 9 f.; *Ulmer*, in: Staub, HGB, § 105, Rn. 232, Fn. 464.

197 Vgl. *Hadding*, in: Soergel, BGB, § 705, Rn. 58; *Roth*, in: MünchKomm, BGB, § 242, Rn. 153; *Fischer*, in: Staub, HGB, 3. Aufl., § 105, Anm. 31a letzter Absatz; *Lutter*, ZHR 162 (1998), S. 164, 167; *ders.*, AcP 180 (1980), S. 84, 103 f., 117; *Stimpel*, in: Juristische Studiengesellschaft, Richterliche Rechtsfortbildung, S. 15, 18.

198 Vgl. nur *Hüffer*, Festschrift Steindorff, S. 59, 69; *Guntz*, Treubindungen von Minderheitsaktionären, S. 90.

199 *Roth*, in: MünchKomm, BGB, § 242, Rn. 166; ferner *K. Schmidt*, Gesellschaftsrecht, § 20 IV. 1. a), S. 587 f.; *Zöllner*, Die Schranken der mitgliedschaftlichen Stimmrechtsmacht, S. 335 ff.; *Lutter*, JZ 1976, S. 225, 226, 230, 232; *ders.*, AcP 180 (1980), S. 84, 103; *ders.*, ZHR 153 (1989), S. 446, 452, m. w. N.

alle Konfliktlagen lösten.[200] Dieses Ziel ist jedoch unmöglich zu erreichen: Dies ergibt sich zum einen aus der Vielzahl der möglichen Lebenssachverhalte und zum anderen aus der Unvorhersehbarkeit zukünftiger Konfliktlagen.[201] Neben dem Gesetz ist es aber auch im Rahmen der Satzungsgestaltung nicht möglich, für alle Konfliktsituationen entsprechende Lösungsformeln bereitzustellen.[202] Insoweit besteht die Notwendigkeit für eine Generalklausel, aus der sich im Einzelfall fehlende Regeln gewinnen lassen.[203] Hierin liegt sowohl die wesentliche Bedeutung als auch die grundlegende Funktion der gesellschaftsrechtlichen Treuepflicht. Sie ist inzwischen ein unverzichtbarer Bestandteil der „ungeschriebenen Legalordnung im Gesellschaftsrecht".[204]

In funktionaler Hinsicht gliedert sich der Anwendungsbereich der gesellschaftsrechtlichen Treuepflicht – und dies ist bereits mehrfach angeklungen – in zwei Teilbereiche: Zum einen bestimmt sie die Grenzen der Ausübung von Rechten des einzelnen Gesellschafters (so genannte Schrankenfunktion). Die Aktionäre sind bei der Ausübung ihrer Rechte gehalten, auf die mitgliedschaftlichen Interessen ihrer Mitaktionäre angemessen Rücksicht zu nehmen und zudem das Verbot einer willkürlichen oder unverhältnismäßigen Rechtsausübung zu beachten. Zum anderen bestimmt sich aus der gesellschaftsrechtlichen Treuepflicht

---

200 Vgl. *Raiser*, Recht der Kapitalgesellschaften, § 12, Rn. 42 f., S. 111 f., mit Hinweis auf die Lückenhaftigkeit der §§ 117, 243 Abs. 2, 309, 317, 323 AktG.

201 *Hüffer*, Festschrift Steindorff, S. 59, 68 f.; vgl. ferner *Lutter*, AcP 180 (1980), S. 84, 102; *H. P. Westermann*, Vertragsfreiheit und Typengesetzlichkeit, S. 143; *A. Hueck*, Festgabe der juristischen Fakultäten zum 50jährigen Bestehen des Reichsgerichts, Bd. 4, S. 167, 168 f.; *Larenz/Canaris*, Methodenlehre, S. 187: „Immer hat man erkannt, dass auch ein noch so sorgsam bedachtes Gesetz nicht für jeden einer Regelung bedürftigen Fall, [...], eine Lösung enthalten kann, mit anderen Worten, dass jedes Gesetz unvermeidbar „lückenhaft" ist".

202 *Henze/Notz*, in: GroßKomm, AktG, Anh. § 53a, Rn. 11; ferner *Fleischer*, ZGR 2001, S. 1, 4 f.; *Schäfer/Ott*, Ökonomische Analyse des Zivilrechts, S. 591 f., 597.

203 *Hüffer*, Festschrift Steindorff, S. 59, 68 f.; *Fleischer*, ZGR 2001, S. 1, 5.

204 *K. Schmidt*, Gesellschaftsrecht, § 20 IV. 1. a), S. 588; ferner *Lutter*, Festgabe 50 Jahre Bundesgerichtshof, S. 321, 332: „[...] die Figur der gesellschaftsrechtlichen Treupflicht [ist] aus der rechtlichen Ordnung der Aktiengesellschaft nicht mehr wegzudenken"; *Timm*, WM 1991, S. 481, 482: Die „gesellschaftsrechtliche Treuepflicht [...] stellt heute eines der dominierenden Elemente der „Legalordnung" aller Gesellschaftsformen dar".

die Pflichtenstellung des Aktionärs, aus der sich wiederum einzelne, konkrete Pflichten ableiten.[205]

Im Laufe der Zeit haben sich auch für das Aktienrecht eine Reihe von Fallgruppen herausgebildet:[206]

Für den Bereich der Schrankenfunktion der gesellschaftsrechtlichen Treuepflicht ist zunächst an die Ausübung des Stimmrechts zu denken. So kann die Stimmabgabe eines Aktionärs treuwidrig sein, wenn er die Interessen der Gesellschaft oder seiner Mitgesellschafter nicht ausreichend berücksichtigt.[207] Weitere Fallgruppen sind die rechtsmissbräuchliche Anfechtungsklage,[208] die missbräuchliche Stellung eines Antrags auf Sonderprüfung,[209] der Missbrauch des Auskunftsrechts,[210] die missbräuchliche Einberufung der Hauptversammlung,[211] der Missbrauch des Antrags- und Rederechts[212] und der Missbrauch des Rechts auf Teilnahme an der Hauptversammlung[213]. In einigen dieser Fälle bedarf es in der Praxis keines Rückgriffs auf die gesellschaftsrechtliche Treuepflicht, weil die jeweilige Rechtsausübung bereits weitgehend gesetzlich geregelt ist.[214] Abschießend ist für den Schrankenbereich noch die materielle Beschlusskontrolle

---

205 Vgl. *Ulmer*, in: Staub, HGB, § 105, Rn. 235 f.; ferner *Immenga*, Festschrift 100 Jahre GmbHG, S. 189, 204 f.; *Röhricht*, in: Hdb Corporate Governance, S. 513, 519. Der Bereich der Pflichtenstellung kann weiter in die Bereiche der (positiven) Beitragspflichten und der (negativen) Unterlassungspflichten unterteilt werden, so dass auch von drei Bereichen ausgegangen werden kann; vgl. *Raiser*, Recht der Kapitalgesellschaften, § 12, Rn. 47, S. 113; *Guntz*, Treubindungen von Minderheitsaktionären, S. 89.

206 Ohne Anspruch auf Vollständigkeit.

207 *Bungeroth*, in: MünchKomm, AktG, Vor § 53a, Rn. 22, m. w. N.

208 *Lutter*, ZHR 153 (1989), S. 446, 466; vgl. ferner BGHZ 107, 296 (Kochs-Adler). In dieser Entscheidung hat der Bundesgerichtshof jedoch keinen Rückgriff auf die gesellschaftsrechtliche Treuepflicht genommen, sondern allein auf das Missbrauchsverbot abgestellt; BGH, a.a.O., 311; vgl. dazu *Werner*, Festschrift Semler, S. 419, 422. Das Missbrauchsverbot kann aber als Teil der Treuepflicht angesehen werden; *K. Schmidt*, in: GroßKomm, AktG, § 245, Rn. 52; *ders.*, Gesellschaftsrecht, § 20 IV. 3., S. 594 f.; *Henze*, BB 1996, S. 489, 494; vgl. ferner LG Düsseldorf, WM 1993, S. 153, 161.

209 Vgl. AG Düsseldorf, WM 1988, S. 1668 (Feldmühle).

210 Vgl. nur *Hüffer*, AktG, § 131, Rn. 33 ff., m. w. N.

211 Vgl. nur *Hüffer*, AktG, § 122, Rn. 6, m. w. N.

212 Zum Beispiel durch so genanntes „Filibustering“, vgl. BGHZ 129, 136, 144 (Girmes).

213 Vgl. BGHZ 129, 136, 144 (Girmes).

214 Vgl. BGHZ 129, 136, 144 f. (Girmes).

zu nennen. Sie stellt ebenfalls eine Konkretisierung der gesellschaftsrechtlichen Treuepflicht dar.[215]

Aus dem Bereich der Pflichtenstellung des Aktionärs ist – ergänzend zum Stimmrechtsmissbrauch – die Pflicht zur positiven Stimmabgabe zu nennen. Aktionäre können in Ausnahmefällen aufgrund der gesellschaftsrechtlichen Treuepflicht verpflichtet sein, einer Satzungsänderung zuzustimmen.[216] Daneben werden auch Pflichten beim Aktienhandel diskutiert: Namentlich werden Informationspflichten,[217] Anbietungspflichten,[218] Pflichten zur kursschonenden Veräußerung[219], Pflichten zum Abschluss einer so genannten „lock-up"-Verpflichtung[220] sowie Veräußerungsverbote[221] erörtert. Auch wurde gefragt, ob ein Aktionär, der seine Beteiligung kontinuierlich aufbaut, zu einem bestimmten Zeitpunkt aufgrund seiner Treuepflicht verpflichtet ist, den noch verbliebenen Minderheitsgesellschaftern ein Übernahmeangebot zu machen.[222] Diese Diskussion ist nach dem Inkrafttreten des WpÜG zumindest für börsennotierte Aktiengesellschaften[223] beendet.[224] Des Weiteren wird diskutiert, ob ein Aktionär unter bestimmten Voraussetzungen einem Verbot unterliegt, Geschäftschancen der

---

215 Vgl. *Hüffer*, AktG, § 53a, Rn. 17, § 243, Rn. 21 ff., m. w. N.

216 Dazu und zum Verhältnis von Stimmrechtsmissbrauch und Stimmpflicht vgl. *Hüffer*, AktG, § 179, Rn. 30 f.

217 Vgl. *Lutter*, JZ 1976, S. 562, 563; *ders.*, JZ 1976, S. 225, 230 ff.

218 *Ziemons/Jäger*, AG 1996, S. 358, 364 f.

219 *Ziemons/Jäger*, AG 1996, S. 358, 365.

220 *Fleischer*, WM 2002, S. 2305, 2313, m. w. N.

221 *Lutter*, ZHR 153 (1989), S. 446, 461; ferner *Wiedemann*, Gesellschaftsrecht I, § 8 III. 3. a), S. 451.

222 Vgl. *Lutter*, ZHR 153 (1989), S. 446, 461 f.; ferner *Weber*, Vormitgliedschaftliche Treubindungen, S. 411, unter Anerkennung einer vormitgliedschaftlichen Treuepflicht; *Reul*, Die Pflicht zur Gleichbehandlung der Aktionäre, S. 251 ff., 266 ff.; siehe auch *Bozenhardt*, Freiwillige Übernahmeangebote, S. 75 ff.

223 Vgl. § 35 Abs. 1 i.V.m. § 1 WpÜG.

224 Die Regelung des Pflichtangebots nach § 35 WpÜG kann als Ausfluss der gesellschaftsrechtlichen Treuepflicht gesehen werden, vgl. *Berding*, WM 2002, S. 1149, 1157. So dient das Pflichtangebot dem Schutz der außenstehenden Aktionäre, vgl. *Ekkenga/-Hofschroer*, DStR 2002, S. 724, 725.

Gesellschaft wahrzunehmen.[225] Dieser Teilaspekt der Pflichtenstellung kommt der Frage nach einem Wettbewerbsverbot bereits sehr nahe.

Das Wettbewerbsverbot für Aktionäre betrifft ebenfalls den Bereich der Pflichtenstellung.[226]

Doch bevor der Frage nachgegangen wird, ob ein solches Verbot für Aktionäre aus der gesellschaftsrechtlichen Treupflicht abzuleiten ist, sind zuvor die Grundlagen der gesellschaftsrechtlichen Treuepflicht im Aktienrecht zu bearbeiten. Denn das Verständnis der gesellschaftsrechtlichen Treuepflicht entscheidet – zumindest in Teilbereichen – zwingend über die Ergebnisse zum Wettbewerbsverbot des Aktionärs.[227]

---

225 Vgl. zunächst nur *Lutter*, ZHR 153 (1989), S. 446, 465 f.; ausführlich zur Geschäftschancenlehre unten S. 118 ff.

226 Vgl. *Hueck/Fastrich*, in: Baumbach/Hueck, GmbHG, § 13, Rn. 34; *Hennrichs*, AcP 195 (1995), S. 221, 253; ferner *Roth*, in: MünchKomm, BGB, § 242, Rn. 168. *Henze/Notz*, in: GroßKomm, AktG, Anh. § 53a, Rn. 57 ff., 78, ordnen das Wettbewerbsverbot dagegen der Schrankenfunktion der Treuepflicht zu, ohne aber eine Beziehung zwischen Einwirkungskontrolle und Wettbewerbsverbot herzustellen. Mit *Hüffer*, Festschrift Röhricht, 2005, S. 251, 271, kann zumindest im Grundsatz übereingestimmt werden, dass ein Wettbewerbsverbot nicht aus dem Rechtsgedanken der klassischen Einwirkungskontrolle abgeleitet werden kann. Da die Ausübung von Wettbewerb weder ein mitgliedschaftliches Recht noch eine mitgliedschaftliche Befugnis darstellt, erscheint bereits aus diesem Grunde der Anwendungsbereich der Einwirkungskontrolle nicht gegeben zu sein. Gleichzeitig könnte aber zu fragen sein, was gilt, wenn die Einwirkungskontrolle versagt. So zum Beispiel, wenn ein Gesellschafter, der zugleich im Wettbewerb mit der Gesellschaft steht, sein (mitgliedschaftliches) Einflusspotential derart vielseitig und geschickt einzusetzen vermag, dass – aus den verschiedensten Gründen – eine ex-post Kontrolle der einzelnen Rechtsausübungen nicht mehr gewährleistet oder möglich wäre. Würde man hier zu dem Ergebnis gelangen, dass die Einwirkungskontrolle – neben anderen Schutzmechanismen – versagt, erschiene es meines Erachtens vertretbar, auch auf dem Boden der Einwirkungskontrolle – gewissermaßen als ultima ratio – zu einem präventiven Verbot zu gelangen (ähnlich *Winter*, Mitgliedschaftliche Treuebindungen im GmbH-Recht, 1988, S. 250 f.).

227 Beispiele: Vormitgliedschaftliche Treuepflicht? – vormitgliedschaftliches Wettbewerbsverbot?; Treuepflicht des Alleinaktionärs? – Wettbewerbsverbot des Alleinaktionärs?

2. Die Treuepflicht gegenüber der Aktiengesellschaft[228]

a) Einleitung

Die Treuepflicht des Aktionärs gegenüber seiner Gesellschaft war bereits früh anerkannt. Erstmals nahm das Reichsgericht Mitte der dreißiger Jahre des letzten Jahrhunderts ein Treueverhältnis zwischen Aktionär und Gesellschaft an.[229] Dabei blieb das Gericht nicht unbeeinflusst vom damaligen Zeitgeist und einem übersteigerten „Gemeinschaftsgedanken". Der Aktionär sollte sich als „Glied der Gemeinschaft fühlen" und gehalten sein, „die Treupflicht gegenüber dieser Gemeinschaft zur obersten Richtschnur seines Handelns zu machen".[230] Im Vorfeld der Anerkennung der gesellschaftsrechtlichen Treuepflicht konnte zunächst noch das Mehrheitsprinzip nahezu uneingeschränkt Geltung beanspruchen.[231] Erst später wurde eine materielle Begrenzung der Mehrheitsmacht aus dem Gebot der guten Sitten gemäß der §§ 138, 826 BGB angenommen.[232] Die ersten eine Treuepflicht zur Gesellschaft anerkennenden Entscheidungen wurden in der Folgezeit durch weitere Entscheidungen des Reichsgerichts bestätigt.[233] Auch der Bundesgerichtshof ist der Auffassung des Reichsgerichts – freilich ohne Bezugnahme auf den „Gemeinschaftsgedanken" – in ständiger Rechtsprechung gefolgt.[234]

Die Annahme einer vertikalen Treuepflicht ist vereinzelt auf Kritik gestoßen.[235]

---

228 Auch „vertikale Treuepflicht".

229 RGZ 146, 71, 76; 146, 385, 395 f.

230 RGZ 146, 385, 395; 158, 248, 254.

231 RGZ 68, 235, 245 f. (Hibernia); 68, 314, 317; 85, 170, 172 f.

232 RG, JW 1916, S. 575; RGZ 107, 72, 74 f.; 107, 202, 204; 108, 41, 43; 112, 14, 19; 113, 188, 193; 132, 149, 163.

233 Vgl. RGZ 158, 248, 254; RG, JW 1938, S. 2833.

234 Vgl. nur BGHZ 14, 25, 38; 103, 184, 194 f. (Linotype); 129, 137, 151 (Girmes); 142, 167, 169 f. (Hilgers); BGH, AG 2000, 229, 230 (Breuninger-Gruppe). Ausführlich zu der hier nur skizzierten Entwicklung *Stelzig*, Zur Treuepflicht des Aktionärs, passim.

235 *A. Hueck*, in: Baumbach/Hueck, AktG, Vor § 54, Anm. 11; *ders.*, Der Treugedanke im modernen Privatrecht, S. 14; *Meyer-Landrut*, in: GroßKomm, AktG, 3. Aufl., § 1, Anm. 34; *S. Wilhelmi*, in: Godin/Wilhelmi, AktG, § 1, Anm. 5; *Hefermehl/Bungeroth*, in: Geßler/Hefermehl, AktG, Vor § 53a, Rn. 19; *Würdinger*, Aktienrecht und das Recht der verbundenen Unternehmen, § 11 VI., S. 51 f.; *Reinhardt*, Gesellschaftsrecht, Rn. 441; *Reinhard/Schulz*, Gesellschaftsrecht, Rn. 442; vgl. ferner *Flume*, ZIP 1995, S. 161 ff.; *O. Werner*, in: Erman, BGB, 10. Aufl., § 242, Rn. 28.

Zum einen wird geltend gemacht, dass für die gesellschaftsrechtliche Treuepflicht des Aktionärs zur Gesellschaft weder ein Bedürfnis noch eine Rechtfertigung bestünden.[236] Dabei wird insbesondere auf die kapitalistische Struktur der Aktiengesellschaft verwiesen, welche den Beitrag des Aktionärs zu Erreichung des Gesellschaftszwecks – abgesehen von § 55 AktG – ausschließlich auf die Leistung der Einlage beschränke. Der Aktionär sei deshalb nicht verpflichtet, sich um das Wohl der Gesellschaft zu kümmern. Das Verhältnis zwischen ihm und der Gesellschaft wird als eine lockere Bindung beschrieben.[237] Das mangelnde Bedürfnis an der Treuepflicht wird ferner damit begründet, dass die Aktiengesellschaft bei der Ausübung der Verwaltungsrechte bereits durch die allgemeinen Grundsätze von Treu und Glauben (§ 242 BGB) sowie die §§ 117, 243 Abs. 2, 300 ff., 309, 311 ff. AktG ausreichend vor einer missbräuchlichen Rechtsausübung und Einflussnahme geschützt werde.[238] Gegen die Annahme einer gesellschaftsrechtlichen Treuepflicht spreche zudem, dass das AktG den Aktionären viel Raum für die Verfolgung eigennütziger Interessen im Rahme der Mitverwaltung gebe. Dies wurde insbesondere an § 117 Abs. 7 Nr. 1 AktG a.F. festgemacht,[239] wonach eine Schadensersatzpflicht bei vorsätzlich gesellschaftsschädigender Stimmrechtsausübung ausgeschlossen war. Andere Autoren bemühen einen grundlegenderen Ansatzpunkt für ihre Ablehnung der aktienrechtlichen Treuepflicht. Sie gehen davon aus, dass eine vertikale Treuepflicht schon mit dem „Wesen der Aktiengesellschaft" nicht vereinbar sei.[240] Die Aktiengesellschaft sei nach ihrem Grundtypus auf den Wechsel der Gesellschafter angelegt, und es entspreche zudem auch nicht dem Willen des Aktionärs, sich

---

[236] *Hefermehl/Bungeroth*, in: Geßler/Hefermehl, AktG, Vor § 53a, Rn. 19, die aber eine über die Grundsätze des § 242 BGB hinausgehende Treuepflicht in „Ausnahmefällen auf Grund außergewöhnlicher Umstände" annehmen, so z.B. für den Alleingesellschafter, ebd., Rn. 20 f.; zur Treuepflicht des Alleinaktionärs vgl. unten S. 74 ff.

[237] *A. Hueck*, Der Treugedanke im modernen Privatrecht, S. 14 f.; *ders.*, in: Baumbach/-Hueck, AktG, Vor § 54, Rn. 11.

[238] *Hefermehl/Bungeroth*, in: Geßler/Hefermehl, AktG, Vor § 53a, Rn. 19; *Meyer-Landrut*, in: GroßKomm, AktG, 3. Aufl., § 1, Anm. 34; vgl. auch *Würdinger*, Aktienrecht und das Recht der verbundenen Unternehmen, § 11 VI., S. 51 f.

[239] *Hefermehl/Bungeroth*, in: Geßler/Hefermehl, AktG, Vor § 53a, Rn. 19; *Meyer-Landrut*, in: GroßKomm, AktG, 3. Aufl., § 1, Anm. 34.

[240] *S. Wilhelmi*, in: Godin/Wilhelmi, AktG, § 1, Anm. 5; allgemein zum Wesensargument *Scheuerle*, AcP 163 (1963), S. 429 ff.

zur Treue gegenüber der Gesellschaft zu verpflichten. Vielmehr behielten es sich die Aktionäre vor, durch Veräußerung aus der Gesellschaft auszutreten.[241] Des Weiteren ist eine Ablehnung der gesellschaftsrechtlichen Treuepflicht der Aktionäre gegenüber der Gesellschaft damit begründet worden, dass eine Treuebeziehung nur zwischen natürlichen Personen, nicht aber gegenüber einer juristischen Person bestehen könne.[242]

Diese Bedenken erschüttern die grundsätzliche Anerkennung der gesellschaftsrechtlichen Treuepflicht jedoch nicht: Die vorgebrachten Argumente lassen sich zunächst in zwei Bereiche unterteilen. Die erste Argumentationslinie betrifft die Struktur der Aktiengesellschaft, welche der Annahme einer Treuepflicht entgegenstehen soll. Die zweite Linie spielt auf ein fehlendes Bedürfnis für eine solche Generalklausel an. Beides geht fehl. Es ist zutreffend, dass der Strukturtypus der Aktiengesellschaft kapitalistisch geprägt und die Aktiengesellschaft auf einen Wechsel ihrer Mitglieder angelegt ist. Doch dies widerspricht noch nicht der grundsätzlichen Annahme einer gesellschaftsrechtlichen Treuepflicht im Aktienrecht. Denn der Strukturtypus ist allenfalls auf der Ebene der Konkretisierung der Treuepflicht zu Einzelpflichten zu berücksichtigen. Soweit das Bedürfnis nach einer gesellschaftsrechtlichen Treuepflicht in Abrede gestellt wird, ist nur auf die unüberwindliche Lückenhaftigkeit der gesetzlichen Regelungen zu verweisen.[243]

Gleichfalls ist der Vorstellung, dass die gesellschaftsrechtliche Treuepflicht allein den Mehrheitsaktionär treffe,[244] entgegenzutreten. Durch die Treuepflicht werden grundsätzlich alle Aktionäre, unabhängig von der Höhe ihrer Beteili-

---

241 *S. Wilhelmi*, in: Godin/Wilhelmi, AktG, § 1, Anm. 5.

242 *Fechner*, Die Treubindungen des Aktionärs, S. 24. Dies ist aus heutiger Sicht freilich obsolet; vgl. bereits *A. Hueck*, Der Treugedanke im modernen Privatrecht, S. 13 f.

243 Vgl. oben S. 40 f.

244 *Lutter*, JZ 1976, S. 225 ff.; *ders.*, JZ 1976, S. 562, 563; *Fehrensen*, Treuepflicht des Großaktionärs, S. 119 ff.; tendenziell auch BGHZ 103, 184, 195 (Linotype); ferner *G. Hueck*, Gesellschaftsrecht, § 26 IV. 1., S. 264; des Weiteren *Schilling*, Freundesgabe Hengeler, S. 226; *ders.*, in: GroßKomm, AktG, 3. Aufl., § 243, Anm. 18, der aufgrund der Stellung der Hauptversammlung als Organ der Aktiengesellschaft eine (organschaftliche) Treuepflicht der Gesellschaftermehrheit annimmt. Dies geht jedoch fehl, da allein die Hauptversammlung als solche Organ der Gesellschaft ist, nicht aber eine beschließende Hauptversammlungsmehrheit; vgl. *Hüffer*, AktG, § 118, Rn. 2.

gung, verpflichtet. Die Beteiligungshöhe spielt über die mit ihr einhergehenden Einflussmöglichkeiten eine Rolle für die sich im Einzelfall aus der Treuepflicht ergebenden Pflichten.[245] Für den Mehrheitsaktionär ergibt sich daher im Gegensatz zum Minderheitsaktionär ein weitaus größerer Pflichtenkatalog. Daraus kann aber nicht der Schluss gezogen werden, dass der Minderheitsaktionär keiner gesellschaftsrechtlichen Treuepflicht unterliege.

Im Ergebnis ist die Treuepflicht der Aktionäre gegenüber ihrer Gesellschaft heute auch in der Literatur allgemein anerkannt und wird kaum mehr angezweifelt.[246]

Trotz dieser Anerkennung auf breiter Basis liegt die Rechtsgrundlage der gesellschaftsrechtlichen Treuepflicht weiterhin im Dunkeln und ist Gegenstand einer regen Diskussion. Die Treuepflicht des Aktionärs gegenüber seiner Gesellschaft wird vielfach bejaht, ohne eine dogmatische Grundlage zu benennen.[247] Insbesondere die Rechtsprechung hat bislang wenig zur Klärung der Rechtsgrundlage beigetragen.[248]

In der Literatur werden im Wesentlichen vier Ansätze vorgetragen:[249] Als positivrechtliche Grundlagen werden § 705 BGB und § 242 BGB genannt.[250] Andere

---

245 Vgl. nur *Hennrichs*, AcP 195 (1995), S. 221, 240 f.

246 Statt anderer *Hüffer*, AktG, § 53a, Rn. 2, 13 ff.; *Bungeroth*, in: MünchKomm, AktG, Vor § 53a, Rn. 17 ff.; *Wiesner*, in: MünchHdbGesR AG, § 17, Rn. 14; jeweils m. w. N.

247 Vgl. nur *Werner*, Festschrift Semler, S. 419, 423; *Lutter*, ZHR 153 (1989), S. 446, 452 f.

248 Vgl. RGZ 146, 385, 395; BGHZ 14, 25, 38; 103, 184, 194 f. (Linotype); 129, 136, 142 ff. (Girmes); BGH, JZ 1976, S. 561 (Audi/NSU); ferner *Hüffer*, Festschrift Steindorff, S. 59, 61 mit Fn. 6. Da die Treuepflicht des Aktionärs heute im Wesentlichen anerkannt ist, wird die Nennung ihrer Rechtsgrundlage in der Praxis wohl für nicht (mehr) erforderlich erachtet, vgl. *Henze*, BB 1996, S. 489, 491; *ders./Notz*, in: GroßKomm, AktG, Anh § 53a, Rn. 13. *Henze*, ZHR 162 (1998), S. 186, 191, ist ferner der Ansicht, dass für den Bundesgerichtshof auch in der Zukunft keine Veranlassung besteht, sich zur Rechtsgrundlage der Treuepflicht zu äußern.

249 Die im Folgenden genannten Ansätze geben zum Teil nur grobe Richtungen vor. Vielfach werden auch Ansätze (vgl. die nachfolgende Fn.) oder einzelne Elemente dieser Ansätze miteinander kombiniert. Oftmals wird in der Diskussion um die Grundlage der gesellschaftsrechtlichen Treuepflicht zudem nicht ausreichend zwischen Tatbestands- und Rechtsfolgenseite differenziert.

250 *F. Häuser*, Unbestimmte „Maßstäbe“ als Begründungselement richterlicher Entscheidungen, S. 176 ff., 182, und ihm folgend *Winter*, Mitgliedschaftliche Treuebindungen im GmbH-Recht, S. 12 ff., 14 (für die Personengesellschaft), 68 (für die GmbH); *Pentz*,

sehen eine Korrelation von Rechtsmacht und Verantwortung als Rechtsgrundlage der Treuepflicht an. Ferner wird auf eine „richterrechtliche Generalklausel" als einen die Treuepflicht „stabilisierenden Rechtssatz" abgestellt.[251]

b) Die Rechtsgrundlage der gesellschaftsrechtlichen Treuepflicht

(1) § 705 BGB als Rechtsgrundlage

Die Rechtsgrundlage der gesellschaftsrechtlichen Treuepflicht wird teilweise in § 705 BGB gesehen.[252] Nach § 705 BGB verpflichten sich die Gesellschafter durch den Gesellschaftsvertrag gegenseitig, die Erreichung eines gemeinsamen Zwecks in der durch den Vertrag bestimmten Weise zu fördern. Neben den Pflichten, die sich bereits aus dem Gesetz und dem Gesellschaftsvertrag ergeben, diene die allgemeine Verpflichtung der Mitglieder, den gemeinsamen Zweck zu fördern, dazu, die Zweckverfolgung auch bei zukünftigen, sehr ungewissen Ereignissen zu sichern.[253] Eine direkte Anwendung finde § 705 BGB allein auf Personengesellschaften.[254] Die Pflicht zur Förderung des gemeinsamen

---

in: Rowedder, GmbHG, § 13, Rn. 36, führen die gesellschaftsrechtliche Treuepflicht wahlweise auf § 705 BGB oder § 242 BGB zurück, je nachdem, ob es um die Ableitung einer Verhaltenspflicht – dann § 705 BGB – oder die Begrenzung der Gesellschafterrechte (sog. Schrankenfunktion) – dann § 242 BGB – geht. Beide Normen werden im Folgenden dennoch getrennt dargestellt.

251 Daneben soll nicht auf ältere Ansätze eingegangen werden, die dogmatisch wenig haltbar erscheinen und gegenwärtig nicht mehr Gegenstand der Diskussion sind: So wurde die Treuepflicht des Aktionärs teilweise aus seiner Mitgliedschaft im Gesellschaftsorgan Hauptversammlung abgeleitet, *Ritter*, JW 1934, S. 3025, 3029; zur organschaftlichen Treuepflicht der Gesellschaftermehrheit siehe bereits oben Fn. 244. Andere begründeten die Treuepflicht mit einem personenrechtlichen Charakter der Aktiengesellschaft, *Klausing*, Festschrift Schlegelberger, S. 405, 419, 433 f.; *Siebert*, JW 1935, S. 1553; vgl. auch *ders.*, DRW 1936, S. 204, 249 ff. Wieder andere sahen den Aktionär als einen Treuhänder gegenüber der Gemeinschaft, vgl. nur *Dorpalen*, ZHR 102 (1936), S. 1, 18 ff. Schließlich wurde eine Treuepflicht des Aktionärs unter der Annahme bejaht, dass ihr Bezugsobjekt nicht die Aktiengesellschaft, sondern das von ihr getragene Unternehmen, *Fechner*, Die Treubindungen des Aktionärs, S. 63 ff., oder sogar die Volksgemeinschaft sei, *Bergmann*, ZHR 105 (1938), S. 1, 10.

252 *Lutter*, AcP 180 (1980), S. 84, 102 f., 117; *ders.*, ZHR 153 (1989), S. 446, 454; *Hadding*, in: Soergel, BGB, § 705, Rn. 58; *Marsch-Barner*, ZHR 157 (1993), S. 172, 173; *Timm*, WM 1991, S. 481, 482; *Hammen*, ZBB 1993, S. 239, 242; *Nehls*, Die gesellschaftsrechtliche Treuepflicht im Aktienrecht, S. 20 f., 36 ff., 52; vgl. ferner *H. P. Westermann*, Vertragsfreiheit und Typengesetzlichkeit, S. 143.

253 *Lutter*, AcP 180 (1980), S. 84, 102.

254 Anders *Nehls*, Die gesellschaftsrechtliche Treuepflicht im Aktienrecht, S. 49, der von einer direkten Anwendbarkeit des § 705 BGB für das Aktienrecht ausgeht.

Zwecks sei aber Inhalt einer jeder Mitgliedschaft.[255] Über das Recht der Personengesellschaften hinaus gelte sie auch grundsätzlich für das Recht der Kapitalgesellschaften,[256] oder anders gewendet: § 705 BGB sei Grundnorm des gesamten Gesellschaftsrechts.[257]

Dieses Verständnis stößt auf Kritik: Zunächst wird es als problematisch angesehen, § 705 BGB als Grundnorm für das gesamte Gesellschaftsrecht zu qualifizieren. So handele es sich bei § 705 BGB um eine spezielle Norm für Personengesellschaften, welche sich damit nur auf diese Untergruppe der Gesellschaften beziehe. Die Möglichkeit einer Verallgemeinerung oder Erstreckung auf andere Verbandstypen erscheine schon daher sehr begrenzt.[258] Ferner wird angenommen, dass die Zweckförderungspflicht ihre Grundlage in der Treuepflicht finde, und die Treuepflicht sich nicht vice versa aus der Zweckförderungspflicht ableiten lasse.[259] Auch fordere § 705 BGB eine gegenseitige Verpflichtung der Gesellschafter. Ein solches Schuldverhältnis sei aber gerade dem Aktienrecht fremd und finde dort keine Entsprechung.[260] Darüber hinaus bestünden bereits im Recht der Personengesellschaften Bedenken gegen die Ableitung der Treuepflicht aus § 705 BGB. Über § 705 BGB sei es zum Beispiel nicht möglich, die – weithin anerkannte und in Extremfällen eingreifende – Pflicht zur Mitwirkung an der Änderung des Gesellschaftsvertrages zu begründen.[261] Es könne insoweit von einer „Überforderung" des § 705 BGB als Rechtsgrundlage der gesellschaftsrechtlichen Treuepflicht gesprochen werden.[262, 263]

---

255 *Lutter*, AcP 180 (1980), S. 84, 103; *Marsch-Barner*, ZHR 157 (1993), S. 172, 173.

256 *Lutter*, AcP 180 (1980), S. 84, 102 f.; *Timm*, WM 1991, S. 481, 482.

257 *Burgard*, ZIP 2002, S. 827, 833; *Lutter*, ZHR 153 (1989), S. 446, 454: „Grundnorm des gesamten Korporationsrechts". *Guntz*, Treubindungen des Minderheitsaktionärs, S. 99, ist der Ansicht, dass es § 705 BGB für die Anerkennung einer Zweckförderungspflicht im Aktienrecht nicht bedürfe.

258 *Jilg*, Die Treuepflicht des Aktionärs, S. 42; tendenziell auch *Hennrichs*, AcP 195 (1995), S. 222, 229.

259 *Kort*, ZIP 1990, S. 294, 295.

260 *Flume*, ZIP 1995, S. 161, 164; ferner *Jilg*, Die Treuepflicht des Aktionärs, S. 41.

261 Vgl. nur *Ulmer*, in: MünchKomm, BGB, § 705, Rn. 222, m. w. N.

262 *Hennrichs*, AcP 195 (1995), S. 222, 231; ferner *Hüffer*, Festschrift Steindorff, S. 59, 70.

263 Zu dem Problem, horizontale Treuepflichten auf der Grundlage von § 705 BGB zu begründen vgl. unten S. 57 f.

(2) § 242 BGB als Rechtsgrundlage

Andere nehmen § 242 BGB als Rechtsgrundlage der gesellschaftsrechtlichen Treuepflicht an.[264] Die Rechtsbeziehung zwischen Aktionär und Gesellschaft unterliegt – nach vorherrschender Ansicht – wie jede andere Rechtsbeziehung der Generalklausel des § 242 BGB.[265] Die gesellschaftsrechtliche Treuepflicht unterscheide sich aber nicht prinzipiell von diesem Gebot von Treu und Glauben, sondern weiche nur in ihrer Intensität ab.[266] Es wird in diesem Zusammenhang von einem „Topos" gesprochen, „mit dem sich die gesteigerte Intensität sämtlicher Verhaltensgebote von Treu und Glauben im Gesellschaftsverhältnis kennzeichnen" lasse.[267] Der Grund für die gesteigerte Intensität sei unter anderem in der „Verfestigung zur Organisation" zu sehen.[268] Die gesellschaftsrechtliche Treuepflicht könne daher zutreffend als eine Konkretisierung der Generalklausel des § 242 BGB qualifiziert werden;[269] sie bilde damit einen Unterfall der allgemeinen Loyalitäts- und Rücksichtnahmepflicht.[270]

Kritik an dieser Sichtweise wird vornehmlich von Vertretern der § 705 BGB als Rechtsgrundlage protegierenden Ansicht geäußert: Gegen die Einordnung der gesellschaftsrechtlichen Treuepflicht bei § 242 BGB wird zunächst angeführt, dass die gesellschaftsrechtliche Loyalität und Rücksichtnahme weit über den Grundsatz von Treue und Glauben hinausreiche und damit den Rahmen des § 242 BGB „überfordern" würde.[271] Des Weiteren sei die gesellschaftsrechtliche

---

264 *Roth*, in: MünchKomm, BGB, § 242, Rn. 166; *Hennrichs*, AcP 195 (1995), S. 222, 228 ff.; *Grunewald*, Gesellschaftsrecht, 2. C. III. 1. a), Rn. 35, S. 238; *Keßler*, in: Staudinger, BGB, 12. Aufl., Vorbem. § 705, Rn. 42; *Emmerich*, in: Scholz, GmbHG, § 13, Rn. 36; *Winter*, in: Scholz, GmbHG, § 14, Rn. 50; *Rowedder*, in: Rowedder, GmbHG, 3. Aufl., § 13, Rn. 13; *Winter*, Mitgliedschaftliche Treuebindungen im GmbH-Recht, S. 67 f.; *Burgard*, ZIP 2002, S. 827, 834 f.; *U. H. Schneider/Burgard*, Festschrift Ulmer, S. 579, 582, 590; vgl. ferner *K. Schmidt*, Gesellschaftsrecht, § 20 IV. 1. a), S. 588; *Schmiedel*, ZHR 134 (1970), S. 173, 182; *Larenz/Canaris*, Methodenlehre, S. 241.

265 Siehe oben bei Fn. 199.

266 *Roth*, in: MünchKomm, BGB, § 242, Rn. 166.

267 *Roth*, in: MünchKomm, BGB, § 242, Rn. 166.

268 *Roth*, in: MünchKomm, BGB, § 242, Rn. 166.

269 *Grunewald*, Gesellschaftsrecht, 2. C. III. 1. a), Rn. 35, S. 238.

270 *Hennrichs*, AcP 195 (1995), S. 222, 229, 234.

271 *Lutter*, AcP 180 (1980), S. 84, 103 mit Fn. 93; *Marsch-Barner*, ZHR 157 (1993), S. 172, 173; *Fillmann*, Treuepflichten der Aktionäre, S. 84; vgl. ferner *Hüffer*, Fest-

Treuepflicht als eine Hauptpflicht zu qualifizieren. Dies spreche gegen die Verortung bei § 242 BGB, weil § 242 BGB nur die Art und Weise der geschuldeten Leistung bestimme.[272] Ferner wird eingewandt, dass mit § 242 BGB als Rechtsgrundlage nicht zu erklären sei, dass der Gesellschaft Ansprüche aus einer Treuepflichtverletzung zustehen können.[273] Außerdem stehe die individualschützende Ausrichtung des § 242 BGB der Einbeziehung von Gesellschaftsinteressen entgegen. Denn die individualschützende Ausrichtung führe dazu, dass die Interessen der Gesellschaft, welche über die Summe der Interessen der Gesellschafter hinausgehen, nicht berücksichtigt werden könnten.[274] Ähnlich wie schon bei § 705 BGB wird auch für die Rechtsgrundlage des § 242 BGB reklamiert, dass es auf ihrer Basis nicht möglich sei, die in Sonderfällen eingreifende Pflicht zur Mitwirkung an der Änderung des Gesellschaftsvertrages – respektive Satzung – zu begründen, da die von der Norm vorausgesetzte Rechtsbeziehung selbst verändert werde.[275]

Dem wird wiederum entgegengesetzt, dass von einer Überforderung von § 242 BGB als Rechtsgrundlage der Treuepflicht keinesfalls gesprochen werden könne. Vielmehr fügten sich alle Funktionen der gesellschaftsrechtlichen Treuepflicht in das heutige Verständnis des § 242 BGB ein.[276] Nicht ersichtlich sei ferner, warum die Annahme einer Hauptpflicht der Annahme des § 242 BGB als Rechtsgrundlage widerspreche.[277] So könnten auf der Grundlage von § 242 BGB durchaus auch Hauptpflichten begründet werden. Dies zeige das Beispiel vom

---

schrift Steindorff, S. 59, 71, der insbesondere eine Überforderung der für das „Gesellschaftsrecht spezifischen organisationsrechtlichen Belange" konstatiert.

272 *Lutter/Bayer*, in: Lutter/Hommelhoff, GmbHG, § 14, Rn. 18; *Stimpel*, in: Juristische Studiengesellschaft, Richterliche Rechtsfortbildung, S. 15, 18; *Grundmann*, Der Treuhandvertrag, S. 150; vgl. ferner *Marsch-Barner*, ZHR 157 (1993), S. 172, 173: „Die Treuepflicht ergibt sich [...] nicht aus dem Schuldrecht"; *Kort*, ZIP 1990, S. 294, 295; *Fischer*, in: GroßKomm, HGB, 3. Aufl., § 105, Anm. 31a letzter Absatz. Zur Treuepflicht als Hauptpflicht vgl. *Lutter*, AcP 180 (1980), S. 84, 103 f., 117; *Hadding*, in: Soergel, BGB, § 705, Rn. 58.

273 *Hüffer*, Festschrift Steindorff, S. 59, 71.

274 *Hüffer*, Festschrift Steindorff, S. 59, 71. Zum Eigeninteresse der Aktiengesellschaft vgl. unten S. 78 ff.

275 *Hüffer*, Festschrift Steindorff, S. 59, 71.

276 *Hennrichs*, AcP 195 (1995), S. 221, 231.

277 *Hennrichs*, AcP 195 (1995), S. 221, 231 f.; ebenso auch *Hüffer*, Festschrift Steindorff, S. 59, 71.

„Schuldverhältnis ohne primäre Leistungspflichten".[278] Des Weiteren könne die Gesellschaft auch der Inhaber eines Anspruches aus Treuepflichtverletzung sein. Anspruchsinhaber sei grundsätzlich derjenige gegenüber dem die Pflicht bestehe. Für § 242 BGB sei demnach fraglich, zwischen welchen Beteiligten die Sonderverbindung bestehe. Eine solche Sonderverbindung bestehe gerade auch zwischen der Aktiengesellschaft und dem Aktionär.[279] Ferner sei es unzutreffend, dass die über die Gesellschafterinteressen hinausgehenden Interessen der Gesellschaft bei § 242 BGB unberücksichtigt bleiben müssten. Das Gegenteil sei zutreffend: Drittinteressen seien im Rahmen von § 242 BGB zwingend zu beachten. Bei der Konkretisierung der Generalklausel seien ähnlich der Pflicht des Gesetzgebers bei der Gesetzgebung alle betroffenen Interessen mit einzubeziehen. Im konkreten Fall der Treuepflicht der Aktionäre erfolge eine Einbeziehung von Drittinteressen zudem aufgrund der Sozialpflichtigkeit des Eigentums (Art. 14 Abs. 2 GG).[280] Schließlich sollen auch die Bedenken gegen die Pflicht zur Mitwirkung an der Änderung der Satzung nicht durchgreifen. Zwar sei es zutreffend, dass sich die von § 242 BGB vorausgesetzte Rechtsbeziehung selbst ändere. Jedoch sei dies – unter Verweis auf die Lehre vom Wegfall der Geschäftsgrundlage –[281] im Rahmen von § 242 BGB nichts Ungewöhnliches.[282]

(3) Richterrechtliche Generalklausel als Rechtsgrundlage

Des Weiteren wird vertreten, dass die Rechtsgrundlage der gesellschaftsrechtlichen Treuepflicht in einer richterrechtlichen Generalklausel liege.[283] Die richter-

---

278 *Hennrichs*, AcP 195 (1995), S. 221, 232.

279 *Hennrichs*, AcP 195 (1995), S. 221, 232; ausführlich zur Sonderverbindung unten S. 59 ff.

280 *Hennrichs*, AcP 195 (1995), S. 221, 232, 250 f.

281 Nunmehr § 313 BGB.

282 *Hennrichs*, AcP 195 (1995), S. 221, 233; ferner *Winter*, Mitgliedschaftliche Treuebindungen im GmbH-Recht, S. 31 f.

283 So *Hüffer*, AktG, § 53a, Rn. 15; *ders.*, Festschrift Steindorff, S. 59, 68 ff.; *ders.*, ZHR 153 (1989), S. 85, 87 f.; *ders.*, Festschrift Röhricht, S. 251, 259; *Paschke*, Festschrift Serick, S. 313, 320; *Ulmer*, in: Staub, HGB, § 105, Rn. 233 a.E.; *Stimpel*, in: Juristische Studiengesellschaft, Richterliche Rechtsfortbildung, S. 15, 18; *ders.*, Festschrift 25 Jahre Bundesgerichtshof, S. 13, 19; *Bungeroth*, in: MünchKomm, AktG, Vor § 53a, Rn. 18 a.E.; ferner *Henze*, BB 1996, S. 489, 491 f.; *ders.*, ZHR 162 (1998), S. 186, 191; *ders.*, in: Gesellschaftsrecht 1995, S. 1, 7; *ders.*, Aktienrecht, Rn. 1052; *ders./Notz*, in: Groß-Komm, AktG, Anh. § 53a, Rn. 19; vgl. auch *Lutter*, ZHR 162 (1998), S. 164, 166 f.

rechtliche Generalklausel wird in diesem Zusammenhang als ein die Treuepflicht stabilisierender Rechtssatz bezeichnet.[284] Die Treuepflicht habe sich durch eine Reihe von Einzelfallentscheidungen zur richterrechtlichen Generalklausel entwickelt, die ihrerseits nun von Fall zu Fall der Konkretisierung bedürfe.[285] Als Begründung wird zum einen auf ihre „praktische Notwendigkeit" und zum anderen auf eine „gesetzliche Ableitungsbasis" abgestellt.[286] Die Notwendigkeit ergebe sich zum einen aus der sachlichen Erforderlichkeit der Generalklausel. Diese sei gegeben, weil der bestehende gesellschaftsrechtliche Normbedarf durch den Gesetzgeber nicht gedeckt sei und auch nicht gedeckt werden könne. Zum anderen sei sie notwendig, da die bestehenden gesetzlichen Bestimmungen dem eben beschriebenen sachlichen Erfordernis nicht genüge leisten können. Insbesondere seien § 705 BGB und § 242 BGB untauglich, den Normbedarf zu decken.[287] Eine so genannte „gesetzliche Ableitungsbasis" als Legitimation der gesellschaftsrechtlichen Treuepflicht sei durch eine Reihe von Einzelnormen gegeben. Genannt werden die §§ 242, 705 BGB, §§ 112, 113 HGB und §§ 53a, 243 Abs. 1, 2 AktG. Diese würden in ihrer Zusammenschau die Treuepflicht „stützen". Die Treuepflicht wird als „gedankliche und sprachliche Zusammenfassung im Gesetz vorhandener Teilelemente" bezeichnet.[288]

Es wird zwar zugestimmt, dass die gesellschaftsrechtliche Treuepflicht als Generalklausel einer Konkretisierung im Einzelfall bedürfe und dass dies primär durch die Gerichte erfolge. Wenn dies mit der Formulierung „richterrechtliche Generalklausel" gemeint sei, sei dies nicht zu beanstanden. Eine Rechtsgrundlage sei damit aber noch nicht gefunden.[289] Insbesondere wird die Argumentation

---

284 *Hüffer*, AktG, § 53a, Rn. 15.

285 *Stimpel*, in: Juristische Studiengesellschaft, Richterliche Rechtsfortbildung, S. 15, 18.

286 *Hüffer*, AktG, § 53a, Rn. 15.

287 *Hüffer*, Festschrift Steindorff, S. 59, 70 ff.; vgl. die Kritik oben bei den Fn. 262 (§ 705 BGB), 271, 273 und 275 (§ 242 BGB).

288 *Hüffer*, Festschrift Steindorff, S. 59, 72 f.; *ders.*, ZHR 153 (1989), S. 85, 87 f.; weitergehend *Bungeroth*, in: MünchKomm, AktG, Vor § 53a, Rn. 18 a.E.: „Die Charakterisierung [der gesellschaftsrechtlichen Treuepflicht] als richterrechtliche Generalklausel, die ihre Grundlage in verschiedenen Vorschriften *und Grundsätzen* des Gesellschaftsrechts hat, dürfte dem Wesen und der Entstehungsgeschichte dieser Rechtsfigur am nächsten kommen."

289 *Hennrichs*, AcP 195 (1995), S. 221, 233.

als zirkulär kritisiert. Denn unter der Annahme, dass die richterrechtliche Generalklausel die Rechtsgrundlage der gesellschaftsrechtlichen Treuepflicht sei und sich gleichzeitig diese Generalklausel durch eine Reihe von Einzelfallentscheidungen gebildet hat, bleibe fraglich, was die Rechtsgrundlage der Treuepflicht in den einzelnen Entscheidungen war, bevor sich die richterrechtliche Generalklausel entwickelt haben konnte.[290]

(4) Korrelation von Rechtsmacht und Verantwortung als Rechtsgrundlage

Schließlich wird die Rechtsgrundlage der gesellschaftsrechtlichen Treuepflicht in einer Korrelation zwischen Rechtsmacht und Verantwortung gesehen.[291] Steigende Einwirkungs- und Einflussmöglichkeiten eines Gesellschafters sollen mit einer gesteigerten Pflichtenstellung korrespondieren beziehungsweise zu gesteigerten Rücksichtspflichten gegenüber der Gesellschaft und den Mitgesellschaftern führen.[292] Die Rücksichtspflicht sei dabei die Konkretisierung eines allgemeinen Prinzips, nach welchem Einfluss und Verantwortung einander entsprechen müssen.[293] Auch der Bundesgerichtshof bedient sich bei seiner Anerkennung der horizontalen Treuepflichten in der Aktiengesellschaft dieser Argumentation.[294] Er formuliert, dass „als Gegengewicht" für die Möglichkeit des Mehr-

---

290 *Flume*, ZIP 1995, S. 161, 164.

291 *Wiedemann*, Gesellschaftsrecht I, § 8 II. 3. a), S. 432; *ders.*, Minderheitenschutz und Aktienhandel, S. 9; *ders.*, JR 1976, S. 392, 393; *ders.*, JZ 1989, S. 447 f.; *Zöllner*, in: KölnKomm, AktG, Einl., Rn. 169, § 243, Rn. 190; *ders.*, Die Schranken mitgliedschaftlicher Stimmrechtsmacht bei den privatrechtlichen Personenverbänden, S. 335 ff., 342 f., 350; *Henssler*, ZHR 157 (1993), S. 91, 114: „Grundlage der Treuepflicht"; *Timm*, WM 1991, S. 481, 482: „Rechtsgrund"; *ders.*, NJW 1988, S. 1582, 1582 f.; *ders.*, ZGR 1987, S. 403, 405 f.; *Bommert*, JR 1988, S. 509; vgl. auch *K. Schmidt*, Gesellschaftsrecht, § 20 IV. 1. b), S. 588 f. und *Kort*, ZIP 1990, S. 294, 296: „rechtsfunktioneller Anknüpfungspunkt"; ferner *Dreher*, ZHR 157 (1993), S. 150, 154; *Lutter*, ZHR 153 (1989), S. 446, 454 f.

292 *Zöllner*, in: KölnKomm, AktG, Einl., Rn. 169, § 243, Rn. 190; *Wiedemann*, Gesellschaftsrecht I, § 8 II. 3. a), S. 432; *Timm*, WM 1991, S. 481, 482. Erstmals ist dieser Grundgedanke wohl von *Fechner*, Die Treubindungen des Aktionärs, S. 62 ff., aufgenommen worden. Nach ihm rechtfertige sich die gesellschaftsrechtliche Treuepflicht dadurch, dass der Aktionär kraft seiner Rechtsstellung die Möglichkeit habe, auf das Gesellschaftsunternehmen und die im Unternehmen beschäftigten Personen Einfluss zu nehmen.

293 *Wiedemann*, Gesellschaftsrecht I, § 8 II. 3. a), S. 432.

294 Dazu unten S. 62 ff.

heitsgesellschafters, „durch Einflussnahme auf die Geschäftsführung die gesellschaftsbezogenen Interessen der Mitgesellschafter zu beeinträchtigen“, „die gesellschaftsrechtliche Pflicht zu fordern ist, auf diese Interessen Rücksicht zu nehmen“.[295] Aufgrund des Prinzips der Korrelation zwischen Rechtsmacht und Verantwortung wird eine gesellschaftsrechtliche Treuepflicht für den herrschenden Gesellschafter, für eine herrschende Gesellschaftergruppe als auch teilweise für so genannte Zufallsmehrheiten bejaht.[296]

Andere stellen in Abrede, dass das Prinzip von Korrelation zwischen Rechtsmacht und Verantwortung eine Rechtsgrundlage darstellt.[297] Das genannte Prinzip könne mit der Begrenzung der Mehrheitsmacht nur eine Funktion der gesellschaftsrechtlichen Treuepflicht erklären.[298] Ferner sei das Prinzip der Korrelation zwischen Rechtsmacht und Verantwortung auch für die Bestimmung von Inhalt und Intensität der Treuepflicht nur von begrenztem Nutzen. Allein von dem Besitz der Mehrheitsmacht in einer Gesellschaft könne nicht in jedem Fall auf gesteigerte Rücksichtspflichten – insbesondere nicht auf die Pflicht, die Eigeninteressen (im Einzelfall) dem Minderheitsinteresse unterzuordnen – geschlossen werden. Wie insbesondere § 133 Abs. 1 AktG zeige, stelle es die Regel dar, dass die Mehrheit über die Minderheit herrsche.[299] Wie die Diskussion um die missbräuchliche Ausübung von Stimmrechten zeige, müsse zudem in bestimmten Konstellationen auch ein Minderheitsgesellschafter der gesellschaftsrechtlichen Treuepflicht unterliegen.[300] Allein die Annahme einer Treuepflicht für Mehrheitsaktionäre sei demnach in jedem Fall zu kurz gegriffen. Zuzugestehen sei nur, dass die gesellschaftsrechtliche Treuepflicht meistens bei Mehrheits-

---

295 BGHZ 103, 184, 194 f. (Linotype); für die GmbH BGHZ 65, 15, 19 (ITT).

296 Für den herrschenden Gesellschafter und die herrschende Gesellschaftergruppe *Wiedemann*, Gesellschaftsrecht I, § 8 II. 3. a), S. 432; für die Zufallsmehrheiten *Zöllner*, in: KölnKomm, AktG, Einl., Rn. 169.

297 *Hennrichs*, AcP 195 (1995), S. 221, 236 ff.

298 *Hennrichs*, AcP 195 (1995), S. 221, 236 mit dem Hinweis in Fn. 70, dass der Terminus „rechtsfunktioneller Anknüpfungspunkt“ wohl so zu verstehen sei; vgl. ferner *Kort*, ZIP 1990, S. 294, 296.

299 *Hennrichs*, AcP 195 (1995), S. 221, 236.

300 *Hennrichs*, AcP 195 (1995), 221, 236 f. mit Verweis auf BGHZ 129, 136 (Girmes).

Minderheits-Konflikten einschlägig sei und dann die Funktion habe, die Mehrheitsmacht zu begrenzen.[301]

(5) Stellungnahme

Der Überblick über den Meinungsstand zeigt die Komplexität der Problemstellung auf. Jedem Ansatz sind zutreffende Einsichten zur gesellschaftsrechtlichen Treuepflicht zu entnehmen: Das Prinzip von der Korrelation von Rechtsmacht und Verantwortung stellt die gesellschaftsrechtliche Treuepflicht als ein Instrument des Minderheitenschutzes in den Vordergrund. Dies ist ein wichtiger Anwendungsbereich der Treuepflicht. Das Verständnis der Treuepflicht als richterrechtliche Generalklausel deutet zutreffend darauf hin, dass die gesellschaftsrechtliche Treuepflicht der Konkretisierung für den Einzelfall bedarf. Die Anschauung von § 242 BGB als Rechtsgrundlage der Treuepflicht zeigt die verwandtschaftliche Beziehung beider Rechtsinstitute und ferner den wahrscheinlichen gedanklichen Ursprung der Treuepflicht auf. § 705 BGB als Rechtsgrundlage verdeutlicht dagegen, dass die gesellschaftsrechtliche Treuepflicht als ein Teil des mitgliedschaftlichen Rechtsverhältnisses zu verstehen ist.

Daneben verzeichnen unterschiedliche Ansätze aber – zum Teil erhebliche – Schwächen: Die Argumentation zur Begründung der richterrechtlichen Generalklausel als Rechtsgrundlage der gesellschaftsrechtlichen Treuepflicht ist in der Tat ein circulus vitiosus. Sie kann der Treuepflicht daher nicht als Rechtsgrundlage dienen. Ebenso ist die Treuepflicht nicht aufgrund der Korrelation von Rechtsmacht und Verantwortung zu begründen. Es trifft zu, dass die Befürworter dieser Ansicht mit der Begrenzung der Mehrheitsmacht allein eine Funktion der Treuepflicht zu beschreiben in der Lage sind. Auch § 705 BGB muss als Rechtsgrundlage ausscheiden. Da nach § 705 BGB nur die Gesellschafter einer Förderpflicht gegenüber der Gesellschaft unterliegen, kann auf ihrer Grundlage auch nur eine Treuepflicht der Aktionäre gegenüber der Gesellschaft erklärt werden. Jedoch ist die gesellschaftsrechtliche Treuepflicht ein einheitliches Rechtsinstitut, welches neben der vertikalen – und nun bedarf es eines Vorgriffes – auch eine horizontale Treuepflicht umfasst.[302] Da § 705 BGB keine För-

---

[301] *Hennrichs*, AcP 195 (1995), 221, 238.

[302] Zur horizontalen Treuepflicht vgl. unten S. 62 ff.

derpflicht zwischen den Gesellschaftern normiert, kann daraus auch keine solche Treuepflicht abgeleitet werden.[303] Aber selbst die Begründung der vertikalen Treuepflicht zeigt Schwächen, weil § 705 BGB nicht die Treuepflicht der Gesellschaft gegenüber ihren Gesellschaftern erklären kann.[304]

Als mögliche Rechtsgrundlage der gesellschaftsrechtlichen Treuepflicht verbleibt nach dieser Negativauswahl nur § 242 BGB. Jedoch sprechen auch gute Gründe für die Annahme des § 242 BGB als Rechtsgrundlage. Auf seiner Grundlage sind die wesentlichen Annahmen zur Treuepflicht zu begründen: Zunächst zeigt § 242 BGB auf, dass die Treuepflicht nicht allein dem Schutz der Minderheit vor der Mehrheit dienen kann, sondern vice versa auch ermöglicht, die Mehrheit vor der Minderheit zu schützen. Denn so wie § 242 BGB alle Beteiligten eines Rechtsverhältnisses bindet, trifft auch die gesellschaftsrechtliche Treuepflicht alle Aktionäre und dies unabhängig von ihrer Beteiligungshöhe.[305] Auch ist auf der Grundlage von § 242 BGB zu begründen, dass die gesellschaftsrechtliche Treuepflicht in allen Gesellschafts- oder Verbandstypen, das heißt ohne Rücksicht auf die jeweilige Rechtsform anzuerkennen ist. Ebenso wie § 242 BGB für alle Rechtsverhältnisse Geltung beansprucht, ist die gesellschaftsrechtliche Treuepflicht bei jeder Gesellschaftsform zu beachten.[306] Ferner spiegeln sich die funktionalen Anwendungsbereiche der gesellschaftsrechtlichen Treuepflicht auch im Rahmen von § 242 BGB wider. Neben der so genannten Schrankenfunktion ist bei § 242 BGB auch die Ableitung von konkreten Pflichten (so genannte Ergänzungsfunktion) anerkannt.[307]

(6) Zwischenergebnis

Die Rechtsgrundlage der gesellschaftsrechtlichen Treuepflicht ist – nach alledem – § 242 BGB. Zweiflern sei entgegnet, dass die dogmatische Einordnung der gesellschaftsrechtlichen Treuepflicht für die allermeisten Folgefragen letzt-

---

303 *Burgard*, ZIP 2002, S. 827, 833; *U. H. Schneider/Burgard*, Festschrift Ulmer, S. 579, 581.

304 Zur Gegenseitigkeit der gesellschaftsrechtlichen Treuepflicht vgl. unten S. 61.

305 *Hennrichs*, AcP 195 (1995), S. 221, 230, 240 f.; *K. Schmidt*, Gesellschaftsrecht, § 20 IV. 3., S. 593 f.

306 *Hennrichs*, AcP 195 (1995), 221, 230.

307 *Hennrichs*, AcP 195 (1995), 221, 230, m. w. N.

lich keine entscheidende Rolle spielt.[308] Ihre grundsätzliche Geltung als Generalklausel des Gesellschaftsrechts steht nicht in Frage. Sie wird inzwischen – meines Erachtens zu Recht – auch als Gewohnheitsrecht qualifiziert.[309]

c) Der Entstehungsgrund der gesellschaftsrechtlichen Treuepflicht im Verhältnis zur Aktiengesellschaft

Nach der Diskussion der Frage nach der Rechtsgrundlage bleibt die Frage nach dem Entstehungsgrund der gesellschaftsrechtlichen Treuepflicht zu erörtern. Bei den Schuldverhältnissen bildet § 242 BGB die Rechtsgrundlage für diverse (Neben-)Pflichten. Der Entstehungsgrund ist hingegen das einzelne Schuldverhältnis. Denn § 242 BGB setzt das Bestehen einer rechtlichen Sonderverbindung voraus.[310] Ebenso ist für die gesellschaftsrechtliche Treuepflicht zwischen Rechtsgrundlage und Entstehungsgrund zu differenzieren.[311] Diese Unterscheidung wird vielfach vernachlässigt.

Früher wurde der Entstehungsgrund der gesellschaftsrechtlichen Treuepflicht teilweise in einem von gegenseitigem Vertrauen getragenen Gemeinschaftsverhältnis gesehen.[312] Die Aktiengesellschaft konnte diesen Voraussetzungen nicht entsprechen, so dass konsequenterweise auch das Bestehen einer Treuepflicht des Aktionärs gegenüber seiner Aktiengesellschaft verneint wurde.[313] Es ist zunächst zutreffend, dass die Aktiengesellschaft nicht als eine vom Vertrauen getragene Gemeinschaft betrachtet werden kann, da sie schon nach ihrem Grundtypus als Publikumsgesellschaft nicht auf gegenseitiges Vertrauen angelegt sein kann. Eine Übertragung dieses Ansatzes auf das Recht der Kapitalgesellschaften ist daher nicht möglich.[314] Aber schon die Grundannahme, dass der Entstehungsgrund in einem besonderen Gemeinschaftsverhältnis liegt, geht fehl und

---

308 Vgl. *Henze*, Festschrift Kellermann, S. 141, 149; *Teichmann*, in: Soergel, BGB, § 242, Rn. 41 a.E.; ferner *Timm*, WM 1991, S. 481, 482.

309 *Ulmer*, in: Staub, HGB, § 105, Rn. 233 a.E.; *Wiesner*, in: MünchHdbGesR AG, § 17, Rn. 14; *U. H. Schneider/Burgard*, Festschrift Ulmer, S. 579, 581, Fn. 6; vgl. auch *Timm*, WM 1991, S. 481, 482; a.A. *Jilg*, Die Treuepflicht des Aktionärs, S. 39.

310 Vgl. *Heinrichs*, in: Palandt, BGB, § 242, Rn. 6.

311 *Hennrichs*, AcP 195 (1995), S. 222, 234.

312 *Fischer*, in: GroßKomm, HGB, 3. Aufl., § 105, Anm. 31a; *A. Hueck*, Der Treuegedanke im modernen Privatrecht, S. 12 ff.

313 *A. Hueck*, Der Treuegedanke im modernen Privatrecht, S. 14 f.

314 Vgl. *Hüffer*, AktG, § 53a, Rn. 15.

kann schon für das Recht der Personengesellschaften wenig überzeugen.[315] Denn dieser Ansatz vermag nur eine Treuepflicht unter den Gesellschaftern, nicht aber auch eine Treuepflicht der Gesellschafter gegenüber der Gesellschaft erklären.[316] Das besondere Gemeinschaftsverhältnis scheidet bereits daher als Entstehungsgrund aus.

Des Weiteren könnte auf die Satzung der Gesellschaft abgestellt werden. Im Recht der Personengesellschaften wird der Gesellschaftsvertrag als Entstehungsgrund der gesellschaftsrechtlichen Treuepflicht angesehen.[317] Entsprechend könnte für Kapitalgesellschaften die Satzung der Entstehungsgrund sein.[318] Zunächst kommt die Satzung als Organisationsvertrag[319] zustande. Mit diesem schaffen die Gründer zum einen die rechtsgeschäftliche Grundlage für die Gesellschaft als Zurechungsobjekt; zum anderen legen sie aber auch eine Grundlage für ihre eigene Beziehung zur Gesellschaft.[320] Mit der Entstehung der Aktiengesellschaft, das heißt mit ihrer Eintragung ins Handelsregister, verselbständigt sich der Organisationsvertrag zur Satzung und wird damit auch für zukünftige Aktionäre verbindlich.[321] Daher kann gegen die Annahme der Satzung als Entstehungsgrund auch nicht eingewandt werden, dass die Aktionäre oftmals keine Notiz von der Satzung nehmen werden, insbesondere dann, wenn sie die Aktien über die Börse erwerben und daher die Satzung für die Rechtsstellung

---

315 *Hüffer*, AktG, § 53a, Rn. 15.

316 *Burgard*, ZIP 2002, S. 827, 834 f., der ferner in Fn. 102 darauf hinweist, dass aufgrund des Gemeinschaftsverhältnisses auch nicht die Treuepflicht der Gesellschaft gegenüber dem Gesellschafter erklärt werden könne; ferner *U. H. Schneider/Burgard*, Festschrift Ulmer, S. 579, 581 f. Zur Gegenseitigkeit der Treuepflicht unten S. 61.

317 Vgl. *Hüffer*, Festschrift Steindorff, S. 59, 65, m. w. N.

318 So *Wiesner*, in: MünchHdbGesR AG, § 17, Rn. 14; *Hennrichs*, AcP 195 (1995), S. 221, 234 f.; *Henze*, BB 1996, S. 489, 492; *ders./Notz*, in: GroßKomm, AktG, Anh. § 53a, Rn. 20; *Hüffer*, Festschrift Steindorff, S. 59, 65 f.; *ders.*, AktG, § 53a, Rn. 15.

319 Zu seiner umstrittenen Rechtsnatur vgl. nur *Reuter*, in: MünchKomm, BGB, § 25, Rn. 16 ff., m. w. N.

320 *Hüffer*, Festschrift Steindorff, S. 59, 66.

321 Vgl. *Henze*, BB 1996, S. 489, 492.

des Aktionärs zur Gesellschaft nur von geringerer Bedeutung sein könne.[322] Der Satzung kommt die Funktion objektiven Rechts zu.[323]

Rechtsformneutral formuliert ist der Entstehungsgrund der gesellschaftsrechtlichen Treuepflicht somit das Gesellschaftsverhältnis.[324] Dieses bildet die geforderte rechtliche Sonderverbindung.[325]

d) Die Gegenseitigkeit der gesellschaftsrechtlichen Treuepflicht

Das Gesellschaftsverhältnis bildet – wie gezeigt – den Entstehungsgrund der gesellschaftsrechtlichen Treuepflicht. Es bezeichnet das Rechtsverhältnis zwischen Aktionär und Aktiengesellschaft. Aus diesem Rechtsverhältnis erwachsen beiden Seiten sowohl Rechte als auch Pflichten. Der Aktionär hat die mitgliedschaftliche Pflicht zur Erbringung seiner Einlage (§ 54 AktG). Gleichzeitig steht ihm ein mitgliedschaftliches Recht auf Gewinnbeteiligung zu (§ 58 Abs. 4 AktG).[326] Analog beruht die gesellschaftsrechtliche Treuepflicht ebenso auf Wechselseitigkeit, das heißt, dass nicht nur der Aktionär gegenüber der Aktiengesellschaft an seine Treuepflicht gebunden ist, sondern vice versa auch die Gesellschaft einer Treuepflicht gegenüber ihren Aktionären unterliegt.[327]

In seiner BMW-Entscheidung führt der Bundesgerichtshof[328] aus, dass die Gesellschaft aufgrund ihrer Treuepflicht verpflichtet sei, „dem einzelnen Aktionär eine ungehinderte und sachgemäße Wahrnehmung seiner Mitgliedschaftsrechte zu ermöglichen und alles zu unterlassen, was dieses Recht beeinträchtigen kön-

---

322 So *Grunewald*, Gesellschaftsrecht, 2. C. III. 1. a), Rn. 35, S. 238, wohl aber aufgrund mangelnder Differenzierung zwischen Rechtsgrundlage und Entstehungsgrund.

323 Vgl. *Hüffer*, AktG, § 23, Rn. 7.

324 Vgl. *Hennrichs*, AcP 195 (1995), S. 221, 234 f.

325 *Hennrichs*, AcP 195 (1995), S. 221, 234.

326 Der mitgliedschaftliche Gewinnanspruch ist zu unterscheiden vom konkreten Zahlungsanspruch, vgl. *Hüffer*, AktG, § 58, Rn. 26. Weitere mitgliedschaftliche Rechte des Aktionärs sind die Mitverwaltungsrechte, das Anfechtungsrecht, sowie die Ansprüche auf Abfindung und auf den Liquidationsanteil. Diese mitgliedschaftlichen Rechte stehen in keinem synallagmatischen Verhältnis zur Einlagepflicht, vgl. *Hefermehl/Bungeroth*, in: Geßler/Hefermehl, AktG, § 54, Rn. 6.

327 *Bungeroth*, in: MünchKomm, AktG, Vor § 53a, Rn. 24; *Raiser*, Recht der Kapitalgesellschaften, § 12, Rn. 47, S. 113; *Lutter*, JZ 1976, S. 225, 226; vgl. ferner *U. H. Schneider/Burgard*, Festschrift Ulmer, S. 579, 581 f., 593 ff.; *Burgard*, ZIP 2002, S. 827, 835 mit Fn. 102.

328 BGHZ 127, 107 (BMW).

nte".[329] Im konkreten Fall bejahte der Bundesgerichtshof einen Anspruch des Aktionärs auf die Aushändigung von Abschriften der Tonbandprotokolle von den Teilen der Hauptversammlung, die seine eigenen Ausführungen und die diesbezüglichen Stellungnahmen und Antworten betrafen.[330] Des Weiteren ist der Aktiengesellschaft aufgrund ihrer Treuepflicht beispielsweise nicht gestattet, ihre Zustimmung zur Übertragung von Namensaktien (§ 68 Abs. 2 AktG) aus sachfremden Erwägungen oder ohne Berücksichtigung der Interessen des Aktionärs zu verweigern.[331] Vereinzelt wird auch ein konzerndimensionales Vorerwerbsrecht der Aktionäre der Muttergesellschaft bei Börsengang der Tochtergesellschaft auf der Grundlage der Treuepflicht der Gesellschaft gegenüber ihren Aktionären befürwortet.[332, 333]

3. Die Treuepflicht zwischen den Aktionären[334]

a) Einleitung

Neben der gesellschaftsrechtlichen Treuepflicht des Aktionärs gegenüber seiner Gesellschaft wird inzwischen auch das Bestehen von Treuepflichten zwischen den Aktionären von der vorherrschenden Ansicht in Rechtsprechung und Literatur bejaht.[335]

Im Gegensatz zur Treuepflicht der Aktionäre zur Gesellschaft erkannte zunächst weder das Reichsgericht noch der Bundesgerichtshof eine Treuepflicht unter den Aktionären an.[336] Dennoch waren bis zu diesem Zeitpunkt bereits gewisse Rücksichtspflichten des Aktionärs gegenüber seinen Mitaktionären angenommen

---

329 BGHZ 127, 107, 111 (BMW).

330 BGHZ 127, 107, 110 ff. (BMW).

331 *U. H. Schneider/Burgard*, Festschrift Ulmer, S. 579, 594.

332 *Lutter*, AG 2000, S. 342, 344; a.A. die herrschende Meinung, statt vieler *Busch/Groß*, AG 2000, S. 503, 507 f.; *Fuchs*, Gesellschaftsrecht 2001, S. 259, 274 ff., m. w. N.

333 Weitere Beispiele für Pflichten der Gesellschaft, die aus ihrer Treuepflicht gegenüber ihren Aktionären abgeleitet werden können: Rechtzeitige Erteilung einer Steuerbescheinigung, *Bungeroth*, in: MünchKomm, AktG, Vor § 53a, Rn. 24; Verbot, sich in die Geschäftschancen eines Gesellschafters zu drängen, *U. H. Schneider/Burgard*, Festschrift Ulmer, S. 579, 594 f.

334 Auch „horizontale Treuepflicht".

335 Vgl. die Nachweise in den Fn. 343, 349 f. und 352 f.

336 RGZ 158, 248, 254; BGHZ 18, 350, 365.

worden.[337] Für Mehrheitsbeschlüsse, die in die Rechte der Gesellschafter eingreifen, fordert der Bundesgerichtshof unter bestimmten Umständen eine materielle Rechtfertigung.[338] In seinen diesbezüglichen Urteilsgründen stellt er zwar nicht auf die Treuepflicht der Aktionäre untereinander ab, argumentiert aber in der Sache so.[339] Zuletzt hatte der Bundesgerichtshof eine zwischen den Aktionären bestehende Treuepflicht in seiner Audi/NSU-Entscheidung abgelehnt,[340] obwohl er bereits wenige Monate zuvor in seiner ITT-Entscheidung die Existenz einer Treuepflicht zwischen den Gesellschaftern einer (personalistischen) GmbH bejahte.[341] Der Bundesgerichtshof war der Ansicht, dass eine gesellschaftsrechtliche Treuepflicht im Sinne einer über die allgemeinen Rechtsgrundsätze der §§ 226, 242, 826 BGB hinausgehenden Bindung zwischen den Aktionären im allgemeinen nicht bestehe. Zudem begründe auch die gemeinsame Zugehörigkeit zu einer Aktiengesellschaft für sich alleine keine gegenseitigen Rechtsbeziehungen.[342]

Den Wendepunkt dieser Entwicklung stellt die Linotype-Entscheidung dar,[343] welche zwölf Jahre nach der Audi/NSU-Entscheidung erging.[344] Der Bundesgerichtshof erkennt in diesem Urteil erstmals – unter Bezugnahme auf seine ITT-Entscheidung – die gesellschaftsrechtliche Treuepflicht unter Aktionären an.[345] Hierbei stellt er insbesondere auf den Mehrheitsaktionär ab. Dieser habe „die Möglichkeit, durch Einflussnahme auf die Geschäftsführung die gesellschaftsbezogenen Interessen der Mitgesellschafter zu beeinträchtigen, so dass [...] als Gegengewicht die gesellschaftsrechtliche Pflicht zu fordern ist, auf diese Inte-

---

337 Vgl. nur RGZ 132, 149, 163 (Victoria).

338 Vgl. BGHZ 71, 40, 44 (Kali und Salz); 83, 319, 321 f. (Holzmann).

339 *Raiser*, Recht der Kapitalgesellschaften, § 12 Rn. 52, S. 115, m. w. N.

340 BGH, JZ 1976, S. 561 (Audi/NSU).

341 BGHZ 65, 15, 18 f. (ITT).

342 BGH, JZ 1976, S. 561, 562 (Audi/NSU).

343 BGHZ 103, 184 (Linotype).

344 Zuvor war Anfang der 30iger Jahre des letzten Jahrhunderts eine Treuepflicht der Aktionäre untereinander vom Reichsgericht erstmals – zumindest sinngemäß – bejaht worden; RGZ 132, 149, 160 ff., 163 (Victoria), freilich noch unter Bezugnahme auf § 138 BGB.

345 BGHZ 103, 184, 194 (Linotype).

ressen Rücksicht zu nehmen".[346] Dagegen sollen „die Gesellschafterpflichten eines Kleinaktionärs in der Regel nicht von der gesellschaftsrechtlichen Treuepflicht bestimmt werden".[347] Hatte der Bundesgerichtshof noch in seiner Audi/NSU-Entscheidung das Bestehen von Rechtsbeziehungen zwischen den Gesellschaftern negiert, qualifiziert er das Verhältnis zwischen den Aktionären nunmehr als Sonderverbindung.[348] Die Linotype-Entscheidung bestätigte der Bundesgerichtshof in seinem IBH/Scheich Kamel-Urteil.[349]

Einen weiteren Markstein in der Entwicklung der Treuepflichten zwischen den Aktionären stellte die Girmes-Entscheidung des Bundesgerichtshofes dar.[350] Bezog sich die Linotype-Entscheidung noch auf die Anerkennung der gesellschaftsrechtlichen Treuepflicht des Mehrheitsgesellschafters gegenüber der Minderheit, erkannte er nun auch eine Treuepflicht des Minderheitsaktionärs gegenüber dem Mehrheitsaktionär und anderen Minderheitsaktionären an.[351] Die Girmes-Entscheidung ist in der Folgezeit ebenfalls mehrfach bestätigt worden.[352]

Das Meinungsbild in der Literatur ist uneinheitlich. Inzwischen überwiegen die Stimmen, die das Bestehen einer Treuepflicht zwischen den Aktionären bejahen;[353] vereinzelte Stimmen wenden sich aber auch gegen das Bestehen einer Treuepflicht unter den Aktionären.[354]

---

346 BGHZ 103, 184, 195 (Linotype).

347 BGHZ 103, 184, 195 a.E. (Linotype).

348 BGHZ 103, 184, 195 (Linotype).

349 BGH, ZIP 1992, S. 1464, 1470 (IBH/Scheich Kamel); vgl. ferner das obiter dictum in BGHZ 107, 296, 311 (Kochs-Adler).

350 BGHZ 129, 136 (Girmes).

351 BGHZ 129, 136, 142 ff. (Girmes).

352 BGHZ 142, 167, 169 f. (Hilgers); BGH, AG 2000, S. 229, 230 (Breuninger-Gruppe).

353 Statt vieler *Hüffer*, AktG, § 53a, Rn. 14; *Wiesner*, in: MünchHdbGesR AG, § 17, Rn. 14; *Roth*, in: MünchKomm, BGB, § 242, Rn. 172; jeweils m. w. N.

354 *Reuter*, in: MünchKomm, BGB, § 34, Rn. 22; *O. Werner*, in: Erman, BGB, 10. Aufl., § 242, Rn. 28; *Altmeppen*, NJW 1995, S. 1749, 1750; *Wilhelm*, Kapitalgesellschaftsrecht, Rn. 824 ff., *Eckardt*, in: Geßler/Hefermehl, AktG, § 1, Rn. 50; *Meyer-Landrut*, in: GroßKomm, AktG, 3. Aufl., § 1, Anm. 34; *ders.*, Festschrift Häußling, S. 249, 254 f.; *A. Hueck*, in: Baumbach/Hueck, AktG, Vor § 54, Anm. 11; *ders.*, Der Treuegedanke im modernen Privatrecht, S. 14 ff.; *Ballerstedt*, Kapital, Gewinn und Ausschüttung, S. 155; *Immenga*, Die personalistische Kapitalgesellschaft, S. 271 f.; *Martens*, in: K. Schmidt,

Die Gegner der horizontalen Treuepflicht wenden zunächst ein, dass schon die historische Entwicklung des Aktienrechts gegen die Etablierung einer solchen Rechtsfigur spreche. Der Gesetzgeber habe als Reaktion auf die Diskussion um die Treuepflicht der Aktionäre, welche im Anschluss die reichsgerichtliche Rechtsprechung aufkam, die §§ 101, 197 Abs. 2 AktG 1937[355] in das Gesetz eingefügt. Damit habe der Gesetzgeber die missbräuchliche Rechtsausübung durch einzelne Aktionäre oder auch einer Mehrheit von Aktionären abschließend regeln wollen, so dass für die Annahme einer Treuepflicht der Aktionäre untereinander kein Platz mehr sei.[356] Dem ist jedoch zu widersprechen: Der heutige § 243 Abs. 2 AktG ist gerade ein Ausfluss der gesellschaftsrechtlichen Treuepflicht des Aktionärs und kann somit nicht als ein Argument gegen das Bestehen einer ebensolchen verwendet werden.[357] Ähnliches gilt für den heutigen § 117 AktG. Auch ihm liegen Überlegungen zur Treuepflicht des Aktionärs zugrunde.[358]

Für eine horizontale Treuepflicht wird dagegen angeführt, dass die unter den Mitgliedern einer Personengesellschaft allgemein anerkannte Treuepflicht auch nach einer Umwandlung der Gesellschaft in eine Aktiengesellschaft mit identischem Mitgliederkreis weiterbestehen müsse.[359] Dieses Argument wird mit der Metapher umschrieben, dass der Gesellschafter seine „Pflichtenstellung beim Eintritt in die Kapitalgesellschaft nicht in der Garderobe abgeben" könne.[360] Die Gegenansicht findet dieses Argument untauglich.[361] Denn die Gesellschafter einer Personenhandelsgesellschaft unterwürfen sich bei der Umwandlung in eine

---

Rechtsdogmatik und Rechtspolitik, S. 251, 255 ff.; *Skibbe*, WM 1977, S. 726; vgl. ferner *Flume*, ZIP 1995, S. 161 ff.; *ders.*, Die juristische Person, § 8 I., S. 269 ff.

355 Diese entsprechen den heutigen §§ 117, 243 Abs. 2 AktG.

356 *Meyer-Landrut*, Festschrift Häußling, S. 249, 250 ff., 257.

357 Ausführlich *Henze*, Festschrift Kellermann, S. 141, 146 ff., m. w. N., ferner *Dreher*, ZHR 157 (1993), S. 150, 153; *Hüffer*, AktG, § 53a, Rn. 14.

358 *Henze*, Festschrift Kellermann, S. 141, 148.

359 *Wiedemann*, Gesellschaftsrecht I, § 8 II. 3. a), S. 433 f.; *ders.*, Festschrift Barz, S. 561, 569; ihm folgend *Lutter*, JZ 1976, S. 225, 230 mit Fn. 65; *ders.*, JZ 1976, S. 562, 563; zum „Umwandlungsargument" vgl. auch BGHZ 103, 184, 195 (Linotype).

360 *Wiedemann*, Festschrift Barz, S. 561, 569.

361 *Reuter*, in: MünchKomm, BGB, § 34, Rn. 22; *Meyer-Landrut*, Festschrift Häußling, S. 249, 254 f.

Aktiengesellschaft durch einen (in der Regel) einstimmigen Beschluss[362] einer neuen Rechtsordnung, was materiell mit einer Neugründung gleichzusetzen sei.[363] Kraft zwingenden Rechts öffne sich die Gesellschaft; die Umwandlung beende die Personenbezogenheit der Mitgliedschaft.[364] Auch falle mit der Umwandlung nicht allein die Treuepflicht unter den Gesellschaftern weg. Durch die Umwandlung veränderten sich auch andere Parameter zwangsläufig: Es entfielen die persönliche Haftung (§ 128 HGB), das gesetzliche Wettbewerbsverbot (§§ 112, 113 HGB) und die Rechte auf Geschäftsführung (§ 114 HGB) und Vertretung (§ 125 HGB).[365] Diese Argumentation überzeugt ihrerseits jedoch nicht. Sie bewertet bestehende, rechtsformspezifische Unterschiede über. Denn für die grundlegende Anerkennung der horizontalen Treuepflicht sind diese Unterschiede unbeachtlich; sie können im Einzelfall nur Einfluss auf die Intensität der Treuepflicht haben. Ebenfalls verfehlt ist daher auch das Argument, dass in einer Aktiengesellschaft aufgrund ihrer Einordnung als Verein[366] keine Treuepflichten zwischen den Aktionären bestehen könnten.[367] Es wird zudem übersehen, dass auch in einem Verein unter den Vereinsmitgliedern Treuepflichten bestehen.[368]

Der Hauptkritikpunkt der Gegner einer horizontalen Treuepflicht geht aber dahin, dass sie das Bestehen einer Rechtsbeziehung zwischen den Aktionären bestreiten. Diese Beziehung ist aber als Entstehungsgrund eine Grundvorausset-

---

362 Nach § 42 Abs. 1 UmwG 1969 war die Umwandlung einer Personenhandelsgesellschaft in eine Aktiengesellschaft nur mit Zustimmung aller Gesellschafter möglich. Nach § 217 Abs. 1 UmwG 1994 kann der Gesellschaftsvertrag nunmehr auch eine Mehrheitsentscheidung vorsehen.

363 *Meyer-Landrut*, Festschrift Häußling, S. 249, 254 f.

364 *Reuter*, in: MünchKomm, BGB, § 34 Rn. 22.

365 *Meyer-Landrut*, Festschrift Häußling, S. 249, 255; *Martens*, in: K. Schmidt, Rechtsdogmatik und Rechtspolitik, S. 251, 256 mit Fn. 17.

366 Vgl. nur *Hüffer*, AktG, § 1, Rn. 2; *K. Schmidt*, Gesellschaftsrecht, § 26 I. 2., S. 755, m. w. N.

367 So aber *Eckardt*, in: Geßler/Hefermehl, AktG, § 1 Rn. 50.

368 *Reichert*, Vereins- und Verbandsrecht, Rn. 616, S. 217; ferner *K. Schmidt*, Gesellschaftsrecht, § 19 III. 1. a), S. 552 ff., insbesondere Beispiele Nr. 2 und Nr. 3.

zung für die Anerkennung der Treuepflicht unter den Aktionären und wird sogleich erörtert.[369]

b) Nochmals: Die Rechtsgrundlage der gesellschaftsrechtlichen Treuepflicht

Wie gezeigt, ist § 242 BGB die Rechtsgrundlage der gesellschaftsrechtlichen Treuepflicht. Auf der Grundlage von § 242 BGB lässt sich auch die horizontale Treuepflicht mühelos erklären.[370] Denn besteht zwischen den Aktionären eine rechtliche Sonderverbindung[371], ist § 242 BGB darauf einfach anwendbar.[372] Dagegen – und dies an anderer Stelle bereits angeklungen –[373] kann die horizontale Treuepflicht auf der Rechtsgrundlage des § 705 BGB nicht erklärt werden. Denn Zweckförderungspflicht des § 705 BGB besteht allein gegenüber der Gesellschaft, nicht aber unter den Gesellschaftern.[374]

Abseits der gesellschaftsrechtlichen Ansätze sieht *Hans-Joachim Mertens* die dogmatische Grundlage der horizontalen Treuepflicht im Deliktsrecht. Ausgehend von der Annahme, dass die Mitgliedschaft als „sonstiges Recht" nicht allein in ihrem rechtlichen Bestand, sondern vielmehr in ihrer gesamten Ausgestaltung als Mitverwaltungs- und Vermögensrecht geschützt werde, sieht er die Treuepflicht als eine allgemeine Verhaltens- beziehungsweise Verkehrspflicht im Sinne des § 823 Abs. 1 BGB.[375] Abgesehen von der Frage nach dem Zuweisungsgehalt der Mitgliedschaft[376] ist der deliktsrechtliche Ansatz schon aus systematischen Gründen abzulehnen. Die Aktiengesellschaft als Verband unterliegt einer Sonderordnung, wohingegen sich das Deliktsrecht an „jedermann" richtet. Es gewährt daher keine ausreichende Möglichkeit, auf aktiengesellschaftsrecht-

---

[369] Vgl. unten S. 68 ff.

[370] *Hennrichs*, AcP 195 (1995), S. 221, 230, 242.

[371] Dazu sogleich unten S. 68 ff.

[372] *Hennrichs*, AcP 195 (1995), S. 221, 242.

[373] Vgl. oben S. 57 ff.

[374] Vgl. *Hüffer*, Festschrift Steindorff, S. 59, 70; *Burgard*, ZIP 2002, S. 827, 834; *U. H. Schneider/Burgard*, Festschrift Ulmer, S. 579, 581; ferner *Hennrichs*, AcP 195 (1995), S. 221, 229 mit Fn. 33.

[375] *Mertens*, Festschrift Fischer, S. 461, 469; ferner *ders.*, AcP 178 (1978), S. 227, 243 f., 249, 253; *ders.*, in: MünchKomm, BGB, 3. Aufl., § 823, Rn. 152.

[376] Vgl. dazu *Fillmann*, Treuepflichten der Aktionäre, S. 87.

liche Besonderheiten einzugehen.[377] Zudem kann der deliktsrechtliche Ansatz die Treuepflicht der Aktionäre gegenüber der Gesellschaft nicht erfassen, was aber der Treuepflicht als einheitlichem Rechtsinstitut widerspricht.

c) Der Entstehungsgrund der gesellschaftsrechtlichen Treuepflicht im Verhältnis der Aktionäre untereinander

An anderer Stelle wurde aufgezeigt, dass zwingend zwischen dem Rechtsgrund und dem Entstehungsgrund der gesellschaftsrechtlichen Treuepflicht zu differenzieren ist.[378] Die Annahme einer horizontalen Treuepflicht im Aktienrecht setzt daher neben der Rechtsgrundlage eine rechtliche Sonderverbindung zwischen den Aktionären als Entstehungsgrund voraus. Die Frage, nach dem Bestehen einer rechtlichen Sonderverbindung wird kontrovers diskutiert:

Teilweise wird das Bestehen einer solchen Sonderverbindung verneint.[379] Es wird angeführt, dass die Mitgliedschaft durch Vertrag mit der Gesellschaft oder durch Anteilsübertragung durch den Vorgänger erworben, nicht jedoch durch einen Vertrag zwischen den Mitgliedern begründet werde. Daher könne es eine Treuepflicht gegenüber den anderen Mitgliedern nicht geben.[380] Bei der Aktiengesellschaft handele es sich vielmehr um den sternförmigen „Zurechnungspunkt aller rechtlichen Beziehungen“, mit der Folge, dass rechtliche Beziehungen zwischen den Aktionären nicht bestehen können.[381] Abseits der Frage rechtlicher Beziehungen bestünden zwischen den Aktionären auch keine unmittelbaren tatsächlichen Beziehungen. Vielfach würden sich die Aktionäre gegenseitig nicht

---

377 *Lutter*, AcP 180 (1980), S. 84, 142; *Fillmann*, Treuepflichten der Aktionäre, S. 88; *Brondics*, Die Aktionärsklage, S. 87; *Roitsch*, Der Minderheitenschutz im Verbandsrecht, S. 181; *Immenga*, Festschrift 100 Jahre GmbHG, S. 189, 203 f.; ausführlich ferner *Winter*, Mitgliedschaftliche Treuebindungen im GmbH-Recht, S. 52 ff.

378 Vgl. oben S. 59.

379 *Reuter*, in: MünchKomm, BGB, § 34, Rn. 22; *Meyer-Landrut*, Festschrift Häußling, S. 249, 254; *Wilhelm*, Kapitalgesellschaftsrecht, Rn. 830; *Immenga*, Die personalistische Kapitalgesellschaft, S. 271; *A. Hueck*, Der Treuegedanke im modernen Privatrecht, S. 14; *ders.*, in: Baumbach/Hueck, AktG, Vor § 54, Rn. 11.

380 *Reuter*, in: MünchKomm, BGB, § 34 Rn. 22; *Meyer-Landrut*, Festschrift Häußling, S. 249, 254; vgl. ferner *A. Hueck*, Der Treuegedanke im modernen Privatrecht, S. 14.

381 *Immenga*, Die personalistische Kapitalgesellschaft, S. 271; vgl. auch *Wilhelm*, Kapitalgesellschaftsrecht, Rn. 830: „Genau so könnte man von dem Rechtsverhältnis zwischen Studenten einer Universität oder zwischen den Bürgern der Bundesrepublik sprechen. Auch diese sind nebeneinander Angehörige desselben Verbandes.“

einmal kennen.[382] Auch sei die Aktiengesellschaft ein auf Mitgliederwechsel angelegter Verband. Schon daher könne eine Beziehung oder Treuepflicht ausschließlich gegenüber dem Verband, nicht aber auch zwischen den einzelnen Mitgliedern bestehen.[383]

Gegen das Argument der Anonymität, welche eine Beziehung zwischen den Aktionären verhindere, wird zum Teil auf eine Parallele zu den vorvertraglichen Sorgfaltspflichten verwiesen: Nach dem heutigen § 311 Abs. 2 BGB entsteht ein Schuldverhältnis auch durch die Aufnahme von Vertragsverhandlungen (Nr. 1), die Anbahnung eines Vertrages, bei welcher der eine Teil im Hinblick auf eine etwaige rechtsgeschäftliche Beziehung dem anderen Teil die Möglichkeit zur Einwirkung auf seine Rechte, Rechtsgüter und Interessen gewährt oder ihm diese anvertraut (Nr. 2), oder durch ähnliche geschäftliche Kontakte (Nr. 3). Nun sei das Verhältnis zwischen der Leitung eines Kaufhauses und einem Kunden, der dieses gerade betritt, aber vielfach ebenso weitläufig und anonym wie das zwischen Mehrheitsaktionär und Kleinaktionär. Dennoch bestünden gerade in dieser Beziehung unzweifelhaft Sonderpflichten.[384] Dem wird seitens der Kritiker entgegengehalten, dass die Begründung der Sorgfaltspflichten im Rahmen der culpa in contrahendo in einer Gewährung oder Werbung von Vertrauen liege. Von einer Vertrauenswerbung im Verhältnis der Aktionäre untereinander könne aber keine Rede sein.[385]

Die vorherrschende Ansicht bejaht hingegen das Bestehen einer rechtlichen Sonderverbindung zwischen den Aktionären.[386] Bei der Begründung der rechtlichen Sonderverbindung wird meist auf die Möglichkeit der Aktionäre abgestellt, in einem erhöhten Maße wechselseitig auf ihre Interessen einzuwirken.[387] Dieses

---

382 *A. Hueck*, Der Treuegedanke im modernen Privatrecht, S. 14; *ders.*, in: Baumbach/-Hueck, AktG, Vor § 54, Rn. 11.

383 *Reuter*, in: MünchKomm, BGB, § 34, Rn. 22.

384 *Lutter*, AcP 180 (1980), S. 84, 126 f.

385 *Reuter*, in: MünchKomm, BGB, § 34, Rn. 22.

386 Statt vieler *Hennrichs*, AcP 195 (1995), S. 221, 234 f., 238, 242; vgl. ferner die Nachweise in den nachfolgenden Fußnoten.

387 *Hennrichs*, AcP 195 (1995), S. 221, 234 f., 238, 242; *Zöllner*, in: KölnKomm, AktG, § 243, Rn. 195; *Lutter*, ZHR 153 (1989), S. 446, 454 f.; vgl. auch *Mestmäcker*, Verwaltung, Konzerngewalt und Rechte der Aktionäre, S. 350, für den es nahe liegt, „unmittelbar gesellschaftsrechtliche Beziehungen an das Maß des Einflusses anzuknüpfen, das

erhöhte Einwirkungspotential habe seine Grundlage im Gesellschaftsverhältnis.[388] Denn allein mit deliktischen Pflichten, die für jedermann gelten, könnten die erhöhten Einwirkungsmöglichkeiten nicht sachgerecht erfasst werden. Deshalb sei eine – gegenüber dem deliktischen „Jedermann-Verhältnis" qualifizierte – rechtliche Sonderverbindung anzunehmen.[389] Auf dieser Argumentationslinie bewegt sich auch der Bundesgerichtshof, wenn er in seiner Linotype-Entscheidung anerkennt, „dass auch das Verhältnis der Mitglieder einer Korporation untereinander den Charakter einer Sonderverbindung haben kann" und schließlich ausführt, dass „auch bei der Aktiengesellschaft [...] ein Mehrheitsgesellschafter die Möglichkeit [habe], durch Einflussnahme auf die Geschäftsführung die gesellschaftsbezogenen Interessen der Mitgesellschafter zu beeinträchtigen".[390] In der Girmes-Entscheidung formuliert das Gericht allgemeiner, dass „auch in der Aktiengesellschaft [...] ein Gesellschafter die Möglichkeit [habe], die gesellschaftsbezogenen Interessen der Mitgesellschafter zu beeinträchtigen".[391] Insbesondere findet sich nicht mehr der Terminus des „Mehrheitsgesellschafters", dessen Verwendung zu der Annahme verleiten konnte, dass allein der Mehrheitsgesellschafter einer rechtlichen Sonderbindung unterliege.

---

dem einzelnen Gesellschafter zu Gebote steht. Nach diesem Kriterium kann man die Möglichkeit unmittelbarer Rechtsbeziehungen zwischen Aktionären nicht ohne weiteres ablehnen"; ferner *Wiedemann*, JZ 1989, S. 447, 448, der auf die Möglichkeit der Mehrheit abstellt, die Rechtsstellung der Minderheit zu beeinflussen. Nach § 311 Abs. 2 Nr. 2 BGB ist die Möglichkeit der Interesseneinwirkung auch eine Voraussetzung für das Entstehen eines Schuldverhältnisses.

388 Das Gesellschaftsverhältnis ist auch Grundlage beziehungsweise Entstehungsgrund der rechtlichen Sonderbeziehung zwischen Aktionär und Gesellschaft, vgl. oben S. 59 ff.

389 *Hennrichs*, AcP 195 (1995), S. 221, 238, 242; vgl. ferner *Zöllner*, in: KölnKomm, AktG, § 243, Rn. 195; *Winter*, Mitgliedschaftliche Treuebindungen im GmbH-Recht, S. 67 ff.; *Lutter*, AcP 180 (1980), S. 84, 126 f. Zur deliktsrechtlichen Begründung der Treuepflicht vgl. oben S. 67 f. Dagegen hält *Wilhelm*, Kapitalgesellschaftsrecht, Rn. 830, eine über die Haftung wegen unerlaubter Handlung hinausgehende Sonderverbindung für nicht ableitbar und ferner nicht mit dem „Freiheitsgedanken" vereinbar.

390 BGHZ 103, 184, 195 (Linotype).

391 BGHZ 129, 136, 142, 144 (Girmes); dagegen explizit *Wilhelm*, Kapitalgesellschaftsrecht, Rn. 826: „Die Möglichkeit zur Beeinträchtigung der Interessen anderer hat jeder Teilnehmer am allgemeinen Wettbewerb und jeder Lobbyist, ohne dass daraus vertragsähnliche Rücksichtspflichten zu folgern wären." Dieser Einwand geht aber fehl, da es um die Interessenbeeinträchtigung durch die Mitglieder innerhalb eines Verbandes geht und nicht um die Beeinträchtigung durch verbandsfremde Dritte.

Des Weiteren wird zur Begründung einer Sonderverbindung zwischen den Aktionären auch auf die Satzung als Organisationsvertrag abgestellt.[392] So entfalte der Organisationsvertrag nicht nur Rechtswirkungen im Verhältnis zwischen der Gesellschaft und den Aktionären, sondern auch zwischen den einzelnen Mitgliedern einer Aktiengesellschaft, woran auch die Eintragung in das Handelsregister nichts ändere. Die Satzung bestimme das Rechtsverhältnis der Aktionäre untereinander.[393]

Andere gehen davon aus, dass sich bei der Aktiengesellschaft wie auch bei anderen Gesellschaftsformen ein Sonderrechtsverhältnis zwischen den Gesellschaftern bereits direkt aus der Mitgliedschaft ergebe.[394] In diesem Zusammenhang argumentiert *Karsten Schmidt*, dass sich vor allem bei Schutzpflichtverletzungen zeige, dass bei allen Verbänden eine Sonderrechtsbeziehung unter den Mitgliedern bestehe.[395] Dies ist jedoch irreführend. Es wird zu Recht eingewandt, dass es sich hier um eine Verwechslung von Ursache und Wirkung handele. Erst unter der Annahme einer rechtlichen Sonderverbindung zwischen den Mitgliedern eines Verbandes können nach § 242 BGB Schutzpflichten entstehen. Der umgekehrte Weg, von der Schutzzweckverletzung auf eine Sonderrechtsverbindung zu schließen, ist dagegen nicht gangbar.[396]

Allen Ansätzen ist die Erkenntnis gemein, dass die Pflicht zur Rücksichtsnahme auf die Mitgesellschafter ein zwingendes Element jedes Gesellschaftsverhältnisses sei.[397] Dem ist zu folgen. Im Ergebnis ist deshalb eine rechtliche Sonderverbindung über das Verhältnis von Aktionär zur Gesellschaft hinaus auch im Verhältnis der Aktionäre untereinander anzunehmen. Der Entstehungsgrund der Treuepflicht zwischen den Aktionären liegt im Gesellschaftsverhältnis.

---

392 *Hüffer*, Festschrift Steindorff, S. 59, 67 f.

393 *Hüffer*, Festschrift Steindorff, S. 59, 67.

394 *Dreher*, ZHR 157 (1993), S. 150, 153; *K. Schmidt*, Gesellschaftsrecht, § 19 III. 1. a), S. 552 ff., mit Beispiel Nr. 5; *Raiser*, Recht der Kapitalgesellschaften, § 12 V. 4., Rn. 47, S. 113; *Henze*, Festschrift Kellermann, S. 141, 149; vgl. ferner *Timm*, WM 1991, S. 481, 483.

395 *K. Schmidt*, Gesellschaftsrecht, § 19 III. 1. a), S. 552 ff., insbesondere Beispiel Nr. 2.

396 *Hennrichs*, AcP 195 (1995), S. 221, 242.

397 Vgl. *Grunewald*, Gesellschaftsrecht, 2. C. III. 1. b), Rn. 37, S. 239.

d) Die Gegenseitigkeit der Treuepflicht im Verhältnis zwischen den Aktionären

Nach den bisherigen Aussagen zur horizontalen Treuepflicht ist offenkundig, dass sie auf Gegenseitigkeit beruht. Jeder Aktionär ist grundsätzlich jedem seiner Mitaktionäre zur „Treue“ verpflichtet. Welche konkreten Pflichten daraus abzuleiten sind, hängt freilich von den Umständen des Einzelfalls ab. Dennoch finden sich Stimmen, die zwischen verschiedenen Aktionärsgruppen differenzieren wollen. So wird die gesellschaftsrechtliche Treuepflicht teilweise als „einseitige Pflicht des Mehrheitsgesellschafters“ verstanden und insoweit von einer „gegenseitigen Treubindung“, welche nur im Personengesellschaftsrecht bestehe, abgegrenzt.[398] Ein solcher Standpunkt muss heute als überholt gelten. Vorstehend wurde bereits festgestellt, dass nicht allein der Mehrheitsaktionär eine Treuepflicht im Verhältnis zu den Minderheitsgesellschaftern trifft, sondern alle Aktionäre wechselseitig.

4. Das Verhältnis der Treuepflichten zueinander

Nachdem nun die vertikale und die horizontale Treuepflicht gleichermaßen im Aktienrecht anzuerkennen sind, fragt sich, in welchem Verhältnis sie zueinander stehen. Das Verhältnis der beiden Pflichten spielt vor allem bei der Frage nach der Aktiv- und Passivlegitimation im Rahmen von Unterlassungs- und Schadensersatzklagen eine gewichtige Rolle.[399] Ließen sich die beiden Treuepflichten und die ihnen opponierten Rechte nicht überschneidungsfrei trennen, führte dies teilweise zu einer doppelten Klagebefugnis aus jeweils eigenem Recht.[400]

Zunächst ist davon auszugehen, dass weder die Treuepflicht der Aktionäre im Verhältnis zur Gesellschaft noch die Treuepflicht der Aktionäre im Verhältnis zu ihren Mitaktionären generell vorgeht. Vielmehr bildet das jeweils rechtlich geschützte Interesse, auf welches sich die aus der Treuepflicht abgeleitete, konkrete Verhaltenspflicht bezieht, den Ausgangspunkt zur Bestimmung des betroffenen Pflichtenverhältnisses und damit zur Bestimmung der Parteien. Es ist

---

398 *G. Hueck*, Gesellschaftsrecht, § 26 IV. 1., S. 264.

399 *Lutter*, ZHR 153 (1989), S. 446, 455.

400 Vgl. *Lutter*, ZHR 162 (1998), S. 164, 177 ff.

also in einem ersten Schritt zu fragen, welchem Schutz eine aus der Treuepflicht konkretisierte Verhaltenspflicht dienen soll. Dient sie dem Schutz des Gesellschaftsinteresses, ist die rechtliche Sonderverbindung zwischen Aktionär und Gesellschaft, dient sie dem Schutz der Interessen der Mitaktionäre, ist die rechtliche Sonderverbindung zwischen den Aktionären betroffen.[401] Geht es zum Beispiel um die Pflicht, ungerechtfertigte Einflussnahmen auf den Vorstand zu unterlassen, ist der Schutz der Interessen der Gesellschaft betroffen; geht es dagegen um die Pflicht des Aktionärs, einem Sanierungsplan der Aktionärsmehrheit zuzustimmen, ist der Schutz der Interessen dieser Mitgesellschafter betroffen.[402] Abgesehen von diesen (relativ) eindeutigen Fällen, in denen allein eine Schutzrichtung einer anzunehmenden Verhaltenspflicht gegeben ist, gibt es aber Fälle, in denen eine Abgrenzung weniger klar ist oder zudem beide Schutzrichtungen betroffenen sind, das heißt, eine Überschneidung der Pflichten vorliegt.[403] Eine solche Überschneidung ist insbesondere in Fällen gegeben, in denen das Vermögen der Gesellschaft betroffen ist.[404]

In vielen Fällen werden also sowohl die Interessen der Gesellschaft als auch die Interessen von Mitgesellschaftern vom Schutzzweck einer Verhaltenspflicht umfasst sein. Daher ist in einem zweiten Schritt zu fragen, was für den Fall der Konkurrenz gilt. Denkbar sind zunächst drei Lösungsmodelle: Es könnte jeweils einer der beiden Treuepflichten der Vorzug zu geben sein mit der Folge, dass die andere als subsidiär zurücktritt. Daneben wäre ferner denkbar, es bei dem schlichten Konkurrenzverhältnis zu belassen.

Nach dem Bundesgerichtshof ist in einer Konkurrenzsituation der Treuepflicht gegenüber der Gesellschaft der Vorzug einzuräumen, so dass die Treuepflicht gegenüber den Mitgesellschaftern dahinter zurückzutreten hat.[405] Dogmatisch kann diese Sichtweise durch die Wertung des § 117 Abs. 1 Satz 2 AktG gestützt

---

401 *Hennrichs*, AcP 195 (1995), S. 221, 232 mit Fn. 49, 255.

402 *Lutter* 153 (1989), S. 446, 455; *Hennrichs*, AcP 195 (1995), S. 221, 260 f.; vgl. ferner *Lutter*, ZHR 162 (1998), S. 164, 177 f.

403 Vgl. *Lutter*, ZHR 153 (1989), S. 446, 455, 468 f.; *Hennrichs*, AcP 195 (1995), S. 221, 255: „Pflichtenkonkurrenz".

404 Dazu *Lutter*, ZHR 162 (1998), S. 164, 177 f.

405 BGH, ZIP 1992, S. 1464, 1470 f. (IBH/Scheich Kamel); unter Bezugnahme auf *Ulmer*, in: Staub, HGB, § 105, Rn. 241.

werden,[406] nach dem ein Aktionär nur einen über den so genannten Reflexschaden hinausgehenden Schaden verlangen kann.[407]

Dies zusammengenommen führt zu der gängigen „Faustformel“: Der horizontalen Treuepflicht kommt nur dann eine eigenständige Bedeutung zu, wenn nicht zugleich die Interessen der Gesellschaft tangiert sind.[408]

5. Die Treuepflicht des Alleinaktionärs

a) Einleitung und Grundlagen

Die bisherigen Ausführungen zur gesellschaftsrechtlichen Treuepflicht beziehen sich auf die mehrgliedrige Gesellschaft. Daher mag in Frage stehen, ob auch der Gesellschafter einer Einpersonen-Aktiengesellschaft[409, 410] einer gesellschaftsrechtlichen Treuepflicht unterliegt. Als Rechtsgrundlage dient – wie gezeigt – § 242 BGB. Ferner liegt es auf der Hand, dass mangels zweier Rechtssubjekte eine horizontale Treuepflicht für den Alleinaktionär vorab ausscheiden muss. Dagegen handelt es sich bei der Aktiengesellschaft nach § 1 Abs. 1 Satz 1 AktG um eine eigene Rechtsperson,[411] zu welcher auch der Alleinaktionär – wie auch

---

406 *Hennrichs*, AcP 195 (1995), S. 221, 255.

407 Vgl. *Hüffer*, AktG, § 117, Rn. 9; *Henze/Notz*, in: GroßKomm, AktG, Anh § 53a, Rn. 145 a.E.

408 BGH, ZIP 1992, S. 1464, 1470 f. (IBH/Scheich Kamel); *Hennrichs*, AcP 195 (1995), S. 221, 255; *Henze*, Festschrift Kellermann, S. 141, 152; *ders./Notz*, in: GroßKomm, AktG, Anh § 53a, Rn. 96; *Winter*, Mitgliedschaftliche Treuebindungen im GmbH-Recht, S. 12, 88 ff.; *Ulmer*, in: Staub, HGB, § 105, Rn. 241; vgl. ferner *Lutter*, ZHR 153 (1989), S. 446; 468 f.

409 Seit 1995 kann eine Aktiengesellschaft auch unmittelbar als Einpersonengesellschaft gegründet werden, vgl. § 2 AktG, welcher durch das Gesetz für kleine Aktiengesellschaften und zur Deregulierung des Aktiengesetzes vom 2. August 1994 , BGBl. I S. 1961, geändert wurde. Doch auch schon zuvor war die Einpersonen-Aktiengesellschaft gesetzlich anerkannt, vgl. § 319 AktG. Im Vergleich zur mehrgliedrigen Aktiengesellschaft gelten für die Einpersonen-Aktiengesellschaft einige Sondervorschriften, wie beispielsweise §§ 36 Abs. 2 Satz 2, 42 AktG.

410 Da ich die möglichen Folgen einer terminologischen Diskriminierung des männlichen Geschlechts im Gesellschafts- beziehungsweise Konzernrecht mit all seinen Mutter- und Tochtergesellschaften nicht sonderlich fürchte, sei in dieser Arbeit dem „Einmann“ eine geschlechtsneutrale Bezeichnung vorgezogen; anders *Zöllner*, ZHR 162 (1998), S. 235, 239, Fn. 19.

411 Missverständlich mag daher die Anmerkung bei *Lutter/Hommelhoff*, GmbHG, 13. Aufl., Anh. § 13 Rn. 27 sein, wonach es in der Einpersonen-GmbH „mangels Partner“ keine Treuepflicht geben könne; vgl. dazu *Winter*, ZGR 1994, S. 570, 583 f. In Zusam-

der Aktionär einer mehrgliedrigen Gesellschaft – aufgrund der Satzung in einer rechtlichen Sonderverbindung steht.[412] Diese Sonderverbindung zwischen dem Alleinaktionär und „seiner" Gesellschaft bildet den Entstehungsgrund der gesellschaftsrechtlichen Treuepflicht.

Zwar lässt sich die Treuepflicht des Alleingesellschafters in dieser Weise zunächst rein formal begründen, doch ergeben sich Bedenken, ob es sich dabei um nicht mehr als nur eine inhaltsleere Hülle handelt, aus der sich keine konkreten Pflichten ergeben können. Den Bezugspunkt der vertikalen Treuepflicht stellt das Gesellschaftsinteresse dar. Stimmt nun aber dieses Gesellschaftsinteresse mit dem Gesellschafterinteresse überein, oder anders gewendet, verfügt die Gesellschaft über kein vom Gesellschafterinteresse verschiedenes Eigeninteresse, wäre kein valider Bezugspunkt für die gesellschaftsrechtliche Treuepflicht gegeben. Denn konvergieren die Interessen von Subjekt und Objekt der Treuepflicht, kann diese denknotwendig keinen Inhalt haben.[413] Wäre dies das Ergebnis der nachfolgenden Untersuchung, bestünde materiell gesehen keine gesellschaftsrechtliche Treuepflicht des Alleinaktionärs.[414] Damit stellt sich die zentrale Frage: Existiert ein Eigeninteresse der Einpersonen-Aktiengesellschaft?

---

menschau mit der 14. Aufl., Rn. 30 und 15. Aufl., Rn. 41 wird aber sehr wohl deutlich, dass *Lutter/Hommelhoff* entgegen der Interpretation von *Winter* bereits in der 13. Aufl. den Minderheitsgesellschafter und nicht die Gesellschaft als fehlenden Partner verstanden haben.

412 Vgl. *K. Schmidt*, NJW 2001, S. 3577, 3579 f.; *ders.*, ZIP 1994, S. 837, 843; *ders.*, ZIP 1989, S. 545, 546 ff.; *ders.*, ZIP 1988, S. 1497, 1505; *ders.*, ZIP 1986, S. 146, 148; *ders.*, BB 1985, S. 2074, 2077; *ders.*, in: K. Schmidt/Uhlenbruck, Die GmbH in Krise, Sanierung und Insolvenz, Rn. 1947; *ders.*, Gesellschaftsrecht, § 19 III. 1. a), 552 ff., § 39 III. 2. c), S. 1222 f., passim; ferner *Priester*, ZGR 1993, S. 512 ff., 521; *Ulmer*, ZIP 2001, S. 2021, 2026 f., 2029; *Burgard*, ZIP 2002, S. 827, 831 f.; *Schnauder/Müller-Christmann*, JuS 1998, S. 980, 984 f.; *Hartmann*, GmbHR 1999, S. 1061, 1062; *Mödl*, JuS 2003, S. 14, 16; *Wilhelm*, NJW 2003, S. 175, 179; vgl. auch *Altmeppen*, NJW 2002, S. 321, 322; sowie OLG Karlsruhe, OLGR Karlsruhe 1997, S. 79, 82.

413 Vgl. *Bollmann*, Der Schadenersatzanspruch gemäß § 317 AktG, S. 85.

414 Vgl. *Zöllner*, in: Baumbach/Hueck, GmbHG, SchlAnhKonzernR, Rn. 112: Die Treuepflicht des Alleingesellschafters läuft leer.

b) Exkurs: Das Eigeninteresse der GmbH

Die Frage nach dem Eigeninteresse einer Einpersonen-Kapitalgesellschaft wird bislang insbesondere für die GmbH diskutiert.[415] Der Bundesgerichtshof lehnte ursprünglich ein von der Gesamtheit der Gesellschafterinteressen unabhängiges Gesellschaftsinteresse grundsätzlich ab,[416] erkennt ein solches in jüngerer Zeit nunmehr aber an.[417] Die Literatur zeigt sich zur Frage des Eigeninteresses der Einpersonen-GmbH gespalten: Ein Teil negiert ein Eigeninteresse der Gesellschaft,[418] ein anderer erkennt es an.[419] In der Sache geht die Diskussion zunächst

---

415 Die Treuepflicht des Alleinaktionärs und die damit verbundene Frage nach dem Eigeninteresse der Aktiengesellschaft führen aus zweifachem Grunde ein „Stiefmütterchendasein“: Der erste Grund ist allein praktischer Natur. So ist die Einpersonen-Aktiengesellschaft im Vergleich zur Einpersonen-GmbH bislang eine eher seltene Spezies; vgl. *K. Schmidt*, Gesellschaftsrecht, § 26 III. 2. d), S. 773; *Bachmann*, NZG 2001, S. 961, m. w. N. Des Weiteren – und dies mag der Hauptgrund sein – stellt sich für die Aktiengesellschaft aufgrund der im Vergleich zur GmbH strengeren Kapitalerhaltungsvorschriften sowie der Geltung der §§ 311 ff. AktG für die Einpersonen-Aktiengesellschaft die Frage nach einer Haftung des Alleingesellschafters wegen einer Existenzvernichtung und damit nach dem Bestandsinteresse der Gesellschaft nicht in gleichem Maße wie für die GmbH; vgl. nur *Habersack*, in: Emmerich/Habersack, Aktien- und GmbH-Konzernrecht, § 311, Rn. 13 sowie Anh. § 318, Rn. 33 a.E.

416 BGHZ 56, 97, 101; 95, 330, 340 f., 345 f. (Autokran); 119, 257, 259, 262; 122, 333, 336; vgl. ferner BGHZ 61, 380, 383 f.; 142, 92, 95.

417 Zunächst noch undeutlich BGHZ 122, 123, 130 (TBB): eigene Belange (vgl. dazu *Winter*, ZGR 1994, S. 570, 589 ff.; *Röhricht*, Festschrift 50 Jahre Bundesgerichtshof, S. 83, 107); ferner BGH, AG 1995, 35, 36 (Freiberufler-Konzern); jetzt deutlicher BGHZ 149, 10, 16 (Bremer Vulkan); bestätigt durch BGHZ 150, 61, 67 (L. Kosmetik); 151, 181 (KBV); vgl. aber auch schon OLG Karlsruhe, OLGR Karlsruhe 1997, S. 79, 82. Vorliegend soll nicht auf die teilweise ebenfalls recht wechselhafte Rechtsprechung des Bundesgerichtshofs in Strafsachen sowie des Bundesfinanzhofs eingegangen werden; vgl. dazu nur *Tieves*, Der Unternehmensgegenstand der Kapitalgesellschaft, S. 566 ff., 569 ff.; *Becker*, Das gesellschaftsrechtliche Wettbewerbsverbot in der Einmann-GmbH, S. 62 ff.; jeweils m. w. N.

418 *Zöllner*, in: Baumbach/Hueck, GmbHG, SchlAnhKonzernR, Rn. 112; *G. Hueck/Fastrich*, in: Baumbach/Hueck, GmbHG, § 13, Rn. 34; *Lutter/Hommelhoff*, in: Lutter/Hommelhoff, GmbHG, Anh. § 13, Rn. 28; *Lutter/Bayer*, in: Lutter/Hommelhoff, GmbHG, § 14, Rn. 26 (vgl. auch die Vorauflage, § 14, Rn. 24); *Lutter*, ZIP 1985, S. 1425, 1428; *Koppensteiner*, in: Rowedder, GmbHG, § 43, Rn. 70 ff.; *Altmeppen*, in: Roth/Altmeppen, GmbHG, § 13, Rn. 58; *Wiedemann*, Die Unternehmensgruppe im Privatrecht, S. 86 f.; *Röhricht*, WPg 1992, S. 766, 785; *Flume*, Die juristische Person, S. 61; *Reuter*, in: MünchKomm, BGB, Vor § 21, Rn. 44; *Rehbinder*, AG 1986, S. 85, 94; *Bachmann*, ZIP 1999, S. 85, 93; ferner *Ziche*, Die Verweisung des § 35 Abs. 4 GmbHG auf das Verbot der Vornahme von Insichgeschäften, S. 108 ff, 155.

aber nur um die Anerkennung eines beschränkten Eigeninteresses, welches sich allein auf die Bestandswahrung bezieht.[420] Auf der Rechtsgrundlage der gesellschaftsrechtlichen Treuepflicht[421] wird daraus eine Haftung des Alleingesellschafters für existenzvernichtende Eingriffe abgeleitet.[422]

Nur vereinzelt wird ein weitergehendes Eigeninteresse der GmbH beschrieben, welches über ein reines Bestandsinteresse hinausgeht.[423] Es soll darin bestehen, „dass die Gesellschafter ihren gesetzlichen und statuarischen Verpflichtungen nachkommen, das heißt insbesondere die Verfassung der Gesellschaft in ihrer jeweiligen Fassung beachten, ihre rechtliche Selbständigkeit respektieren und ihren Zweck fördern, sie insbesondere nicht schädigen".[424] Dies ist zutreffend, denn es wird gleichzeitig erkannt, dass das Eigeninteresse der GmbH weitgehend zur Disposition der Gesellschafter beziehungsweise des Alleingesellschafters steht. So sind diese beispielsweise befugt, unter Einhaltung der gesetzlichen Regeln die Satzung der GmbH abzuändern oder auch die Gesellschaft aufzulö-

---

419 *Ulmer*, ZHR 148 (1984), S. 391, 418 f.; *ders.*, Festschrift Pfeiffer, S. 853, 868 ff.; *ders.*, ZGR 1985, S. 598, 607; *ders.*, ZIP 2001, S. 2021, 2026; *Winter*, Mitgliedschaftliche Treuebindungen im GmbH-Recht, S. 205 ff.; *ders.*, ZGR 1994, S. 570, 585 ff.; *Priester*, ZGR 1993, S. 512, 520 f.; *Fleck*, ZHR 149 (1985), S. 387, 394 f.; *ders.*, ZGR 1990, S. 31, 38; *K. Schmidt*, BB 1985, S. 2074, 2077; *Hommelhoff*, Die Konzernleitungspflicht, S. 256; *Schnauder/Müller-Christmann*, JuS 1998, S. 980, 984; *Hartmann*, GmbHR 1999, S. 1061, 1062; nunmehr auch *Röhricht*, Festschrift 50 Jahre Bundesgerichtshof, S. 83, 104 ff.; vgl. ferner *Henze*, GmbHR 2000, S. 1069, 1072; *Assmann*, JZ 1986, S. 928, 931; *Emmerich*, AG 1975, S. 285, 288.

420 Vgl. nur *Röhricht*, Festschrift 50 Jahre Bundesgerichtshof, S. 83, 104; ferner *Altmeppen*, ZIP 2001, S. 1837, 1842.

421 Streitig, so wie hier *Ulmer*, ZIP 2001, S. 2021, 2026 f.; *Mülbert*, DStR 2001, S. 1937, 1946 f.; *Burgard*, ZIP 2002, S. 827, 830; *ders.*, WuB II. C. § 13 GmbHG 1.02, unter Punkt 3; ferner *Winter*, ZGR 1994, S. 570, 592; *Schnauder/Müller-Christmann*, JuS 1998, S. 980, 984 f.; sowie nur terminologisch abweichend *K. Schmidt*, NJW 2001, S. 3577, 3580; *ders.*, Gesellschaftsrecht, § 19 III. 1. a), S. 554, Beispiel Nr. 4 a.E.; a.A. beispielsweise *Altmeppen*, NJW 2002, S. 321, 322 f.; *ders.*, ZIP 2001, S. 1837, 1842; *Keßler*, GmbHR 2001, S. 1095, 1099; *ders.*, GmbHR 2002, S. 945, 950; *Bitter*, WM 2001, S. 2133, 2138. In BGHZ 151, 181, 186 f. (KBV) wird nunmehr eine Durchgriffshaftung als Rechtsgrundlage befürwortet, vgl. dazu *Ulmer*, JZ 2002, S. 1049, 1050; *Henze*, NZG 2003, S. 649, 656 f.

422 BGHZ 149, 10, 16 (Bremer Vulkan).

423 Neben *Burgard*, ZIP 2002, S. 827, 834; vgl. auch *Ziemons*, Die Haftung der Gesellschafter für Einflussnahmen auf die Geschäftsführung der GmbH, S. 97 ff., 135 f., m. w. N.

424 *Burgard*, ZIP 2002, S. 827, 834.

sen. Auf diese Weise können sie den Inhalt des Eigeninteresses der GmbH zwar maßgeblich beeinflussen, es aber nicht vollständig abbedingen.[425] Es wird damit deutlich, dass das so genannte Bestandsinteresse nur einen – und zwar indisponiblen – Teil des Eigeninteresses der Gesellschaft darstellt. Ferner wird klar, dass zur Disposition des Eigeninteresses feste Regeln einzuhalten sind und das Eigeninteresse damit in seiner jeweils aktuellen Ausformung Bezugspunkt der gesellschaftsrechtlichen Treuepflicht ist.

c) Das Eigeninteresse der Aktiengesellschaft

(1) Die Existenz des Eigeninteresses der Aktiengesellschaft

Die grundsätzliche Existenz eines Eigeninteresses der Aktiengesellschaft zeigt sich im Aktienrecht an verschieden Stellen. Eingangs mag dies anhand dreier Beispiele überblicksartig belegt werden:

Zunächst kommt die Existenz eines Gesellschaftseigeninteresses in der Unabhängigkeit des Vorstandes zum Ausdruck.[426] Der Vorstand hat nach § 76 Abs. 1 AktG die Gesellschaft unter eigener Verantwortung zu leiten. Bei seinen Leitungsentscheidungen, welche der Vorstand nach eigenem Ermessen trifft,[427] hat er primär das Eigeninteresse der Gesellschaft zu berücksichtigen,[428] wie es die Satzung und der in ihr verfasste Gesellschaftszweck als Ziel vorgeben.[429]

Ferner spiegelt sich das Eigeninteresse der Aktiengesellschaft in der Geltung des § 181 BGB (Verbot von Insichgeschäften) für den Vorstand wider.[430] Denn dieser findet – wie dies für die GmbH in § 35 Abs. 4 Satz 1 GmbHG gesetzlich verankert ist – grundsätzlich selbst dann Anwendung, wenn ein Alleinvorstand

---

425 *Burgard*, ZIP 2002, S. 827, 835 f.; vgl. auch *Hartmann*, GmbHR 1999, S. 1061, 1062; *Winter*, Mitgliedschaftliche Treuebindungen im GmbH-Recht, S. 66 f., 190 ff.; sowie auch *Ulmer*, ZHR 148 (1984), S. 391, 419.

426 A.A. *Henze/Notz*, in: GroßKomm, AktG, Anh. § 53a, Rn. 45.

427 Vgl. BGHZ 125, 239, 246 (Deutsche Bank).

428 *Flume*, Die juristische Person, S. 60; *Röhricht*, in: VGR, Gesellschaftsrecht in der Diskussion 2001, VGR Bd. 5 (2002), S. 3, 13.

429 Vgl. § 82 Abs. 2 AktG, aus dem die Bindung des Vorstandes an das Gesellschaftsinteresse als verbindliche Leitmaxime gefolgert werden kann; vgl. *Mertens*, in: KölnKomm, AktG, § 82, Rn. 12 ff.

430 Wegen § 112 AktG scheidet bereits die Verwirklichung von § 181 Var. 1 BGB (Selbstkontrahieren) aus, so dass allein eine Verwirklichung von § 181 Var. 2 BGB (Doppelvertretung) in Betracht kommt.

gleichzeitig auch Alleinaktionär ist.[431] Der Zweck des § 181 BGB liegt in der Vermeidung von Interessenkollisionen,[432] setzt also bezogen auf die vorliegende Konstellation ein vom Interesse des Alleinaktionärs verschiedenes Gesellschaftsinteresse voraus.[433] Erst durch oder aufgrund der Satzung kann der Vorstand in analoger Anwendung von § 78 Abs. 3 Satz 1 und 2 AktG von dem Verbot des § 181 AktG befreit werden.[434]

Schließlich kommt auch in den §§ 311, 317 AktG eine gesetzliche Anerkennung des Eigeninteresses der (abhängigen) Aktiengesellschaft zum Ausdruck.[435] Nach § 317 AktG macht sich das herrschende Unternehmen sowie dessen gesetzliche Vertreter schadensersatzpflichtig, wenn die Ausgleichpflicht des § 311 AktG nicht erfüllt wird. Damit soll zumindest (auch) das Integritätsinteresse der abhängigen Gesellschaft geschützt werden.[436, 437] Da die §§ 311 ff. AktG uneinge-

---

431 *Hüffer*, AktG, § 78, Rn. 6 f.; *Mertens*, in: KölnKomm, AktG, § 78, Rn. 69 a.E.; a.A. *Ekkenga*, AG 1985, S. 40, 42; *Hefermehl*, in: Geßler/Hefermehl, AktG, § 78, Rn. 95.

432 *Heinrichs*, in: Palandt, BGB, § 181, Rn. 2.

433 Ohne Rekurs auf § 35 Abs. 4 Satz 1 GmbH käme diese Argumentation freilich nur einem circulus vitiosus gleich; vgl. aber auch *Bachmann*, ZIP 1999, S. 85, 99 bei Fn. 106.

434 *Hüffer*, AktG, § 78, Rn. 7; a.A. *Ekkenga*, AG 1985, S. 40, 42; *Hefermehl*, in: Geßler/-Hefermehl, AktG, § 78, Rn. 91, die daneben bereits einen Beschluss nach § 119 Abs. 2 AktG für ausreichend erachten; dagegen zu Recht *Hüffer*, AktG, § 78, Rn. 7.

435 *Ulmer*, ZHR 148 (1984), S. 391, 412 f.; *Wimmer-Leonhardt*, Konzernhaftungsrecht, S. 194; *Koppensteiner*, in: KölnKomm, AktG, Vorb. § 311, Rn. 6, 16, m. w. N.; a.A. *Luchterhandt*, ZHR 133 (1970), S. 1, 12.

436 *Strohn*, Die Verfassung der Aktiengesellschaft im faktischen Konzern, S. 16 ff., 18 f., 62; ferner *Hommelhoff*, Die Konzernleitungspflicht, S. 124; *Kropff*, in: Geßler/Hefermehl, AktG, § 311, Rn. 1, 39; *Koppensteiner*, in: KölnKomm, AktG, Vorb. § 311, Rn. 6; *Beinert*, Die Konzernhaftung für die satzungsgemäß abhängig gegründete GmbH, S. 114.

437 Vgl. auch die Begründung RegE zu § 300, in: *Kropff*, Aktiengesetz 1965, S. 388: „Durch die Vorschriften des Dritten Abschnitts [Anm.: §§ 300 bis 303 AktG] soll die Gesellschaft zu ihrem [...] Schutz in gewissem Umfang gegen eine Aushöhlung ihrer bilanzmäßigen Substanz gesichert werden. Dieser Schutz kommt, wenn außenstehende Aktionäre vorhanden sind, naturgemäß auch ihnen zugute. Sein eigentliches Ziel ist es aber, der Gesellschaft die für ihr Leben als Kapitalgesellschaft erforderliche Substanz [...] zu erhalten.“; dazu aber *Koppensteiner*, in: KölnKomm, AktG, Vorb. § 300, Rn. 8; dagegen wiederum *Bollmann*, Der Schadenersatzanspruch gemäß § 317 AktG, S. 86, Fn. 15. Des Weiteren zur Differenzierung zwischen Gesellschafts- und Aktionärsinteresse im Zusammenhang mit der Vermögensbindung im Aktienrecht vgl. *N. Horn*, ZIP 1987, S. 1225, 1228; *Lutter/Wahlers*, AG 1989, S. 1, 11; *Joost*, ZHR 148 (1984), S. 27, 31; aber auch *Adams*, AG 1989, S. 333, 337 f.

schränkt auch für die Einpersonen-Aktiengesellschaft gelten[438] und Gläubiger des Anspruchs aus § 317 AktG allein die Gesellschaft ist, würde ohne die Anerkennung eines Gesellschaftseigeninteresses dieser Anspruch bei Einpersonen-Aktiengesellschaften als herrschendem Unternehmen stets leer laufen.[439]

(2) Der Inhalt des Eigeninteresses der Aktiengesellschaft

Für die Bestimmung des Inhaltes des Gesellschaftsinteresses der Einpersonen-Aktiengesellschaft ist in gleicher Weise wie für die GmbH zunächst strikt zwischen dem Eigeninteresse und seiner Disponibilität durch den Alleinaktionär zu unterscheiden: Jeder Aktionär – und damit auch der Alleinaktionär – hat seinen gesetzlichen und satzungsmäßigen Pflichten nachzukommen. Dieses Datum dürfte unbestritten und ferner unbestreitbar sein. Vielfach wird aber übersehen, dass gerade die Erfüllung dieser Pflichten das Eigeninteresse der Aktiengesellschaft ausmacht – nicht mehr, aber auch nicht weniger.

Zur Präzisierung des Inhaltes des Eigeninteresses der Gesellschaft ist auf den Verbands- oder Gesellschaftszweck einzugehen, der für jede Gesellschaft – gleich welcher Rechtsform und unabhängig davon, ob es sich um eine ein- oder mehrgliedrige handelt – ein konstitutives Element darstellt[440]. Der Gesellschaftszweck findet sich in der Satzung der Aktiengesellschaft meist nicht ausdrücklich, sondern ergibt sich erst mittelbar aus dem Unternehmensgegenstand (§ 23 Abs. 3 Satz 2 AktG).[441] Er ist regelmäßig auf Gewinnerzielung ausgerichtet.[442] In Anlehnung an § 705 BGB haben die Aktionäre den Gesellschaftszweck zu fördern; sie haben grundsätzlich ihr Verhalten an diesem Zweck auszurichten.[443]

Nach § 54 AktG sind die Aktionäre zunächst verpflichtet, ihre Einlageverpflichtung zu erfüllen und können zur Förderung des Gesellschaftszwecks zusätzlich nach § 55 AktG noch Nebenverpflichtungen vereinbaren. Jedoch ist die Förder-

---

438 *Zöllner*, Gedächtnisschrift Knobbe-Keuk, S. 369, 377; *Habersack*, in: Emmerich/Habersack, Aktien- und GmbH-Konzernrecht, § 311, Rn. 13 und Anh. § 318, Rn. 33.

439 Vgl. *Bollmann*, Der Schadenersatzanspruch gemäß § 317 AktG, S. 85.

440 Vgl. nur *K. Schmidt*, Gesellschaftsrecht, § 4 II. 1., S. 61 f.

441 *Eckhardt*, in: Geßler/Hefermehl, AktG, § 23, Rn. 64 a.E.

442 Zu abweichenden Gesellschaftszwecken vgl. unten S. 219 ff. (gemeinnützige Aktiengesellschaft) und S. 221 ff. (aufgelöste Aktiengesellschaft).

443 Vgl. *Ivens*, GmbHR 1988, S. 249, 254; *Kort*, ZIP 1990, S. 295 f.; *Zöllner*, ZHR 162 (1998), S. 235, 239, Fn. 20; sowie *Burgard*, ZIP 2002, S. 827, 833 f.

pflicht – auch in der Aktiengesellschaft – nicht auf die Leistung der Einlage limitiert. Neben den beschriebenen aktiven Förderpflichten treffen die Aktionäre auch passive Förderpflichten. Sie dürfen die Gesellschaft nicht vorsätzlich schädigen,[444] wie dies unter anderem auch in § 117 AktG zum Ausdruck kommt. Die genannten Pflichten bestehen auch für den Alleingesellschafter. Teilweise werden für den Alleinaktionär darüber hinaus sogar erhöhte Förderpflichten angenommen, da die Gesellschaft in bestimmten Situationen besonders von dessen Mitwirkung abhängig sei.[445] Insbesondere wird eine Pflicht des Alleinaktionärs zur Teilnahme an der Hauptversammlung und zur Ausübung seines Stimmrechts verlangt, da ansonsten die Aktiengesellschaft durch den Ausfall des Organs „Hauptversammlung" paralysiert würde.[446] Insgesamt hat die Gesellschaft ein vitales Interesse daran, dass der oder die Aktionäre ihren gesetzlichen und satzungsmäßigen Förderpflichten nachkommen. Dies zusammengenommen macht den wesentlichen Inhalt ihres Eigeninteresses aus.

Gleichzeitig stehen die Zweckförderpflichten und damit verbunden auch das Eigeninteresse der Gesellschaft in weiten Teilen zur Disposition der Gesellschafter. Ein genereller Dispens scheidet aber schon aufgrund der Satzungsstrenge gemäß § 23 Abs. 5 AktG aus, so dass in jedem Fall ein Rest an Eigeninteresse der Aktiengesellschaft übrig bleiben muss, der als valider Bezugspunkt für die gesellschaftsrechtliche Treuepflicht des Alleinaktionärs dient.[447] Darüber hinaus besteht aber eine weitreichende Disponibilität:

Den größten Einfluss auf die Definition des Eigeninteresses können die Aktionäre mit der Bestimmung des Gesellschaftszwecks nehmen. Der Gesellschafts-

---

444 Vgl. *Kort*, ZIP 1990, S. 295 f.; *Zöllner*, ZHR 162 (1998), S. 235, 239, Fn. 20.

445 Vgl. *Henze*, BB 1996, S. 489, 493; ferner für die GmbH *Burgard*, ZIP 2002, S. 827, 835.

446 So *Bungeroth*, in: MünchKomm, AktG, Vor § 53a, Rn. 23; zuvor schon *Hefermehl/-Bungeroth*, in: Geßler/Hefermehl, AktG, Vor § 53a, Rn. 21, auf der Grundlage der gesellschaftsrechtlichen Treuepflicht. Grundsätzlich stehen *Hefermehl/Bungeroth* der Annahme einer gesellschaftsrechtlichen Treuepflicht jedoch ablehnend gegenüber, ebd., Rn. 19. Nunmehr aber *Bungeroth*, in: MünchKomm, AktG, Vor § 53a, Rn. 18. Ebenso widersprüchlich *Henze/Notz*, in: GroßKomm, AktG, Anh § 53a, Rn. 83, die eine Anwesenheitspflicht des Alleinaktionärs aus der Treuepflicht ableiten, gleichzeitig aber (ebd., Rn. 42 ff.) eine Treuepflicht des Alleinaktionärs ablehnen.

447 Vgl. *Hüffer*, AktG, § 53a, Rn. 18.

zweck wird bei der Gründung von ihnen festgelegt, kann aber auch später mit der Zustimmung aller Aktionäre[448] und damit insbesondere auch vom Alleingesellschafter geändert werden (§ 33 Abs. 1 Satz 2 BGB). Die weitestmögliche Einschränkung des Eigeninteresses der Aktiengesellschaft ist durch die Setzung eines fremdnützigen Zwecks möglich, nach dem es beispielsweise einziger Zweck der Gesellschaft sein soll, im Interesse des Alleingesellschafters tätig zu sein.[449] Eine besondere Art der Zweckänderung erfolgt ferner durch einen Auflösungsbeschluss der Hauptversammlung nach § 262 Abs. 1 Nr. 2 AktG, für welche im Gegensatz zur allgemeinen Zweckänderung bereits eine Mehrheit, die mindestens drei Viertel des vertretenen Grundkapitals umfasst, ausreichend ist. An die Stelle des bisherigen Gesellschaftszwecks tritt der so genannte Abwicklungszweck.[450] Ferner können die Aktionäre in der Gründungssatzung auch die Art[451] und insbesondere die Höhe der Einlageverpflichtung nach § 54 AktG bestimmen, soweit nur in der Summe das Mindestgrundkapital von 50.000 € erreicht wird (§ 7 AktG). Selbst eine nachträgliche Befreiung von ihrer Leistungsverpflichtung ist den Aktionären nach § 66 Abs. 3 AktG – freilich nur unter bestimmten Voraussetzungen – möglich. Die Nebenleistungspflichten nach § 55 AktG stehen daneben in vollem Umfang zur Disposition der Aktionäre. Sie können durch einen satzungsändernden Aufhebungsbeschluss beendet werden.

Die Ausführungen zeigen, dass die Zweckförderpflicht und das Eigeninteresse der Gesellschaft für die Aktionäre – wie auch schon § 23 Abs. 5 AktG zeigt – nicht gänzlich abdingbar sind. Des Weiteren ist zu beachten, dass die Disposition über das Gesellschaftseigeninteresse stets die Einhaltung gesetzlicher Vorschriften, insbesondere der Regeln über Satzungsänderungen und zur Handelsregisterpublizität (§§ 179 ff., 181 AktG), voraussetzt. Mit der Nennung der Handelsregisterpublizität wird auch deutlich, dass *neben* der Gesellschaft auch

---

448 So die vorherrschende Ansicht, vgl. *Zöllner*, in: KölnKomm, AktG, § 179, Rn. 113; *Hüffer*, AktG, § 179, Rn. 33; *Hefermehl/Bungeroth*, in: Geßler/Hefermehl, AktG, § 179, Rn. 114; jeweils m. w. N.; a.A. *Timm*, Die Aktiengesellschaft als Konzernspitze, S. 31 ff.

449 Ausführlich *Timmann*, Die Durchsetzung von Konzerninteressen in der Satzung der abhängigen Aktiengesellschaft, S. 102 ff.

450 *Hüffer*, AktG, § 262, Rn. 2; vgl. ferner unten S. 221 ff.

451 Bar- oder Sacheinlage.

der allgemeine Rechts- und Geschäftsverkehr erwarten kann, dass die Aktionäre ihren gesetzlichen und satzungsmäßigen Verpflichtungen nachkommen.

d) Ergebnis

Die Aktiengesellschaft verfügt über ein von den Gesellschaftern unabhängiges Eigeninteresse. Dieses Eigeninteresse steht zum Teil zur Disposition der Gesellschafter. Das Eigeninteresse ist in seiner aktuellen Ausgestaltung Bezugspunkt für die gesellschaftsrechtliche Treuepflicht. Daraus ist zu schließen, dass der Alleinaktionär – so wie jeder Aktionär – der gesellschaftsrechtlichen Treuepflicht unterliegt.[452] Der einzige Unterschied zur mehrgliedrigen Aktiengesellschaft besteht darin, dass der Alleinaktionär bei der Disposition über das Eigeninteresse und damit über die gesellschaftsrechtliche Treuepflicht keine Rücksicht auf Mitaktionäre nehmen muss.[453] Daraus folgt zunächst, dass ein Wettbewerbsverbot für den Alleinaktionär[454] nicht mit dem Hinweis auf eine fehlende gesellschaftsrechtliche Treuepflicht abgelehnt werden kann.[455]

6. Vor- und nachmitgliedschaftliche Treuepflichten

Die gesellschaftsrechtliche Treuepflicht setzt grundsätzlich das Bestehen einer Mitgliedschaft voraus. Denn alle mitgliedschaftlichen Pflichten beginnen grundsätzlich erst mit dem Erwerb und enden mit dem Verlust der Mitgliedschaft.[456] Damit scheint zunächst eine Annahme von Treuepflichten, die in das Vorfeld der Mitgliedschaft sowie in die Zeit nach Beendigung der Mitgliedschaft hineinwirken, ausgeschlossen.[457] Soweit es dabei um die Beschränkung der Aus-

---

452 Vgl. *Wimmer-Leonhardt*, Konzernhaftungsrecht, S. 193 ff.; *Bollmann*, Der Schadenersatzanspruch gemäß § 317 AktG, S. 112 f.; ferner *G. Hueck/Windbichler*, Gesellschaftsrecht, § 26 IV. 1. b), Rn. 27, S. 367, Fn. 31; a.A. statt anderer *Henze/Notz*, in: GroßKomm, AktG, Anh § 53a, Rn. 42 ff.; *Ehricke*, in: GroßKomm, AktG, § 42, Rn. 40; *Koppensteiner*, in: KölnKomm, AktG, Anh. § 318, Rn. 70.

453 Vgl. *Burgard*, ZIP 2002, S. 827, 836.

454 Dazu unten S. 162.

455 So aber *Henze/Notz*, in: GroßKomm, AktG, Anh § 53a, Rn. 80 a.E.; ferner für die GmbH *Lutter/Hommelhoff*, GmbHG, 15. Aufl., § 14, Rn. 24; vgl. zum Wettbewerbsverbot in der Einpersonen-GmbH zudem oben S. 19 ff.

456 *Bungeroth*, in: MünchKomm, AktG, Vor § 53a, Rn. 8 f.

457 So *Claussen*, ZHR 154 (1990), S. 488, 491; *Lutter*, ZHR 153 (1989), S. 446, 460; *Bungeroth*, in: MünchKomm, AktG, Vor § 53a, Rn. 19; ferner *Joussen*, BB 1992, S. 1075,

übung von Mitgliedschaftsrechten geht, kann diese Sichtweise nicht angezweifelt werden.[458] Die Ausübung dieser Rechte setzt zwangsläufig eine Mitgliedschaft in der Gesellschaft voraus. In der Schrankenfunktion allein erschöpft sich der Anwendungsbereich der Treuepflicht jedoch nicht. Daneben können sich konkrete Einzelpflichten aus der treuepflichtbestimmten Pflichtenstellung des Aktionärs ergeben. Diese Pflichtenstellung kann in das Vor- und Nachfeld der Mitgliedschaft ausstrahlen.

Das Bestehen von vor- und nachmitgliedschaftlichen Treuebindungen ist inzwischen weitgehend anerkannt.[459] Zur Begründung wird teilweise ein Vergleich zum Schuldrecht herangezogen. Auch hier werden die Parteien in der Anbahnungs- und Abwicklungsphase des Vertrages mit Pflichten belegt, welche sich auf die beiden Rechtsinstitute der culpa in contrahendo[460] und culpa post contractum finitum stützen lassen.[461] Überträgt man dies auf die Mitgliedschaft, zeigt sich auch hier ein Prozesscharakter. Mitgliedschaftliche Verhaltensbindungen steigen in der Anbahnungsphase der Mitgliedschaft langsam an, bis sie mit dem Eintritt in die Gesellschaft zu ihrer vollen Ausprägung gelangen. Ebenso stellt sich die Situation nach dem Austritt dar. Es „lebt die Mitgliedschaft gleichsam auf schwächerer Flamme noch eine Zeitlang fort".[462] Ein- und Austritt stellen damit keine glatten Bruchstellen der Mitgliedschaft und damit der gesellschaftsrechtlichen Treuepflicht dar. Des Weiteren lässt sich die Anerkennung von extensiven Treuepflichten mit Einwirkungsgefahren für die Gesellschaft

---

1079; *Wastl*, NZG 2000, S. 505, 507; *Eckert*, Konzerneingangsschutz im Aktienkonzernrecht, S. 119.

458 *K. Schmidt*, Gesellschaftsrecht, § 20 IV. 1. b), S. 588.

459 *K. Schmidt*, Gesellschaftsrecht, § 20 IV. 1. b), S. 588; *ders.*, in: MünchKomm, HGB, § 105, Rn. 188; *Raiser*, Recht der Kapitalgesellschaften, § 12 V. 4., Rn. 47, S. 113; *Wittkowski*, GmbHR 1990, S. 544, 549; *G. Hueck/Windbichler*, Gesellschaftsrecht, § 14 IV., Rn. 15, S. 150; *Weber*, Vormitgliedschaftliche Treubindungen, passim; *Mülbert*, Aktiengesellschaft, Unternehmensgruppe und Kapitalmarkt, S. 83 f.; ferner *Ekkenga*, in: Ehricke/Ekkenga/Oechsler, WpÜG, § 33, Rn. 13, Fn. 39; *Reul*, Die Pflicht zur Gleichbehandlung der Aktionäre, S. 266; *Ulmer*, in: MünchKomm, BGB, § 738, Rn. 7; *Tröger*, Treuepflicht im Konzernrecht, S. 61 ff.; *Koppensteiner*, in: KölnKomm, AktG, Anh. § 318, Rn. 14; *Henze/Notz*, in: GroßKomm, AktG, Anh § 53a, Rn. 41.

460 Nunmehr § 311 Abs. 2 BGB.

461 *K. Schmidt*, Gesellschaftsrecht, § 20 IV. 1. b), S. 588; ferner *Wittkowski*, GmbHR 1990, S. 544, 549; *Weber*, Vormitgliedschaftliche Treubindungen, S. 4.

462 *Weber*, Vormitgliedschaftliche Treubindungen, S. 180.

und Gesellschafter begründen, die bereits von dem zukünftigen oder immer noch von dem ehemaligen Gesellschafter ausgehen können.[463]

Mit der Anerkenntnis von vor- und nachwirkenden Treuepflichten ist noch keine Entscheidung über konkrete Einzelpflichten getroffen, die sich aus ihnen ergeben können. Es ist aber abzusehen, dass sie keinen allzu weiten Anwendungsbereich finden können, da sie in ihrer Intensität schwächer einzustufen sind als die Treuepflichten während der Mitgliedschaft. Aufgrund dieses Ergebnisses kann aber nicht schon per se die Möglichkeit eines vormitgliedschaftlichen Wettbewerbsverbotes ausgeschlossen werden.[464]

7. Ergebnis

Das „Fundament" der gesellschaftsrechtlichen Treuepflicht wurde in diesem Kapitel „abgeklopft". Es erweist sich als solide. Weiterhin ist aber offen, ob es ein Wettbewerbsverbot für Aktionäre zu tragen vermag. Allein aus dem Bestehen einer gesellschaftsrechtlichen Treuebindung kann nicht auf ein Wettbewerbsverbot geschlossen werden. Es steht weiterhin in Frage, ob und wenn ja, in welchen Einzelfällen, sich die gesellschaftsrechtliche Treuepflicht zu einem Wettbewerbsverbot konkretisieren kann.

D. Die Konkretisierung der Treuepflicht zum Wettbewerbsverbot

1. Einleitung

Die gesellschaftsrechtliche Treuepflicht umfasst allgemein die Pflicht der Gesellschafter, den Gesellschaftszweck zu fördern und alles zu unterlassen, was der Gesellschaft schadet. Aufgrund der Allgemeinheit, Abstraktheit und Unbestimmtheit von Tatbestand und Rechtsfolge wird die gesellschaftsrechtliche Treuepflicht zutreffend als Generalklausel bezeichnet.[465] Generell bieten Generalklauseln dem Rechtsanwender keine festen Merkmale, unter die er subsumie-

---

463 Vgl. *Weber*, Vormitgliedschaftliche Treubindungen, S. 239 und passim.

464 Dazu unten S. 190 ff.

465 Statt vieler *Steindorff*, Festschrift Rittner, S. 675, 687 f.; *Hüffer*, Festschrift Steindorff, S. 59, passim; *ders.*, ZHR 153 (1989), S. 85, 88; *ders.*, AktG, § 53a, Rn. 15; *Stimpel*, Richterliche Rechtsfortbildung, S. 15, 18; *Henze*, BB 1996, S. 489, 494.

ren kann. Daher ist die Interpretation von Generalklauseln mit den üblichen Auslegungsmethoden nach Wortlaut, Entstehungsgeschichte, Systematik und Sinn und Zweck meist wenig zielführend und führt regelmäßig zu keiner abschließenden Interpretation. Dass die Auslegung der gesellschaftsrechtlichen Generalklausel der Treuepflicht zudem schwerlich zu subsumtionsfähigen Ergebnissen führen kann, wird dadurch begünstigt, dass sie Gewohnheitsrecht und damit ungeschrieben ist,[466] also bereits nicht von einem feststehenden Wortlaut ausgegangen werden kann und es ebenso an dem Willen eines historischen Gesetzgebers mangelt.[467]

a) Die Konkretisierung von Generalklauseln mit Hilfe von Fallgruppenbildung

Die Interpretation von Generalklauseln erfolgt gemeinhin im Wege der Konkretisierung für den Einzelfall. Mit der Verwendung des Terminus „Konkretisierung" ist dabei aber noch nichts über die Methode ausgesagt. Als Konkretisierungsverfahren wird in der Regel ein Vergleich verwendet zwischen dem zu entscheidenden Fall mit anderen Fällen, welche eindeutig unter die Generalklausel fallen oder eindeutig nicht von der Generalklausel erfasst werden.[468] Dabei kommt der Bildung von Fallgruppen eine herausragende Bedeutung zu. Grundlage der Fallgruppenbildung sind Einzelfallentscheidungen, die sich nach und nach zu Fallgruppen verdichten.[469] Ein dann neu zu entscheidender Fall kann einer der bereits etablierten Fallgruppen zugeordnet werden oder – falls dies nicht möglich ist – zumindest mit diesen verglichen werden.

Für das Aktienrecht kann in Bezug auf die gesellschaftsrechtliche Treuepflicht aber bislang nur in Teilbereichen von einer verfestigten Fallgruppenbildung ge-

---

466 Zur gewohnheitsrechtlichen Anerkennung vgl. oben S. 58.

467 *Larenz/Canaris*, Methodenlehre, S. 177.

468 *Larenz*, Methodenlehre der Rechtswissenschaft, S. 292 f.; *ders.*, Festschrift Nikisch, S. 275, 292 ff.; *Wank*, Die Grenzen richterlicher Rechtsfortbildung, S. 147; *Zippelius*, Juristische Methodenlehre, S. 72 f.; *Ipsen*, Richterrecht und Verfassung, S. 73 ff.; *Schmalz*, Methodenlehre, Rn. 341 ff.

469 *Wank*, Die Grenzen richterlicher Rechtsfortbildung, S. 147; *Ipsen*, Richterrecht und Verfassung, S. 73 ff. Teilweise wird angenommen, dass die Bildung von Fallgruppen am Anfang stehen, das heißt unabhängig von Einzelfallentscheidungen erfolgen kann, vgl. *Schmalz*, Methodenlehre, Rn. 342; vgl. ferner *Larenz*, Methodenlehre der Rechtswissenschaft, S. 292 f.; *Zippelius*, Juristische Methodenlehre, S. 72 f.

sprochen werden. Die Anzahl der Fallkonstellationen, die hier unzweifelhaft in den Anwendungsbereich oder unzweifelhaft nicht in den Anwendungsbereich der gesellschaftsrechtlichen Treuepflicht fallen, ist begrenzt. Für Bereiche, die bislang noch nicht ausreichend ausgefüllt sind, bleibt daher ein großes Maß an Unsicherheit.

Speziell für den Fall des Wettbewerbsverbotes für Aktionäre hat sich bisher weder eine Fallgruppe herausgebildet, noch ist eine der gebildeten Fallgruppen einschlägig. Insbesondere ist ein Vergleich mit einer Fallgruppe des Verbots der Wahrnehmung von Geschäftschancen der Gesellschaft durch Aktionäre nicht möglich. Eine solche Fallgruppe wurde bislang nur in der Literatur angedacht.[470] Auch Vergleiche mit Fallgruppen zu Wettbewerbsverboten von Gesellschaftern in anderen Rechtsformen verschaffen keine Abhilfe. Dazu sind die reformspezifischen Unterschiede zur Aktiengesellschaft zu gravierend.

b) Die Konkretisierung von Generalklauseln mit Hilfe des Grundsatzes der Verhältnismäßigkeit

Vorliegend kommt daher nur eine fallgruppenunabhängige – im Rahmen dieser Untersuchung abstrakte – Einzelfalllösung in Betracht. Zwar beeinträchtigen Einzelfallentscheidungen die Vorhersehbarkeit und Rechtssicherheit, doch ist dies ein generelles Problem bei der Verwendung von Generalklauseln und in letzter Konsequenz unvermeidbar.[471] Deshalb kommt der Offenlegung der verwendeten Kriterien eine gesteigerte Bedeutung zu, um die Begründung zumindest weitestgehend nachvollziehbar und kontrollierbar zu machen.[472]

Diesen Anforderungen kann eine Konkretisierung der gesellschaftsrechtlichen Treuepflicht im Wege der Interessenabwägung unter Anbindung an den Grundsatz der Verhältnismäßigkeit genügen.[473] Durch die Anbindung an den Ver-

---

470 *Lutter*, ZHR 153 (1989), S. 446, 465 f.; vgl. ferner *Weisser*, Corporate Opportunities, S. 199; siehe ferner oben bei Fn. 225 und unten S. 119 f.

471 Vgl. *Schmalz*, Methodenlehre, Rn. 344.

472 *Larenz*, Methodenlehre der Rechtswissenschaft, S. 293; *Wank*, Die Grenzen richterlicher Rechtsfortbildung, S. 146; vgl. ferner *Esser*, Vorverständnis und Methodenwahl, S. 60 f.

473 Für die Konkretisierung der gesellschaftsrechtlichen Treuepflicht unter Berücksichtigung des Verhältnismäßigkeitsgrundsatzes beispielsweise *Raiser*, Recht der Kapitalgesellschaften, § 12 V. 4., Rn. 48, S. 114; *Wiedemann*, Gesellschaftsrecht I, § 8 II. 3. b),

hältnismäßigkeitsgrundsatz und dem damit einhergehenden Durchlaufen einer dreistufigen Prüfung (Geeignetheit, Erforderlichkeit, Proportionalität) ist meiner Ansicht nach gegenüber einer reinen Interessenabwägung[474] ein höheres Maß an Transparenz und Nachvollziehbarkeit gewährleistet. Daneben stellt sich ohnehin die Frage, ob der Verhältnismäßigkeitsgrundsatz nicht sogar zwingend zu beachten ist. Seine Anwendbarkeit erscheint zunächst – zumindest aus zivilistischer Sicht – nicht evident. Warum auf den Grundsatz der Verhältnismäßigkeit aber zwingend zurückzugreifen ist, wird regelmäßig nicht oder nicht ausreichend begründet.[475]

(1) Der Grundsatz der Verhältnismäßigkeit und seine Anwendungsbereiche

Der Grundsatz der Verhältnismäßigkeit ist heute als verfassungsrechtliches Prinzip allgemein anerkannt[476] und findet seine Rechtsgrundlage im Rechtsstaatsprinzip des GG[477]. Er findet grundsätzliche Anwendung gegenüber der Legislative, der Exekutive und der Judikative, also gegenüber der gesamten Staatsgewalt.

S. 434 f.; *Geiger*, Wettbewerbsverbote im Konzernrecht, S. 47 f.; *Berding*, WM 2002, S. 1149, 1151; *Ziegler*, DStR 2000, S. 249, 254; *Werner*, Festschrift Semler, S. 419, 427 f.; vgl. ferner BGH, AG 2000, S. 229, 230 (Breuninger-Gruppe); BGHZ 80, 69, 74 (Süssen); auch *Hüffer*, AktG, § 53a, Rn. 16.

474 Vgl. zum Beispiel *Raiser*, ZHR 151 (1987), S. 422, 435 ff.; *Stimpel*, Richterliche Rechtsfortbildung, S. 15, 18.

475 Ohne Begründung beispielsweise *Raiser*, Recht der Kapitalgesellschaften, § 12 V. 4., Rn. 48, S. 114; *Wiedemann*, Gesellschaftsrecht I, § 8 II. 3. b), S. 434 f.; *Werner*, Festschrift Semler, S. 419, 428. *Geiger*, Wettbewerbsverbote im Konzernrecht, S. 48, versucht die Anwendbarkeit des Verhältnismäßigkeitsgrundsatzes zu begründen, befasst sich aber allein mit seiner Anwendung im Gesellschaftsrecht und übersieht, dass die Konkretisierung von Generalklauseln im Zivilrecht eine Aufgabe der Gerichte ist, also die Frage im Vordergrund stehen muss, ob diese dabei an den Verhältnismäßigkeitsgrundsatz gebunden sind.

476 Ständige Rechtsprechung des Bundesverfassungsgerichts; vgl. nur BVerfGE 7, 377, 405, 407 f.; 89, 69, 84; 90, 145, 173; ferner *Stern*, Staatsrecht, III/2, § 84, S. 762 ff., m. w. N. Nach *Röhl* (Allgemeine Rechtslehre, S. 603) handelt es sich aber bei dem Grundsatz der Verhältnismäßigkeit nicht um ein Rechtsprinzip, da er sich mit seinen verschiedenen Teilgeboten „ohne weiteres schon aus der Logik von Mittel und Zweck" ergebe.

477 BVerfGE 23, 127, 133; 70, 278, 286; 86, 288, 347; 90, 145, 173; vgl. ferner *Stern*, Staatsrecht, III/2, § 84 I 4., S. 769 ff.

Der Hauptanwendungsbereich liegt im Rahmen der legislativen Staatstätigkeit. Der Gesetzgeber hat den Verhältnismäßigkeitsgrundsatz bei jeder Normsetzung zu beachten. Dies ergibt sich nach Art. 20 Abs. 3 GG aus der Bindung des Gesetzgebers an die verfassungsmäßige Ordnung, zu der auch der Grundsatz der Verhältnismäßigkeit gehört.[478]

Bei exekutivem Handeln ist der Anwendungsbereich des Verhältnismäßigkeitsgrundsatzes beschränkt. Wird die Verwaltung auf der Grundlage eines (verhältnismäßigen) Gesetzes tätig, welches ihr keinen Handlungsspielraum zuweist, bedarf es keiner weiteren Anwendung des Verhältnismäßigkeitsgrundsatzes. Anders ist dies jedoch bei der Zuweisung eines Handlungsspielraums. Steht der Verwaltung ein Entschließungs- oder Auswahlermessen zu, hat sie ihr konkretes Handeln am Maßstab der Verhältnismäßigkeit zu orientieren. Ferner ist die Exekutive an den Verhältnismäßigkeitsgrundsatz gebunden, wenn sie gesetzgeberisch tätig wird, wie dies insbesondere beim Erlass von Rechtsverordnungen nach Art. 80 GG der Fall ist.[479]

Ähnlich der Exekutive ist auch im Rahmen judikativen Handelns der Verhältnismäßigkeitsgrundsatz nur in Bereichen beachtlich, die gesetzlich nicht abschließend geregelt sind. Denn alleine die Entscheidungsfindung auf dem Boden zwingender gesetzlicher Regelungen kann unter der Prämisse, dass die gesetzlichen Vorschriften selbst verhältnismäßig sind, keinen Verstoß gegen den Verhältnismäßigkeitsmaßstab begründen.[480]

(2) Der Grund der Verhältnismäßigkeit und seine allgemeine Anwendbarkeit bei der Konkretisierung von Generalklauseln

Ob es sich bei Generalklauseln allgemein um nicht abschließend geregelte Bereiche beziehungsweise Lücken in der Gesetzesordnung handelt, ist umstritten. Dabei entzündet sich der Streit im Wesentlichen am Lückenbegriff:

---

478 *Jakobs*, Der Grundsatz der Verhältnismäßigkeit, S. 133, m. w. N.

479 *Jakobs*, Der Grundsatz der Verhältnismäßigkeit, S. 134 ff., m. w. N.

480 *Sachs*, GG, Art. 20, Rn. 148; *Jakobs*, Der Grundsatz der Verhältnismäßigkeit, S. 138.

Gemeinhin wird unter einer Lücke eine planwidrige Unvollständigkeit des Gesetzes verstanden.[481] Daneben soll es aber auch geplante, planvolle oder bewusste Lücken im Gesetz geben. Damit werden Lücken bezeichnet, die der Gesetzgeber zwar als regelungsbedürftig erkannt hat, aber schließlich selbst (noch) nicht regeln wollte.[482] Teilweise wird eine Generalklausel als eine Unterkategorie einer solchen, vom Gesetzgeber geplanten Lücke angesehen.[483] Stellt man sich auf diesen Standpunkt, liegt im Falle einer Generalklausel keine abschließende gesetzliche Regelung vor. Folglich wird der Richter bei der Interpretation der Generalklausel rechtsfortbildend tätig und muss dabei den Verhältnismäßigkeitsgrundsatz unmittelbar beachten.

Gegen die Annahme einer Lücke kann zunächst angeführt werden, dass immerhin eine Regelung vorhanden ist.[484] Fordert man zur Anerkennung einer Lücke zudem ihre Planwidrigkeit,[485] handelt es sich bei einer Generalklausel gerade nicht um eine Lücke, da der Gesetzgeber bewusst eine gesetzliche Regelung geschaffen hat[486]. In der Regel kann daher bei der Konkretisierung von Generalklauseln nicht von Rechtsfortbildung gesprochen werden.[487] So werden dem Richter bei der Entscheidungsfindung durch das Gesetz zumindest gewisse –

---

481 *Larenz*, Methodenlehre der Rechtswissenschaft, S. 373; *Canaris*, Die Feststellung der Lücken im Gesetz, 30, 39; erstmalig – soweit ersichtlich – *Elze*, Lücken im Gesetz, S. 19, 26.

482 *Rüthers*, Rechtstheorie, Rn. 835; *Engisch*, Einführung in das juristische Denken, S. 179 f.; *ders.*, Festschrift Sauer, S. 85, 89.

483 *Rüthers*, Rechtstheorie, Rn. 836; *Rehbinder*, Einführung in die Rechtswissenschaft, S. 226; Enneccerus/*Nipperdey*, AT BGB, § 58 I. 1., S. 337; *Baumgarten*, Die Wissenschaft vom Recht, Teil I, S. 303; *Germann*, Probleme und Methoden der Rechtsfindung, S. 120; *Meier-Hayoz*, Festschrift Germann, S. 149 ff.; *Hildebrandt*, Rechtsfindung, S. 78; vgl. auch *Bender*, JZ 1957, S. 593, 600.

484 *Canaris*, Die Feststellung der Lücken im Gesetz, S. 28; *Engisch*, Festschrift Sauer, S. 85, 88; ferner *Röhl*, Allgemeine Rechtslehre, 1. Aufl., S. 651: „Generalklauseln sind keine Löcher im Normgewebe".

485 Vgl. bei Fn. 481.

486 *Canaris*, Die Feststellung der Lücken im Gesetz, S. 28; vgl. auch schon *Elze*, Lücken im Gesetz, S. 32 ff., 34.

487 Für den Normalfall einer Konkretisierung von Generalklauseln soll es sich nach *Kamanabrou* (AcP 202 (2002), S. 662, 680) um eine Auslegung handeln. Nur in Ausnahmefällen, bei denen der Anwendungsbereich einer Generalklausel ausgedehnt wird, soll es sich um Rechtsfortbildung handeln; vgl. auch *Ipsen*, Richterrecht und Verfassung, S. 73: „Konkretisierung ist [...] etwas anderes als Auslegung"; *Wank*, Grenzen richterlicher Rechtsfortbildung, S. 146: „ Konkretisierung ist [...] stets [...] Rechtsfortbildung".

wenn auch schwache – Richtlinien und Grenzen aufgezeigt.[488] Möchte man daher die Konkretisierung von Generalklauseln als Auslegung einstufen, stellt sich die Frage, ob hier dann ebenfalls der Verhältnismäßigkeitsgrundsatz zu beachten ist. Schränken die Richtlinien und Grenzen der Generalklausel den Entscheidungsspielraum des Richters derart ein, dass er sich allein auf verhältnismäßige Entscheidungen verengt, bleibt für eine unmittelbare Bindung des Richters an den Verhältnismäßigkeitsgrundsatz kein Raum. Dies ist jedoch kaum der Fall. Daher ist auch im Rahmen der Auslegung von Generalklauseln regelmäßig auf den Verhältnismäßigkeitsgrundsatz zu rekurrieren.[489]

Aber auch unabhängig davon, ob Generalklauseln als Lücken in der Rechtsordnung aufzufassen sind, kann die Anwendbarkeit des Verhältnismäßigkeitsgrundsatzes bei der richterlichen Konkretisierung von Generalklauseln erklärt werden. Denn unabhängig davon, ob es sich um Auslegung (keine Lücke) oder Rechtsfortbildung (Lücke) handelt, ist die Konkretisierung von Generalklauseln richterliche Normsetzung.[490] Deshalb werden Generalklauseln auch zutreffend als „Delegationsnormen“[491] oder „Kompetenznormen“[492] bezeichnet.[493] Wird der Richter nun normsetzend tätig, darf er die Generalklausel nicht nach eigenem Belieben ausfüllen, sondern hat dabei die gleichen Maßstäbe und Grenzen zu berücksichtigen, wie dies dem Gesetzgeber obliegt. Er ist also auch zwingend an den Grundsatz der Verhältnismäßigkeit gebunden.

---

488 *Engisch*, Einführung in das juristische Denken, S. 180; ferner *Esser*, Grundsatz und Norm, S. 51.

489 *Röhl*, Allgemeine Rechtslehre, S. 603, weist darauf hin, dass zur teleologischen Auslegung der Verhältnismäßigkeitsgrundsatz gehört.

490 *Kamanabrou*, AcP 202 (2002), S. 662, 681; vgl. ferner *Röhl*, Allgemeine Rechtslehre, 1. Aufl., S. 651, 241; *ders.*, Allgemeine Rechtslehre, S. 212 f.

491 *Heck*, Grundriss des Schuldrechts, § 4, S. 11 f.

492 *Röhl*, Allgemeine Rechtslehre, 1. Aufl., S. 651, 237, 241.

493 Vgl. auch *Bender*, JZ 1957, S. 593, 600: „Hier ist dem rechtsanwendenden Staatsorgan vom Gesetzgeber die Ermächtigung erteilt worden, diese Klauseln [...] auszufüllen.“; *Hedemann*, Die Flucht in die Generalklausel, S. 58: „ein Stück offengelassener Gesetzgebung“; ferner *Engisch*, Einführung in das juristische Denken, S. 177; *Wank*, Grenzen richterlicher Rechtsfortbildung, S. 145; *Ipsen*, Richterrecht und Verfassung, S. 72; *Bydlinski*, Rechtsdogmatik und praktische Vernunft, S. 189, 199; speziell im Kontext mit der Generalklausel der gesellschaftsrechtlichen Treuepflicht *Steindorff*, Festschrift Rittner, S. 675, 687; *Hüffer*, ZHR 153 (1989), S. 85, 88.

(3) Zwischenergebnis

Als Zwischenergebnis ist zunächst festzuhalten, dass bei der Konkretisierung von Generalklauseln stets der Grundsatz der Verhältnismäßigkeit zu beachten ist. Dies gilt auch für die gesellschaftsrechtliche Generalklausel der Treuepflicht.

c) Der Grundsatz der Verhältnismäßigkeit und seine Anwendbarkeit speziell auf die Generalklausel der gesellschaftsrechtlichen Treuepflicht

Lässt sich die Anwendbarkeit des Verhältnismäßigkeitsgrundsatzes bei der Konkretisierung der gesellschaftsrechtlichen Treuepflicht bereits aus ihrer Einordnung als Generalklausel schließen, kann dies zudem aus ihrer Entstehungsgeschichte abgeleitet werden.

Die gesellschaftsrechtliche Treuepflicht findet – wie gezeigt – ihre Rechtsgrundlage und ihren gesetzlichen Anknüpfungspunkt in § 242 BGB (Prinzip von Treu und Glauben). Die Generalklausel des § 242 BGB bezieht sich nach ihrem Wortlaut allein auf die Art und Weise der Leistungserbringung. Wird sie über diesen, gesetzgeberisch vorgegebenen Anwendungsbereich ausgedehnt, handelt es sich um Rechtsfortbildung. Findet – wie vorliegend – die Rechtsfortbildung außerhalb der gesetzlichen Regelung, aber innerhalb des Rahmens der Gesamtrechtsordnung und der dieser zugrunde liegenden Rechtsprinzipien statt, wird dies als gesetzesübersteigende Rechtsfortbildung bezeichnet.[494] Es versteht sich von selbst, dass ein Richter bei der gesetzesübersteigenden Rechtsfortbildung stärker noch als bei der Gesetzesauslegung und einer gesetzesimmanenten Rechtsfortbildung an die Beachtung des Verhältnismäßigkeitsgrundsatzes gebunden ist. Bei der Entwicklung der gesellschaftsrechtlichen Treuepflicht aus einer ersten Gerichtsentscheidung, über eine Reihe von Gerichtsentscheidungen bis hin zu einer ständigen Rechtsprechung und der Anerkennung als Gewohnheitsrecht[495] bedurfte es immer wieder der Berücksichtigung des Verhältnismäßigkeitsgrundsatzes. Wird eine auf diesem Wege entstandene Generalklausel weiter konkretisiert, erfordert dies erst recht die Beachtung des Grundsatzes der Verhältnismäßigkeit.

---

494 Vgl. *Larenz/Canaris*, Methodenlehre, S. 232.

495 Vgl. oben S. 58.

d) Die Funktion und der Inhalt des Verhältnismäßigkeitsgrundsatzes bei der Konkretisierung von Generalklauseln

Hat sich nun gezeigt, dass der Verhältnismäßigkeitsgrundsatz – sogar zwingend – bei der Konkretisierung der gesellschaftsrechtlichen Treuepflicht zu beachten ist, stellt sich die Frage nach seiner Funktion im Konkretisierungsverfahren. Zunächst dient der Verhältnismäßigkeitsgrundsatz nicht der eigentlichen Gewinnung eines Rechtssatzes. Vielmehr ist in einem ersten Schritt – mehr oder weniger frei – ein bestimmter Rechtssatz hypothetisch anzunehmen. In einem zweiten Schritt wird dieser Rechtssatz dann am Maßstab der Verhältnismäßigkeit auf seine Rechtsgültigkeit überprüft.[496] Zwischen Hypothese und ihrer Überprüfung kommt es zu einer stetigen Rückkopplung, die zu einer Ausdifferenzierung des Rechtssatzes führt.

Als Hypothese wird vorliegend ein Wettbewerbsverbot für Aktionäre angenommen. Diese muss im Folgenden einer Überprüfung am Verhältnismäßigkeitsgrundsatz standhalten.

Im Rahmen der Verhältnismäßigkeitsprüfung sind drei Prüfungsschritte zu durchlaufen. Zunächst ist zu fragen, ob ein Wettbewerbsverbot konkret geeignet ist, die Gesellschaft vor schädigenden Einflüssen zu bewahren, die durch eine Konkurrenztätigkeit eines Aktionärs hervorgerufen werden. Im zweiten Schritt ist zu untersuchen, ob die Belastung eines Aktionärs mit einem Wettbewerbsverbot zum Schutz der Gesellschaft erforderlich ist. Es darf kein anderes Mittel geben, welches – bei gleicher Wirksamkeit – milder als ein Wettbewerbsverbot ist. Abschließend ist die Verhältnismäßigkeit im engeren Sinne (Proportionalität) zu prüfen. Proportional sind Maßnahmen, bei denen die Abwägung der betroffenen Interessen nicht zu einem offensichtlichen Missverhältnis führt.

2. Die Geeignetheit eines Wettbewerbsverbotes zu Lasten der Aktionäre

Mit einem Wettbewerbsverbot für Aktionäre soll die Gesellschaft vor den spezifischen Gefahren einer Konkurrenztätigkeit durch ihre Gesellschafter geschützt

---

496 *Geiger*, Wettbewerbsverbote im Konzernrecht, S. 49; ferner *Hennrichs*, AcP 195 (1995), S. 221, 249.

werden. Zur Erreichung dieses Zweckes ist ein Wettbewerbsverbot in jedem Fall ein taugliches Instrument. Die Geeignetheit ist somit gegeben.[497]

3. Die Erforderlichkeit eines Wettbewerbsverbotes zu Lasten der Aktionäre (Fallgruppen)

Des Weiteren muss ein Wettbewerbsverbot für Aktionäre erforderlich sein. Es muss das mildeste Mittel gleicher Wirksamkeit sein, um die Gesellschaft und die Mitgesellschafter vor den spezifischen Gefahren, die durch Wettbewerbshandlungen eines Aktionärs drohen, hinreichend zu schützen.

Um dies festzustellen, bedarf es zunächst der Qualifizierung des spezifischen Gefährdungspotentials. Ausgehend von der Identifikation der regulären Gefahren, denen ein jedes Wirtschaftssubjekt im marktwirtschaftlichen System ausgesetzt ist, werden die besonderen Gefahren, die sich aufgrund der Verbandszugehörigkeit eines Konkurrenten ergeben, dargestellt. Im Anschluss ist zu fragen, ob diesen spezifischen Gefahren durch mildere Mittel wirksam begegnet wird oder werden kann. Zunächst werden die verschiedenen Schutzmechanismen dargestellt. Ihre Wirksamkeit wird anschließend im Rahmen verschiedener Fallgruppen ausführlich analysiert.

a) Reguläre Gefahren

Eine Aktiengesellschaft, die ihre Produkte oder Dienstleistungen an einem Markt anbietet, sieht sich so wie jede Unternehmung stetig einer Reihe von Gefahren ausgesetzt:

Zum Teil handelt es sich dabei um Gefahren, auf die eine Gesellschaft keinen oder nur sehr beschränkten Einfluss nehmen kann. Solche Gefahren ergeben sich aus den fremdbestimmten und sich fortlaufend verändernden unternehmerischen Rahmen- oder Umweltbedingungen (global-)ökonomischer, rechtlicher, (ordnungs-)politischer, fiskalischer, sozialer oder kultureller Art. Die Gesellschaft kann auf sich verändernde Rahmenbedingungen – soweit sie nicht antizipiert werden können – nur reagieren; sie kann sich den neuen Gegebenheiten anpassen. Beschränkte Mittel der Einflussnahme auf einige der genannten Rahmenbedingungen stehen einer Gesellschaft – mit Ausnahme von Gesellschaften

---

497 So auch *Geiger*, Wettbewerbsverbote im Konzernrecht, S. 64.

mit großer Marktmacht – nur über den Zusammenschluss mit anderen Unternehmungen zu (Lobby-)Verbänden zu.

Daneben ist die Gesellschaft – soweit es sich nicht um ein Monopolunternehmen handelt – Wettbewerbseinflüssen ausgesetzt. Für die Gesellschaft besteht die Gefahr, von Wettbewerbern in ihrem Marktanteil beschnitten oder in letzter Konsequenz ganz aus dem Markt verdrängt zu werden. Dies kann auf zweierlei Art geschehen: Zum einen kann der Wettbewerber versuchen, in einem fairen Wettbewerb „der Bessere" zu sein, indem er seinen Mitbewerber in den Bereichen Innovation, Preis-Leistungs-Verhältnis, Service, Qualität oder Marketing übertrifft. Zum anderen kann der Konkurrent aber auch versuchen, durch illegale Mittel Vorteile am Markt zu erreichen. Die vorstellbaren Methoden hierzu sind vielfältig und reichen von Kartellabsprachen bis hin zur Betriebsspionage oder -sabotage. Der Gesetzgeber tritt solchen Verhaltensweisen neben dem allgemeinen Straf- und Zivilrecht insbesondere mit den Kodifikationen des UWG und des GWB entgegen.[498] Die Gesellschaft ist bei Gefahren, welche durch Wettbewerber drohen, nicht allein auf reaktive Strategien wie bei den veränderlichen Rahmenbedingungen beschränkt; vielmehr kann die Gesellschaft dem Verlust von Marktanteilen mit unternehmerischen Mitteln aktiv entgegnen, indem sie ständig Anstrengungen unternimmt ihren Konkurrenten zumindest ebenbürtig zu sein. Auch illegalen Angriffen der Wettbewerber kann die Gesellschaft aktiv entgegentreten. Die Gefahren einer Betriebsspionage können beispielsweise durch die Einführung von geeigneten Sicherungssystemen erheblich reduziert werden.

Die beschriebenen Gefahren sollen unter dem Oberbegriff der „regulären Gefahr" zusammengefasst werden. Diesen Gefahren sind in unserem Wirtschaftssystem alle Wirtschaftssubjekte ausgesetzt, und abgesehen von illegalen Übergriffen durch Konkurrenten sollen und müssen sie diesen Gefahren auch ausgesetzt sein. Es geht dabei um die Anpassungs-, Fortschritts- und Auslesefunktion

---

498 Vgl. ferner §§ 298 ff. StGB. Lücken im Rechtsschutz können zudem durch das Recht am eingerichteten und ausgeübten Gewerbebetrieb aufgefangen werden, welches als sonstiges Recht i.S.d. § 823 Abs. 1 BGB anerkannt ist; vgl. BGHZ 3, 270, 279; 8, 142, 144; 24, 200; 45, 296, 307; 43, 359, 360 f.

des Wettbewerbs.[499] Sinn und Zweck eines gesellschaftsrechtlichen Wettbewerbsverbotes ist es nicht, die Gesellschaft vor solchen Gefahren zu schützen.

b) Spezifische Gefahren durch Wettbewerbstätigkeit der Aktionäre

Aufgrund der Mitgliedschaft eines Wettbewerbers in einer Gesellschaft können sich nun aber unter verschiedenen Aspekten besondere Gefahren- oder Schädigungspotentiale für die Gesellschaft ergeben, welche über die regulären Gefahren, denen der Verband ohnehin ausgesetzt ist, hinausgehen. Die Grundlage dieser spezifischen Gefahren bildet der Interessengegensatz, in welchem sich der konkurrierende Gesellschafter befindet und welcher den idealtypischen Interessengleichlauf zwischen Gesellschafts- und Gesellschafterinteressen zumindest stört. Jedem Aktionär sind diverse Handlungsoptionen und -alternativen gegeben. Bei ihrer Betätigung durch einen Konkurrenten ist stets zu befürchten, dass er sie zum Nachteil der Aktiengesellschaft und zum Vorteil der konkurrierenden Unternehmung ausübt.[500]

Die besonderen Gefahrenpotentiale, die aus der Doppelrolle als Aktionär und Konkurrent resultieren, sind in zwei Bereiche zu untergliedern: Es handelt sich zum einen um den Bereich der Einflussnahmemöglichkeiten des Aktionärs auf die Geschicke der Gesellschaft; zum anderen um den Bereich der Informationsmöglichkeiten des Aktionärs. Diese beiden Bereiche werden nachfolgend im Überblick dargestellt. In einem gesonderten Abschnitt schließt sich eine Negativauswahl an. Es soll explizit auf potentielle Einwirkungsmöglichkeiten des Aktionärs eingegangen werden, welche gerade nicht auf seiner Stellung als Aktionär beruhen und daher nicht als spezifische Gefahren anzusehen sind. Diese Einwirkungsmöglichkeiten sind mehrheitlich den regulären Gefahren zuzuordnen; sie scheiden daher für die weitere Untersuchung aus.

---

499 *Beater*, Unlauterer Wettbewerb, § 2, Rn. 9 ff.

500 Es ist zutreffend, dass man nicht davon ausgehen kann, dass die Doppelrolle als Aktionär und Wettbewerber „stets oder doch typisch [...] Nachteile für die Gesellschaft mit sich bring[t]" (so *Kropff*, in: MünchKomm, AktG, Vor § 311, Rn. 66), doch kann die *Gefahr* von Nachteilen je nach Konstellation sehr erheblich sein. In diesem Zusammenhang ist darauf hinzuweisen, dass bereits die Gefahren, die aus einer ***beliebigen*** anderweitigen unternehmerischen Interessenbindungen resultieren, den Gesetzgeber zur Normierung des Aktienkonzernrechts bewegt haben.

(1) Einflussnahmemöglichkeiten des Aktionärs

Der Aktionär kann je nach seiner Stellung in der Gesellschaft im Interesse seiner Konkurrenzunternehmung Einfluss auf die Geschicke der Aktiengesellschaft nehmen. Durch eine schädigende Einflussnahme schwächt der Aktionär die Marktposition der Gesellschaft, was vom Wettbewerber ausgenutzt werden kann. Ein konkurrierender Aktionär fördert durch eine schädigende Einflussnahme also indirekt sein Konkurrenzunternehmen.

Die denkbaren Wege der Einflussnahme sind dabei vielfältig. Es ist zwischen rechtlich gesicherten und faktischen Einflussnahmemöglichkeiten zu differenzieren: Zum ersten Bereich gehören die mitgliedschaftlichen Verwaltungsrechte. Dem Aktionär ist es insbesondere möglich, sein Stimmrecht in der Hauptversammlung[501] sowie auch sein Klagerecht[502] im Interesse seiner Konkurrenzunternehmung wahrzunehmen. Mithilfe seines Stimmrechts kann ein Aktionär beispielsweise auf eine für ihn günstige Besetzung des Aufsichtsrates hinwirken[503] oder auch eine für die Gesellschaft wichtige Kapitalerhöhung blockieren[504]. Mit seinem Klagerecht ist es dem Aktionär möglich, die Durchführung eintragsbedürftiger Beschlüsse, wie zum Beispiel einer Kapitalerhöhung[505], zu blockieren oder zumindest zu verzögern. Neben diesen rechtlich gesicherten Einflussmöglichkeiten besteht unter bestimmten Umständen auch die Möglichkeit der faktischen Einflussnahme auf die Geschicke der Gesellschaft, namentlich der Einflussnahme auf den Vorstand. Ein Aktionär, der innerhalb der Gesellschaft aufgrund seiner Beteiligungshöhe, möglichen Sonderrechten oder auch durch Gesellschaftervereinbarungen eine gewichtige Stellung innehat, teilt dem Vorstand im direkten, persönlichen Gespräch[506] seine Erwartungen und Ratschläge mit oder erteilt Weisungen und nimmt damit Einfluss auf die zukünftige Geschäftsführung. Alternativ kann der Aktionär seine Wünsche und Anregungen gegebe-

---

501 Vgl. §§ 118, 133, 134 AktG.

502 Anfechtungs- und Nichtigkeitsklage.

503 Vgl. § 101 Abs. 1 Satz 1 AktG.

504 Zur Kapitalerhöhung bedarf es regelmäßig einer Mehrheit von mindestens drei Viertel des bei der Beschlussfassung vertretenen Grundkapitals; vgl. § 182 Abs. 1 Satz 1 AktG.

505 Vgl. §§ 189, 211 AktG.

506 Gegebenenfalls bei dem in anderem Zusammenhang gerne zitierten „Kamingespräch“, vgl. *Kropff*, in: MünchKomm, AktG, § 311, Rn. 73.

nenfalls auch öffentlich äußern, um auf diesem Wege indirekt auf den Vorstand einzuwirken.

(2) Informationsmöglichkeiten des Aktionärs

Steht bei der Einflussnahme die Schädigung und Schwächung der Marktposition der Gesellschaft im Vordergrund, weist die Informationsgewinnung im Interesse des Konkurrenzunternehmens durch einen Aktionär eine andere Zielrichtung auf. Hier steht die direkte Förderung des Konkurrenzunternehmens im Vordergrund. Mit Hilfe von sensiblen, gesellschaftsinternen Informationen kann der Konkurrent seine Position am Markt verbessern. Erst mittel- bis langfristig tritt durch den Informationsabfluss ein Schaden bei der Gesellschaft ein.

Auch bei den Informationsmöglichkeiten ist zwischen rechtlich gesicherten und faktischen Informationsrechten zu unterscheiden. Auf mitgliedschaftlicher Basis stehen dem Aktionär eine Reihe von Informationsrechten zu. An erster Stelle ist sein Auskunftsrecht nach § 131 AktG zu nennen. Darüber hinaus kann ein Aktionär nach § 175 Abs. 2 Satz 1 und 2 AktG Einsicht in den Jahresabschluss, den Lagebericht, den Bericht des Aufsichtsrates und den Vorschlag des Vorstandes für die Verwendung des Bilanzgewinns nehmen und zudem eine Abschrift der Vorlagen verlangen. Gleichfalls steht dem Aktionär nach § 145 Abs. 6 Satz 4 AktG ein Anspruch auf die Abschriften möglicher Sonderprüfungsberichte zu. Neben diesen rechtlich gesicherten Informationsmöglichkeiten können darüber hinaus auch unter bestimmten Umständen faktische Informationsmöglichkeiten oder informelle Informationsbeziehungen zwischen Aktionär und Vorstand sowie Aktionär und Aufsichtsrat bestehen.

c) „Unspezifische Gefahren" durch Wettbewerbstätigkeit der Aktionäre

Neben den beschriebenen Einflussnahme- und Informationsmöglichkeiten stehen einem konkurrierenden Aktionär noch andere Einwirkungsmöglichkeiten auf die Gesellschaft zu, die zu einem Nachteil der Gesellschaft oder zu einem Vorteil der Konkurrenzunternehmung im Wettbewerb führen können. Die nachfolgend genannten Einwirkungsmöglichkeiten lassen sich nur schwerlich unter einen gemeinsamen Oberbegriff fassen. Zunächst ist ihnen nur gemein, dass sie nicht im Zusammenhang mit der Ausübung mitgliedschaftlicher Rechte stehen. Auch stehen sie in keinem zwingenden faktischen Zusammenhang mit der Stellung als Aktionär und können damit nicht mehr zu den spezifischen Gefahren gezählt werden.

(1) Aktionär mit organschaftlichen Einflussnahme- und Informationsrechten

Ist ein Aktionär zugleich Mitglied des Vorstandes oder des Aufsichtsrates der Gesellschaft,[507] verfügt er aufgrund dieser Position über weitreichende (organschaftliche) Einflussnahme- und Informationsmöglichkeiten. Als Mitglied des Vorstandes hat er theoretisch Zugriff auf alle internen Informationen der Gesellschaft;[508] auch als Mitglied des Aufsichtsrates wird einem Aktionär Zugang zu sensiblen Informationen gewährt.[509] Die Vorstandsmitglieder bestimmen die Geschäftsführung der Gesellschaft; daneben bieten sich auch für Mitglieder des Aufsichtsrates in abgeschwächter Form gewisse Einflussmöglichkeiten. Neben seiner Mitwirkung an der Geschäftsführung kann ein Mitglied des Vorstandes zudem aufgrund einer Einzelvertretungsmacht[510] negativ auf die Gesellschaft einwirken, indem er nachteilige Geschäfte für die Gesellschaft abschließt.

Diese weitreichenden Einflussnahme- und Informationsmöglichkeiten sind aber allein mit der jeweiligen Organstellung verbunden und stehen in keinem rechtlich oder faktisch kausalen Nexus zur Stellung als Aktionär. Im Personengesellschaftsrecht sind Geschäftsführungsbefugnisse regelmäßig mit der Mitgliedschaft verbunden. Doch auch dem Kommanditisten, der nach § 164 Satz 1 HGB grundsätzlich von der Geschäftsführung ausgeschlossen ist, kann durch den Ge-

---

507 Dass Organmitglieder gleichzeitig auch Aktionäre einer Gesellschaft sind, ist – trotz dem so genannten Prinzip der Fremdorganschaft – keine seltene Kombination. In so genannten kleinen Aktiengesellschaften, insbesondere in Familiengesellschaften, sind die Inhaber größerer Beteiligungen meist im Vorstand, zumindest aber im Aufsichtsrat vertreten. In vielen börsennotierten Gesellschaften gehören Aktienoptionspläne seit einigen Jahren – nunmehr aber mit rückläufiger Tendenz – zu den festen Vergütungsbestandteilen für die Mitglieder des Vorstandes. Daher werden Vorstandsmitglieder solcher Gesellschaften regelmäßig zugleich Aktionär sein. Inzwischen ist also davon auszugehen, dass Organmitglieder ohne gleichzeitige Aktionärsstellung eher die Ausnahme sind.

508 So ergibt sich aus der Gesamtverantwortung des Vorstandes und der damit einhergehenden Aufsichtspflicht jedes Mitgliedes des Vorstandes eine Berichts- und Auskunftspflicht der einzelnen Ressortleiter gegenüber dem Gesamtvorstand, vgl. *Hüffer*, AktG, § 77, Rn. 15. Von dieser Berichtspflicht sind uneingeschränkt vertrauliche Informationen sowie Betriebs- und Geschäftsgeheimnisse umfasst.

509 § 90 AktG; dazu *Hüffer*, AktG, § 90, Rn. 4 ff.

510 Vgl. § 78 Abs. 2 Satz 1, Abs. 3 Satz 1, Abs. 4 Satz 1 AktG.

sellschaftsvertrag die Geschäftsführungsbefugnis zugewiesen bekommen.[511] Eine solche Ausgestaltung der Mitgliedschaft mit Sonderrechten ist im Aktienrecht jedoch nicht möglich.[512] Einem Aktionär kann durch die Satzung aufgrund des Prinzips der formellen Satzungsstrenge gemäß § 23 Abs. 5 AktG keine Geschäftsführungsbefugnis eingeräumt werden.[513] Die Bestellung zum Mitglied des Vorstandes stellt daher auch nicht eine Einräumung eines Sonderrechts dar, sie lässt die Mitgliedschaft unberührt. Ebenso kann ein Aufsichtsratsmandat nicht als mitgliedschaftliches Sonderrecht eingeräumt werden.[514] Daher begründen die mit der Organstellung hinzugewonnen Einflussnahme- und Informationsmöglichkeiten des Aktionärs keine spezifischen Gefahren, die aus der Doppelrolle als Aktionär und Konkurrent erwachsen. Entgegen *Reiß*, der ein Wettbewerbsverbot des Aktionärs allein aufgrund seiner Mitgliedschaft im Aufsichtrat und den damit hinzugewonnen Informationsmöglichkeiten begründet,[515] ist die Mitgliedschaft in einem Leitungsorgan der Gesellschaft für die Frage nach einem Wettbewerbsverbot für Aktionäre unbeachtlich.[516] Der Schutz der Gesellschaft vor spezifischen Gefahren, die aus der Doppelrolle als Organmitglied und Konkurrent erwachsen können, ist durch die rechtliche Ausgestaltung der jeweiligen Organstellung zu gewährleisten.[517]

(2) Aktionär mit rechtgeschäftlicher Vertretungsmacht

Genauso wie ein konkurrierender Aktionär aufgrund einer organschaftlichen Vertretungsmacht durch den Abschluss nachteiliger Geschäfte negativ auf die Gesellschaft einwirken kann, ist ihm dies aufgrund einer rechtsgeschäftlich er-

---

511 Aufgrund der Zuweisung der Geschäftsführungsbefugnis wird für einen Kommanditisten entgegen § 165 HGB ein Wettbewerbsverbot angenommen, vgl. oben S. 13.

512 Anders im GmbH-Recht. Hier kann die Stellung als Geschäftsführer als mitgliedschaftliches Sonderrecht eingeräumt werden; vgl. *K. Schmidt*, Gesellschaftsrecht, § 21 I. 2. b), S. 602 f.

513 *K. Schmidt*, Gesellschaftsrecht, § 21 I. 2. d), S. 603 f.

514 *K. Schmidt*, Gesellschaftsrecht, § 21 I. 2. d), S. 604.

515 *Reiß*, Die Besetzung des Aufsichtsrates durch das herrschende Unternehmen, S. 149 f.

516 Vgl. auch *Salfeld*, Wettbewerbsverbote im Gesellschaftsrecht, S. 178.

517 Für Mitglieder des Vorstandes sieht § 88 AktG ein Wettbewerbsverbot vor; für Mitglieder des Aufsichtsrates vgl. oben S. 24 ff.

teilten Vertretungsmacht möglich.[518] So kann einem Aktionär zum Beispiel nach § 48 HGB eine Prokura erteilt werden. Aufgrund des Umfangs der Prokura (§ 49 HGB) und ihrer Unbeschränkbarkeit im Außenverhältnis (§ 50 Abs. 1 HGB) ist es dem Prokuristen möglich, weitreichende Verpflichtungen für die Gesellschaft einzugehen. Daraus ergibt sich ein erhebliches Schädigungspotential.

Es zeigt sich aber auch hier, dass die Einwirkungsmöglichkeit aufgrund einer rechtsgeschäftlichen Vertretungsmacht in keinem Zusammenhang mit der Aktionärsstellung steht. Vielmehr stellt sich die Gefahr, dass ein Vertreter aufgrund wettbewerblicher Interessen nachteilige Geschäfte für seinen Geschäftsherrn abschließt, als reguläre Gefahr dar. Sie geht mit der Erteilung einer jeden Vollmacht einher.[519] Daher ist keine spezifische Gefahr gegeben, die sich aus der Doppelstellung als Konkurrent und Aktionär ergibt.

(3) Aktionär mit schuldvertraglichen Einflussnahme- und Informationsrechten

Einwirkungsmöglichkeiten auf die Gesellschaft können sich für einen konkurrierenden Aktionär auch auf der Basis schuldvertraglicher Vereinbarungen mit der Aktiengesellschaft ergeben.[520] Solche Vereinbarungen werden regelmäßig im Rahmen von Finanzierungsarrangements getroffen, sind auf diese aber nicht beschränkt. Es spielt zunächst keine Rolle, ob es sich bei der Finanzierung um Eigen- oder um Fremdkapital handelt. Im ersten Fall wird ein eigenständiger Vertrag neben dem eigentlichen Übernahmevertrag[521] geschlossen. Die vertraglichen Absprachen dienen dem Kapitalgeber zur Absicherung seines Investitionsinteresses.[522] Im zweiten Fall handelt es sich typischerweise um Nebenabreden

---

518 Der Abschluss nachteiliger Geschäfte aufgrund rechtsgeschäftlicher Vertretungsmacht wird für den Fall, dass der Aktionär ein herrschendes Unternehmen ist, unter dem Begriff „Veranlassung" im Rahmen des § 311 AktG diskutiert, vgl. nur *Hüffer*, AktG, § 311, Rn. 17.

519 Ein Wettbewerbsverbot kann sich aber aus dem der Vollmacht zugrunde liegenden Rechtsverhältnis ergeben.

520 Davon sind schuldvertragliche (Gesellschafter-)Vereinbarungen unter den Aktionären zu unterscheiden.

521 Mittels Übernahmevertrag vereinbaren die Aktiengesellschaft und der zukünftige Aktionär die Übertragung der neuen Aktien auf den Erwerber.

522 Regelmäßig übernimmt der Aktionär durch den Vertrag aber auch Verpflichtungen gegenüber der Gesellschaft.

zu einem Darlehensvertrag. Sie dienen der Reduzierung der Kreditausfallrisiken. Insbesondere in Fällen, in denen ein Unternehmen keine klassischen Kreditsicherheiten zur Verfügung stellen kann, werden sie als Sicherungsinstrument eingesetzt.[523] In beiden Fällen handelt es sich um schuldvertragliche Vereinbarungen, die sich strukturell gleichen. Der Unterschied, dass es sich bei dem Vertragspartner der Gesellschaft im Rahmen einer Eigenkapitalfinanzierung um einen Aktionär handelt, während dies im Rahmen der Fremdfinanzierung nicht der Fall sein muss, ist unbeachtlich.

Die Frage nach dem zulässigen Maß der schuldrechtlichen Einflussnahme- und Informationsmöglichkeiten wird kontrovers erörtert. Es besteht weitgehend Einigkeit, dass abstrakte Zustimmungsvorbehalte[524] eines Kapitalgebers sowohl zu strukturändernden Maßnahmen als auch zu Fragen der Geschäftsführung nicht wirksam vereinbart werden können. Abstrakte Zustimmungsvorbehalte gegenüber Satzungsänderungen verstoßen gegen die Verbandsautonomie der Aktiengesellschaft;[525] abstrakte Zustimmungsvorbehalte gegenüber Geschäftsführungsfragen gegen die Souveränität des Vorstandes.[526] Dahingegen soll es zulässig sein, dass die Gesellschaft mit dem Kapitalgeber eine Vereinbarung über die Art der Mittelverwendung schließt.[527] Des Weiteren sind Vereinbarungen zulässig, durch die sich die Gesellschaft verpflichtet, in Geschäftsfeldern, die nicht vom satzungsmäßigen Unternehmensgegenstand gedeckt sind, keine Aktivitäten auf-

---

523 Aufgrund ihres Ursprungs im anglo-amerikanischen Rechtskreis werden solche Nebenabreden auch in Deutschland zunehmend als „covenants" bezeichnet; *Thießen*, ZBB 1996, S. 19 ff.; *Alberth*, WPg 1997, S. 744 ff.

524 In Frage stehen nur Zustimmungsvorbehalte mit Innenwirkung, das heißt Zustimmungsvorbehalte, welche die Außenwirkung einer Rechtshandlung nicht beeinflussen; vgl. *Bachmann/Veil*, ZIP 1999, S. 348, 349.

525 *Bachmann/Veil*, ZIP 1999, S. 348, 349, m. w. N.; zudem fehlt dem Vorstand auch die Vertretungsmacht zum Abschluss solcher Vereinbarungen, vgl. *Hefermehl/Bungeroth*, in: Geßler/Hefermehl, AktG, § 179, Rn. 137, für eine Selbstbindung der Hauptversammlung aber nur innerhalb eines engen zeitlichen und sachlichen Rahmens *Wiedemann*, in: GroßKomm, AktG, § 179, Rn. 8 ff.; a.A. jedoch *Henn*, Handbuch des Aktienrechts, Rn. 185; *S. Wilhelmi*, in: Godin/Wilhelmi, AktG, § 179, Anm. 3.

526 *Mertens*, in: KölnKomm, AktG, § 76, Rn. 45; *Zetzsche*, NZG 2002, S. 942, 944; *Bachmann/Veil*, ZIP 1999, S. 348, 350; jeweils m. w. N.

527 Insbesondere soll kein Verstoß gegen das Gebot vorliegen, dass Einlagen „endgültig zur freien Verfügung des Vorstands" stehen müssen (§§ 188 Abs. 2 Satz 1, 36 Abs. 2 Satz 1 AktG); vgl. *Zetzsche*, NZG 2002, S. 942, 944.

zunehmen.[528] Unklar ist dagegen die Rechtslage in Fällen, in denen Geschäftsfelder durch die Vereinbarung ausgeschlossen werden, welche vom satzungsmäßigen Unternehmensgegenstand umfasst sind. Von der Zulässigkeit kann dann ausgegangen werden, wenn für die Gesellschaft die Vorteile der Finanzierung gegenüber den Nachteilen der Vereinbarung deutlich überwiegen.[529] Informationsrechte können schuldvertraglich vereinbart werden, soweit sie mit der Verschwiegenheitspflicht des Vorstandes aus § 93 Abs. 1 Satz 3 AktG vereinbar sind. So ist eine Informationsweitergabe gestattet, wenn sie im Interesse der Gesellschaft liegt.[530] Im Einzelfall kann ein solches Interesse gegeben sein. In jedem Fall kollidiert aber eine Vereinbarung zur unbeschränkten Informationsweitergabe mit der Verschwiegenheitspflicht des Vorstandes, da diese Pflicht unabdingbar ist.

Informationsrechte können abhängig von der konkreten vertraglichen Ausgestaltung auch den Inhabern von Genussrechten zustehen.[531] Ihnen kann ein Recht zur Teilnahme an der Hauptversammlung – nach mancher Ansicht sogar mit „beratender Stimme" –[532] eingeräumt werden.[533] Daneben sollen ihnen auch das Recht auf Einsichtnahme in den Jahresabschluss, in den Lagebericht, den Bericht des Aufsichtsrates und den Vorschlag des Vorstandes für die Verwendung des Bilanzgewinns nebst Recht auf Erteilung einer Abschrift,[534] das Recht auf Unterrichtung über die Einberufung der Hauptversammlung und deren Tagesordnung sowie das Recht auf schriftliche Mitteilung der Hauptversammlungsbeschlüsse[535] gewährt werden können.[536]

---

528 Vgl. *Raiser*, Recht der Kapitalgesellschaften, § 14, Rn. 66, S. 161.

529 *Zetzsche*, NZG 2002, S. 942, 944.

530 *Hüffer*, AktG, § 93, Rn. 8.

531 *Hüffer*, AktG, § 221, Rn. 26, m. w. N.; regelmäßig wird der Vertragsinhalt freilich allein von der Aktiengesellschaft bestimmt, vgl. *Hüffer*, AktG, § 221, Rn. 29. Bei Genussrechten handelt es sich um Fremdkapital, welches aufgrund seiner konkreten Ausgestaltung Eigenkapitalcharakter erlangen kann und teilweise auch als Eigenkapital zu bilanzieren ist, vgl. *Hüffer*, AktG, § 221, Rn. 79.

532 So *Karollus*, in: Geßler/Hefermehl, AktG, § 221, Rn. 323.

533 *Lutter*, in: KölnKomm, AktG, § 221, Rn. 220; ferner *Krieger*, in: MünchHdbGesR AG, § 63, Rn. 48; jeweils m. w. N.

534 Vgl. § 175 Abs. 2 Satz 1 und 2 AktG.

535 Vgl. § 125 Abs. 2 und 4 AktG.

Die beschriebenen schuldvertraglichen Einflussnahme- und Informationsmöglichkeiten eröffnen ein beschränktes Einwirkungspotential auf die Gesellschaft. Die in der Kautelarpraxis vereinbarten Einwirkungsmöglichkeiten übersteigen aber oftmals den zulässigen Rahmen.[537] Daraus mag im Einzelfall ein gesteigertes Maß an tatsächlicher Einflussnahme- und Informationsmöglichkeit resultieren. Aufgrund der genannten schuldvertraglichen Vereinbarungen können sich für einen Aktionär die ihm gesellschaftsrechtlich vermittelnden Einflussnahmemöglichkeiten verstärken oder zumindest verfestigen.

Dennoch müssen die mit der Gesellschaft vertraglich vereinbarten Einwirkungsmöglichkeiten für die Beurteilung der Frage nach einem Wettbewerbsverbot außer Betracht bleiben. Soweit es sich um Vereinbarungen im Rahmen einer Fremdkapitalfinanzierung handelt, stellt sich die Gefahr, dass der Kapitalgeber seine Rechte im wettbewerblichen Interesse nachteilig ausübt, als reguläres Risiko dar. Nicht anders gilt im Rahmen einer Eigenkapitalfinanzierung. Zwar handelt es sich hier bei dem Vertragspartner der Aktiengesellschaft zwingend um einen (zumindest zukünftigen) Aktionär, doch geht es nicht um die Erweiterung seiner mitgliedschaftlichen Rechte, sondern um die Begründung von Rechten auf schuldvertraglicher Basis. Der Eigenkapitalgeber steht der Gesellschaft also wie ein Dritter gegenüber. Insoweit werden durch Vereinbarung auch in diesem Fall lediglich die üblichen Gefahren begründet.[538]

(4) Faktische Einwirkungsmöglichkeiten des Aktionärs

Mit Eingriffen in gesicherte Rechtspositionen der Gesellschaft stehen einem konkurrierenden Aktionär weitere Einwirkungsmöglichkeiten auf die Gesell-

---

536 *Lutter*, in: KölnKomm, AktG, § 221, Rn. 220. Eine vertragliche Einräumung eines Stimmrechts ist nicht möglich; vgl. nur BGHZ 119, 305, 316. Auch die Einräumung eines Anfechtungsrechts wird nach zutreffender Ansicht aufgrund von §§ 23 Abs. 5, 243 AktG abgelehnt; vgl. *Lutter*, in: KölnKomm, AktG, § 221, Rn. 219; *Krieger*, in: MünchHdbGesR AG, § 63, Rn. 48; a.A. aber *Vollmer*, ZGR 1983, S. 445, 462 ff. *Vollmer/Lorch*, ZBB 1992, 44, 49; vgl. ferner *Hirte*, ZIP 1988, S. 477, 489.

537 Vgl. *Weitnauer*, NZG 2001, S. 1065, 1070 f., *ders./Rasmussen-Bonne*, Handbuch Venture Capital, D. V. 3., Rn. 177 f., S. 282 f.

538 Unter der (fiktiven) Annahme der Zulässigkeit von weitreichenden Einflussnahme- und/oder Informationsmöglichkeiten gegenüber der Aktiengesellschaft auf schuldvertraglicher Grundlage könnte sich für den Kapitalgeber ein Wettbewerbsverbot auf der Grundlage des § 242 BGB als ungeschriebene Nebenpflicht aus dem betreffenden Schuldverhältnis ergeben.

schaft zu.[539] Hierunter fallen zunächst Eingriffe in das Eigentum der Gesellschaft. Einen indirekten Vorteil für das Konkurrenzunternehmen kann ein Aktionär beispielsweise durch die Beschädigung oder Entwendung einer Maschine hervorrufen, die unter Umständen dazu führen kann, dass die Gesellschaft einen Auftrag nicht rechtzeitig erfüllen kann und die Zahlung einer Konventionalstrafe hervorruft. Ferner kann der Aktionär Rechte der Gesellschaft verletzen, indem er in seinem Konkurrenzunternehmen für die Gesellschaft patentierte Verfahren ohne die notwendige Lizenzierung verwendet. In beiden Fällen handelt es sich zwar auch um „einen Angriff aus den eigenen Reihen“, doch hat sich nur eine reguläre Gefahr verwirklicht, die grundsätzlich von jedem Konkurrenten drohen kann. Der Gesellschaft stehen zur Abwehr solcher Einwirkungen die allgemeinen zivil- und strafrechtlichen Schutz- und Ausgleichmechanismen zur Verfügung. Daneben stellt der Eingriff einen Verstoß gegen die gesellschaftsrechtliche Treuepflicht dar.

Auch kann ein konkurrierender Aktionär durch negative Äußerungen schädigend auf die Gesellschaft einwirken.[540] Solche Äußerungen können sich beispielsweise auf die Gesellschaft, ihre Organe, deren Mitglieder, die Geschäftstätigkeit oder die Produkte der Gesellschaft beziehen. Jedoch stellen negative Äußerungen durch einen Konkurrenten keine spezifische Gefahr für die Gesellschaft dar, die sich aus der Stellung des Konkurrenten als Aktionär ergibt. Auch negative Äußerungen über die Gesellschaft sind grundsätzlich als reguläre Gefahr zu qualifizieren. Die Gesellschaft wird durch die §§ 8 ff. i.V.m. §§ 3, 4 Nr. 7 und 8 UWG sowie § 824 BGB geschützt. Subsidiär kann zudem § 823 Abs. 1 BGB eingreifen, wenn durch die Äußerung ein Eingriff in das Recht am eingerichteten und ausgeübten Gewerbebetrieb gegeben ist.[541] Auch unterhalb der wettbewerbs- und deliktsrechtlich relevanten Schwellen können negative Äußerungen eines Aktionärs in qualifizierten Einzelfällen zu Unterlassungs- und

---

539 Vgl. *Geiger*, Wettbewerbsverbote in Konzernrecht, S. 67.

540 Gemeint sind hier zunächst nur Äußerungen außerhalb der Hauptversammlung. Äußerungen auf der Hauptversammlung basieren auf dem mitgliedschaftlichen Rederecht; vgl. auch unten bei Fn. 790.

541 Das Recht am eingerichteten und ausgeübten Gewerbebetrieb ist inzwischen als sonstiges Recht i.S.d. § 823 Abs. 1 BGB anerkannt; vgl. nur BGHZ 45, 296, 306 f.; 43, 359, 360 f.; ferner siehe oben Fn. 498.

Schadensersatzansprüche der Gesellschaft führen. Grundlage hierfür ist die gesellschaftsrechtliche Treuepflicht.[542]

Des Weiteren kann ein konkurrierender Aktionär den Vorstand der Gesellschaft zu einer bestimmten, für die Gesellschaft nachteiligen Geschäftsführungsmaßnahme nötigen. Gleichfalls kann er versuchen, durch Nötigung an sensible Gesellschaftsinterna zu gelangen. Es ist evident, dass solche Einwirkungsmöglichkeiten ebenfalls als reguläres Risiko der Gesellschaft zu qualifizieren sind.[543] Die Gesellschaft ist durch strafrechtliche Vorschriften ausreichend geschützt.

Schließlich können sich tatsächliche Einwirkungsmöglichkeiten noch aufgrund von privaten Beziehungen zwischen einem (konkurrierenden) Aktionär und einzelnen Mitgliedern des Vorstandes oder des Aufsichtsrates ergeben. Besonders gute freundschaftliche Beziehungen oder andere soziale Abhängigkeiten können ebenso wie wirtschaftliche Abhängigkeiten, beispielsweise aufgrund eines privaten Darlehens, zu Rücksichtnahmen auf die Interessen des Aktionärs bei der Ausübung der Organtätigkeit führen. Ferner kann es aufgrund solcher Beziehungen auch zu einem Abfluss sensibler Informationen kommen. Aber auch bei diesen faktischen Einwirkungsmöglichkeiten handelt es sich allein um reguläre Gefahren. Die genannten Beziehungen stehen in keinem Zusammenhang mit der Aktionärsstellung einer Person. Es handelt sich daher nicht um spezifische Gefahren. Lässt sich ein Organmitglied von solchen Beziehungen bei seiner Amtsausübung leiten, können sich Ansprüche der Gesellschaft aufgrund einer

---

542 *Lutter*, AcP 180 (1980), S. 84, 111; vgl. ferner *Grunewald*, Gesellschaftsrecht, 2. C. III. 1. a), Rn. 36, S. 238.

543 Der kriminalistischen Phantasie sind bei der weiteren Aufzählung schädigender Einwirkungen auf die Gesellschaft keine Grenzen gesetzt. Freilich kann auch ein Auftragsmord an einem visionären Vorstandsvorsitzenden die Gesellschaft erheblich schädigen. Doch soll dies nicht vertieft werden. Die Begrifflichkeit mag absurd erscheinen, doch im Rahmen der hier vorgenommenen Differenzierung handelt es sich auch bei einem solchen Mord um eine „reguläre Gefahr“.

Sorgfaltspflichtverletzung ergeben.[544] Der Einflussnehmer kann nach § 117 Abs. 1 AktG schadensersatzpflichtig sein.[545]

(5) Zwischenergebnis

Es steht außer Frage, dass das Handeln eines Aktionärs unter Verwendung einer der vorgenannten Einwirkungsmöglichkeiten einen „Angriff aus den eigenen Reihen" darstellt, der unter Umständen auch eine Verletzung der gesellschaftsrechtlichen Treuepflicht bedeutet. Ebenfalls ist anzuerkennen, dass ein gesellschaftsrechtliches Wettbewerbsverbot geeignet ist, im Einzelfall den Interessenkonflikt des Aktionärs und damit die Motivation zur Ausführung der schädigenden Handlung zu beseitigen. Dennoch hat die vorstehende Betrachtung gezeigt, dass die einzelnen Einwirkungsmöglichkeiten nicht in Zusammenhang mit der Aktionärsstellung stehen und damit im vorliegenden Kontext nicht als spezifische Gefahren einzustufen sind. Vielmehr handelt es sich um reguläre Gefahren, die aber nach seinem Sinn und Zweck nicht vom gesellschaftsrechtlichen Wettbewerbsverbot erfasst sind. Teilweise handelt es sich aber auch um spezifische Gefahren aus anderen Bereichen, denen primär dort zu begegnen ist. Spezifischen Gefahren aus der Doppelstellung als Vorstandsmitglied und Konkurrent wirkt beispielsweise § 88 AktG entgegen. Da das Wettbewerbsverbot für Aktionäre eine überschießende Tendenz hat, kann es bei seinem Vorliegen auch die Gefahren durch die genannten Einwirkungsmöglichkeiten reduzieren, auf ihnen zu begründen ist es aber nicht.

d) Überblick: Schutzmechanismen

Den Aktionären sind sowohl bei der Ausübung ihrer Mittel zur Einflussnahme als auch ihrer Informationsmöglichkeiten Grenzen gesetzt. Diese Grenzen wirken den Gefährdungen, die durch die Konkurrenztätigkeit eines Aktionärs entstehen, vielfach entgegen und reduzieren sie. Ob damit ein ausreichender Schutz erreicht werden kann, ist später im Rahmen der Besprechung einzelner Fall-

---

[544] Verwandt- oder freundschaftliche Beziehungen eines Aufsichtsratsmitglieds zu einem Wettbewerber sollen nach *S. Wilhelmi*, in: Godin/Wilhelmi, AktG, § 103, Anm. 8 einen wichtigen Grund zur Abberufung nach § 103 Abs. 3 AktG darstellen; a.A. die vorherrschende Ansicht, siehe nur *Mertens*, in: KölnKomm, AktG, § 103, Rn. 34, m. w. N.

[545] Vgl. unten S. 108, insbesondere bei Fn. 551.

gruppen zu sehen. Im Folgenden seien die wichtigsten Schutzinstrumentarien kurz dargestellt:

(1) Schutz vor schädigender Einflussnahme

Einer schädigenden Einflussnahme stehen verschiedene Instrumente entgegen:

(a) Eigenverantwortlichkeit des Vorstandes

Zunächst wirkt die in § 76 Abs. 1 AktG niedergelegte Eigenverantwortlichkeit des Vorstandes für die Leitung der Gesellschaft schädigenden Einflussnahmen durch einen konkurrierenden Aktionär entgegen.

Der Vorstand einer Aktiengesellschaft ist – im Gegensatz zu den Geschäftsführern einer GmbH – nicht an Weisungen der Gesellschafter gebunden. Die Geschäftsführung ist allein seine Aufgabe. Leitungsentscheidungen können grundsätzlich weder an Dritte[546] noch an andere Organe[547] übertragen werden. Die Hauptversammlung kann über Fragen der Geschäftsführung nur entscheiden, wenn es der Vorstand verlangt (§ 119 Abs. 2 AktG). Abgesehen von dieser Ausnahme scheidet de lege eine direkte Einflussnahme seitens der Gesellschafter aus.

Lässt sich ein Mitglied des Vorstandes dennoch durch einen Aktionär beeinflussen und schädigt die Gesellschaft, verletzt er damit seine Sorgfaltspflichten und macht sich nach § 93 Abs. 2 AktG schadensersatzpflichtig. Zusätzlich kommt gemäß § 117 Abs. 2 AktG eine gesamtschuldnerische Haftung eines pflichtwidrig handelnden Vorstandsmitgliedes neben dem Einflussnehmenden, der nach § 117 Abs. 1 AktG schadensersatzpflichtig sein kann, in Betracht.

(b) Das Schädigungsverbot des § 117 Abs. 1 AktG

Die Schädigungsverbote des § 117 AktG dienen der Abwendung schädlichen Einflusses auf die Aktiengesellschaft. Im Mittelpunkt stehen dabei der Schutz der Unabhängigkeit der Geschäftsleitung sowie der Schutz des Gesellschaftsvermögens. Nach § 117 Abs. 1 AktG kann die Aktiengesellschaft von demjenigen Schadensersatz verlangen, der vorsätzlich unter Benutzung seines Einflusses auf die Gesellschaft ein Mitglied des Vorstandes oder des Aufsichtsrates, einen

---

[546] Eine Ausnahme gilt für Unternehmensverträge, vgl. § 291 Abs. 1 AktG für den Beherrschungsvertrag.

[547] *Mertens*, in: KölnKomm, AktG, § 76, Rn. 4.

Prokuristen oder einen Handlungsbevollmächtigten dazu bestimmt, zum Schaden der Gesellschaft oder ihrer Aktionäre zu handeln. Der Anwendungsbereich ist dabei nicht allein auf Aktionäre beschränkt. Jedoch handelt es sich bei ihnen um die Tätergruppe mit der höchsten praktischen Relevanz.[548] Die Art des Einflusses kann vielfältiger Natur sein, wobei eine gesellschaftsrechtliche Vermittlung nicht notwendig ist.[549] Der Einfluss auf die Verwaltung kann daher neben einem (größeren) Aktienbesitz, einer Mitgliedschaft im Vorstand oder im Aufsichtsrat oder einem Entsendungsrecht auch durch geschäftliche Beziehungen, wie zum Beispiel Liefer- und Kreditbeziehungen, begründet sein.[550] Darüber hinaus wird teilweise angenommen, dass auch persönliche Beziehungen, namentlich Verwandtschaft oder Bekanntschaft, geeignet sind, einen Einfluss im Sinne des § 117 AktG zu begründen.[551]

In extremen Fällen der schädigenden Einflussnahme kann sich auch eine Pflicht zum Schadensersatz aus § 826 BGB ergeben. Ansprüche aus § 826 BGB und § 117 AktG stehen dabei selbständig nebeneinander.[552]

(c) Schranken der Stimmrechtsausübung

Wie dargestellt, besteht für einen Aktionär die Möglichkeit, mit der Ausübung seines Stimmrechts auf die Gesellschaft Einfluss zu nehmen. Handelt es sich bei dem Aktionär um einen Wettbewerber, besteht die Gefahr einer Beeintrachtigung der Gesellschaft. Abhängig vom jeweiligen Beschlussgegenstand variiert entsprechend das Schädigungspotential.

Ein konkurrierender Aktionär könnte daher zunächst – generell oder beschränkt auf einzelne Beschlussgegenstände – einem Stimmverbot unterliegen.[553] § 136

---

548 *K. Schmidt*, Gesellschaftsrecht, § 28 I. 4. c), S. 802.

549 Im Rahmen des § 17 Abs. 1 AktG ist umstritten, ob der beherrschende Einfluss gesellschaftsrechtlich vermittelt sein muss. Die vorherrschende Ansicht geht bislang davon aus; vgl. nur *Hüffer*, AktG, § 17, Rn. 8, m. w. N.

550 *Kropff*, in: Geßler/Hefermehl, AktG, § 117, Rn. 13 ff.; *Hüffer*, AktG, § 117, Rn. 3; *Mertens*, in: KölnKomm, AktG, § 117, Rn. 12.

551 *Kropff*, in: Geßler/Hefermehl, AktG, § 117, Rn. 17; *Mertens*, in: KölnKomm, AktG, § 117, Rn. 12; *A. Hueck*, in: Baumbach/Hueck, AktG, § 117, Rn. 10; a.A. *S. Wilhelmi*, in: Godin/Wilhelmi, AktG, § 117, Anm. 3; *Meyer-Landrut*, in: GroßKomm, AktG, 3. Aufl., § 117, Anm. 2.

552 *Hüffer*, AktG, § 117, Rn. 14.

Abs. 1 AktG normiert für bestimmte Arten von Interessenskollisionen (Beschlussfassung über Entlastung, Befreiung von einer Verbindlichkeit, Geltendmachung eines Anspruches) Stimmverbote.[554] Ziel ist es, die Willensbildung in der Hauptversammlung von Sonderinteressen freizustellen. Denn in den genannten Fällen stehen Sonderinteressen typischerweise einer vom Gesellschaftsinteresse geleiteten Stimmabgabe entgegen. Für Interessenkollisionen aufgrund einer Konkurrenztätigkeit ist hingegen kein Ausschluss des Stimmrechts gesetzlich geregelt. Die kasuistische Fassung des § 136 AktG ist Resultat einer bewussten Entscheidung des Gesetzgebers,[555] so dass sich eine Übertragung auf weitere Interessenkonflikte im Wege der Gesamtanalogie verbietet.[556]

Auch wenn der konkurrierende Aktionär keinem Stimmverbot unterliegt, können seinem Abstimmungsverhalten aber inhaltliche Grenzen gesetzt sein. Im Gegensatz zu einem Stimmverbot ist die Stimmabgabe zunächst zulässig, ex post jedoch Gegenstand einer materiellen Kontrolle. Es besteht ein System von beweglichen Ausübungsschranken des Stimmrechts.[557] Danach ist der Aktionär bei seiner Stimmabgabe an zwingendes Recht, die guten Sitten, den Gleichbehandlungsgrundsatz, den Verbandszweck und die gesellschaftsrechtliche Treue-

---

553 *Burgard*, Festschrift Lutter, S. 1033, 1050; vgl. ferner *Immenga*, ZGR 1978, S. 269, 283 f., der sich für ein beschränktes Stimmverbot für herrschende Unternehmen ausspricht, um so die abhängige Gesellschaft – in Abwesenheit eines Beherrschungsvertrages – vor fremden unternehmerischen Interessen zu schützen.

554 Weitere Stimmverbote ergeben aus § 142 Abs. 1 Satz 2, 3 AktG und für die KGaA aus § 285 Abs. 1 Satz 2 AktG.

555 Vgl. *Zöllner*, in: KölnKomm, AktG, § 136, Rn. 26; *Hüffer*, AktG, § 136, Rn. 17 f.

556 *Zöllner*, in: KölnKomm, AktG, § 136, Rn. 26; *ders.*, Die Schranken mitgliedschaftlicher Stimmrechtsmacht, S. 263 f.; ferner BGHZ 97, 28, 33; a.A. *Wilhelm*, Rechtsform und Haftung, S. 66 ff.; *ders.*, Kapitalgesellschaftsrecht, Rn. 1132, unter Heranziehung des allgemeinen Rechtsgedankens des § 181 BGB; vgl. auch *K. Schmidt*, Gesellschaftsrecht, § 21 II. 2., S. 608 ff. und § 28 IV. 4. b) dd), S. 850 f. Im Gegensatz zu einer Gesamtsanalogie ist aber eine Einzelanalogie möglich, vgl. *Zöllner*, in: KölnKomm, AktG, § 136, Rn. 28. Aber auch selbst unter der Annahme einer Gesamtanalogie erscheint die Annahme eines – generellen oder beschränkten – Stimmverbotes aufgrund wettbewerblicher Interessenkonflikte zweifelhaft, da es sich bei den meisten fraglichen Beschlussfassungen (Wahl von Aufsichtsratsmitgliedern, Kapitalmaßnahmen), bei denen sich dieses Sonderinteresse auswirken kann, für den betreffenden Aktionär – selbst bei weiter Auslegung – weder um ein Insichgeschäft noch um ein Richten in eigener Sache handelt.

557 Grundlegend *Zöllner*, Die Schranken mitgliedschaftlicher Stimmrechtsmacht, S. 287 ff.

pflicht gebunden.[558] Kann eine Stimmabgabe diesen Anforderungen nicht genügen, ist sie nichtig und bei der Feststellung des Beschlusses nicht mitzuzählen.[559] Werden sie dennoch mitgezählt, handelt es sich um einen Verfahrensfehler, der zur Anfechtung nach § 243 Abs. 1 AktG berechtigt. Gleichzeitig oder alternativ kann ein Inhaltsfehler vorliegen,[560] der ebenfalls eine Anfechtbarkeit nach § 243 Abs. 1 AktG begründet. Inhaltsfehler beziehen sich auf die durch den Beschluss getroffene Regelung. Es kann zum einen ein Verstoß gegen bestimmte gesetzliche Einzelvorschriften vorliegen.[561] Ferner kann die Regelung möglicherweise einer materiellen Beschlusskontrolle nicht standhalten, welche grundsätzlich dann durchzuführen ist, wenn der Beschluss in die Mitgliedschaft der (Minderheits-)Aktionäre eingreift.[562] Neben § 243 Abs. 1 AktG finden sich weitere Anfechtungsgründe in den §§ 243 Abs. 2, 251, 254, 255 AktG.

Für Aktionäre kann auch eine Pflicht zur positiven Stimmabgabe bestehen. Dann nämlich, wenn ein – insbesondere satzungsändernder – Beschluss im dringenden Interesse der Gesellschaft liegt und dem Aktionär zumutbar ist.[563] Grundlage dieser Mitwirkungspflicht ist die gesellschaftsrechtliche Treuepflicht. Es soll verhindert werden, dass ein Aktionär Beschlüsse, welche für die Gesellschaft „lebensnotwendig" sind, blockieren kann. Stimmt der Aktionär gegen einen solchen Beschluss, ist seine Stimmabgabe treuwidrig. Es greift der im vorgehenden Absatz beschriebene Mechanismus von Beschlussfeststellung und Anfechtung.[564] Im Einzelfall kommt aber auch eine Klage auf Zustimmung zur Satzungsänderung in Betracht.[565]

---

558 *K. Schmidt*, Gesellschaftsrecht, § 21 II. 3. b), S. 615.

559 *Hüffer*, AktG, § 53a, Rn. 22; *Zöllner*, Festschrift Lutter, S. 821, 824 f.; jeweils m. w. N.; a.A. *Koppensteiner*, ZIP 1994, S. 1325, 1326; ferner *Oelrichs*, GmbHR 1995, S. 863, 866 ff.

560 *K. Schmidt*, in: GroßKomm, AktG, § 243, Rn. 47 a.E.

561 Zum Beispiel ein Verstoß gegen § 319 Abs. 2 HGB bei der Bestellung eines Abschlussprüfers, OLG Karlsruhe, AG 1996, S. 227 f.

562 Vgl. nur *Hüffer*, AktG, § 243, Rn. 21 ff., m. w. N.

563 *Hüffer*, AktG, § 179, Rn. 30; vgl. auch *Zöllner*, in: KölnKomm, AktG, § 179, Rn. 211; ferner OLG Stuttgart, ZIP 2003, S. 2024, 2027.

564 Vgl. *Hüffer*, AktG, § 179, Rn. 31; *Zöllner*, in: KölnKomm, AktG, § 179, Rn. 213.

565 *Zöllner*, in: KölnKomm, AktG, § 179, Rn. 214; *Lutter*, ZHR 153 (1989), S. 446, 468.

Bei der Ausübung des Stimmrechts ist in den meisten Fällen ein ausreichender Schutz der Gesellschaft und ihrer Aktionäre durch eine mögliche Anfechtungsklage gewährleistet. Ferner kann eine Schadensersatzpflicht auf der Grundlage von § 117 AktG,[566] der gesellschaftsrechtlichen Treuepflicht oder von § 826 BGB in Fällen gegeben sein, in denen der Eintritt des Schadens nicht durch eine Anfechtungsklage abgewendet werden kann.[567]

(d) Schranken des Klagerechts

Auch das Klagerecht des Aktionärs kann zu schädigenden Einflussnahmen auf die Gesellschaft benutzt werden. Die Ausübung der Anfechtungsbefugnis ist aber wie jede Rechtsausübung durch das Verbot des Rechtsmissbrauchs (§ 242 BGB) begrenzt. Als rechtsmissbräuchlich – und damit auch als einen Verstoß gegen die gesellschaftsrechtliche Treuepflicht –[568] sind beispielsweise solche Anfechtungsklagen anzusehen, die allein als Druckmittel gegen die Gesellschaft eingesetzt werden sollen, um bestimmte Wünsche des Aktionärs durchzusetzen oder ihr dessen Willen aufzuzwingen. Ebenfalls missbräuchlich sind Klagen, die allein mit dem Ziel verfolgt werden, die Gesellschaft zu schädigen.[569] In solchen und vergleichbaren Fällen entfällt die Klagebefugnis des Aktionärs mit der Folge, dass die Klage unbegründet ist.[570] Zudem kann der Aktionär auf der Grundlage der gesellschaftlichen Treuepflicht zum Ersatz des für die Gesellschaft entstandenen Schaden verpflichtet sein.[571]

---

566 Anders noch nach § 117 Abs. 7 Nr. 1 AktG a.F.

567 Vgl. *Zöllner/Winter*, ZHR 158 (1994), S. 59, 74 f.; ferner *Henssler*, ZHR 157 (1993), S. 91, 120 f.

568 Zum Verhältnis von Rechtsmissbrauch und gesellschaftsrechtlicher Treuepflicht vgl. *Henze*, BB 1996, S. 489, 494; ferner oben Fn. 208.

569 Vgl. die Fallbeispiele bei *Hüffer*, AktG, § 245, Rn. 24; *Zöllner*, in: KölnKomm, AktG, § 245, Rn. 53 ff., insbesondere Rn. 56; hier findet sich u.a. ein Hinweis auf RGZ 167, 151, 162. In dem dieser Entscheidung zugrundeliegenden Sachverhalt war ein Aktionär unter der Bedingung, dass er in den Aufsichtsrat gewählt würde, bereit, auf eine Anfechtung der Hauptversammlungsbeschlüsse zu verzichten.

570 *Hüffer*, AktG, § 245, Rn. 2, 26, m. w. N., insbesondere auch zu der Ansicht, die solche Klagen für unzulässig erachtet.

571 *K. Schmidt*, in: GroßKomm, AktG, § 245, Rn. 85.

(2) Schutz vor Abfluss und Verwendung sensibler Informationen

Dem Abfluss sensibler Informationen hin zum konkurrierenden Aktionär stehen verschiedene Instrumente entgegen:

(a) Schranken bei der Ausübung des Auskunftsrechts

Ein erstes Instrument zur Begrenzung des Informationsflusses zwischen Gesellschaft und Aktionär sind die Ausübungsschranken des Auskunftsrechts. Nach § 131 Abs. 1 Satz 1 AktG ist „jedem Aktionär [...] auf Verlangen in der Hauptversammlung vom Vorstand Auskunft über Angelegenheiten der Gesellschaft zu geben, soweit sie zur sachgemäßen Beurteilung des Gegenstands der Tagesordnung erforderlich ist". Der Begriff der „Angelegenheiten der Gesellschaft" kann dabei nicht als eine erste Beschränkung des Auskunftsrechts verstanden werden. Vielmehr wird von diesem Begriff alles umfasst, was sich auf die Aktiengesellschaft und ihre Tätigkeit bezieht,[572] wie beispielsweise Informationen über Geschäftsverbindungen, Kosten oder Planungen.[573]

Das Auskunftsrecht geht ferner nur soweit, als dass es „zur sachgemäßen Beurteilung des Gegenstandes der Tagesordnung erforderlich ist". Dies führt in der Praxis ebenfalls zu keiner echten Beschränkung des Auskunftsrechts, da diverse Tagesordnungspunkte (Gewinnverwendung, Jahresabschluss und Entlastung des Vorstandes) ein sehr breites Themenspektrum abdecken.[574] Zudem findet diese Einschränkung gemäß § 131 Abs. 4 Satz 1 AktG keine Anwendung auf Auskünfte, die ein Aktionär außerhalb der Hauptversammlung erlangt hat.

Eine wirkungsvollere Schranke ist dagegen die Auskunftsverweigerung nach § 131 Abs. 3 AktG. Im Hinblick auf einen Geheimnisschutz gegenüber einem Wettbewerber fällt der Blick auf den Auskunftsverweigerungsgrund Nr. 1.[575]

---

572 *Hüffer*, AktG, § 131, Rn. 11; *Decher*, in: GroßKomm, AktG, § 131, Rn. 114, m. w. N.

573 *K. Schmidt*, Gesellschaftsrecht, § 28 IV. 3. b), S. 843; ferner *Decher*, in: GroßKomm, AktG, § 131, Rn. 114 ff., m. w. N.

574 *Hüffer*, AktG, § 131, Rn. 12; vgl. auch *Decher*, in: GroßKomm, AktG, § 131, Rn. 134.

575 Vor der Präzisierung der Auskunftsverweigerungsgründe in § 131 Abs. 3 AktG 1965 konnte einem konkurrierenden Aktionär unter Rückgriff auf die gesellschaftsrechtliche Treuepflicht die Auskunft über sensible Informationen verweigert werden, vgl. *Fischer*, NJW 1954, S. 777, 779. Auf den Auskunftsverweigerungsgrund Nr. 4 soll nicht eingegangen werden. Er dient zwar unter anderem auch dem Schutz vor Wettbewerber, doch ist seine praktische Relevanz gering, *Kubis*, in: MünchKomm, AktG, § 131, Rn. 112; *Decher*, in: GroßKomm, AktG, § 131, Rn. 321 f.

Danach darf der Vorstand die Auskunft verweigern, „soweit die Erteilung der Auskunft nach vernünftiger kaufmännischer Beurteilung geeignet ist, der Gesellschaft [...] einen nicht unerheblichen Nachteil zuzufügen". Es bedarf hier einer Interessenabwägung zwischen dem Geheimhaltungsinteresse der Gesellschaft und dem Informationsbedürfnis des Aktionärs.[576] Letzteres bestimmt sich dabei nach der Relevanz des zu fassenden Beschlusses oder der Bedeutung der möglicherweise zu prüfenden Vorwürfe.[577] Für den Fall, dass ein Aktionär wettbewerbsrelevante Auskünfte begehrt, wiegt das Geheimhaltungsinteresse regelmäßig schwerer. So wird beispielsweise ein Auskunftsverweigerungsrecht in solchen Fällen bejaht, in denen ein Wettbewerber aus der Offenlegung der Anlagepolitik Rückschlüsse auf die Geschäftspolitik der Gesellschaft[578] oder aus der Offenlegung der Kosten laufender oder bereits abgelaufener R&D-Programme Rückschlüsse auf einzelne Entwicklungen ziehen kann[579]. Gleichfalls wird ein Auskunftsverweigerungsrecht im Hinblick auf die Aufdeckung interner Kalkulationen oder des Rohertrags aus dem Vertrieb bestimmter Produkte angenommen.[580]

Das Auskunftsverweigerungsrecht kann sich im Einzelfall zu einer Pflicht verdichten, welche aus der Verschwiegenheitspflicht des § 93 Abs. 1 Satz 3 AktG abzuleiten ist.[581]

(b) Geheimhaltungspflichten

Die Auferlegung von Geheimhaltungs- und Verschwiegenheitspflichten ist ein gebräuchliches Mittel zur Unterbindung der Weitergabe sensibler Informationen, namentlich von Betriebs- und Geschäftsgeheimnissen[582]. Als Adressat einer solchen Verpflichtung kommt bei der Aktiengesellschaft zunächst der Vorstand

---

576 *K. Schmidt*, Gesellschaftsrecht, § 28 IV. 3. c), S. 846.

577 Vgl. BGHZ 86, 1, 19. In dieser Entscheidung bewertet der BGH für den Fall eines substantiierten Verdachts einer Sorgfaltspflichtverletzung der Leitungsorgane das Aufklärungsinteresse gegenüber dem Geheimhaltungsinteresse der Gesellschaft höher.

578 Vgl. KG, ZIP 1995, S. 1585, 1589.

579 *Zöllner*, in: KölnKomm, AktG, § 131, Rn. 53.

580 OLG Zweibrücken, AG 1990, S. 496, 497; LG Mainz, AG 1988, S. 169, 171; LG Dortmund, AG 1987, S. 21, 22; AG 1987, S. 189.

581 *Eckhardt*, in: Geßler/Hefermehl, AktG, § 131, Rn. 77, m .w. N.

582 Zum Begriff des Betriebs- und Geschäftsgeheimnisses vgl. unten bei Fn. 628 ff.

in Betracht, bei dem – zumindest theoretisch – alle Informationen aus der Gesellschaft und ihrem Unternehmen zusammenlaufen. Zudem ist aber auch an den Aufsichtsrat zu denken, der zwecks einer wirksamen Kontrolle der Unternehmensführung ebenfalls Zugang zu internen Informationen haben muss.

Zum Schutz der Gesellschaft unterliegen deshalb die Mitglieder des Vorstandes gemäß § 93 Abs. 1 Satz 3 AktG sowie die Mitglieder des Aufsichtsrates gemäß §§ 116 Satz 1, 93 Abs. 1 Satz 3, 116 Satz 2 AktG einer Verschwiegenheitspflicht. Diese stellt jeweils eine gesetzliche Konkretisierung der organschaftlichen Treuepflicht dar[583] und bestimmt, dass über vertrauliche Angaben und Geheimnisse der Gesellschaft Stillschweigen zu bewahren ist.

Diese Schweigepflicht besteht gegenüber jedem Dritten und ist nur dann gelockert, wenn die Informationsweitergabe im Interesse der Gesellschaft liegt.[584] Wann diese Voraussetzung vorliegt, ist im Einzelfall nicht immer leicht zu bestimmen.[585] Auch Aktionäre sind im Bezug auf die Verschwiegenheitspflicht als Dritte anzusehen.[586] Treten sie mit einem Auskunftsbegehren an den Vorstand oder den Aufsichtsrat heran, sind sie grundsätzlich auf ihr gesetzliches Auskunftsrecht (§ 131 Abs. 1 AktG) zu verweisen. Ein darüber hinausgehendes Auskunftsrecht steht ihnen aber unabhängig von der Beteiligungshöhe – vorbehaltlich einer möglichen satzungsmäßigen Erweiterung –[587] nicht zu.[588]

---

583 *Hefermehl/Spindler*, in: MünchKomm, AktG, § 93, Rn. 43, 65; *Semler*, in: MünchKomm, AktG, § 116, Rn. 374; m. w. N.

584 *Mertens*, in: KölnKomm, AktG, § 93, Rn. 82: „Wo es das Unternehmensinteresse gebietet zu reden, hört die Schweigepflicht auf." Beispiel: Die Geheimhaltungsverpflichtung gegenüber Abschlussprüfern ist reduziert, vgl. § 320 HGB. Auch an externe Beratern, insbesondere wenn diese zur Berufsverschwiegenheit verpflichtet sind, können Gesellschaftsinterna weitergereicht werden, wenn dies mit dem Gesellschaftsinteresse zu vereinbaren ist, *Hefermehl/Spindler*, in: MünchKomm, AktG, § 93, Rn. 62 f.; *Hüffer*, AktG, § 93, Rn. 8.

585 Für die Informationsweitergabe durch den Vorstand im Rahmen einer Due Diligence Prüfung ausführlich unten S. 195 ff.

586 Vgl. *Hefermehl/Spindler*, in: MünchKomm, AktG, § 93, Rn. 54; *Hefermehl*, in: Geßler/-Hefermehl, AktG, § 93, Rn. 18; *Semler*, in: MünchKomm, AktG, § 116, Rn. 413.

587 Dazu vgl. unten S. 187 ff.

588 Siehe nur *Lutter*, ZIP 1997, S. 613, 616 (= *ders.*, Festschrift Schippel, S. 455, 463); *Ziegler*, DStR 2000, S. 249, 252; jeweils m. w. N.; a.A. *Krömker*, NZG 2003, S. 418, passim; *ders.*, Die Due Diligence im Spannungsfeld zwischen Gesellschafts- und Aktionärsinteressen, passim, der ein ungeschriebenes Informationsrecht des Aktionärs in

Verstöße gegen die Geheimhaltungspflicht sind strafbewehrt. Nach § 404 Abs. 1 Nr. 1, Abs. 2 Satz 2 AktG macht sich strafbar, wer ein Geheimnis der Gesellschaft, namentlich ein Betriebs- oder Geschäftsgeheimnis, das ihm in seiner Eigenschaft als Mitglied des Vorstandes oder des Aufsichtsrates bekannt geworden ist, unbefugt offenbart oder verwertet.[589] Daneben kann ein Verstoß gegen die Verschwiegenheitspflicht eine Schadensersatzpflicht nach § 93 Abs. 2 AktG beziehungsweise §§ 116 Satz 1, 93 Abs. 2 AktG begründen sowie einen wichtigen Grund zum Widerruf der Bestellung zum Vorstandsmitglied (§ 83 Abs. 3 Satz 1 und 2 AktG) oder zur Abberufung eines Aufsichtsratsmitglieds (§ 103 Abs. 3 Satz 1 AktG) darstellen. Die Geheimhaltungspflicht kann insoweit geeignet sein, einen informellen Informationsfluss zwischen den Leitungsorganen und den Aktionären – insbesondere den konkurrierenden Aktionären – zu beschränken.

Organintern sowie im Verhältnis zwischen Vorstand und Aufsichtsrat besteht grundsätzlich keine Verschwiegenheitspflicht. So muss sowohl die Zusammenarbeit zwischen den Mitgliedern eines Organs als auch die Zusammenarbeit zwischen den Organen auf dem gegenseitigen Vertrauen in die Verschwiegenheit der anderen Seite beruhen.[590] Insbesondere im Rahmen der Berichtspflicht des Vorstandes gegenüber dem Aufsichtsrat (§ 90 AktG) kann sich der Vorstand nicht im Hinblick auf „konfliktgefährdete“ Aufsichtsratsmitglieder auf seine

---

Fällen bejaht, in denen der Aktionär ein berechtigtes Informationsbedürfnis hat. Dies sei insbesondere bei einem (Groß-)Aktionär gegeben, der eine unternehmerische Beteiligung veräußern will. Grundlage des Informationsrechts solle ein allgemeines verbandrechtliches Prinzip sein, nach dem jedes Verbandsmitglied einen Anspruch auf all die Informationen habe, die es zur effektiven Ausübung seiner Mitgliedschaftsrechte (im Beispiel: Recht zur Veräußerung seines Anteils) benötige.

589 Die Strafandrohung beträgt bis zu einem Jahr, bei börsennotierten Gesellschaften bis zu zwei Jahren. Die Erhöhung der angedrohten Freiheitsstrafe bei börsennotierten Gesellschaften wurde durch das TransPuG (BGBl. I 2002, S. 2681) eingeführt und geht auf einen Vorschlag der Regierungskommission Corporate Governance zurück. Diese versprach sich von der Straferhöhung eine verbesserte Abschreckung (*Regierungskommission Corporate Governance*, Kommissionsbericht, Rn. 67). Die Differenzierung zwischen börsen- und nicht börsennotierten Gesellschaften wird mit der besonderen wirtschaftlichen Tragweite von Verschwiegenheitsverletzungen bei börsennotierten Gesellschaften begründet (RegBegr. TransPuG, BR-Drucks. 109/02, S. 61).

590 *Hefermehl/Spindler*, in: MünchKomm, AktG, § 93, Rn. 57; *Mertens*, in: KölnKomm, AktG, § 93, Rn. 78; *Schwalbach*, AG 2004, S. 186, 189; ferner BGHZ 20, 239, 246; 135, 48, 56; sowie Nr. 3.5 DCGK.

Verschwiegenheitspflicht berufen.[591] In solchen Fällen hat der Vorstand den Aufsichtsratsvorsitzenden über seine Bedenken in Kenntnis zu setzen. Der Aufsichtsratsvorsitzende soll dann das fragliche Aufsichtsratsmitglied von der sensiblen Information ausschließen oder einen Beschluss des Aufsichtsrates zu dieser Frage herbeiführen.[592] Ausnahmsweise kann sich der Vorstand aber dann auf seine Verschwiegenheitspflicht berufen, wenn einzelne Mitglieder des Aufsichtsrates nach § 90 Abs. 3 Satz 2 AktG einen Bericht verlangen und konkrete Befürchtungen bestehen, dass diese die Informationen missbräuchlich verwenden, sie beispielsweise an einen Wettbewerber weiterleiten.[593] Abseits des Berichtsverlangens ist der Vorstand gehalten, Wirtschaftsgeheimnisse, welche für die Arbeit des Aufsichtsrates offenkundig nicht von Belang sind, diesem auch nicht mitzuteilen.[594]

Neben den Organmitgliedern könnten auch die Aktionäre selbst einer Verschwiegenheitspflicht unterliegen. Für den GmbH-Gesellschafter ist dies allgemein anerkannt. Die von ihm aufgrund seines Auskunfts- und Einsichtsrechts (§ 51 a GmbHG) erlangten Informationen darf er grundsätzlich nicht an Dritte weitergeben.[595] Da aber das Auskunftsrecht des Aktionärs nach § 131 AktG im Gegensatz zum Auskunfts- und Einsichtsrechts des GmbH-Gesellschafters erheblich schwächer ausgestaltet ist, fragt sich, ob überhaupt ein Bedürfnis für eine vergleichbare Geheimhaltungspflicht für Aktionäre besteht. Im Grundsatz ist

---

591 *Hüffer*, AktG, § 90, Rn. 3; *Semler*, Leitung und Überwachung der Aktiengesellschaft, § 6, Rn. 157; *Lutter*, Information und Vertraulichkeit im Aufsichtsrat, S. 35, 125; a.A. *ders.*, Information und Vertraulichkeit im Aufsichtsrat, 1. Aufl., S. 24, der die Ansicht aber explizit in der 2. Aufl. auf S. 35 in Fn. 24 aufgibt.

592 Ausführlich *Mertens*, in: KölnKomm, AktG, § 90, Rn. 13; ferner *Lutter*, Information und Vertraulichkeit im Aufsichtsrat, S. 35 f.

593 *Hüffer*, AktG, § 90, Rn. 3, 12a, m. w. N., der aber auch darauf aufmerksam macht, dass der Vorstand von seinem Verweigerungsrecht „nur zurückhaltend Gebrauch machen sollte"; ferner *Mertens*, in: KölnKomm, AktG, § 93, Rn. 79.

594 *Mertens*, in: KölnKomm, AktG, § 90, Rn. 10.

595 *Michalski*, GmbHG, § 13, Rn. 161; *Altmeppen*, in: Roth/Altmeppen, GmbHG, § 13, Rn. 50; *Roth*, in: Roth/Altmeppen, § 51a, Rn. 24 f.; *G. Hueck/Fastrich*, in: Baumbach/Hueck, GmbHG, § 13, Rn. 34; für eine Verschwiegenheitspflicht gegenüber einem unterbeteiligten Konkurrenten vgl. OLG Frankfurt, DB 1992, S. 2489, 2490. In der für die Verschwiegenheitspflicht des GmbH-Gesellschafters oft zitierten Entscheidung RGZ 107, 171 geht es allerdings um die Verschwiegenheitsverpflichtung eines oHG-Gesellschafters. Dies wird in der Regel nicht kenntlich gemacht.

dies zu verneinen. Anders als im GmbH-Recht stellt sich eine Verschwiegenheitspflicht des Aktionärs nicht als notwendiges Korrelat zu seinen Informationsrechten dar.[596] Für den Einzelfall könnte sich jedoch auf der Grundlage der gesellschaftsrechtlichen Treuepflicht etwas anderes ergeben.[597] Erhält ein Aktionär durch Zufall, auf informellem Wege oder durch freiwillige Information eines Organmitglieds – welches dann aber gegen seine Verschwiegenheitspflicht verstoßen haben könnte – von sensiblen Gesellschaftsinterna Kenntnis, ist er verpflichtet, diese internen Informationen geheim zu halten und nicht weiterzugeben. Zur Weitergabe von Gesellschaftsinterna bedarf der Aktionär regelmäßig der Zustimmung des Vorstandes als dem „Herrn des Gesellschaftsgeheimnisses“[598].[599]

Mit der Verschwiegenheitspflicht geht ein Verwertungsverbot gesellschaftsinterner Informationen einher. Ist es einer Person verboten, bestimmte Informationen weiterzugeben, ist es ihr erst recht nicht gestattet, solche Informationen im eigenen Interesse zu verwerten.[600]

(c) Geschäftschancenlehre

Einen Schutz vor unbefugter Verwendung von internen Informationen über Geschäftschancen der Gesellschaft bietet die so genannte Geschäftschancenlehre. Sie ist unter dem Einfluss und in Anlehnung an die aus der US-amerikanischen Rechtsordnung stammenden „corporate opportunity doctrine“ entstanden.[601]

---

596 Vgl. auch *Druey*, Geheimsphäre des Unternehmens, S. 205 ff.

597 Vgl. *Körber*, NZG 2002, S. 263, 272; *Ziegler*, DStR 2000, S. 249, 254; ferner die rechtsformneutrale Formulierung von *Köhler*, in: GroßKomm, UWG, § 19, Rn. 12; *ders.*, in: Baumbach/Hefermehl, UWG, § 17, Rn. 60. Zu einer möglichen vormitgliedschaftlichen Geheimhaltungspflicht vgl. *Weber*, Vormitgliedschaftliche Treubindungen, S. 287.

598 *Hengeler*, Festschrift Schilling, S. 175, 181.

599 Vgl. *K. Mertens*, AG 1997, S. 541, 543; *Körber*, NZG 2002, S. 263, 272.

600 Vgl. *Winter*, Mitgliedschaftliche Treuebindungen, S. 242 f.; *Merkt*, ZHR 159 (1995), S. 423, 438. Bei der Verwertung von Informationen über Geschäftschancen der Gesellschaft stimmt das Verwertungsverbot mit der Geschäftschancenlehre überein.

601 Besonderen Einfluss hatten dabei die rechtsvergleichenden Arbeiten von *Mestmäcker* (Verwaltung, Konzerngewalt und Rechte der Aktionäre, S. 166 ff.) aus dem Jahr 1958 und *Immenga* (Die personalistische Kapitalgesellschaft, S. 156 ff.) aus dem Jahr 1970. Vor einer allzu unkritischen Rezeption der US-amerikanischen Grundsätze ist verschiedentlich gewarnt worden, vgl. *Mertens/Cahn*, Festschrift Heinsius, S. 545, 550 f.; *Lawall*, NJW 1997, S. 1742, 1744; ferner *Paefgen*, AG 1993, S. 457, passim.

(i) Adressatenkreis

Unstreitig ist zunächst ihre Anwendbarkeit auf Leitungsorgane.[602] Ihnen ist es untersagt, Geschäfts- oder Erwerbschancen, welche der Gesellschaft zuzuordnen sind, auf eigene oder fremde Rechnung wahrzunehmen. Die Rechtsgrundlage bildet hierfür die organschaftliche Treuepflicht.[603]

Streitig ist dagegen, ob die Geschäftschancenlehre auch auf Gesellschafter Anwendung findet, die nicht gleichzeitig an der Geschäftsführung beteiligt sind.[604] Weite Teile der Literatur befürworten die Ausdehnung der Geschäftschancenlehre auf (herrschende) Gesellschafter einer GmbH.[605] Die Rechtsgrundlage ist die Treuepflicht des Gesellschafters. Genauso wie bei der Frage nach einem Wettbewerbsverbot geht es bei der Frage nach der Anwendbarkeit der Geschäftschancenlehre auf Gesellschafter um eine Konkretisierung der gesellschaftsrechtlichen Treuepflicht für den Einzelfall.

Soweit ersichtlich ist sich bisher nicht näher damit auseinandergesetzt worden, ob es auch einem Aktionär verboten sein kann, Geschäftschancen der Gesellschaft wahrzunehmen. *Lutter* bejaht dies für einen Aktionär, der „eine der Geschäftsführung nahe Position" innehat.[606] Da es auf den Grad der Einflussnahme- und Informationsmöglichkeiten ankommt,[607] scheint die Anwendbarkeit der Geschäftchancenlehre in bestimmten Konstellationen, insbesondere für Mehrheitsaktionäre, nicht per se ausgeschlossen zu sein.[608] Für die weitere Untersu-

---

602 Vgl. nur *Weisser*, Corporate Opportunities, S. 179 f.

603 *Fleischer*, NZG 2003, S. 985, m. w. N.

604 Im US-amerikanischen Recht wird die Anwendung der Geschäftschancenlehre auf beherrschende (Kapital-)Gesellschafter („controlling shareholder") befürwortet, *Clark*, Corporate Law, § 7.1, S. 223; ferner *Weisser*, Corporate Opportunities, S. 95.

605 *K. Schmidt*, Gesellschaftsrecht, § 20 V. 3., S. 599 f.; *Weisser*, Corporate Opportunities, S. 199; *Kübler/Waltermann*, ZGR 1991, S. 162, 164 ff.; *Altmeppen*, in: Roth/Altmeppen, GmbHG, § 13, Rn. 44; kritisch *Merkt*, ZHR 159 (1995), S. 423, 436, 438; a.A. *Salfeld*, Wettbewerbsverbote im Gesellschaftsrecht, S. 50, der die Anwendbarkeit für nicht an der Geschäftsführung beteiligte Gesellschafter explizit ausschließt; ferner *Paefgen*, AG 1993, S. 457, 462 f.; *Mertens/Cahn*, Festschrift Heinsius, S. 545, 550 ff.

606 *Lutter*, ZHR 153 (1989), S. 446, 465.

607 *K. Schmidt*, Gesellschaftsrecht, § 20 V. 3., S. 599 f.

608 Dafür spricht unter anderem auch die rechtsformneutrale Formulierung von *K. Schmidt*, Gesellschaftsrecht, § 20 V. 3., S. 599 f.; ferner *Weisser*, Corporate Opportunities, S. 199; a.A. aber *Salfeld*, Wettbewerbsverbote im Gesellschaftsrecht, S. 50.

chung soll davon ausgegangen werden, dass die Geschäftschancenlehre auf Mehrheitsaktionäre und andere herrschende Aktionäre Anwendung findet.[609]

Über weitere Einzelheiten der Geschäftschancenlehre besteht Unklarheit:

(ii) Begriff der Geschäftschance

Bereits die Feststellung des Vorliegens einer Geschäftschance der Gesellschaft bereitet Probleme. Ausgangspunkt dieser Zuordnungsfrage ist das Datum der Wettbewerbsfreiheit. Danach sind Geschäftschancen zunächst keinem Subjekt zugeordnet, mit anderen Worten, Geschäftschancen sind grundsätzlich zuordnungsfrei.[610] Erst mit einer zunehmenden Konkretisierung kann daher von einer Geschäftschance der Gesellschaft gesprochen werden. Ohne Konkretisierung handelt es sich nicht um eine Geschäftschance der Gesellschaft mit der Folge, dass sie durch den Geschäftsführer oder durch einen Gesellschafter selbst wahrgenommen werden kann.

Bei der Zuordnung ist zwischen formalen und materiellen Kriterien zu unterscheiden:[611] Bei den formalen Kriterien wird nach den äußeren Umständen beurteilt, ob es sich eine konkrete Geschäftschance der Gesellschaft handelt. Solche äußeren Umstände sind zum Beispiel dann gegeben, wenn die Gesellschaft bereits einen Beschluss gefasst hat, ein bestimmtes Geschäft abzuschließen[612], wenn bereits Vertragsverhandlungen stattgefunden haben, wenn ein Verkaufsgegenstand nach dem Willen des Vertragspartners für die Gesellschaft be-

---

609 Eine solche Annahme erscheint im Rahmen der Darstellung möglicher Schutzmechanismen zunächst gerechtfertigt. Sie dient der Vermeidung eines circulus vitiosus: Wie auch die Frage nach einem Wettbewerbsverbot für Aktionäre bedarf die Frage nach der Anwendbarkeit der Geschäftschancenlehre der Konkretisierung der gesellschaftsrechtlichen Treuepflicht im Wege der Interessenabwägung unter Anbindung an den Grundsatz der Verhältnismäßigkeit. Im Rahmen der Erforderlichkeit würde sich dann die Frage nach einem Wettbewerbsverbot zu Lasten der Aktionäre stellen.

610 Vgl. *Mertens/Cahn*, Festschrift Heinsius, S. 545, 546; *Röhricht*, WPg 1992, S. 766, 775.

611 Diese Terminologie wählt *Merkt*, ZHR 159 (1995), S. 423, 438 ff. Ausführlich zum Begriff der Geschäftschance *Weisser*, Corporate Opportunities, S. 146 ff.; *Polley*, Wettbewerbsverbot und Geschäftschancenlehre, S. 104 f.; *Kübler*, Festschrift Werner, S. 437, 439 ff.; *ders./Waltermann*, ZGR 1991, S. 162, 168 ff.; *Röhricht*, WPg 1992, S. 766, 775; *Schießl*, GmbHR 1988, S. 53 ff.; *Timm*, GmbHR 1981, S. 177, 180 ff.; *Merkt*, ZHR 159 (1995), S. 423, 438 ff.; *Buyer*, BB 1993, S. 2057, 2059 f.; *Salfeld*, Wettbewerbsverbot im Gesellschaftsrecht, S. 42 ff.

612 BGH, NJW 1989, S. 2687, 2688; so auch schon RG, JW 1929, S. 654.

stimmt sein soll[613] oder wenn der fragliche Gesellschafter über die Gesellschaft von der Chance Kenntnis erhält[614]. Die materiellen Kriterien nehmen Bezug auf die Art der Geschäftschance. Eine Geschäftschance soll der Gesellschaft zuzuordnen sein, wenn das Geschäft für sie wesentlich oder jedenfalls bedeutsam ist. Sei es, dass der Abschluss eines bestimmten Geschäftes für die Gesellschaft betriebsnotwendig ist[615] oder in den Handels- oder Geschäftszweig der Gesellschaft fällt[616].

Nimmt nun der Geschäftsführer oder Gesellschafter die Geschäftschance der Gesellschaft wahr, ohne dass diese zuvor auf sie verzichtet oder sie freigegeben hat,[617] liegt eine Rechtsverletzung vor. Der Gesellschaft steht ein Anspruch auf Schadensersatz in Form der Naturalrestitution zu, so dass sie das durch die unberechtigte Eigenwahrnehmung erlangte herausverlangen kann. Ferner kann ihr auch ein Eintrittsrecht in Gesamtsanalogie zu §§ 61 Abs. 1, 113 Abs. 1 HGB, § 88 Abs. 2 AktG zustehen.[618]

(iii) Verhältnis der Geschäftschancenlehre zum Wettbewerbsverbot

Die Geschäftschancenlehre ist inzwischen ein etabliertes Institut des Gesellschaftsrechts. Dennoch besteht bislang keine Einigkeit über ihr Verhältnis zum Wettbewerbsverbot. Teilweise wird angenommen, dass es sich bei der Geschäftschancenlehre um einen Teilbereich des Wettbewerbsverbotes handele.[619] Vice versa wird angenommen, dass das Wettbewerbsverbot ein Unterfall der

---

613 BGH, BB 1977, S. 465, 466; vgl. ferner BGH, AG 1967, S. 327.

614 Vgl. BGH, NJW 1986, S. 585 f.; ferner BGH, NJW 1989, S. 2687, 2688.

615 BGH, NJW 1986, S. 584, 585; ferner BGH, GmbHR 1981, S. 189 ff.

616 BGH, NJW 1986, S. 585, 586. Umstritten ist dabei, ob der satzungsgemäße oder der tatsächliche Geschäftszweig der Gesellschaft maßgeblich ist; vgl. dazu *Tieves*, Der Unternehmensgegenstand, S. 294 ff., m. w. N. Auch die Gründung oder Beteiligung an einem konkurrierenden Unternehmen wird als Geschäftschance angesehen, vgl. *Weisser*, Corporate Opportunities, S. 153 ff.

617 *Timm*, WM 1981, S. 177, 182 ff.; dazu und zu weiteren möglichen Rechtfertigungsgründen *Merkt*, ZHR 159 (1995), S. 423, 442 ff.; *Weisser*, Corporate Opportunities, S. 204 ff.

618 Dazu und zu weiteren möglichen Ansprüchen *Weisser*, Corporate Opportunities, S. 233 ff.; *Merkt*, ZHR 159 (1995), S. 423, 446 ff.; *Schießl*, GmbHR 1988, S. 53, 56.

619 *Löffler*, NJW 1986, S. 223, 226, Fn. 59.

Geschäftschancenlehre sei.[620] Zutreffenderweise ist jedoch davon auszugehen, dass Wettbewerbsverbot und Geschäftschancenlehre unabhängig nebeneinander stehen,[621] jedoch eine nicht unwesentliche Schnittmenge bilden.[622] So gibt es zum einen Geschäftschancen, die nicht von einem Wettbewerbsverbot umfasst sind: Erwirbt ein Geschäftsführer einer GmbH ein Grundstück, welches für die Gesellschaft von herausragender Bedeutung ist, nimmt er eine Geschäftschance der Gesellschaft unbefugt wahr. Für den Fall, dass die Gesellschaft nicht im Immobiliengeschäft tätig ist, würde dies keinen Verstoß gegen sein organschaftliches Wettbewerbsverbot darstellen.[623] Selbst für den Fall, dass die Gesellschaft im Immobiliengeschäft tätig ist, würde kein Verstoß gegen das Wettbewerbsverbot bestehen, wenn der Geschäftsführer das Grundstück privat nutzen und nicht weiterveräußern wollte. Umgekehrt kann ein Geschäftsführer gegen das für ihn geltende Wettbewerbsverbot verstoßen, ohne dass er dazu eine Geschäftschance der Gesellschaft unbefugt wahrnehmen muss. Zu denken ist dabei zum Beispiel an das (Be-)Halten einer geerbten Mehrheitsbeteiligung an einer konkurrierenden Kapitalgesellschaft.[624] Ein anderes Beispiel betrifft den Fall,

---

620 *Weisser*, Corporate Opportunities, S. 147 f.; *ders.*, DB 1989, S. 2010, 2011; *Kübler*, Festschrift Werner, S. 437, 440; *Tillmann*, Festgabe Felix, S. 507, 510; *Hopt*, Corporate Governance, S. 285, 300; *Merkt*, ZHR 159 (1995), S. 423, 449. Der Standpunkt von *Timm* (GmbHR, 1981, S. 177 ff.) mag widersprüchlich erscheinen: Zunächst bezeichnet er das gesellschaftsrechtliche Wettbewerbsverbot als „Teilaspekt einer umfassenden Pflicht, Geschäftschancen, die der Gesellschaft gebühren, nicht als Eigengeschäft wahrzunehmen." (ebd., S. 177). Gleichzeitig differenziert er aber zwischen der Befreiung vom Wettbewerbsverbot und der Freigabe von der Geschäftschance durch die Gesellschaft (ebd., S. 181); vgl. dazu *Salfeld*, Wettbewerbsverbote im Gesellschaftsrecht, S. 50 f.

621 So auch *Salfeld*, Wettbewerbsverbote im Gesellschaftsrecht, S. 50 f.; *Schuhknecht*, Schranken der Geschäftschancenwahrnehmung und Wettbewerbsverbot, S. 17, 25; vgl. auch *Schießl*, GmbHR 1988, S. 53; *Mertens/Cahn*, Festschrift Heinsius, S. 545, 547 f.; *Fleischer*, AG 2005, S. 336, 337 f.

622 Ebenso *Kübler/Waltermann*, ZGR 1991, S. 162, 173 f.; ihnen folgend *Geiger*, Wettbewerbsverbote im Konzernrecht, S. 75; a.A. *Polley*, Wettbewerbsverbot und Geschäftschancenlehre, S. 126 ff., der von zwei sich nicht überschneidenden Zonen ausgehen will. Nach ihm findet im Geschäftsbereich der Gesellschaft allein das Wettbewerbsverbot Anwendung.

623 Der Grundstückskauf stellt ein Hilfsgeschäft der Gesellschaft dar. Zum Wettbewerbsverbot eines GmbH-Geschäftsführers vgl. oben S. 19

624 Zum Innehaben einer beherrschenden Beteiligung als Verstoß gegen das Wettbewerbsverbot des Geschäftsführers vgl. oben S. 19.

dass ein Gesellschafter, der ein konkurrierendes Unternehmen betreibt, unter Befreiung von dem Wettbewerbsverbot in eine Gesellschaft aufgenommen wird. Zwar ist es ihm damit gestattet, weiterhin sein eigenes Unternehmen zu betreiben. Dies bedeutet aber nicht, dass er auch die Geschäftschancen der Gesellschaft wahrnehmen darf.[625] Es ist denknotwendig, zwischen der Geschäftschancenlehre und dem Wettbewerbsverbot zu unterscheiden. Die Schnittmenge beider Institute wird von all jenen Geschäftschancen gebildet, die im Geschäftsbereich der Gesellschaft liegen und daher vom Wettbewerbsverbot umfasst sind.

(d) Schutz vor Verrat von Geschäfts- und Betriebsgeheimnissen nach dem Gesetz gegen unlauteren Wettbewerb (UWG)

Des Weiteren können Regelungen des UWG den Abfluss und Missbrauch von Informationen im Hinblick auf einen konkurrierenden Aktionär eindämmen. So dienen die §§ 17 bis 19 UWG dem Schutz von Geschäfts- und Betriebsgeheimnissen und schützen damit zugleich den Wettbewerb vor Verfälschung.[626]

Für die vorliegende Fragestellung ist insbesondere § 17 UWG zu beachten. Bei dieser Norm ist zwischen drei Tatbeständen zu differenzieren: Absatz 1 betrifft den Geheimnisverrat von aktuellen Mitarbeitern. Absatz 2 wendet sich dagegen an jedermann; er enthält zwei Tatbestände: Nr. 1 betrifft besondere Fälle der Ausspähung von Geschäfts- und Betriebsgeheimnissen (so genannte Betriebsspionage); Nr. 2 bezieht sich dagegen auf die Verwertung fremder Geheimnisse (so genannte Geheimnishehlerei).[627]

Nach § 17 Abs. 1 UWG macht sich strafbar, wer als bei einem Unternehmen beschäftigte Person ein Geschäfts- oder Betriebsgeheimnis, das ihr im Rahmen des Dienstverhältnisses anvertraut worden oder zugänglich geworden ist, während der Geltungsdauer des Dienstverhältnisses unbefugt an jemand zu Zwecken des Wettbewerbs, aus Eigennutz, zugunsten eines Dritten oder in der Absicht, dem Inhaber des Unternehmens Schaden zuzufügen, mitteilt.

Unter Geschäfts- und Betriebsgeheimnissen versteht man Tatsachen, die im Zusammenhang mit einem Geschäftsbetrieb stehen, nicht offenkundig, also nur

---

625 Vgl. *Wackerbarth*, Grenzen der Leitungsmacht, S. 428.

626 Vgl. *Köhler*, in: Köhler/Piper, UWG, § 17, Rn. 2.

627 Zur Terminologie vgl. *Otto*, in: GroßKomm, UWG, § 17, Rn. 8.

einem begrenzten Personenkreis bekannt sind, und nach dem bekundeten oder erkennbaren Willen des Betriebsinhabers geheim gehalten werden sollen.[628] Zusätzlich muss der Betriebsinhaber ein berechtigtes wirtschaftliches Interesse an der Geheimhaltung dieser Tatsache haben. Dies ist der Fall, wenn die Tatsache für die Wettbewerbsfähigkeit des Betriebs relevant ist. Geschäftsgeheimnisse beziehen sich dabei auf den allgemeinen kaufmännischen Geschäftsverkehr, wie beispielsweise Kunden- und Lieferantendaten oder Marketingkonzepte. Betriebsgeheimnisse beziehen sich dagegen auf den technischen Betriebsablauf, wie zum Beispiel Konstruktionspläne für Maschinen oder Fabrikationsverfahren.[629] Diese Differenzierung ist jedoch gegenstandslos; ihr kommt im Rahmen des § 17 UWG keine rechtliche Bedeutung zu. Zudem lassen sich eine Vielzahl von Geheimnissen beiden Geheimnisarten zuordnen. Als Sammelbezeichnung finden sich daher Begriffe wie Know-how, Unternehmens- oder Wirtschaftsgeheimnis[630]. Es ist evident, dass solche Geheimnisse in jedem Fall wettbewerbsrelevant sind und daher auch für jeden konkurrierenden Aktionär von Interesse sind.

Täter kann jeder Beschäftigte des Unternehmens sein.[631] Die Art der Tätigkeit, ihre Dauer, ihr Umfang oder ihre Entlohnung sind dabei aber ebenso irrelevant wie ihre Weisungsabhängigkeit.[632] Voraussetzung ist vielmehr, dass die fragliche Person in einem Dienstverhältnis mit dem Betriebsinhaber steht.[633] Taugli-

---

628 So kann auch ein an sich bekanntes technisches Verfahren ein Betriebsgeheimnis i.S.d. § 17 UWG darstellen, wenn nicht allgemein bekannt ist, dass ein Unternehmen dieses Verfahren anwendet, OLG Hamm, WRP 1993, S. 36.

629 Statt vieler *Köhler*, in: Köhler/Piper, UWG, § 17, Rn. 4, *Emmerich*, Unlauterer Wettbewerb, § 10 2. b), S. 118 f.; jeweils m. w. N. zur Rechtsprechung.

630 *Harte-Bavendamm*, in: Harte-Bavendamm/Henning-Bodewig, UWG, § 17, Rn. 1; *Köhler*, in: Baumbach/Hefermehl, UWG, § 17, Rn. 4 a.E.; *Otto*, in: GroßKomm, UWG, § 17, Rn. 10.

631 *Köhler*, in: Baumbach/Hefermehl, UWG, § 17, Rn. 14; *ders.*, in: Köhler/Piper, UWG, § 17, Rn. 12; *Otto*, in: GroßKomm, UWG, § 17, Rn. 23.

632 *Köhler*, in: Köhler/Piper, UWG, § 17, Rn. 12; ferner *ders.*, in: Baumbach/Hefermehl, UWG, § 17, Rn. 14; *Otto*, in: GroßKomm, UWG, § 17, Rn. 23.

633 Vgl. *Emmerich*, Unlauterer Wettbewerb, § 10 2. a), S. 118: „Einzige Voraussetzung ist der Abschluss eines privatrechtlichen Dienst- oder Geschäftsbesorgungsvertrages"; ferner *Köhler*, in: Köhler/Piper, UWG, § 17, Rn. 12: „Der Abschluss eines eigentlichen Dienstvertrages ist nicht erforderlich".

che Täter sind damit die Mitglieder des Vorstandes. Dies ist unstreitig.[634] Umstritten ist dagegen, ob auch Mitglieder des Aufsichtsrates das echte Sonderdelikt des § 17 UWG verwirklichen können. Teile der Literatur bestreiten dies.[635] Es wird darauf verwiesen, dass durch die Annahme einer Strafbarkeit von Mitgliedern des Aufsichtsrates der mögliche Wortsinn des § 17 Abs. 1 UWG überschritten werde und daher ein Verstoß gegen das strafrechtliche Analogieverbot (§ 1 StGB, Art. 103 Abs. 2 GG) gegeben sei.[636] Dabei gehen sie aber davon aus, dass Täter nur Personen sein können, die in einem Abhängigkeitsverhältnis zum Betriebsinhaber stehen. Dies ist aber – wie bereits erwähnt – nicht der Fall. Mit der vorherrschenden Ansicht ist daher davon auszugehen, dass auch Aufsichtsratsmitglieder Täter im Sinne des § 17 Abs. 1 UWG sein können.[637]

Die Tathandlung ist die unbefugte Mitteilung des Wirtschaftsgeheimnisses an einen Dritten während der Geltungsdauer des Dienstverhältnisses. Dabei gilt das Merkmal „unbefugt" als erfüllt, wenn die Mitteilung gegen die vertragliche Geheimhaltungspflicht des betreffenden Mitarbeiters verstößt und nicht – zum Beispiel durch Einwilligung – gerechtfertigt ist.[638] In subjektiver Hinsicht muss der

---

634 Vgl. nur *Otto*, in: GroßKomm, UWG, § 17, Rn. 24; *Köhler*, in: Baumbach/Hefermehl, UWG, § 17, Rn. 14; *ders.*, in: Köhler/Piper, UWG, § 17, Rn. 12; *Emmerich*, Unlauterer Wettbewerb, § 10 2. a), S. 118; *R. Müller/Wabnitz*, in: Liebl, Betriebs-Spionage, S. 235, 263; zum Anstellungsverhältnis zwischen Vorstandsmitglied und Gesellschaft vgl. nur *Hüffer*, AktG, § 84, Rn. 2, 11 ff.

635 *Nordemann*, Wettbewerbs- und Markenrecht, Rn. 1242; *Haß*, Rechtsschutz und Verwertung von Computerprogrammen, S. 467, 486; *Arians*, in: Der strafrechtliche Schutz des Geschäfts- und Betriebsgeheimnisses, S. 307, 352 f.; *Schramm*, MuW 30 (1930), S. 339; ferner *R. Müller/Wabnitz*, in: Liebl, Betriebs-Spionage, S. 235, 266, die sich aber de lege ferenda für eine Strafbarkeit für Aufsichtsratsmitglieder aussprechen.

636 *Nordemann*, Wettbewerbs- und Markenrecht, Rn. 1242; *Haß*, Rechtsschutz und Verwertung von Computerprogrammen, S. 467, 486.

637 *Harte-Bavendamm*, in: Harte-Bavendamm/Henning-Bodewig, UWG, § 17, Rn. 8; *Köhler*, in: Baumbach/Hefermehl, UWG, § 17, Rn. 14; *ders.*, in: Köhler/Piper, UWG, § 17, Rn. 12; *Reimer*, in: Ulmer/Reimer, Das Recht des unlauteren Wettbewerbs in den Mitgliedstaaten der EWG III, Anm. 319, S. 226; *Stebut*, DB 1974, S. 613, 614; *Emmerich*, Unlauterer Wettbewerb, § 10 2. a), S. 118; *Möhrenschlager*, in: HdbWirtschaftsStR, Kap. 16, Rn. 11, S. 994; *Otto*, in: GroßKomm, UWG, § 17, Rn. 24; jeweils m. w. N. Es ist allerdings streitig, ob ein Anstellungsverhältnis zwischen dem Aufsichtsratsmitglied und der Gesellschaft gegeben ist, vgl. dazu nur *Hüffer*, AktG, § 101, Rn. 2, m. w. N. Ein Anstellungsverhältnis bejaht beispielsweise *Grunewald*, Gesellschaftsrecht, 2. C. V. 5. a), Rn. 84, S. 257.

638 *Köhler*, in: Köhler/Piper, UWG, § 17, Rn. 18.

Täter vorsätzlich und aus einem der im Absatz 1 genannten Beweggründe gehandelt haben. Für die vorliegende Untersuchung sind insbesondere die beiden Erstgenannten von Bedeutung. Gibt beispielsweise ein Vorstandsmitglied ein Wirtschaftsgeheimnis an einen konkurrierenden Aktionär der Gesellschaft weiter, um dessen Wettbewerbsfähigkeit zu verbessern, ist das Absichtserfordernis „zu Zwecken des Wettbewerbs" erfüllt. Erhofft sich das Vorstandsmitglied durch den Geheimnisverrat von einem Aktionär die Geltendmachung seines Einflusses auf die Beschlussfassung des Aufsichtsrates über seine Weiterbeschäftigung beziehungsweise wiederholte Bestellung zum Vorstandsmitglied, dürfte der Beweggrund „aus Eigennutz" gegeben sein.

Zusammenfassend ist festzustellen, dass § 17 Abs. 1 UWG ähnlich der Verschwiegenheitspflicht eine Barriere zwischen den Leitungsorganen und den Aktionären errichtet. Auf Gesellschafter selbst findet § 17 Abs. 1 UWG keine Anwendung, soweit sie neben ihrer Gesellschafterstellung nicht noch in einem Beschäftigungsverhältnis zur Gesellschaft stehen.[639]

§ 17 Abs. 2 Nr. 1 UWG stellt besonders gefährliche Fälle der Betriebsspionage unter Strafe. Danach macht sich strafbar, wer zu Zwecken des Wettbewerbs, aus Eigennutz, zugunsten eines Dritten oder in der Absicht, dem Inhaber des Unternehmens Schaden zuzufügen, sich ein Geschäfts- oder Betriebsgeheimnis durch Anwendung technischer Mittel (lit. a), Herstellung einer verkörperten Wiedergabe des Geheimnisses (lit. b) oder Wegnahme einer Sache, in der das Geheimnis verkörpert ist (lit. c), unbefugt verschafft oder sichert. Im Gegensatz zu § 17 Abs. 1 UWG handelt es sich nicht um ein Sonderdelikt; vielmehr kommt jedermann als Täter in Frage. Freilich kann sich ein konkurrierender Aktionär auch auf solchem Wege Wirtschaftsgeheimnisse der Gesellschaft beschaffen, doch handelt es sich hierbei nur um Fälle der üblichen Gefahr, so dass dieser Tatbestand für die weitere Untersuchung unbeachtlich ist.

Dagegen kommt § 17 Abs. 2 Nr. 2 UWG eine gewisse Bedeutung zu. Es handelt sich hierbei um einen generalklauselartigen Auffangtatbestand, durch den der

---

639 Statt anderer *Harte-Bavendamm*, in: Harte-Bavendamm/Henning-Bodewig, UWG, § 17, Rn. 8; *Otto*, in: GroßKomm, UWG, § 17, Rn. 26; *Köhler*, in: Baumbach/Hefermehl, UWG, § 17, Rn. 14.

Schutz von Wirtschaftsgeheimnissen umfassend abgesichert werden soll.[640] Danach macht sich strafbar, wer ein Geschäfts- oder Betriebsgeheimnis, das er durch einen Geheimnisverrat nach Absatz 1 (Erste Alternative) oder durch eine eigene oder fremde Betriebsspionage nach Nummer 1 erlangt (Zweite Alternative) oder sich sonst unbefugt verschafft oder gesichert hat (Dritte Alternative), unbefugt verwertet oder jemandem mitteilt. Bei der ersten Alternative muss der Täter das Geheimnis von einem Mitarbeiter des Unternehmens gemäß Absatz 1 erlangt haben. Ein konkurrierender Aktionär kann sich demnach nach Absatz 2 Nr. 2 zum Beispiel dadurch strafbar machen, indem er eine Kundendatei der Gesellschaft auswertet, welche ihm ein Vorstandsmitglied aushändigte (§ 17 Abs. 1 UWG).[641] Unter Verwerten im Sinne der Vorschrift ist jede über das bloße Innehaben des Wirtschaftsgeheimnisses hinausgehende Tätigkeit zu verstehen, die darauf gerichtet ist, das Geheimnis wirtschaftlich zu nutzen.[642] Ein Auswerten einer Kundendatei stellt bereits eine solche Verwertung dar. Ebenfalls würde sich der Aktionär durch die Weitergabe der Kundendatei an die Geschäftsführung seines Konkurrenzunternehmens strafbar machen. Hierin liegt ein unbefugtes Mitteilen an Dritte.[643] Die beiden anderen Alternativen sind für die Untersuchung von untergeordneter Bedeutung, da sie in der Regel nur das reguläre Risiko erfassen.[644]

Neben dem strafrechtlichen Schutz des § 17 UWG findet sich auch ein zivilrechtlicher Schutz von Geheimnissen. Ein Verstoß gegen § 17 UWG erfüllt in der Regel den Tatbestand des § 3 i.V.m. § 4 Nr. 11 UWG (Rechtsbruch)[645] mit der Folge, dass nach § 8 f. UWG Ansprüche auf Schadensersatz und Unterlassung zukünftiger Verletzungshandlungen gegeben sind. Daneben kommt auch ein Schadensersatzanspruch nach § 823 Abs. 2 BGB in Betracht. Bei § 17 UWG handelt es sich um ein Schutzgesetz im Sinne des § 823 Abs. 2 BGB. Da ein Verstoß gegen § 17 UWG auch regelmäßig sittenwidrig ist, kann ferner § 826

---

640 *Emmerich*, Unlauterer Wettbewerb, § 10 3. b), S. 122 f.

641 Vgl. BGH, NJW 1992, S. 1776.

642 *Köhler*, in: Baumbach/Hefermehl, UWG, § 17, Rn. 41; *ders.*, in: Köhler/Piper, UWG, § 17, Rn. 34; *Otto*, in: GroßKomm, UWG, § 17, Rn. 84.

643 Vgl. *Otto*, in: GroßKomm, UWG, § 17, Rn. 85, 32.

644 Zu einer Ausnahme siehe aber unten S. 206 ff.

645 *Köhler*, in: Baumbach/Hefermehl, UWG, § 17, Rn. 52.

BGB als Anspruchsgrundlage herangezogen werden. Für den Fall, dass § 17 UWG trotz der Verwirklichung des objektiven Tatbestandes mangels Vorsatzes nicht erfüllt ist, kann § 3 UWG bei fahrlässigem Verhalten dennoch Anwendung finden.[646] Selbst bei fehlender Verwirklichung des objektiven Tatbestandes kann in bestimmten Fallgruppen noch § 3 UWG oder § 826 BGB erfüllt sein.[647] Bei der Verletzung von Wirtschaftsgeheimnissen kommt ferner auch ein Schadensersatzanspruch der Gesellschaft nach § 823 Abs. 1 BGB in Frage.[648] Dabei mag dahinstehen, ob es sich bei dem Wirtschaftsgeheimnis um ein „sonstiges Recht" im Sinne des § 823 Abs. 1 BGB oder um einen Teil des Schutzbereiches des Rechts am eingerichteten und ausgeübten Gewerbebetrieb handelt.[649] Zudem kann analog § 1004 BGB ein Anspruch auf Unterlassung der unberechtigten Verwertung des Betriebsgeheimnisses bestehen.[650] Als Hilfsanspruch kann des Weiteren ein Auskunftsanspruch bestehen. Für den Fall, dass ein Ersatzanspruch gegen einen Dritten – zum Beispiel einen Aktionär –, dem unbefugt ein Wirtschaftsgeheimnis von einem Beschäftigten – zum Beispiel einem Mitglied des Vorstandes oder des Aufsichtsrates – mitgeteilt wurde, besteht, ist dieser verpflichtet, auch die Person – den „Verräter" – zu benennen, von dem er das Geheimnis erfahren hat.[651] Dadurch soll ermöglicht werden, die Lücken im „Geheimnisschutzsystem" zu schließen.[652]

(e) Insiderüberwachung nach dem Wertpapierhandelsgesetz (WpHG)

Der Informationsfluss zwischen den Leitungsorganen und den Aktionären kann schließlich durch Vorschriften der Insiderüberwachung nach dem WpHG be-

---

646 *Köhler*, in: Baumbach/Hefermehl, UWG, § 17, Rn. 52.

647 Zu den Fallgruppen vgl. *Köhler*, in: GroßKomm, UWG, § 19, Rn. 9 ff.

648 Vgl. nur BGHZ 16, 172, 176; 17, 41, 51; 38, 391, 395.

649 Dazu *Köhler*, in: GroßKomm, UWG, § 19, Rn. 18; *ders.*, in: Baumbach/Hefermehl, UWG, § 17, Rn. 53; jeweils m. w. N.

650 BGHZ 17, 41, 51.

651 *Köhler*, in: GroßKomm, UWG, § 19, Rn. 4 a.E. und ferner Vor 13 B, Rn. 399 ff.

652 Vgl. BGH, GRUR 1964, S. 320, 323; ferner *Harte-Bavendamm*, in: Harte-Bavendamm/Henning-Bodewig, UWG, § 17, Rn. 64; Baumbach/*Hefermehl*, UWG, 22. Aufl., § 17, Rn. 52 a.E.

schränkt sein, soweit die Aktien der Gesellschaft börsennotiert oder in den Freiverkehr einbezogen sind[653].

Die Mitglieder des Vorstandes und des Aufsichtsrates haben kraft ihrer Funktion Kenntnis von so genannten Insiderinformationen. Dies sind nach § 13 Abs. 1 Satz 1 WpHG konkrete Informationen über nicht öffentlich bekannte Umstände, die sich auf einen oder mehrere Emittenten von Insiderpapieren oder auf die Insiderpapiere selbst beziehen und geeignet sind, im Falle ihres öffentlichen Bekanntwerdens den Börsen- oder Marktpreis der Insiderpapiere erheblich zu beeinflussen. Bei einer Vielzahl von wettbewerbsrelevanten Informationen, wie zum Beispiel über wesentliche Erfindungen, wird es sich daher um Insiderinformationen handeln.[654] Den Mitgliedern der Leitungsorgane ist es nach § 14 Abs. 1 Nr. 2 WpHG verboten, Insiderinformationen unbefugt einem anderen mitzuteilen. Ob es sich nun um eine befugte oder unbefugte Weitergabe handelt, ist dabei unter Abwägung zwischen den Zielen des Insiderrechts (Gewährleistung der informellen Chancengleichheit der Marktteilnehmer) und den Funktionserfordernissen rechtlicher und wirtschaftlicher Institutionen zu ermitteln.[655] Danach wird eine Weitergabe dann als befugt gelten müssen, wenn sie im normalen Rahmen der Ausübung einer Arbeit, eines Berufs oder einer Aufgabe erfolgt.[656]

Die Weitergabe von Insiderinformationen an einzelne Aktionäre wird danach grundsätzlich als Verstoß gegen das Weitergabeverbot anzusehen sein. Nur in Ausnahmefällen kann im Unternehmensinteresse die Weitergabe von Insiderinformationen durch den Vorstand an einen Aktionär zulässig sein.[657] Eine solche Ausnahme soll beispielsweise dann gegeben sein, wenn sich der Vorstand in der

---

653 Bei den Aktien der Gesellschaft muss es sich um Insiderpapiere i.S.d. § 12 Abs. 1 Nr. 1 WpHG handeln.

654 Vgl. *Assmann*, in: Assmann/U. H. Schneider, WpHG, § 13, Rn. 61, zusammen mit *Kümpel/Assmann*, in: Assmann/U. H. Schneider, WpHG, § 15, Rn. 95.

655 *Assmann/Cramer*, in: Assmann/U. H. Schneider, WpHG, § 14, Rn. 48 f.

656 Vgl. Art. 3 lit. a der EG-Insiderrichtlinie (89/592/EWG, ABl. Nr. L 334/30 vom 18. November 1989; abgedruckt in WM 1989, S. 1829); ferner *Bundesanstalt für Finanzdienstleistungsaufsicht*, Emittentenleitfaden, S. 31.

657 *Assmann/Cramer*, in: Assmann/U. H. Schneider, WpHG, § 14, Rn. 48c, 54b; *U. H. Schneider/Singhof*, Festschrift Kraft, S. 585, 600 ff.; vgl. ferner *Assmann*, AG 1997, S. 50, 56 f.; *Hopt*, ZHR 159 (1995), S. 135, 145 f.

Vorbereitung auf die Hauptversammlung über die Zustimmungsfähigkeit bestimmter Kapitalmaßnahmen informieren oder versichern will.[658] Dagegen bleibt der organinterne Informationsaustausch sowie der Austausch zwischen dem Vorstand und dem Aufsichtsrat durch § 14 Abs. 1 Nr. 2 WpHG weitestgehend unbeschränkt.[659]

Verstöße gegen das Weitergabeverbot des § 14 Abs. 1 Nr. 2 WpHG durch Mitglieder der Leitungsorgane sind nach § 38 Abs. 1 Nr. 2 lit. a WpHG strafbewehrt.

(3) Zwischenergebnis

Es wurde eine Reihe von Schutzinstrumenten aufgezeigt und dargestellt. Es handelt sich dabei um konkrete Schädigungsverbote, welche einzelne Maßnahmen untersagen. Im Gegensatz zum Wettbewerbsverbot, welches jedwede Konkurrenztätigkeit untersagt, greifen die konkreten Schutzinstrumente weniger stark in die Sphäre des Aktionärs ein. Bei gleicher Schutzstärke stellen sie daher gegenüber dem Wettbewerbsverbot ein milderes Mittel dar.

Ob die vorgestellten Schutzinstrumente vermögen, die Gesellschaft hinreichend zu schützen, wird im Folgenden anhand typischer Fallkonstellationen überprüft:

e) Fallkonstellationen

Die Einflussnahme- und Informationspotentiale der Aktionäre wurden anderenorts bereits skizziert.[660] Jedoch verfügen die Aktionäre einer Gesellschaft nicht über einheitliche Einfluss- und Informationsmöglichkeiten, sondern über unterschiedliche Potentiale, die vom jeweiligen Umfang ihrer Beteiligung und möglichen mitgliedschaftlichen Sonderrechten abhängig sind. Dem wird im Nachfolgenden durch die Bildung von Fallkonstellationen Rechnung getragen.

Es steht weiterhin in Frage, ob die bestehenden Schutzmechanismen in typischen Fallkonstellationen eine eindeutig gleichwertige Alternative zum Wettbewerbsverbot darstellen und diesem daher als milderes Mittel vorgehen oder ob nur ein Wettbewerbsverbot als dann mildestes Mittel geeignet ist, die spezifi-

---

658 *U. H. Schneider/Singhof*, Festschrift Kraft, S. 585, 603.

659 *Assmann/Cramer*, in: Assmann/U. H. Schneider, WpHG, § 14, Rn. 49; ausführlich *U. H. Schneider/Singhof*, Festschrift Kraft, S. 585, 591 ff.

660 Vgl. oben S. 96 ff.

schen Gefahren, welche sich aus der Doppelrolle als Aktionär und Wettbewerber ergeben, abzuwehren.

(1) Mehrheitsaktionär

Die erste Fallkonstellation hat den Mehrheitsaktionär zum Gegenstand. Unter einem Mehrheitsaktionär soll dabei in Anlehnung an § 16 Abs. 1 AktG ein Aktionär mit einer Mehrheitsbeteiligung an der Gesellschaft verstanden werden. Eine Mehrheitsbeteiligung liegt danach vor, wenn der Aktionär entweder die Mehrheit der Anteile (Kapitalmehrheit) oder die Mehrheit der Stimmrechte (Stimmenmehrheit) innehat. Stimmen- und Kapitalmehrheit fallen regelmäßig zusammen. Die praktisch bedeutsamste Abweichung von dieser Regel ist bei der Ausgabe von stimmrechtlosen Vorzugsaktien gegeben (§§ 12 Abs. 1 Satz 2, 139 ff. AktG).[661] Im Rahmen der weiteren Untersuchung soll vom Regelfall ausgegangen werden.

Es wird zunächst untersucht, ob die Einflussnahmemöglichkeiten eines Mehrheitsaktionärs ausreichend eingeschränkt sind, um die Erforderlichkeit ein Wettbewerbsverbot verneinen zu können. Im Anschluss wird die gleiche Fragestellung im Hinblick auf seine Informationsmöglichkeiten behandelt.

(a) Erforderlichkeit aufgrund von Möglichkeiten der Einflussnahme

(i) Gesetzliche Möglichkeiten der Einflussnahme

Das wichtigste Instrument, welches das Aktiengesetz dem Mehrheitsaktionär zur Einwirkung auf die Gesellschaft an die Hand gibt, ist das Stimmrecht in der Hauptversammlung. Anders als im Recht der GmbH[662] ist der Vorstand einer Aktiengesellschaft aber nicht an die Weisungen der Gesellschafterversammlung gebunden, so dass dem Mehrheitsaktionär über die Hauptversammlung – mit Ausnahme von § 119 Abs. 2 AktG – kein rechtlich gesicherter Einfluss auf die Geschäftsführung der Gesellschaft zusteht.

Mit seiner Stimmenmacht kann der Mehrheitsaktionär dennoch sowohl Beschlüsse mit negativen Auswirkungen für die Gesellschaft herbeiführen als auch

---

661 Weitere Ausnahmen können sich aufgrund von Mehrstimmrechtsaktien (§ 12 Abs. 2 AktG; § 5 Abs. 1 Satz 1 EGAktG) oder aufgrund von satzungsmäßigen Höchststimmrechten (§ 134 Abs. 1 Satz 2 bis 6 AktG) ergeben.

662 § 37 Abs. 1 GmbHG.

Beschlüsse verhindern, die für die positive Entwicklung der Gesellschaft bedeutsam sind[663]. Dass ein konkurrierender Mehrheitsaktionär Beschlussfassungen mit eindeutig gesellschaftsschädigendem Inhalt positiv herbeiführen wird, erscheint aufgrund der Schranken der Stimmrechtsausübung in der mehrgliedrigen Aktiengesellschaft eher unwahrscheinlich, so dass das Hauptaugenmerk auf die Verhinderung von für die Gesellschaft positiven Beschlüssen zu legen ist:

Bei Beschlüssen, welche für die günstige Entwicklung der Gesellschaft bedeutsam sind, ist in erster Linie an Kapitalbeschaffungsmaßnahmen zu denken.[664] Für sie bedarf es regelmäßig einer Mehrheit von mindestens drei Viertel des bei der Beschlussfassung vertretenen Grundkapitals.[665] In bestimmten Entwicklungsphasen des Gesellschaftsunternehmens besteht ein erhöhter Kapitalbedarf, um sich am Markt bietende Chancen wahrzunehmen, sei es zur geographischen Ausweitung der Aktivitäten, sei es zur Entwicklung eines neuen Produkts oder zur Diversifikation. Verhindert nun der Mehrheitsaktionär die erforderliche Kapitalmaßnahme, retardiert er dadurch eine positive Weiterentwicklung der Gesellschaft. Zur Deckung des Kapitalbedarfs kann der Vorstand zwar alternativ auf klassisches Fremdkapital zurückgreifen, doch können schon ungünstige Rahmenbedingungen seine Aufnahme verhindern. Des Weiteren können die Konditionen einer Kreditaufnahme hinter denen der aktiengesetzlich vorgesehen Kapitalmaßnahmen zurückbleiben. Im dynamischen Prozess des wirtschaftlichen Wettbewerbs[666] fällt die Gesellschaft gegenüber ihren Konkurrenten zurück, was langfristig zu einer Schwächung bis hin zum Marktaustritt führen kann. Unterbleiben notwendige Kapitalmaßnahmen, wird damit auf Umwegen auch die Entscheidungsfreiheit des Vorstandes eingeengt.

Die Schranken der Stimmrechtsausübung können ein solches Verhalten des Mehrheitsaktionärs schwerlich verhindern. Eine materielle Kontrolle des Abstimmungsverhaltens kann schädigende Einflussnahmen nur beschränken, je-

---

663 Vgl. zu einer „Herrschaft durch Negation" nur *H. Werner*, Der aktienrechtliche Abhängigkeitstatbestand, S. 44, m. w. N.

664 Daneben sind auch Beschlussfassungen, wie beispielsweise über die Ausdehnung des Unternehmensgegenstandes, zu nennen.

665 Vgl. §§ 182 Abs. 1 Satz 1, 193 Abs. 1 Satz 1, 202 Abs. 2 Satz 2, 221 Abs. 1 Satz 2 AktG.

666 Vgl. *Köhler*, in: Baumbach/Hefermehl, UWG, Einl., Rn. 1.18.

doch nicht ausschließen. Auch steht dem Mehrheitsaktionär bei der Stimmrechtsausübung – ähnlich dem Vorstands- und Aufsichtsratshandeln – ein unternehmerisches Ermessen zu.[667] Daher sind Stimmabgaben, die nicht evident gegen seine Bindungen an zwingendes Recht, die guten Sitten, den Gleichbehandlungsgrundsatz, den Verbandszweck und die gesellschaftsrechtliche Treuepflicht verstoßen, nicht hinreichend kontrollierbar.[668] Insbesondere ein Abstimmungsverhalten wie beispielsweise bei der Blockade der Kapitalversorgung, deren negatives Potential sich erst mittel- bis langfristig auszuwirken beginnt, kann nicht ausreichend begegnet werden. Unzweckmäßige Entscheidungen und damit die Gesellschaft beeinträchtigende Entscheidungen sind durch eine Inhaltskontrolle nicht zu verhindern.[669] Auch wird in den einschlägigen Fallkonstellationen keine Pflicht zur positiven Stimmabgabe gegeben sein, da es sich regelmäßig nicht um für die Gesellschaft „lebensnotwendige“ Beschlüsse handeln wird. Kurz- bis mittelfristig wird eine Unterbrechung der Kapitalversorgung bei Gesellschaften, die sich nicht in einer Krise, sondern vielmehr in einer Phase des Aufschwungs befinden, keinesfalls zu einer „lebensbedrohlichen“ Lage führen.

Die Möglichkeit, Kapitalmaßnahmen der Gesellschaft zu verhindern, kann für sich genommen aber nicht genügen, die Erforderlichkeit eines Wettbewerbsverbotes zu rechtfertigen. Denn die Gesellschaft hat – wie bereits angeführt – grundsätzlich die Möglichkeit, notwendige Entwicklungen über klassisches Fremdkapital zu finanzieren. Dass dies im Vergleich zu den aktiengesetzlich vorgesehenen Finanzierungsmöglichkeiten zu ungünstigeren Konditionen geschehen kann, stellt noch kein ausreichendes Schädigungspotential dar. Ist die Gesellschaft zwingend auf eine Kapitalmaßnahme zur Finanzierung einer konkreten, nicht aufschiebbaren wettbewerbsbezogenen Maßnahme angewiesen, reichen die Schranken der Stimmrechtsausübung zum Schutz der Gesellschaft aus.

Diese Überlegungen können auf andere Beschlussgegenstände übertragen werden. In der Zusammenschau mit der – hier noch zu unterstellenden – Leitungs-

---

667 *Bungeroth*, in: MünchKomm, AktG, Vor § 53a, Rn. 31; *Henze/Notz*, in: GroßKomm, AktG, Anh. § 53a, Rn. 98; vgl. ferner OLG Stuttgart, ZIP 2003, S. 2024, 2027.

668 *Geiger*, Wettbewerbsverbote im Konzernrecht, S. 86.

669 *K. Schmidt*, Gesellschaftsrecht, § 21 II. 3. b), S. 615.

autonomie des Vorstandes ist zu folgern, dass allein aufgrund der Stimmenmacht des Mehrheitsaktionärs, das heißt, ungeachtet daraus abzuleitender faktischer Machtpotentiale, die gesetzlichen Möglichkeiten der Einflussnahme des Mehrheitsaktionärs nicht soweit gehen, dass sie die Erforderlichkeit eines Wettbewerbsverbotes für diesen begründen können.

(ii) Faktische Möglichkeiten der Einflussnahme

(a) Einflussnahme über den Vorstand

Wichtigstes Zielobjekt einer Einflussnahme auf die Gesellschaft durch einen konkurrierenden Aktionär ist der Vorstand. Er ist der „Kopf der Gesellschaft"; ihm obliegen die Entscheidungen über die Geschäftspolitik mit den zentralen Bereichen Finanzierung, Personalwesen, Verwaltung, Investitionen, R&D, Produktion, Einkauf und Vertrieb. Er ist daneben verantwortlich für die gesamte Organisation, die Führungsgrundsätze sowie die Zielkonzeption der Gesellschaft.[670] Gelingt es einem konkurrierenden Aktionär, den Vorstand zur Verfolgung seiner Interessen zu instrumentalisieren, besteht die Gefahr einer erheblichen Schädigung der Gesellschaft zugunsten des Konkurrenzunternehmens des Aktionärs.

> **Beispiel:** Der Mehrheitsaktionär verlangt vom Vorstand, dass aussichtsreiche Entwicklungen zum Schutz des Produktionsprogramms seines Konkurrenzunternehmens nicht weiterverfolgt werden,[671] oder dass ein neues Pkw-Modell zugunsten eines Modells des Gesellschaftsunternehmens des Mehrheitsaktionärs erst später als geplant in den Markt eingeführt wird.[672]

Eine Partizipation der Aktionäre an der Leitung der Gesellschaft ist – wie gezeigt mit Ausnahme von § 119 Abs. 2 AktG – im Aktiengesetz nicht vorgesehen. Dies bringt die in § 76 Abs. 1 AktG niedergelegte Leitungsautonomie des Vorstandes deutlich zum Ausdruck. Der Vorstand ist befugt und darüber hinaus aufgrund seiner Sorgfaltsverpflichtung auch gehalten, jeglichen Versuch einer –

---

670 *Mertens*, in: KölnKomm, AktG, § 76, Rn. 4.

671 Vgl. *Emmerich/Sonnenschein*, Konzernrecht, § 1 III. 5. b), S. 16; *Habersack*, in: Emmerich/Habersack, Konzernrecht, § 1 III. 3. b), S. 10.

672 Vgl. Einführungsbeispiel 2, oben S. 4.

insbesondere schädigenden – Einflussnahme durch Gesellschafter zurückzuweisen.

Für den Fall, dass aber ein Mehrheitsaktionär die Geschäftspolitik in eine bestimmte Richtung lenken oder auch nur in Einzelfragen seine Interessen berücksichtigt wissen möchte, kann die Unabhängigkeit des Vorstandes der Gesellschaft regelmäßig keinen Schutz bieten.

Rechtstatsächlich stellt sich die Autonomie des Vorstandes bei dem Vorhandensein eines Mehrheitsaktionärs als bloße Fiktion dar: Unter der – im Regelfall berechtigten – Annahme, dass ein Mitglied des Vorstandes sein Mandat über einen möglichst langen Zeitraum ausüben möchte,[673] es also eine Verlängerung seiner Amtszeit oder eine wiederholte Bestellung anstrebt und gleichzeitig einen Widerruf seiner Bestellung vermeiden will,[674] wird sich sein Handeln weitgehend am Einvernehmen des Aufsichtsrates orientieren; dies gilt umso mehr, wenn es sich um den Vorsitzenden des Vorstandes handelt. Denn der Aufsichtsrat ist nach § 84 Abs. 1 AktG für die Bestellung der Vorstandsmitglieder, die Verlängerung ihrer Amtszeit sowie nach Absatz 3 für den Widerruf der Bestellung[675] zuständig. Auch obliegt es dem Aufsichtsrat nach § 84 Abs. 2 AktG den Vorstandsvorsitzenden zu ernennen. Die Mitglieder des Aufsichtsrates werden selbst gemäß § 101 Abs. 1 Satz 1 AktG durch die Hauptversammlung gewählt, soweit sie nicht in den Aufsichtsrat zu entsenden oder aufgrund mitbestimmungsrechtlicher Vorschriften zu wählen sind. Da es bei der Beschlussfassung zur Wahl der Aufsichtsratsmitglieder nach §§ 119 Abs. 1 Nr. 1, 133 Abs. 1

---

673 Diese Annahme erscheint berechtigt, da die Mitgliedschaft im Vorstand regelmäßig mit erheblichen Verdienstmöglichkeiten, einem gewissen Prestige sowie mit Innehabung von Macht im weitesten Sinne und Gestaltungsmöglichkeiten verbunden ist. Auch *Henze*, BB 1996, S. 489, 497; *Salfeld*, Wettbewerbsverbote im Gesellschaftsrecht, S. 179; *Liebscher*, Konzernbildungskontrolle, S. 345; *Wiedemann*, Gesellschaftsrecht I, § 6 IV 3., S. 351 f.; und *Hüffer*, AktG, § 17, Rn. 5, gehen von dieser Prämisse aus.

674 Der Widerruf der Bestellung wird meist mit einer gewissen „Rufschädigung" einhergehen, die es erschweren kann, in naher Zukunft in einem anderen Unternehmen in die Geschäftsführung berufen zu werden.

675 Ein Mehrheitsaktionär kann kraft seiner Stimmmacht die Verweigerung der Entlastung (§ 120 AktG) für den Gesamtvorstand wie auch für einzelne Vorstandsmitglieder betreiben. Die Entlastungsverweigerung kann einen Vertrauensentzug durch die Hauptversammlung darstellen, die dann nach § 84 Abs. 3 Satz 2 Alt. 3 AktG ein wichtiger Grund für den Widerruf der Bestellung ist; vgl. *Hüffer*, AktG, § 120, Rn. 16, m. w. N.

AktG regelmäßig auf die einfache Stimmenmehrheit ankommt,[676] werden nur Kandidaten mit der Affirmation des Mehrheitsaktionär obsiegen können. Es ist daher davon auszugehen, dass der Mehrheitsaktionär nur solche Personen in den Aufsichtsrat wählt, von denen zu erwarten ist, dass sie ihr Amt in seinem Sinne wahrnehmen.[677] Die Mitglieder des Aufsichtsrates sind – ähnlich den Vorstandsmitgliedern – vielfach an einer möglichst langen Amtszeit interessiert.[678] Sie werden also eine wiederholte Bestellung anstreben und versuchen, eine vorzeitige Abberufung[679] zu vermeiden.

Summa summarum verfügt der Mehrheitsaktionär somit typischerweise über die Möglichkeit, indirekt, das heißt über die Bestellung des Aufsichtsrates, auf die Zusammensetzung des Vorstandes einzuwirken. Darauf begründet sich seine faktische Möglichkeit, direkt auf das Handeln des Vorstandes einzuwirken. Eine – de jure berechtigte – Berufung des Vorstandes auf seine Autonomie führt über den Aufsichtsrat als den „verlängerten Arm“ des Mehrheitsaktionärs kurz- bis mittelfristig zu seiner Neubesetzung. Von einer Autonomie des Vorstandes ist bei Anwesenheit eines Mehrheitsaktionärs deshalb – zumindest für den Regelfall – praktisch nicht auszugehen.[680]

Das Aktiengesetz geht im Übrigen in den §§ 17 Abs. 2, 18 Abs. 1 Satz 3 AktG selbst davon aus, dass ein Mehrheitsaktionär einen solch großen Einfluss auf die

---

676 Die Satzung kann eine qualifizierte Mehrheit insbesondere auch für die Wahlen zum Aufsichtsrat fordern. Dadurch kann sich im Einzelfall die Beurteilung der Frage nach dem Wettbewerbsverbot zu Lasten des Mehrheitsaktionärs ändern, vgl. *Hüffer*, AktG, § 17, Rn. 21.

677 Vgl. *Salfeld*, Wettbewerbsverbote im Gesellschaftsrecht, S. 179.

678 Vgl. *Götz*, Der Entherrschungsvertrag im Aktienrecht, S. 19 f.

679 Zur vorzeitigen Abberufung von Aufsichtsratsmitgliedern bedarf es allerdings regelmäßig einer Stimmenmehrheit von drei Vierteln, § 103 Abs. 1 Satz 1 und 2 AktG. Aufgrund von Satz 3 ist aber auch eine Absenkung auf eine einfache Stimmenmehrheit zulässig.

680 So auch *Geiger*, Wettbewerbsverbote im Konzernrecht, S. 84; *Henze*, BB 1996, S. 489, 497; *Salfeld*, Wettbewerbsverbote im Gesellschaftsrecht, S. 179; *Binnewies*, Die Konzerneingangskontrolle in der abhängigen Gesellschaft, S. 347 f.; *Walter*, Verdeckte Gewinnausschüttung und Wettbewerbsverbot, S. 82; vgl. ferner *Wiedemann*, Gesellschaftsrecht I, § 6 IV 3., S. 351 f.; *Emmerich/Sonnenschein*, Konzernrecht, § 1 III. 5. b), S. 15; *Habersack*, in: Emmerich/Habersack, Konzernrecht, § 1 III. 3. b), S. 10; *Jungkurth*, Konzernleitung bei der GmbH, S. 115; sowie *D. Horn/J. Schneider*, in: Fritsch/-Niese, Gründungsprozess und Gründungserfolg, S. 219, 240 f..

Geschäftsführung der Gesellschaft hat, dass er die Geschäftspolitik an seinen Interessen ausrichten und ferner auch seiner Leitung unterwerfen kann.[681] § 17 Abs. 2 AktG enthält die widerlegbare Vermutung der Abhängigkeit für den Fall, dass sich die Gesellschaft in Mehrheitsbesitz eines anderen, des herrschenden Unternehmens befindet. Dabei ist nach § 17 Abs. 1 AktG unter Abhängigkeit ein Zustand zu verstehen, in dem ein anderes Unternehmen einen beherrschenden Einfluss auf die Gesellschaft ausüben kann. § 18 Abs. 1 Satz 3 AktG vermutet nun – freilich wiederum widerlegbar – beim Vorliegen einer Abhängigkeit das Bestehen eines Konzerns, was unter anderem bedeutet, dass die Gesellschaft der Leitung des herrschenden Unternehmens unterliegt.

Vorstellungen, die eine Beeinflussbarkeit der Bestellung von Vorstandsmitgliedern durch einen Mehrheitsaktionär negieren,[682] sind zurückzuweisen. Auch kann nicht darauf verwiesen werden, dass der Einfluss des Mehrheitsaktionärs auf den Aufsichtsrat durch mitbestimmungsrechtliche Vorschriften oder Entsendungsrechte anderer Aktionäre egalisiert werden kann.

Es ist zutreffend, dass der Einfluss eines Mehrheitsaktionärs je nach Mitbestimmungsstatus der Gesellschaft durch einen mit Aktionärs- und Arbeitnehmervertretern nach § 7 Abs. 1 MitbestG paritätisch oder nach § 4 Abs. 1 DrittelbG „drittelparitätisch“ besetzten Aufsichtsrat „verwässert“ wird.[683] Gleiches gilt bei dem Bestehen von Entsendungsrechten nach § 101 Abs. 2 Satz 1 AktG. Doch behalten die von der Hauptversammlung respektive vom Mehrheitsgesellschafter gewählten Aufsichtsratsmitglieder jeweils stimmennumerisch die Oberhand im Aufsichtsrat.[684] Unter Anwendung des DrittelbG besteht der Aufsichtsrat nur

---

681 *Burgard*, Festschrift Lutter, S. 1033, 1042 f.; *Salfeld*, Wettbewerbsverbote im Gesellschaftsrecht, S. 179; vgl. auch *Jungkurth*, Konzernleitung bei der GmbH, S. 115.

682 Vgl. BGHZ 15, 71, 78.

683 Außer Betracht soll die „echte Parität“ der Montanmitbestimmung bleiben. Ihr kommt heute keine praktische Bedeutung mehr zu, vgl. nur *Raiser*, Recht der Kapitalgesellschaften, § 13 III. 2., Rn. 21, S. 132 f.; ferner *Wilhelm*, Kapitalgesellschaftsrecht, Rn. 945.

684 Unberücksichtigt soll der eher seltene Fall eines Zusammentreffens von Mitbestimmung und Entsendungsrechten bleiben. In solchen Konstellationen sind die von der Hauptversammlung gewählten Mitglieder des Aufsichtsrates gegenüber der Summe der Arbeitnehmervertreter und der entsendeten Aufsichtsratsmitglieder in der Unterzahl. Der Einfluss des Mehrheitsgesellschafters ist dann freilich stark verkürzt, so dass er regelmäßig keine beherrschende Stellung in der Gesellschaft einnehmen wird (vgl. *Hoffmann-Beck-*

zu einem Drittel aus Arbeitnehmervertretern; die Anzahl der Entsendungsrechte ist nach § 104 Abs. 2 Satz 4 AktG auf ein Drittel der Zahl der Aktionärsvertreter begrenzt, so dass in einer mitbestimmungsfreien Gesellschaft der Aufsichtsrat ebenfalls nur maximal zu einem Drittel aus nicht von der Hauptversammlung gewählten Mitgliedern besteht. Unterliegt die Gesellschaft der Mitbestimmung nach dem MitbestG, besteht der Aufsichtsrat zwar jeweils hälftig aus Mitgliedern der Aktionäre und Mitglieder der Arbeitnehmerseite, doch ist bei umstrittenen Beschlussfassungen ein Übergewicht der Aktionärsvertreter gesetzlich gesichert: So hat der Aufsichtsratsvorsitzende nach § 29 Abs. 2 MitbestG für den Fall eines Stimmenpatts bei der erneuten Abstimmung über den selben Gegenstand zwei Stimmen. Der Aufsichtsratsvorsitzende selbst wird gemäß § 27 Abs. 1 MitbestG mit einer Zweidrittelmehrheit aus der Mitte des Aufsichtsrates gewählt. Wird die erforderliche Mehrheit im ersten Wahlgang verfehlt, wird der Vorsitzende nach § 27 Abs. 2 MitbestG in einem zweiten Wahlgang alleine durch die Aktionärsvertreter gewählt. Der Aufsichtsratsvorsitzende wird deshalb im Regelfall aus dem Kreis der Anteilseignervertreter hervorgehen.

Des Weiteren sind auch keine allzu großen Erwartungen an die Mitverantwortung des Aufsichtsrates hinsichtlich seiner eigenen Besetzung zu stellen. Denn könnte der Aufsichtsrat auf seine eigene Unabhängigkeit von einem Mehrheitsaktionär hinwirken, würde diese auf den Vorstand ausstrahlen. Der Aufsichtsrat hat nach § 124 Abs. 3 Satz 1 AktG das Recht und die Pflicht, der Hauptversammlung für die von ihr zu wählenden Aufsichtsratsmitglieder Wahlvorschläge zu machen.[685] Die Mitglieder des Aufsichtsrates, welche bereits mit den Stimmen des Mehrheitsaktionärs in den Aufsichtsrat gewählt worden sind, werden sich bei der Beschlussfassung über Wahlvorschläge regelmäßig von den Wünschen des Mehrheitsaktionärs leiten lassen. Ist der Aufsichtsrat noch ohne die Beteiligung des Mehrheitsaktionärs gewählt worden und mögen daher die Wahlvorschläge nicht in seinem Interesse sein, kann der Mehrheitsaktionär nach

---

ing, in: MünchHdbGesR AG, § 30, Rn. 2). Im Einzelfall kann die Erforderlichkeit eines Wettbewerbsverbotes unter dem Aspekt der Möglichkeiten der Einflussnahme daher zu verneinen sein.

685 Diese Vorschlagspflicht entfällt in den Fällen des § 124 Abs. 3 Satz 2 AktG. In jüngerer Zeit ausführlich zur Vorschlagspflicht des Aufsichtsrat zu seiner eigenen Besetzung *Lutter*, ZIP 2003, S. 417.

§ 127 AktG der Hauptversammlung eigene Wahlvorschläge unterbreiten und auf diesem Wege die von ihm gewünschten Personen durchsetzen.[686]

Auch die Verantwortlichkeit des Vorstandes vermag den Druck auf diesen nicht so zu erhöhen, dass er verstärkt für seine eigene Unabhängigkeit eintritt. Nach § 93 Abs. 1 Satz 1 AktG haben die Vorstandsmitglieder bei ihrer Geschäftsführung die Sorgfalt eines ordentlichen und gewissenhaften Geschäftsleiters anzuwenden. Verstoßen sie, veranlasst durch den Mehrheitsaktionär, gegen diese Sorgfaltspflicht, machen sie sich gemäß § 93 Abs. 2 Satz 1 AktG schadensersatzpflichtig. Da dem Vorstand bei der Leitung der Gesellschaft ein weiter unternehmerischer Ermessensspielraum zusteht,[687] wird das Vorliegen einer Pflichtwidrigkeit oftmals zu verneinen, zumindest aber zweifelhaft oder schwer nachweisbar sein. Zudem ist vom Aufsichtsrat im Hinblick auf die Machtstellung des Mehrheitsaktionärs nicht zu erwarten, dass dieser seiner Pflicht nachkommt, einen Schadensersatzprozess gegen den Vorstand anzustrengen.[688] Von einem ausreichenden Schutz der Gesellschaft kann daher nicht ausgegangen werden. Dasselbe gilt auch für den Aufsichtsrat. Die Mitglieder des Aufsichtsrates können sich bei „unsorgfältiger" Erfüllung ihrer Vorschlagspflicht nach § 124 Abs. 3 Satz 1 AktG nach §§ 116, 93 Abs. 2 Satz 1 AktG schadensersatzpflichtig machen.[689] Aber auch ihnen steht hier ein weiter Ermessensspielraum zu.[690]

Ebenfalls keinen ausreichenden Schutz kann die Schadensersatzpflicht des § 117 AktG bieten,[691] die sowohl nach Absatz 1 den Mehrheitsaktionär wegen Benut-

---

686 Vgl. *Roth/Wörle*, ZGR 2004, S. 565, 593 f.

687 Vgl. nur BGHZ 135, 244, 253 (ARAG/Garmenbeck) sowie § 93 Abs. 1 Satz 1 AktG.

688 Wenn die rechtlichen und tatsächlichen Voraussetzungen für die Durchführung eines Schadensersatzprozesses sprechen, kann der Aufsichtsrat hiervon grundsätzlich nur aus überwiegenden Gründen des Gesellschaftswohls absehen, BGHZ 135, 244, 254 ff. (ARAG/Garmenbeck).

689 *Lutter*, ZIP 2003, S. 417, 419.

690 Vgl. BGHZ 135, 244, 254 f. (ARAG/Garmenbeck) sowie §§ 116, 93 Abs. 1 Satz 2 AktG.

691 *Weber*, Vormitgliedschaftliche Treubindungen, S. 258, attestiert § 117 AktG „ein Schattendasein" und weist der Vorschrift „bestenfalls [eine] Präventiv- anstatt einer tatsächlichen Haftungsfunktion" zu; vgl. ferner *Raiser*, Recht der Kapitalgesellschaften, § 12, Rn. 43, S. 111 f.

zung eines schädlichen Einflusses auf die Gesellschaft als auch nach Absatz 2 das pflichtwidrig handelnde Vorstandsmitglied treffen kann. Regelmäßig bereitet schon der Nachweis der Haftungsvoraussetzungen erhebliche Schwierigkeiten, die mangels einer Beweislastumkehr grundsätzlich vom Gläubiger aufzuzeigen sind[692]. Im objektiven Tatbestand ist insbesondere die Benutzung des Einflusses[693] sowie dessen Ursächlichkeit für das Handeln der bestimmten Person schwer darzulegen. Des Weiteren gestaltet sich auch der Nachweis des Vorsatzes häufig problematisch.

Aufgrund der beschriebenen Abhängigkeit der Mitglieder des Vorstandes und des Aufsichtsrates vom Mehrheitsaktionär und damit der Gremien selbst ist auch die Verfolgung der genannten Ansprüche defizitär. Die Schadensersatzansprüche werden gemäß § 78 Abs. 1 AktG grundsätzlich vom Vorstand geltend gemacht, handelt es sich um einen Anspruch gegen ein Mitglied des Vorstandes nach § 112 AktG vom Aufsichtsrat. Soweit es sich um die Geltendmachung von Ansprüchen gegen Mitglieder des Vorstandes oder Aufsichtsrates handelt, kann der Mehrheitsaktionär eine Beschlussfassung nach § 147 Abs. 1 Satz 1 verhindern.[694] Nach § 148 Abs. 1 Satz 1 AktG kann aber eine Minderheit von Aktionäre, die (zusammen) 1% des Grundkapitals oder 100.000 Euro Nennwert erreichen, bei Gericht den Antrag auf die Zulassung einer Klage nach § 147 Abs. 1 Satz 1 AktG stellen. In materieller Hinsicht müssen dabei nach § 147 Abs. 1 Satz 2 Nr. 3 AktG Tatsachen vorliegen, die den Verdacht rechtfertigen, dass der Gesellschaft durch Unredlichkeit oder grobe Verletzung des Gesetzes oder der Satzung ein Schaden entstanden ist.[695] Maßstab hierfür ist der „einfache" Verdacht.[696]

---

692 Vgl. *Mertens*, in: KölnKomm, AktG, § 117, Rn. 24, m. w. N.

693 Vgl. *Salfeld*, Wettbewerbsverbote im Gesellschaftsrecht, S. 14: „[E]ine interne Einflussnahme [... ist] häufig schwer nachzuweisen".

694 Soweit es sich um eine Beschlussfassung über die Geltendmachung von Ersatzansprüchen gegen den Mehrheitsaktionär selbst handelt, unterliegt er dem Stimmverbot des § 136 Abs. 1 Satz 1 Alt. 3 AktG.

695 Da ein Schaden bereits bereits eingetreten sein muss, sind vorbeugende Unterlassungsklagen durch § 147 Abs. 1 Satz 2 Nr.3 AktG ausgeschlossen.

696 *Spindler*, NZG 2005, S. 865, 867, m. w. N.

Aufgrund der grundsätzlich schwierigen Durchsetzbarkeit von Schadensersatzansprüchen ist deren präventive Wirkung entsprechend schwach ausgebildet. Zudem ist zu Bedenken, dass sie erst dann eingreifen, wenn das „Kind schon in den Brunnen gefallen ist". Präventive Unterlassungsansprüche können in den seltensten Fällen geltend gemacht werden, sei es, dass die Anspruchsvoraussetzungen nicht ausreichend nachgewiesen werden können, sei es, dass das schädigende Verhalten schon gar nicht vorauszusehen oder zu antizipieren war.[697]

Besteht für den Mehrheitsaktionär somit die faktische Möglichkeit, direkt auf den Vorstand und damit auf die Geschäftsführung einzuwirken, ist also anzunehmen, dass der Vorstand den Wünschen des Mehrheitsaktionärs unmittelbar nachkommt, bedarf es nicht des scheinbar legalen Umweges über § 119 Abs. 2 AktG. Die Veranlassung des Vorstandes, über eine (oder mehrere) bestimmte Fragen der Geschäftsführung einen Beschluss in der Hauptversammlung herbeizuführen, stellt ein Minus gegenüber der direkten „Weisung" dar, eine bestimmte Geschäftsführungsmaßnahme durchzuführen. Der Vorstand ist zwar durch den mit den Stimmen des Mehrheitsaktionärs herbeigeführten Beschluss[698] von einer möglichen Schadensersatzpflicht gegenüber der Gesellschaft exkulpiert,[699] doch wird er vom Mehrheitsaktionär einen Haftungsausschluss nicht einfordern können. Denn für den Mehrheitsaktionär wird die Herbeiführung einer Beschlussfassung mit einem gesteigerten Haftungsrisiko einhergehen. Nach der Abschaffung des § 117 Abs. 7 Nr. 1 AktG a.F. kann sich der Aktionär nunmehr durch die Ausübung seines Stimmrechts in der Hauptversammlung nach § 117 Abs. 1 AktG schadensersatzpflichtig machen; schon zuvor konnte an die Veranlassung der Beschlussfassung als „Bestimmen zu einer gesellschaftsschädigenden Handlung" angeknüpft werden.[700] Bei aller Schwäche des § 117 AktG steigt doch das Haftungsrisiko durch die mittels eines Hauptversammlungsbeschlusses geschaffene Transparenz, die bei einer direkten Veranlassung nicht gegeben ist. Zudem kann der Beschluss Gegenstand einer Anfechtungs- oder Nichtigkeits-

697 Vgl. *Salfeld*, Wettbewerbsverbote im Gesellschaftsrecht, S. 14.

698 Grundsätzlich reicht für eine Beschlussfassung nach § 119 Abs. 2 AktG die einfache Stimmenmehrheit des § 133 Abs.1 AktG.

699 § 93 Abs. 4 Satz 1 AktG; vgl. dazu *Hüffer*, AktG, § 93, Rn. 24 ff.

700 Vgl. *Mertens*, in: KölnKomm, AktG, § 117, Rn. 32, m. w. N.

klage sein, so dass die Durchführung der Geschäftsführungsmaßnahme unsicher ist.

(b) Einflussnahme über den Aufsichtsrat

Neben der faktischen Möglichkeit, direkt auf den Vorstand und damit auf die Geschäftsführung einzuwirken, kann der Mehrheitsaktionär auch über den Aufsichtsrat in einem gewissen Umfang auf die Geschäftsführung einwirken. Der Aufsichtsrat ist – wie auch der Vorstand – ein unabhängiges Organ der Gesellschaft und nicht an Weisungen anderer Organe gebunden. Gleiches gilt grundsätzlich auch für die Mitglieder des Aufsichtsrates.[701] Wie soeben gezeigt, agiert der Aufsichtsrat in seiner Gesamtheit aber normalerweise im Sinne des Mehrheitsaktionärs. Dem Aufsichtsrat können grundsätzlich keine Maßnahmen der Geschäftsführung übertragen werden. Für bestimmte Arten von Geschäften sind ihm jedoch nach § 111 Abs. 4 Satz 2 AktG Zustimmungsvorbehalte und damit Einflussnahmemöglichkeiten auf die Geschäftsführung gegeben.[702] Dabei wird das Vetorecht des Aufsichtsrates durch die Satzung oder auch durch einen Beschluss des Aufsichtsrates begründet. Ein Mehrheitsgesellschafter kann daher maßgeblich Einfluss auf den Katalog der zustimmungspflichtigen Geschäfte nehmen. Zustimmungsvorbehalte beziehen sich häufig auf strategische Entscheidungen und können beispielsweise für die Errichtung neuer Betriebsstätten, den Erwerb von Beteiligungen, Grundstücksgeschäfte oder wesentliche Kreditaufnahmen vorgegeben sein.[703] Nach vorherrschender Ansicht kann aber auch für ein einzelnes Geschäft – gegebenenfalls auch durch einen erst ad hoc gefassten Beschluss des Aufsichtsrates –[704] ein Zustimmungsvorbehalt begründet werden.[705] Verweigert der Aufsichtsrat seine Zustimmung, hat der Vorstand die geplante Maßnahme zu unterlassen. Zwar ist es dem Vorstand nach § 111 Abs. 4 Satz 3 AktG möglich, im Fall einer Zustimmungsverweigerung durch den Aufsichtsrat die Hauptversammlung über die Zustimmung entscheiden zu lassen, doch wird dies im Falle einer vom Mehrheitsaktionär „angeregten" Verweige-

---

701 Vgl. unten S. 172.

702 Vgl. *Geßler*, in: Geßler/Hefermehl, AktG, § 111, Rn. 62.

703 *Hüffer*, AktG, § 111, Rn. 18; vgl. auch Nr. 3.3 DCGK.

704 Vgl. BGHZ 124, 111, 127.

705 *Hüffer*, AktG, § 111, Rn. 18, m. w. N.

rung keine Aussicht auf Erfolg haben. So bedarf der Beschluss einer Mehrheit von mindestens drei Vierteln der abgegebenen Stimmen.[706] Dem Vorstand soll durch die Option, die Zustimmung zu einem Tagesordnungspunkt der Hauptversammlung zu machen, ein gewisses Maß an Unabhängigkeit gegenüber dem Aufsichtsrat zugestanden werden. Diese wird aber durch die Dominanz des Mehrheitsaktionärs gegenüber Vorstand und Aufsichtsrat überspielt.

(iii) Zwischenergebnis

Dem Mehrheitsaktionär sind vielfältige und besonders starke Einflussnahmemöglichkeiten auf die Gesellschaft gegeben. Dem stehen keine ausreichenden Schutzmechanismen gegenüber. Daher ist unter dem Aspekt der Einflussnahme eine Erforderlichkeit eines gesellschaftsrechtlichen Wettbewerbsverbotes für Mehrheitsaktionäre zu bejahen.[707, 708]

(b) Erforderlichkeit aufgrund von Informationsmöglichkeiten

Des Weiteren könnte sich die Erforderlichkeit eines Wettbewerbsverbotes für den Mehrheitsaktionär auf der Grundlage der für ihn verfügbaren Informationsmöglichkeiten ergeben. Von Teilen der Literatur wird unter Verweis auf die Mechanismen zum Schutz vor Abfluss und Missbrauch von sensiblen Informationen die Erforderlichkeit eines Wettbewerbsverbotes für Gesellschafter aufgrund ihrer Informationsmöglichkeiten generell und auch rechtsformübergreifend verneint.[709]

---

706 § 111 Abs. 4 Satz 4 AktG.

707 So auch *Geiger*, Wettbewerbsverbote im Konzernrecht, S. 84 ff., 234; *Salfeld*, Wettbewerbsverbote im Gesellschaftsrecht, S. 178 ff.; *Armbrüster*, ZIP 1997, S. 1269, 1271; *Burgard*, Festschrift Lutter, S. 1033, 1040 ff.; *Henze*, BB 1996, S. 489, 497; unter Beschränkung auf nicht börsennotierte Aktiengesellschaften *Habersack*, in: Emmerich/Habersack, Aktien- und GmbH-Konzernrecht, Vor § 311, Rn. 7 (unbeschränkt noch in der Vorauflage); unter Beschränkung auf personalistische Aktiengesellschaften *Wimmer-Leonhardt*, Konzernhaftungsrecht, S. 312 ff., 330; ferner *Kuhlmann*, in: Kuhlmann/Ahnis, Konzernrecht, F. II. 1. b., Rn. 39, 42, S. 447 f.; vgl. auch *Lutter/Hommelhoff*, SAG 1986, S. 17, 31.

708 Übt der Mehrheitsgesellschafter seine Einflussnahmemöglichkeiten zudem auch dauernd und bestimmend auf die Geschäftsführung aus, kann er als „faktisches Organ" zudem dem organschaftlichen Wettbewerbsverbot des § 88 Abs. 1 AktG unterliegen, vgl. oben S. 37 ff.

709 *Armbrüster*, ZIP 1997, S. 1269, passim (für Kapitalgesellschaften); *ders.*, ZIP 1997, S. 261, passim, insbesondere 267 (für Personengesellschaften); vgl. ferner *Doralt*, Kon-

Zur gezielteren Überprüfbarkeit der Schutzmechanismen soll zunächst vertiefend auf die Bedeutung wettbewerbsrelevanter Informationen eingegangen werden, bevor in einem zweiten Schritt die Adäquanz der Schutzmechanismen zu evaluieren ist.

(i) Bedeutung von Informationen im wettbewerblichen Kontext

Zur Beschreibung des Erheblichkeitsgrades wettbewerbsrelevanter Informationen ist zunächst auf die begriffliche Triga bestehend aus Datum, Information und Wissen einzugehen: Wissen beruht auf Information und kann als organisierte und systematisierte Informationsmenge verstanden werden.[710] Es wird gebildet und erweitert, indem eine neue Information in den Kontext des bislang bestehenden Wissens systematisch eingeordnet wird. Dieser Prozess wird als Informationsverarbeitung bezeichnet. Die Grundlage von Informationen bilden Daten, das heißt, Information setzt Daten voraus. Daten selbst sind dabei als einzelne, beliebige Zeichen zu verstehen.[711] Aus Daten werden erst im Zuge einer Interpretation Informationen, so dass Informationen als interpretierte Daten zu verstehen sind. Für die Interpretation der Daten ist der individuelle Interpretationsrahmen des jeweiligen Datenempfängers entscheidend, der neben dem vorliegenden Handlungskontext insbesondere durch das Vorwissen und additional empfangene Daten bestimmt wird.[712] Dies führt dazu, dass gleiche Daten von verschiedenen Individuen divers interpretiert werden und deshalb unterschiedliche Informationen transportieren können.

Die Bedeutung wettbewerbsrelevanter Informationen ergibt sich aus ihrer Eigenschaft als „Bausteine des Wissens". Wissen ist Macht.[713] Dies gilt umso

---

zernrecht im Ausland, S. 192, 209 (für die GmbH); *Grunewald*, in: MünchKomm, HGB, § 165, Rn. 9, § 166, Rn. 16 (für die KG).

710 *Kloepfer*, Informationsrecht, § 1, Rn. 63, S. 27.

711 Vgl. *Kloepfer*, Informationsrecht, § 1, Rn. 58, S. 26.

712 Vgl. *Willke*, Systematisches Wissensmanagement, S. 8 ff. Ferner ist auch zu berücksichtigen, dass die Interpretation durch ein Datenüberangebot („Datenüberflutung") gehemmt werden kann (vgl. *Krafka*, in: MünchKomm, HGB, § 8, Rn. 3 a.E.), so dass sie auch von der individuellen Datenverarbeitungskapazität abhängig ist.

713 Diese Sentenz geht nach allgemeiner Ansicht auf Francis Bacon zurück. In der zweiten Abteilung seiner „Essayes", welche 1597 in der ersten Ausgabe unter dem Titel „Meditationes sacrae" erschienen sind, findet sich im 11. Artikel, „De haeresibus", die Stelle „Nam et ipsa scientia potestas est." In der zweiten Ausgabe aus dem Jahr 1598 wurde

mehr im wirtschaftlichen Kontext. So kommt dem Wissen eine wichtige Bedeutung als strategischer Wettbewerbsfaktor zu. Ist es einem Unternehmen möglich, sich einen Wissensvorsprung gegenüber Konkurrenten zu verschaffen, ist dies gleichbedeutend mit einem – teilweise nachhaltigen – Wettbewerbsvorteil. Damit wird ein Wissensvorsprung zu einem erheblichen unternehmerischen Erfolgsfaktor. Aufgrund eines Wissensvorsprunges ist es einer Unternehmung möglich, Marktchancen früher zu erkennen und effizient zu nutzen. Die Erarbeitung eines Wissensvorsprungs ist – soweit er nicht auf zufällig erworbenen Informationen beruht – regelmäßig mit einem erheblichen Kapitaleinsatz verbunden. Die legale Akkumulation von Wissen geschieht grundsätzlich auf zwei verschieden Wegen: Zum einen kann sie auf eigenen – mitunter „schmerzlichen" – Erfahrungen oder kostenträchtigen Forschungsanstrengungen beruhen. Zum anderen können Information und Wissen extern zugekauft werden, soweit ein solches Angebot auf dem Markt gegeben ist. Insgesamt stellt Wissen in vieler Hinsicht eine Existenzgrundlage wirtschaftlicher Unternehmungen dar. In besonders wissensintensiven Branchen erscheint es nicht übertrieben, sogar von *der* Existenzgrundlage eines Unternehmens zu sprechen. Daneben wird in der betriebswirtschaftlichen Literatur Wissen zunehmend auch als Produktionsfaktor angesehen und in einem Zuge mit den klassischen Produktionsfaktoren Arbeit und Kapital genannt.[714]

Werden Daten oder Informationen als die Bausteine des Wissen weitergeben, oder anders gewendet, wird wertbewerbsrelevantes Wissen geteilt, geht damit der Verlust eines Stückes wirtschaftlicher Macht einher. Für ein Unternehmen, welches langfristig erfolgreich arbeiten will, ist es daher von besonderer Bedeutung, Wissens- und Informationsasymmetrien, die im Verhältnis zu ihren Konkurrenten bestehen, aufrechtzuerhalten und zu sichern.[715] Der Wert einer wett-

---

sie mit „For knowledge itself is power." übersetzt. Dieser Aphorismus findet sich ähnlich bereits in den Sprüchen Salomos 24, 5: „Ein weiser Mann ist stark und ein vernünftiger Mann voller Kraft".

714 *Specht*, Wissensbasierte Systeme im Produktionsbetrieb, S. 101; vgl. ferner *Hübner*, Informationsmanagement, S. 1 ff.

715 *Siegert*, in: Picot, Information als Wettbewerbsfaktor, S. 123, 128; *Grunewald*, ZHR 146 (1982), S. 211, 227: „[N]ur wenn die [Gesellschaft] zumindest ihren Konkurrenten gegenüber ihre Geschäftsgeheimnisse wahren kann, kann sie selbst wirklich erfolgreich

bewerbsrelevanten Information hängt daher wesentlich von ihrem Verteilungsgrad ab.[716]

Der Wert von Daten und Informationen wird ferner durch das Vorwissen des Empfängers bestimmt. Ein Konkurrent verfügt regelmäßig über ein stark ausgeprägtes branchenspezifisches Vorwissen, so dass er Daten und Informationen aus der Sphäre eines Wettbewerbers zutreffend interpretieren oder nutzbringend verarbeiten kann.[717] Des Weiteren bestimmt sich der Wert vieler Informationsgruppen durch ihre Aktualität. Durch Zeitablauf vermindert sich in der Regel zunehmend ihr Wert für den Empfänger.[718]

Die Arten und Gegenstände von wettbewerbsrelevantem Wissen und wettbewerbsrelevanter Information sind vielfältig und decken sich weitestgehend mit dem Begriff des Wirtschaftsgeheimnisses.[719] Als mögliche Gegenstände kommen beispielsweise in Betracht: Investitionen, Forschungs- und Entwicklungsergebnisse, Kosten, erzielte Umsätze (pro Mitarbeiter), Marktanteile, Marketingkonzepte, Preisgestaltung inklusive der Rabattbedingungen, Kunden- und Lieferantendaten, Teilnahme an Ausschreibungen, Produktions-, Absatz- und Exportmengen sowie unausgeschöpfte Produktionskapazitäten, Produktbeschaffenheit, Gewährleistungsfälle, Rückrufaktionen, Zahlungsausfälle.[720] Bereits einzelne Informationen, die einem Konkurrenten unberechtigterweise zur Kenntnis gelangen, können ihm aufgrund seines Vorwissens weitreichende Rückschlüsse ermöglichen, die ihm zu einem Wettbewerbsvorteil verhelfen und das andere Unternehmen gegebenenfalls wesentlich schädigen.

Eine bedeutsame Funktion kommt Informationen in Entscheidungsprozessen zu. Der Prozess der Entscheidungsfindung stellt sich als ein Verarbeiten von Infor-

---

tätig sein."; vgl. auch *Klenke*, WM 1995, S. 1089, 1091: „Aus den Publizitäts- und Informationspflichen können beträchtliche Folgekosten durch Wettbewerbsnachteile gegenüber nicht veröffentlichungspflichtigen Konkurrenten entstehen."

716 Vgl. *Druey*, Geheimsphäre des Unternehmens, S. 41.

717 Vgl. *Druey*, Geheimsphäre des Unternehmens, S. 39, 129; *ders.*, Festschrift Wiedemann, S. 809, 811.

718 Vgl. *Seifert*, AG 1967, S. 1. In einzelnen Ausnahmefällen kann sich der Wert einer Information für den Empfänger aber auch erhöhen, vgl. sogleich bei Fn. 723.

719 Vgl. oben bei Fn. 628 ff.

720 In Anlehnung an *Schmidt/Schreiber*, BB 2002, S. 1921, 1924; vgl. ferner *Lutter/Krieger*, Rechte und Pflichten des Aufsichtsrats, § 6, Rn. 263, 265 ff.

mationen dar.[721] Eine Unternehmung, die im Hinblick auf eine bestimmte Entscheidung über die höhere Informationsquantität und -qualität verfügt und daher – unter der Voraussetzung einer zutreffenden Verarbeitung – in der Lage ist, sich ein besseres Gesamtbild zu verschaffen, kann die Chancen und Risiken einer bestimmten Entscheidung besser abschätzen und wird im Ergebnis regelmäßig „bessere Entscheidungen" treffen als eine Unternehmung, welche nur über einen verminderten Informiertheitsgrad verfügt. Der relative Wert einer wettbewerblich erheblichen Information steht damit im Zusammenhang mit der Tragweite der unter ihrer Einbeziehung zu treffenden Entscheidung. Dementsprechend sind Informationen, die einzelne Investitionsentscheidungen betreffen, von geringerer Bedeutung als Informationen, die in die Entscheidungsfindung zur strategischen Ausrichtung eines Unternehmens einfließen und damit die langfristige Entwicklung mitbedingen. Eine solche Abstufung nach Relevanzgraden bestimmter Informationen kann sich als eine Mehrzahl konzentrischer Kreise vorgestellt werden.[722] Ein und dieselbe Information kann für verschiedene Entscheidungen einen unterschiedlichen Relevanzgrad erreichen. Die Veränderlichkeit des Relevanzgrades ist auch in Situationen möglich, in denen ein Konkurrent einem bestimmten Gesellschaftsinternum zum Empfangszeitpunkt zunächst keinerlei Relevanz zumisst, da es in keinem Nexus zu aktuellen Entscheidungen steht. So wie aber zukünftige Entscheidungen nicht immer vorhersehbar sind, ist daher auch der zukünftige Wert einer Information nicht (immer) berechenbar. Es zeigt sich also, dass Informationen durch Zeitablauf nicht zwangsläufig an Wert verlieren müssen; auch eine gegenläufige Tendenz ist möglich: Der Relevanzgrad einer Information kann sich jederzeit ändern.[723]

Im Ergebnis ist somit festzustellen, dass wettbewerbserheblichen Informationen im Hinblick auf den Schutz der Gesellschaft vor Konkurrenz „aus den eigenen Reihen" ein sehr bedeutsamer Stellenwert zukommt. Die Gefährdung einer Un-

---

721 *Druey*, Festschrift Wiedemann, S. 809, 825; vgl. ferner *ders.*, Festschrift Zöllner, S. 129, 134.

722 Vgl. auch *Günther*, Festschrift Sandrock, S. 341, 348 f.

723 Vgl. *Grunewald*, ZHR 146 (1982), S. 211, 227 f.

ternehmung durch die Weitergabe interner, wettbewerbsrelevanter Informationen ist sehr erheblich.[724]

Das Gefährdungspotential wird ferner noch durch die Beschaffenheit des Wirtschaftsgutes Information erhöht. Daten und Informationen sind volatil, was daraus resultiert, dass sie auch „unverkörpert" existieren können.[725] Daten- und Informationsträger können so wenig einsehbare Orte wie beispielsweise das menschliche Gehirn sein; als Daten- und Informationsmedien dienen so kurzweilige Dinge wie Schallwellen.[726]

Dem hohen Gefährdungspotential muss durch adäquate Schutzmechanismen Rechnung getragen werden. Die Schutzmechanismen setzen deshalb meist bei der Kommunikation als Prozess der Daten- und Informationsübertragung an.

(ii) Gesetzliche Informationsmöglichkeiten

Das Auskunftsrecht nach § 131 Abs. 1 Satz 1 AktG stellt das grundsätzlich wichtigste Informationsrecht des Aktionärs dar. Jeder Aktionär kann in der Hauptversammlung vom Vorstand Auskunft über die Angelegenheiten der Gesellschaft verlangen, soweit sie zur sachgemäßen Beurteilung des Gegenstands der Tagesordnung erforderlich ist.

Für den Fall, dass sich ein konkurrierender Mehrheitsaktionär in der Hauptversammlung nach wettbewerblich erheblichen Informationen erkundigt, greift in aller Regel der Auskunftsverweigerungsgrund des § 131 Abs. 3 Nr. 1 AktG. Der Vorstand hat dann nicht nur das Recht, sondern aufgrund von § 93 Abs. 1 Satz 3 AktG auch die Pflicht, die Auskunft zu verweigern. Entspricht er dennoch dem Auskunftsverlangen des Mehrheitsaktionärs und gibt eine wettbewerbsrelevante

---

724 So auch *D. Horn/J. Schneider*, in: Fritsch/Niese, Gründungsprozess und Gründungserfolg, S. 219, 241. Der Weitergabe gesellschaftsinterner Informationen kann deshalb im Vergleich zu Einflussnahmen auf die Gesellschaft kein minderes Gewicht zufallen (so aber *Geiger*, Wettbewerbsverbote im Konzernrecht, S. 84; vgl. auch unten S. 161 f. mit Fn. 770). Wollte man beide Gefährdungspotentiale in Verhältnis zueinander setzen, könnte man sogar eher zu einem gegenteiligen Ergebnis kommen (in diese Richtung wohl *Reiß*, Die Besetzung des Aufsichtsrates durch das herrschende Unternehmen, S. 149, der den Missbrauch interner Informationen als „das maßgebliche Kriterium" für die Begründung eines Wettbewerbsverbotes ansieht; vgl. ferner *Koller*, in: Koller/Roth/-Morck, HGB, §§ 112, 113, Rn. 1: „insbesondere").

725 *Druey*, Festschrift Wiedemann, S. 809, 811.

726 Vgl. *Kloepfer*, Informationsrecht, § 1, Rn. 61, S. 27.

Information in der Hauptversammlung preis, verstößt er damit gegen seine Verschwiegenheitspflicht. Ein solcher Verstoß ist nach § 404 Abs. 1 Nr. 1, Abs. 2 Satz 2 AktG strafbewehrt und kann des Weiteren eine Schadensersatzpflicht nach § 93 Abs. 2 AktG begründen. Für beide Tatbestände ist aufgrund der in der Hauptversammlung gegebenen Transparenz[727] eine erhöhte Nachweisbarkeit gegeben. Es ist daher nicht zu erwarten, dass ein Mehrheitsaktionär in der Hauptversammlung ein auf eine wettbewerbsrelevante Information gerichtetes Auskunftsverlangen an den Vorstand richtet, selbst wenn er aufgrund seiner Machtstellung in der Gesellschaft den Vorstand zur Auskunftserteilung bestimmen könnte. Neben einer Strafbarkeit und Schadensersatzpflicht der Vorstandsmitglieder riskiert der Mehrheitsaktionär eine eigene Strafbarkeit wegen Anstiftung zur Verletzung der Geheimhaltungspflicht[728] sowie eine Schadensersatzverpflichtung nach § 117 Abs. 1 AktG.

Des Weiteren dürfte der Mehrheitsaktionär auch aus anderen Gründen nicht daran interessiert sein, dass die wettbewerbserhebliche Information in der Hauptversammlung publik gemacht wird: Es wurde schon zuvor darauf aufmerksam gemacht, dass der Wert einer Information mit einem gesteigerten Verbreitungsgrad abnimmt.[729] So muss der Mehrheitsaktionär, der die Information nutzbringend für sein Konkurrenzunternehmen verwenden will, befürchten, dass andere Wettbewerber von der Information Kenntnis erlangen. Dies gilt freilich nicht in einem Dyopol, wenn also der Aktionär der einzige Konkurrent der Gesellschaft ist.

Ferner besteht ein Informationsrecht des Aktionärs nach § 175 Abs. 2 AktG. Danach ist die Gesellschaft verpflichtet, den Jahresabschluss, den Lagebericht, den Bericht des Aufsichtsrates sowie den Vorschlag des Vorstandes für die Verwendung des Bilanzgewinns zur Einsichtnahme des Aktionärs auszulegen (Satz 1) und ihm auf Wunsch eine Abschrift zu erteilen (Satz 2). Der Jahresabschluss bestehend aus Bilanz, Gewinn- und Verlustrechnung sowie Anhang

---

727 Auskunftsbegehren und Auskunft sind aber nicht obligatorischer Inhalt der notariellen Niederschrift nach § 130 AktG; vgl. *Semler*, in: MünchHdbGesR AG, § 40, Rn. 21; *C. H. Wilhelmi*, BB 1987, S. 1331, 1334 f.

728 Vgl. *Otto*, in: GroßKomm, AktG, § 404, Rn. 50.

729 Vgl. oben bei Fn. 716.

(§§ 242 Abs. 3, 264 Abs. 1 Satz 1 HGB) soll ein den tatsächlichen Verhältnissen entsprechendes Bild der Vermögens-, Finanz- und Ertragslage der Gesellschaft vermitteln (§ 264 Abs. 2 Satz 1 HGB). Damit mag er in einem gewissen Umfang auch wettbewerbsrelevante Informationen transportieren, die aber aufgrund ihres Abstraktionsgrades und ihrer Vergangenheitsorientierung meist nur einen geringen Erheblichkeitsgrad aufweisen werden.[730] Interessanter erscheint daher der Lagebericht.[731] Er enthält Informationen, die nicht unmittelbar einzelne Posten der Bilanz oder der Gewinn- und Verlustrechnung betreffen, sondern der Gesamtbeurteilung der gegenwärtigen und – für die vorliegende Untersuchung besonders bedeutsam – der zukünftigen wirtschaftlichen Situation des Unternehmens und seiner Marktstellung dienen (§ 289 Abs. 1 HGB). Daher finden sich im Lagebericht beispielsweise Informationen über die Rahmenbedingungen, über Entwicklungen und Änderungen im Beschaffungs-, Produktions- und Absatzbereich, die Finanzierung und Investitionen, eine Gewinnanalyse und wichtige Ereignisse.[732] Neben den Angaben über den Geschäftsverlauf des vergangenen Geschäftsjahres soll der Lagebericht nach § 289 Abs. 2 HGB auch auf die voraussichtliche Entwicklung der Gesellschaft (Nr. 2) sowie den Bereich Forschung und Entwicklung (Nr. 3) eingehen. Wie schon mehrfach angeklungen, handelt es sich bei dem Bereich Forschung und Entwicklung um einen wettbewerblich sehr sensiblen Bereich. Daher besteht die Berichtspflicht nach § 289 Abs. 2 Nr. 3 HGB in einem gewissen Spannungsverhältnis zum durchaus berechtigten Schutzinteresse der Gesellschaft.[733] Zwar ist die Gesellschaft gehalten, über die wesentlichen Arbeitsschwerpunkte in Forschung und Entwicklung zu berichten und dabei auch Investitionen in diesen Bereichen zu nennen. Im

---

730 In Einzelfällen können auch wettbewerbserhebliche Angaben im Anhang unterbleiben, wenn dies zur Abwehr von erheblichen Nachteilen für die Gesellschaft (z.B. Offenlegung von Betriebsgeheimnissen, Reduzierung der Wettbewerbsfähigkeit) notwendig ist; vgl. § 286 Abs. 2 HGB, dazu *Lange*, in: MünchKomm, HGB, § 286, Rn. 23 ff. Zum Wertverlust wettbewerbsbezogener Informationen durch Zeitablauf vgl. oben bei Fn. 718; vgl. aber auch bei Fn. 723.

731 Kleine Kapitalgesellschaften i.S.d. § 267 Abs. 1 HGB sind nach § 264 Abs. 1 Satz 3 HGB nicht verpflichtet, einen Lagebericht aufzustellen.

732 Vgl. auch den Überblick über die Gegenstände der Berichterstattung bei *Lange*, in: MünchKomm, HGB, § 289, Rn. 52.

733 *Lange*, in: MünchKomm, HGB, § 289, Rn. 100.

Rahmen der Berichterstattung kann aber auf die Nennung konkreter Forschungsergebnisse oder Entwicklungsvorhaben verzichtet werden, die von einem Konkurrenten zum Nachteil der Gesellschaft verwendet werden könnten. Insbesondere sollen Konkurrenten aus den offen gelegten Informationen keine Rückschlüsse auf eine zukünftige Schwerpunktbildung der Gesellschaft im Produktions- und Absatzprogramm ziehen können. Wettbewerbsvorteile, die dem R&D-Ressort zu verdanken sind, sollen durch eine Preisgabe im Lagebericht nicht gefährdet werden.[734]

Als Zwischenergebnis ist festzuhalten, dass einem Aktionär durch sein Informationsrecht nach § 175 Abs. 2 AktG in gewissem Umfang Kenntnis wettbewerbsrelevanter Informationen erhalten kann. Diese Informationen sind aber durchgängig von einem eher geringen Erheblichkeitsgrad. Der Wert der preisgegebenen Informationen ist ferner bereits dadurch reduziert, dass sie gleichzeitig allen Aktionären zugänglich gemacht werden (§§ 175 Abs. 2, 176 Abs. 1 Satz 1 AktG), so dass andere Konkurrenten im Aktionärskreis sowie Konkurrenten, denen die Informationen aus dem Kreis der Aktionäre zugetragen werden, ebenfalls über das gleiche Informationsniveau verfügen. Eine gegenüber anderen Konkurrenten weiter bestehende Informationsasymmetrie wird aber schließlich durch die Offenlegung nach § 325 HGB egalisiert. So hat der Vorstand die offenlegungspflichtigen Unterlagen nach der Beendigung der Hauptversammlung grundsätzlich beim Handelsregister einzureichen.[735] Die Einsicht in die zum Handelsregister eingereichten Unterlagen ist nach § 9 Abs. 1 HGB jedermann, also auch jedem Konkurrenten der Gesellschaft, gestattet.[736] Damit reduziert sich der ohnehin schon geringe Wert von wettbewerblich relevanten Informatio-

---

734 Vgl. *Selchert/Greinert*, in: BeckHdb Rechnungslegung, B 510, Rn. 119 ff.; Adler/Düring/Schmaltz, HGB, § 289, Rn. 117; *Ellrott*, in: BeckBilanzKomm, HGB, § 289, Rn. 42 f.; jeweils m. w. N.

735 Nach Maßgabe des § 325 Abs. 2 HGB hat der Vorstand einer großen Kapitalgesellschaft i.S.d. § 267 Abs. 3 HGB die genannten Unterlagen zuvor im Bundesanzeiger bekannt zu machen.

736 Dabei ist die Einsichtnahme nach § 90 KostO frei von Gebühren. Für Abschriften werden dagegen nach §§ 89 Abs. 1, 73 Abs. 1 KostO Gebühren erhoben.

nen, die auf das Informationsrecht nach § 175 Abs. 2 AktG zurückgehen, für den konkurrierenden Aktionär auf ein Minimum.[737]

Ein weiteres Informationsrecht steht dem Aktionär nach § 145 Abs. 6 Satz 4 AktG zu. Danach hat er einen Anspruch auf Abschriften möglicher Sonderprüfungsberichte. Die Sonderprüfung (§§ 142 ff. AktG) dient in erster Linie dazu, die Grundlagen möglicher Ersatzansprüche der Gesellschaft gegenüber ihren Gründern und den Mitgliedern der Leitungsorgane zu untersuchen, wobei den Sonderprüfern gemäß § 145 Abs. 2 AktG weitreichende Informationsrechte zustehen. Nach § 145 Abs. 6 Satz 1 AktG haben sie über das Ergebnis ihrer Prüfung schriftlich zu berichten. In dem Bericht haben sie den von ihnen untersuchten Sachverhalt so vollständig, wie dies für die Beurteilung der Hauptversammlung notwendig ist, darzustellen. Das Gesetz zeigt in § 145 Abs. 6 Satz 2 AktG auf, dass sie dabei auch keine Rücksicht auf Tatsachen nehmen dürfen, deren Bekanntwerden geeignet ist, der Gesellschaft einen erheblichen Nachteil zuzufügen.[738] Für Fälle, in denen der Prüfungsgegenstand einen wettbewerbserheblichen Charakter hat, wie zum Beispiel die Geschäftsführung im Hinblick auf den Bereich Entwicklung und Forschung, folgt daraus, dass durchaus auch wettbewerbsrelevante Informationen im Prüfungsbericht enthalten sein können. Eine Einschränkung gewährt die Schutzklausel des neuen § 145 Abs. 4 AktG, nach dem das Gericht auf Antrag des Vorstands zu gestatten hat, dass bestimmte Tatsachen nicht in den Bericht aufgenommen werden, wenn überwiegende Belange der Gesellschaft dies gebieten und sie zur Darlegung der Unredlichkeiten oder groben Verletzungen nicht unerlässlich sind. Es wurde auch zuvor schon in diesem Zusammenhang darauf hingewiesen, dass die Beurteilung durch die Haupt-

---

737 Theoretisch ist also eine auf den Aktionärskreis beschränkte Exklusivität der Informationen nur zwischen der Einberufung der Hauptversammlung und dem Einreichen zum Handelsregister gegeben. Einem konkurrierenden Aktionär mag daher zumindest ein gewisser zeitlicher Vorsprung vor gesellschaftsfremden Konkurrenten verbleiben.

738 Anders dagegen noch § 121 Abs. 3 AktG 1937, der in solchen Fällen das Schutzinteresse der Gesellschaft für vorzugswürdig erachtete und den Sonderprüfern die Nennung solcher Tatsachen untersagte. Die neue Gesetzesfassung wurde damit begründet, dass es im Wesen der Sonderprüfung liege, „dass sie Tatsachen ans Licht bringen kann, die der Gesellschaft unangenehm sind und deren Bekanntwerden ihr zum Nachteil gereichen kann. Die Sonderprüfung würde entwertet werden, wenn der Bericht über solche Tatsachen durch eine Schutzklausel verhindert würde.“; vgl. Begründung RegE zu § 145 Abs. 4, in: *Kropff*, Aktiengesetz 1965, S. 211 f.

versammlung kein Selbstzweck sei und insbesondere in Fällen, in denen die Sonderprüfung zu einem negativen Ergebnis komme, also weder Anknüpfungspunkte für Ersatzansprüche der Gesellschaft noch personelle Konsequenzen gegeben sind, die Geheimsphäre der Gesellschaft besonders pfleglich zu behandeln sei.[739] Wie auch bei den im Lageplan enthaltenen Informationen ist der Informationswert der in den Sonderprüfungsbericht aufgenommen Tatsachen aufgrund des weiten Verbreitungsgrades minimal. Denn der Prüfungsbericht kann nicht nur von allen Aktionären zur Kenntnis genommen werden, sondern ist darüber hinaus auch gemäß § 145 Abs. 6 Satz 3 AktG zum Handelsregister einzureichen und damit nach § 9 HGB jedem zugänglich. Ein Mehrheitsaktionär wird daher eine solche Sonderprüfung zum Zwecke der Informationsgewinnung kaum zu erwirken versuchen.[740] Insgesamt kommt dem Informationsrecht des § 145 Abs. 6 Satz 4 AktG eine recht geringe praktische Relevanz zu, da Sonderprüfungen bislang nur sehr selten initiiert werden.[741]

Auf weitere Informationsrechte des Aktionärs[742] soll im Rahmen dieser Untersuchung nicht weiter eingegangen werden. Im Hinblick auf die Qualität wettbewerbserheblicher Informationen gehen sie nicht über die hier behandelten Informationsrechte hinaus, vielmehr bleiben sie dahinter zurück.

(iii) Zwischenergebnis

Zusammenfassend ist festzustellen, dass die gesetzlichen Informationsmöglichkeiten ein Wettbewerbsverbot für Mehrheitsaktionäre nicht erforderlich machen.[743] Soweit überhaupt wettbewerbsrelevante Inhalte transportiert werden,

---

739 *Hüffer*, AktG, § 145, Rn. 7, vgl. ferner Adler/Düring/Schmaltz, AktG, §§ 142-146, Rn. 43.

740 Zum Minderheitsaktionär vgl. unten S. 164 ff.

741 Die Bedeutung der Sonderprüfung soll sich vielmehr aus ihrer präventiven Wirkung ergeben, vgl. Adler/Düring/Schmaltz, AktG, §§ 142-146, Rn. 3, m. w. N.

742 Vgl. die Auskunftsrechte: §§ 293g Abs. 3, 295 Abs. 1 Satz 2, 319 Abs. 3 Satz 4, § 320 Abs. 4 Satz 3, 326 AktG, §§ 64 Abs. 2, 73, 125, 135 UmwG; die Einsichtnahmerechte: §§ 129 Abs. 4, 179a Abs. 2 Satz 1, 293f Abs. 1, 319 Abs. 3 Satz 1 AktG, §§ 63 Abs. 1, 230 Abs. 2 Satz 1, 238 Satz 1 UmwG; die Abschriftserteilungsrechte: §§ 179a Abs. 2 Satz 2, 293f Abs. 2, 319 Abs. 3 Satz 2 AktG, §§ 63 Abs. 3, 230 Abs. 2 Satz 2, 238 Satz 1 UmwG; Aufzählung in Anlehnung an *Decher*, in: GroßKomm, AktG, § 131, Rn. 21.

743 So auch *Salfeld*, Wettbewerbsverbote im Gesellschaftsrecht, S. 181 f.; *Geiger*, Wettbewerbsverbote im Konzernrecht, S. 76 ff.

wenn also nicht bereits Auskunftsverweigerungsgründe oder vergleichbare Schranken die Informationsweitergabe verhindern, verlieren sie regelmäßig durch ihren hohen Verbreitungsgrad erheblich an Wert für den konkurrierenden Aktionär.

(iv) Faktische Informationsmöglichkeiten

Ist die Erforderlichkeit eines Wettbewerbsverbotes für Mehrheitsaktionäre aufgrund der ihnen zustehenden gesetzlichen Informationsrechte nicht begründbar, ist in einem nächsten Schritt zu fragen, ob dieses Ergebnis auch unter Berücksichtigung ihrer faktischen Informationsmöglichkeiten aufrecht zu erhalten ist.

Ausgangspunkt der Überlegungen ist dabei das faktische Abhängigkeitsverhältnis, in dem die Mitglieder des Vorstandes und des Aufsichtsrates zum Mehrheitsgesellschafter stehen. Es ist davon auszugehen, dass sich ein Mehrheitsaktionär kraft seiner innergesellschaftlichen Machtstellung wettbewerbsrelevante Informationen auf informellem Wege über Mitglieder des Vorstandes oder des Aufsichtsrates besorgen kann.[744]

Fraglich ist, ob die bestehenden Schutzmechanismen ein solches Verhalten adäquat beschränken oder schädliche Folgen des Verhaltens für die Gesellschaft ausreichend abmildern können:

Der Weitergabe sensibler Informationen durch Organmitglieder steht zunächst deren Verschwiegenheitspflicht entgegen. Mit dem Ziel, eine weitgehende Einhaltung dieser Pflicht zu gewährleisten, sind für Verstöße nach §§ 404, 116 Satz 1, 93 Abs. 2 AktG straf- und zivilrechtliche Sanktionen angeordnet. Die generalpräventive Wirkung dieser Vorschriften hängt aber weitgehend von ihrer Effektivität ab. Um diese ist es jedoch nicht zum Besten bestellt: Informellen Kontakten wohnt schon aufgrund ihrer Natur eine weitgehende Intransparenz inne. Anders als auf einer Hauptversammlung finden die Fragen des Mehrheitsaktionärs und noch entscheidender die Antworten des Organmitglieds nicht

---

[744] *Geiger*, Wettbewerbsverbote im Konzernrecht, S. 83; *K. Mertens*, AG 1997, S. 541, 543; *K. Müller*, NJW 2000, S. 3452, Fn. 1; *Baumann/Reiß*, ZGR 1989, S. 157, 196 f.; *Winter*, Mitgliedschaftliche Treuebindungen, S. 248 f. (für die GmbH). Nach *Kittner*, ZHR 136 (1972), S. 208, 217, werde ein informeller Informationsaustausch zwischen den Leitungsorganen und einem Großaktionär weitgehend als eine Selbstverständlichkeit erachtet; vgl. ferner *Janberg*, AG 1965, S. 191, 193.

zwingend ein über zwei Personen hinausgehendes Auditorium. Deshalb ist die Informationsweitergabe – insbesondere wenn diese mündlich geschieht und darüber keine schriftlichen oder audibelen Aufzeichnungen angefertigt wurden – ohne die Mithilfe der fraglichen Personen nicht oder kaum nachweisbar.

Für einen Teil wettbewerbsrelevanter Informationen kann praktisch noch von einer gewissen Nachweisbarkeit der Weitergabe ausgegangen werden. Dies ist dadurch bedingt, dass eine Weitergabe aufgrund hoher Datenmengen vielfach allein in „verkörperter" Form geschehen kann, so dass die Weitergabe zumindest gewisse Spuren hinterlässt. So ist die Weitergabe von umfangreichen Kundenlisten oder Forschungsergebnissen nur in Datei- oder Papierform denkbar, da die allein mündliche Weitergabe regelmäßig an der Aufnahmekapazität des menschlichen Gehirns scheitert. Dagegen zeichnen sich gewisse Informationen, die aber im wettbewerblichen Kontext besonders bedeutsam sind, durch ihre geringe Datenmenge aus und können daher durchaus mündlich ausgetauscht werden. Das betrifft in besonderem Maße Informationen aus dem strategischen Bereich, wie Informationen über geplante Beteiligungskäufe, Erweiterungen des Geschäftsbetriebs oder Ähnlichem. Der Nachweis, dass solche Informationen von Organmitgliedern an den Mehrheitsaktionär weitergegeben wurden, ist praktisch nicht zu führen.

Neben den beschriebenen Beweisproblemen stellt ferner die Einleitung der straf- und zivilrechtlichen Verfahren ein Hindernis dar: Nach § 404 Abs. 3 Satz 1 AktG setzt die Strafverfolgung einer Verletzung der Geheimhaltungspflicht einen Strafantrag der Gesellschaft voraus. Verletzt ein Vorstandsmitglied seine Geheimhaltungspflicht, ist der Aufsichtsrat antragsberechtigt; verletzt ein Aufsichtsratsmitglied seine Geheimhaltungspflicht, ist der Vorstand antragsberechtigt (§ 404 Abs. 3 Satz 2 AktG). Von der Stellung eines Strafantrags wird aber vielfach abgesehen. Zum einen wird seitens der Gesellschaft befürchtet, dass durch das Bekanntwerden des Strafantrages der Gesellschaft ein erheblicher Imageschaden erwachsen könnte; zum anderen wird angenommen, dass bei der Antragstellung das betreffende Wirtschaftsgeheimnis offen gelegt werden muss und damit einem noch weiteren Personenkreis zur Kenntnis gelangt.[745] Für den

---

[745] Vgl. *Eisenberg*, Kriminologie, § 47, Rn. 43d, S. 750.

Fall eines Geheimnisverrats gegenüber einem Mehrheitsgesellschafter wird die Bereitschaft zur Stellung eines Strafantrags weitergehend dadurch beschränkt, dass das jeweils antragsberechtigte Organ vom Mehrheitsgesellschafter mittelbar abhängig ist.[746] Die mangelnde Bereitschaft zur Antragsstellung sowie die grundsätzlich schwere Beweisbarkeit des Geheimnisverrats sind wohl die Hauptgründe für die praktische Bedeutungslosigkeit des § 404 AktG.[747]

Die Abhängigkeit vom Mehrheitsaktionär ist neben den Beweisschwierigkeiten auch der Grund für die Schwäche der zivilrechtlichen Sanktionsmöglichkeiten. Die Erhebung einer Schadensersatzklage wird regelmäßig aus den gleichen Gründen wie die Stellung eines Strafantrags unterbleiben.[748] Ein Klagezulassungsverfahren nach § 148 AktG wird ferner schon vielfach deshalb nicht auf den Weg gebracht werden können, weil der Minderheit nur in den allerwenigsten Fällen überhaupt Anhaltspunkte für einen Geheimnisverrat vorliegen dürften.

Insgesamt entfalten die straf- und zivilrechtlich Vorschriften, welche die Verschwiegenheitspflicht stützen sollen, nur eine sehr eingeschränkte Durchschlagskraft. Eine ausreichende Präventivwirkung können sie daher wohl nicht erzielen. Auch die Erhöhung der Freiheitsstrafe auf bis zu zwei Jahre bei börsennotierten Gesellschaften, welche durch das TransPuG[749] eingeführt wurde, wird nicht zu

---

746 Nach Ansicht des *Deutschen Anwaltsvereins*, Sonderbeilage zu NZG Heft 9/2003, S. 1, 7, kommt eine Strafverfolgung nach § 404 AktG aufgrund des Strafantragserfordernisses – unabhängig von der vorliegenden Fallkonstellation – zudem nur gegen ehemalige Organmitglieder in Frage.

747 *U. H. Schneider/Singhof*, Festschrift Kraft, S. 585, 588; *Semler*, in: MünchKomm, AktG, § 116, Rn. 459; *Eisenberg*, Kriminologie, § 47, Rn. 43d, S. 750; *Möhrenschlager*, in: HdbWirtschaftsStR, Kap. 16, Rn. 47, S. 1004. In den Jahren 1974 bis 1981 wurden nur 17 Verfahren aufgrund der Verletzung aktienrechtlicher Straftatbestände durchgeführt (*Liebl*, Die Bundesweite Erfassung von Wirtschaftsstraftaten, Tabelle 76, S. 257). Wie viele davon § 404 AktG betrafen, ist nicht ersichtlich. Eine Juris-Recherche zu den strafgerichtlichen Entscheidungen zu § 404 AktG ergab keine Treffer (Stand: 30. November 2005). In der Tabelle 2.1, Fachserie 10, R 3, 2001 des Statistischen Bundesamtes werden Straftaten nach dem Aktiengesetz nicht gesondert ausgewiesen.

748 Die Möglichkeit, dass im Schadensersatzprozess ein Wirtschaftsgeheimnis der Gesellschaft publik wird, stellt regelmäßig keine solch große Gefahr für das Gesellschaftswohl dar, dass von der Pflicht zur Klageerhebung abgesehen werden dürfte, vgl. BGHZ 135, 244, 255 f. (ARAG/Garmenbeck).

749 BGBl. I 2002, S. 2681.

einem erhöhten Abschreckungseffekt führen.[750] Die Verschwiegenheitspflicht bietet im Ergebnis keinen adäquaten Schutz vor der Weitergabe von wettbewerbsrelevanten Informationen durch Organmitglieder an einen Mehrheitsaktionär.[751]

Ein vergleichbarer Befund ergibt sich auch für den Geheimnisschutz nach dem UWG. Ebenso wie bei der Verletzung der Verschwiegenheitspflicht ergibt sich für den Tatbestand des § 17 Abs. 1 UWG aus Gründen mangelnder Transparenz die Schwierigkeit, die Mitteilung des Geschäfts- oder Betriebsgeheimnisses nachzuweisen.[752] Des Weiteren wird auch in den wenigsten Fällen, in denen ein Geheimnisverrat entdeckt wird, ein Strafantrag gestellt. Bei § 17 UWG handelt es sich um ein relatives Antragsdelikt. In erster Linie ist dabei der Vorstand als gesetzlicher Vertreter der verletzen Aktiengesellschaft nach § 17 Abs. 5 UWG antragsberechtigt.[753] Wird die Tat allerdings durch ein Mitglied des Vorstandes begangen, kann der Antrag auch durch den Aufsichtsrat gestellt werden. Die Gründe für das Nichtstellen des Strafantrags liegen – wie auch schon bei § 404 AktG – in der Befürchtung, dass mit dem Bekanntwerden des Geheimnisverrats Imageschäden für die Gesellschaft eintreten[754] oder Geschäftsgeheimnisse im Laufe des Verfahrens publik werden[755]. Auf diese häsitierenden Verhaltensweisen von Unternehmensseite hat der Gesetzgeber 1986 mit der Einfügung des Ausnahmetatbestandes des § 22 Abs. 1 Satz 2 UWG a.F. – nunmehr in § 17 Abs. 5 UWG – reagiert.[756] Danach können Verstöße gegen § 17 UWG auch von Amts wegen verfolgt werden, wenn ein besonderes öffentliches Interesse an der Strafverfolgung vorliegt. Wann diese Voraussetzung gegeben ist, liegt im

---

750 So aber die Hoffnung der *Regierungskommission Corporate Governance*, Kommissionsbericht, Rn. 67.

751 Vgl. auch *Koppensteiner*, ZHR 155 (1991), S. 97, 100, Fn. 6, der allgemein die Effektivität gesetzlicher Geheimhaltungspflichten in Zweifel zieht.

752 Vgl. *Dannecker*, BB 1987, S. 1614, 1616.

753 Vgl. *Köhler*, in: Baumbach/Hefermehl, UWG, § 17, Rn. 69.

754 Vgl. *Dannecker*, BB 1987, S. 1614, 1621.

755 *Tiedemann*, Von totalitärem zu rechtsstaatlichem Strafrecht, S. 461, 474. Zum nachlässigen Umgang der Staatsanwaltschaften mit Wirtschaftsgeheimnissen siehe *Kragler*, wistra 1983, S. 1, 7; vgl. aber ferner Nr. 260b RiStBV.

756 Art. 4 Nr. 6b des 2. Wirtschaftskriminalitätsgesetz (WiKG) vom 15. Mai 1986, BGBl. I, S. 721; vgl. dazu BT-Drucks. 10/5058, S. 41.

pflichtgemäßen Ermessen der Staatsanwaltschaft. Nach Nr. 260a Abs. 1 der Richtlinien für das Straf- und Bußgeldverfahren (RiStBV) wird ein besonderes öffentliches Interesse dann anzunehmen sein, wenn der Täter wirtschaftsstrafrechtlich vorbestraft ist, ein erheblicher Schaden droht oder eingetreten ist, die Tat Teil eines gegen mehrere Unternehmen gerichteten Plans zur Ausspähung von Geschäfts- und Betriebsgeheimnissen ist oder den Verletzen in seiner wirtschaftlichen Existenz bedroht.[757] Dass es sich unter den genannten Voraussetzungen bei § 17 UWG um ein Offizialdelikt handelt, stellt gegenüber der Rechtslage vor 1986 und auch im Vergleich zu § 404 AktG sicherlich eine Verbesserung dar. Dennoch darf diese Reform nicht überbewertet werden. Denn im Regelfall erlangt die Strafverfolgungsbehörde ohne die Mitwirkung der getroffenen Gesellschaft keine Kenntnis von einem erfolgten Geheimnisverrat. Die Einleitung des Verfahrens verbleibt somit faktisch in den Händen der Antragsberechtigten. Wird ein Geheimnis der Gesellschaft dem Mehrheitsgesellschafter mitgeteilt, ist die Stellung eines Strafantrages allein schon aufgrund dessen Vormachtstellung in der Gesellschaft sehr unwahrscheinlich. Gleich dem Straftatbestand des § 404 AktG ist auch der Geheimnisverrat nach § 17 Abs. 1 UWG von nur geringer praktischer Bedeutung.[758] Vor der Weitergabe wettbewerbsrelevanter Informationen an einen Mehrheitsaktionär kann er nicht hinreichend schützen.[759]

Ebenfalls defizitär sind die zivilrechtlichen Instrumente des Geheimnisschutzes. Wenn der Mehrheitsaktionär schon nicht eine Klageerhebung zu verhindern weiß, wird es der Gesellschaft vielfach aber nicht möglich sein, ihr Anspruchsbegehren ausreichend substantiiert durch Tatsachen zu belegen und gegebenenfalls zu beweisen.[760] Insbesondere ist die unbefugte Weitergabe oder Verwer-

---

757 Die in den RiStBV genannten Beispiele stimmen teilweise mit den noch im Regierungsentwurf (BT-Drucks. 9/1707, S. 6) genannten Beispielen überein. Sie wurden schließlich nicht Gesetz, um den Ermessenspielraum der Strafverfolgungsbehörden nicht zu stark einzuengen, *Otto*, in: GroßKomm, UWG, § 17, Rn. 105.

758 *Tiedemann*, Von totalitärem zu rechtsstaatlichem Strafrecht, S. 461, 474; *Eisenberg*, Kriminologie, § 47, Rn. 47 f., S. 752.

759 Vgl. *Salfeld*, Wettbewerbsverbote im Gesellschaftsrecht, S. 39.

760 Vgl. *Salfeld*, Wettbewerbsverbote im Gesellschaftsrecht, S. 38, 40 f.; *Gaul*, WRP 1988, S. 215, 221: „oft außergewöhnliche Beweisschwierigkeiten“.

tung von Wirtschaftsgeheimnissen der Gesellschaft kaum zu antizipieren, so dass auch Unterlassungsansprüche regelmäßig leer laufen müssen.[761]

Des Weiteren kann auch das strafbewehrte Weitergabeverbot für Insidertatsachen nach § 14 Abs. 1 Nr. 2 WpHG keinen ausreichenden Schutz vor der Weiterleitung wettbewerbsrelevanter Informationen an einen Aktionär bieten. Zunächst ist schon der Anwendungsbereich auf Gesellschaften beschränkt, deren Aktien börsennotiert oder in den Freiverkehr einbezogen sind. Ferner muss es sich bei wettbewerbsrelevanten Informationen nicht zwingend auch um Insiderinformationen nach § 13 WpHG handeln. Das kursbeeinflussende Potential bestimmter interner Informationen ist gering bis nicht vorhanden. Dieselbe Information kann aber für einen Wettbewerber von erheblichem Wert sein. Dies hängt unter anderem mit dem gesteigerten Vorwissen des Konkurrenten zusammen, welches stets über dem „des Marktes" liegen dürfte. Auch ist zur Annahme einer Insiderinformation erforderlich, dass diese spezifisch genug ist, um einen Schluss auf die möglichen Auswirkungen auf den Börsenpreis bei ihrem Bekanntwerden zu erlauben. Daher werden beispielsweise Planungen, Strategien erst dann zu Insiderinformationen, wenn deren Umsetzung unmittelbar bevorsteht oder die Planungen nur einen kurzen Zeitraum erfassen.[762] Viel entscheidender sind aber auch beim Weitergabeverbot für Insiderinformationen die erheblichen Probleme, welche mit dem Nachweis der Informationsweitergabe verbunden sind. Dieser ist, wie bereits im Rahmen des § 404 AktG und § 17 UWG gezeigt, vielfach nicht zu führen. Der Straftatbestand des § 38 Abs. 1 Nr. 2 WpHG weist daher ebenfalls kaum praktische Relevanz auf.[763]

Auch die Geschäftschancenlehre betrifft – wie auch das Weitergabeverbot für Insidertatsachen – nur einen kleinen Ausschnitt wettbewerbsrelevanter Informationen und kann daher ebenfalls keinen umfassenden Schutz vor der Weitergabe oder Verwertung dieser Informationen bieten. Ihr Schutz bezieht sich allein auf

---

761 *Salfeld*, Wettbewerbsverbote im Gesellschaftsrecht, S. 38 f.

762 *Brandi/Süßmann*, AG 2004, S. 642, 643; vgl. ferner *Harbarth*, ZIP 2005, S. 1898, 1900; m. w. N.

763 Nach Tabelle 2.1, Fachserie 10, R 3, 2001 des Statistischen Bundesamtes sind in 2001 nur 7 Personen nach dem WpHG abgeurteilt worden. Dabei ist jedoch nicht ersichtlich, wie viele Aburteilungen sich davon auf § 38 Abs. 1 Nr. 2 WpHG bezogen.

solche wettbewerbsrelevante Informationen, die eine Geschäftschance zum Gegenstand haben[764]. Wird ein Mehrheitsaktionär[765] beispielsweise von einen Organmitglied darüber in Kenntnis gesetzt, dass die Gesellschaft in einer bestimmten Gemeinde mit hervorragender Infrastruktur beabsichtigt, einen neuen Produktionsstandort zu eröffnen und dass diese Gemeinde gleichzeitig bereit ist, entsprechendes Bauland zu einem besonders günstigen Preis an einen Investor abzugeben, und tritt dieser dann mit seinem Konkurrenzunternehmen selbst an die Gemeinde heran und erwirbt das betreffende Bauland, nimmt er zweifellos eine Geschäftschance der Gesellschaft war. Der Gesellschaft steht dann ein Eintrittsrecht oder alternativ ein Anspruch auf Schadensersatz zu. Ein Großteil wettbewerbsrelevanter Informationen, wie beispielsweise Informationen über Kostenstrukturen oder Konstruktionspläne, fällt jedoch gerade nicht in den Anwendungsbereich der Geschäftschancenlehre.[766] Insbesondere werden Informationen, die für eine langfristige strategische Ausrichtung einer Unternehmung von Bedeutung sind, von dem Begriff der Geschäftschance nicht umfasst.

(v) Zwischenergebnis

Die einzelnen Schutzmechanismen, die den faktischen Informationsmöglichkeiten eines Mehrheitsaktionärs entgegenstehen, können nicht überzeugen und zeigen jeweils Schwächen auf. Auch können sie in der Zusammenschau keinen ausreichenden Schutz der Gesellschaft vor der Weitergabe wettbewerbsrelevanter Informationen durch ihre Organe an einen konkurrierenden Mehrheitsaktionär bieten. Bei den aufgeführten Schwächen sind insbesondere die erheblichen Beweisschwierigkeiten augenfällig, die aber mit der unabänderlichen Volatilität von Informationen in Zusammenhang stehen. Insbesondere einem stetigen, „schleichenden“ Informationsabfluss zu Gunsten ihres Mehrheitsgesellschafters ist die Aktiengesellschaft weitgehend schutzlos ausgeliefert. Im Hinblick auf repressive Schutzmechanismen ist ferner zu bedenken, dass die Kenntnis einer wettbewerbsrelevanten Information niemals ungeschehen gemacht werden kann, da die einmal erlangte Information nicht mehr aus dem Wissen gestrichen wer-

---

764 Zum Begriff der Geschäftschance vgl. oben S. 120 f.

765 Es soll angenommen werden, dass die Geschäftschancenlehre zumindest auf Mehrheitsaktionäre anwendbar ist, vgl. oben S. 119 f. mit Fn. 609.

766 Vgl. *Salfeld*, Wettbewerbsverbote im Gesellschaftsrecht, S. 50.

den kann. Dies spielt insbesondere dann eine wichtige Rolle, wenn sie den strategischen Bereich betrifft. Die Verwertung gewisser Informationen kann nicht abschließend unterbunden werden, da sie weiterhin ein Faktor in zukünftigen Entscheidungsprozessen bleibt.

Daher ist unter dem Aspekt der faktischen Informationsmöglichkeiten und unter Berücksichtigung der großen Bedeutung wettbewerbsbezogener Informationen die Erforderlichkeit eines gesellschaftsrechtlichen Wettbewerbsverbotes für Mehrheitsaktionäre zu bejahen.[767]

(c) Ergebnis

Ein Wettbewerbsverbot zu Lasten eines Mehrheitsaktionärs ist im Ergebnis erforderlich.[768] Dabei ergibt sich die Erforderlichkeit unter zwei unterschiedlichen Gesichtspunkten: Zum einen aufgrund der faktischen Möglichkeiten zur Einflussnahme und zum anderen aufgrund der faktischen Informationsmöglichkeiten. Die vorhandenen Schutzmechanismen bieten in beiden Fällen keinen ausreichenden Schutz vor den Gefährdungen durch einen konkurrierenden Mehrheitsaktionär. Sie stellen keine gleichwertige Alternative zum gesellschaftsrechtlichen Wettbewerbsverbot dar, so dass es als das mildeste Mittel übrig bleibt. Auch wenn man die im Vergleich zum Wettbewerbsverbot geringe bis sehr geringe Beeinträchtigungsintensität der anderen Schutzmechanismen stärker berücksichtigen will, kann man aufgrund der – wenn überhaupt – nur sehr geringen Wirksamkeit der anderen Schutzmechanismen zu keinem anderen Ergebnis kommen. Aufgrund der präventiven Wirkung des Wettbewerbsverbotes ist die Motivation des Mehrheitsaktionärs, schädigende Einflussnahmen auf die Geschicke der Gesellschaft vorzunehmen oder wettbewerbsrelevante Informationen vom Vorstand anzufordern oder zum Nachteil der Gesellschaft zu verwenden,

---

767 Ebenso *Geiger*, Wettbewerbsverbote im Konzernrecht, S. 82 ff.

768 Vgl. die Nachweise in Fn. 707; a.A. *Seydel*, Konzernbildungskontrolle bei der Aktiengesellschaft, S. 173 ff., 176, 181; *Koppensteiner*, in: KölnKomm, AktG, Anh. § 318, Rn. 8; *Kropff*, in: MünchKomm, AktG, Vor § 311, Rn. 65 ff.; *Hüffer*, Festschrift Röhricht, S. 251 ff.; *U. H. Schneider*, WuB II G. § 112 HGB 1.84, unter 4.; *ders.*, BB 1995, S. 365, 367 f.; *ders.*, BB 1981, S. 249, 258; *Tröger*, Treupflicht im Konzernrecht, S. 241 ff.; *Bouchon*, Konzerneingangsschutz im GmbH- und Aktienrecht, S. 203 f.; *Mai*, Aktionärsschutz, S. 78 ff., 89.

bedeutend und nachhaltig reduziert.[769] Setzt man den Wirkungsgrad eines Wettbewerbsverbotes in Verhältnis zu den Wirkungsgraden der Schutzmechanismen, erscheint der Abstand im Bereich der Informationsmöglichkeiten gegenüber dem der Einflussnahmemöglichkeiten größer. Anders gewendet, die Anerkennung eines Wettbewerbsverbotes erscheint insbesondere im Hinblick auf die faktischen Informationsmöglichkeiten des Mehrheitsgesellschafters notwendig. Dies wurde bisher in dieser Form noch nicht anerkannt.[770] Die großen Vorteile eines Wettbewerbsverbotes liegen in diesem Bereich vor allem in der wesentlich leichteren Beweisführung. Der Nachweis einer konkurrierenden Betätigung ist in der Regel problemlos zu führen; eine drohende oder erfolgte Weitergabe oder Verwertung wettbewerbsrelevanter Informationen – wie gezeigt – dagegen selten.[771]

(2) Alleinaktionär

Der Alleinaktionär bildet eine Untergruppe des Mehrheitsaktionärs. Wie bereits der Terminus „Alleinaktionär" dokumentiert, ist er der einzige Aktionär der Gesellschaft, das heißt, dass ihm alleine oder neben der Gesellschaft alle Aktien gehören.[772]

Bieten die vorhandenen Schutzmechanismen – wie soeben gezeigt – keinen ausreichenden Schutz vor den Gefährdungen durch einen konkurrierenden Mehrheitsaktionär, können sie erst recht keinen Schutz vor den Gefährdungen durch einen konkurrierenden Alleinaktionär bieten. Zudem fehlt es bei der Einpersonen-Aktiengesellschaft an einer Minderheit, die bei Schädigungen oder

---

[769] Anderes kann freilich nur dann gelten, wenn es sich bei dem Mehrheitsgesellschafter nicht um einen so genannten „homo oeconomicus" handelt.

[770] Vgl. nur *Geiger*, Wettbewerbsverbote im Konzernrecht, S. 84, in Anlehnung an *Winter*, Mitgliedschaftliche Treuebindungen, S. 249, und BGHZ 89, 162, 166 (Heumann/-Ogilvy): „Größere Bedeutung als die Verwertung von Gesellschaftsinterna durch den beherrschenden Gesellschafter haben Interessenkollisionen bei der Ausübung von Mitgliedschaftsrechten". Vgl. auch oben bei Fn. 724.

[771] Vgl. *Salfeld*, Wettbewerbsverbote im Gesellschaftsrecht, S. 39.

[772] Vgl. § 42 AktG.

Gefährdungen der Gesellschaft durch den Aktionär – zumindest in gewissem Umfang –[773] intervenieren kann.[774]

Daher ist die Erforderlichkeit eines Wettbewerbsverbotes zu Lasten des Alleinaktionärs gegeben.[775, 776]

> Im **Einführungsbeispiel 2**[777] ist daher die Erforderlichkeit eines Wettbewerbsverbotes für die V-AG auch dann zu bejahen, wenn sie die Alleingesellschafterin der A-AG wäre.

(3) Großaktionär

Die Ergebnisse für den Mehrheitsaktionär sind ferner auf den Großaktionär[778] übertragbar, wenn dieser aufgrund seiner Beteiligungsquote einen maßgeblichen Einfluss auf die Beschlüsse der Hauptversammlung ausüben kann.[779] Dies ist zumindest für börsennotierte Aktiengesellschaften in Anlehnung an § 29 Abs. 2 WpÜG regelmäßig anzunehmen, wenn der Aktionär mindestens 30% der Stimmrechte der Gesellschaft hält. Es muss aber hinzukommen, dass kein anderer Gesellschafter einen gleich hohen oder höheren Anteil an den Stimmrechten innehat[780] und auch die übliche Hauptversammlungspräsenz nicht verhindert,

---

773 Beschlussanfechtung, Sonderprüfung (vgl. § 142 Abs. 2 AktG), Geltendmachung von Ersatzansprüchen (vgl. §§ 147, 148 AktG).

774 Vgl. für die GmbH *Burgard*, ZIP 2002, S. 827, 836.

775 Für ein Wettbewerbsverbot bei Einpersonen-Aktiengesellschaften auch *Wimmer-Leonhardt*, Konzernhaftungsrecht, S. 316; a.A. *Henze/Notz*, in: GroßKomm, AktG, Anh § 53a, Rn. 80 a.E.; vgl. auch *Geiger*, Wettbewerbsverbote im Konzernrecht, S. 55 f. Es sein daran erinnert, dass die Annahme eines Wettbewerbsverbotes für den Alleinaktionär die Annahme einer Treuepflicht des Alleinaktionärs voraussetzt, dazu oben S. 74 ff.

776 Im Gegensatz zum Mehrheitsaktionär gestaltet sich jedoch für den Alleinaktionär die Befreiung vom Wettbewerbsverbot einfacher, dazu vgl. unten S. 255 ff., passim.

777 Vgl. oben S. 4.

778 Der Terminus Großaktionär ist nicht definiert. Der Großaktionär ist – grob umrissen – ein Minderheitsaktionär, der eine nicht unwesentliche Beteiligung hält. Ab welcher Beteiligungsquote von einem Großaktionär gesprochen wird, hängt regelmäßig auch von der jeweiligen Realstruktur der Gesellschaft ab.

779 So auch *Burgard*, Festschrift Lutter, S. 1033, 1048.

780 Vgl. § 9 Satz 2 Nr. 1 WpÜG-AV.

dass der Großaktionär regelmäßig über mehr als die Hälfte der vertretenen Stimmrechte verfügt (so genannte faktische Hauptversammlungsmehrheit)[781].

> Im **Einführungsbeispiel 3**[782] hält B eine 30%ige Beteiligung an der Maschinen-AG. Ein Wettbewerbsverbot ist für ihn dennoch nicht erforderlich, da A weiterhin eine höhere und C eine gleichhohe Beteiligung halten.

(4) Minderheitsaktionär

Die vierte Fallkonstellation hat den Minderheitsaktionär zum Gegenstand. Unter einem Minderheitsaktionär soll ein Gesellschafter verstanden werden, der in Abgrenzung zum Mehrheitsaktionär weder über eine Kapital- noch eine Stimmenmehrheit verfügt. Ferner soll es sich um einen typischen Minderheitsaktionär handeln, welcher – anderes als der Großaktionär als Spezialfall des Minderheitsaktionärs –[783] aufgrund seiner Beteiligungshöhe im Regelfall auch keinen Einfluss auf die Beschlüsse der Hauptversammlung nehmen kann.

(a) Erforderlichkeit aufgrund von Möglichkeiten der Einflussnahme

Der Minderheitsaktionär kann aufgrund seiner geringen Stimmmacht anders als der Mehrheitsaktionär keinen Einfluss auf die Zusammensetzung des Aufsichtsrates und damit auch nicht auf die Zusammensetzung des Vorstandes nehmen.[784] Die Leitungsorgane stehen deshalb in keinem Abhängigkeitsverhältnis zum Minderheitsgesellschafter, so dass diesem jegliche faktischen Einflussnahmemöglichkeiten auf die Geschäftsführung der Gesellschaft verwehrt sind.

Auch ist es einem Minderheitsaktionär in der Regel nicht möglich, mit Hilfe seines Stimmrechts negativ auf die Gesellschaft einzuwirken. Eine Ausnahme kann aber für einen Aktionär gelten, der über eine so genannte Sperrminorität verfügt, also mehr als 25% des Kapitals der Gesellschaft hält und daher Kapitalmaßnahmen, die zu den Grundlagenbeschlüssen gehören und daher regelmäßig einer Mehrheit von mindestens drei Viertel des bei der Beschlussfassung

---

781 Vgl. § 9 Satz 2 Nr. 2 WpÜG-AV. Die Hauptversammlungspräsenzen sind meist so niedrig, dass 30% der Stimmrechte der Gesellschaft ausreichen, die Beschlussergebnisse zu bestimmen, vgl. *Harbarth*, ZIP 2002, S. 321, 322 f.; ferner die Nachweise bei *Hüffer*, AktG, § 17, Rn. 9.

782 Vgl. oben S. 5.

783 Vgl. oben S. 163 f. mit Fn. 778.

784 Vgl. §§ 101 Abs. 1, 119 Abs. 1 Nr. 1, 133 Abs. 1 und § 84 AktG.

vertretenen Grundkapitals bedürfen,[785] verhindern kann. Wie in anderem Zusammenhang bereits geschildert, kann er durch die Blockade solcher Beschlüsse die Weiterentwicklung der Gesellschaft nachteilig beeinflussen.[786] Unzweckmäßige Entscheidungen sind durch eine Inhaltskontrolle nicht immer zu verhindern,[787] und eine Pflicht zu positiven, das heißt zu einer die Kapitalmaßnahme bejahenden Stimmabgabe, kann nur in extremen Fällen angenommen werden. Nur in Einzelfällen, in denen zuvor feststeht, dass die durch die Kapitalmaßnahme gewonnenen Mittel für konkrete, die Wettbewerbsfähigkeit oder -tätigkeit betreffende Maßnahmen der Gesellschaft eingesetzt werden sollen, wird von einem Verstoß gegen die gesellschaftsrechtliche Treuepflicht und damit der Nichtigkeit der Stimmabgabe des konkurrierenden Minderheitsaktionärs auszugehen sein.[788]

Ferner kann der Minderheitsaktionär versuchen, Beschlüsse der Hauptversammlung durch die Erhebung einer Anfechtungsklage zu verzögern oder ganz zu blockieren. Wird die Anfechtungsklage als Druckmittel gegen die Gesellschaft eingesetzt, um ihr Eingehen auf bestimmte Wünsche des konkurrierenden Aktionärs zu erreichen, stellt dies einen Verstoß gegen die gesellschaftsrechtliche Treuepflicht dar. Gleiches gilt für Klagen, die nur die Schädigung der Gesellschaft zum Ziel haben. Im Einzelfall mag sich zwar der Nachweis schwierig gestalten, dass die Klage allein als Druckmittel oder zum Nachteil der Gesellschaft eingesetzt wird oder werden soll. Dennoch erscheinen die Aussichten gut, eine solche Klage erfolgreich abzuwehren. Wie die Parallelproblematik der so genannten räuberischen Anfechtungsklagen zeigt, sind die Gerichte inzwischen für missbräuchliche Klagen weitgehend sensibilisiert und haben in der Vergangenheit vermehrt solche Klagen abgewiesen. Zudem ist auch der Gesetzgeber tätig geworden. Mit dem Gesetz zur Unternehmensintegrität und zur Modernisierung des Anfechtungsrechts (UMAG) vom 22. September 2005[789] werden

---

785 Vgl. §§ 182 Abs. 1 Satz 1, 193 Abs. 1 Satz 1, 202 Abs. 2 Satz 2, 221 Abs. 1 Satz 2 AktG.

786 Vgl. oben S. 131 f.

787 *K. Schmidt*, Gesellschaftsrecht, § 21 II. 3. b), S. 615.

788 *Steindorff*, Festschrift Rittner, S. 675, 691 ff.

789 BGBl. I 2802.

missbräuchliche Anfechtungsklagen erschwert. Kern der Neuregelung ist die Übernahme des bereits im Umwandlungsgesetz bewährten Instituts des gerichtlichen Freigabeverfahrens für strukturändernde Hauptversammlungsbeschlüsse wie Kapitalmaßnahmen und Unternehmensverträge. Die Gesellschaft kann trotz einer anhängigen Anfechtungsklage in einem gerichtlichen Eilverfahren nach § 246a AktG die Freigabe der bestandskräftigen Eintragung des angefochtenen Hauptversammlungsbeschlusses im Handelsregister erwirken, wenn ihr Eintragungsinteresse das Aussetzungsinteresse des Anfechtungsklägers überwiegt. Das Gericht soll binnen drei Monaten über die Freigabe entscheiden.

Schädigenden oder diskriminierenden Ausführungen oder Fragen eines Minderheitsaktionärs in der Hauptversammlung ist nur ein geringes Schädigungspotential beizumessen. Das Wort eines Minderheitsaktionärs hat in der Regel nicht das Gewicht des Wortes eines Groß- oder Mehrheitsaktionärs. Solche Äußerungen oder Fragen stellen zudem eine Verletzung der gesellschaftsrechtlichen Treuepflicht dar.[790]

Es ist zu konstatieren, dass ein typischer Minderheitsaktionär weder auf gesetzlicher noch faktischer Grundlage mehr als nur unwesentlichen Einfluss auf die Geschicke der Gesellschaft nehmen kann, so dass die Anordnung eines Wettbewerbsverbotes nicht erforderlich ist.[791] Dies muss im Ergebnis auch für den Inhaber einer Sperrminorität gelten.[792] Allein die Möglichkeit, Kapitalmaßnahmen der Gesellschaft zu verhindern, kann nicht genügen, die Erforderlichkeit eines Wettbewerbsverbotes zu begründen.[793] Einen die Geschäftsführung steuernden Einfluss vermittelt eine Sperrminorität normalerweise nicht.[794]

---

790 Vgl. oben S. 104 ff. mit Fn. 542; ferner *W. Werner*, Festschrift Semler, S. 419, 425; *Decher*, in: GroßKomm, AktG, § 131, Rn. 278, m. w. N.

791 So auch *Salfeld*, Wettbewerbsverbote im Gesellschaftsrecht, S. 181.

792 Für den Halter einer Sperrminorität kann aber unter Umständen als Großaktionär die Erforderlichkeit eines Wettbewerbsverbotes zu bejahen sein, dazu oben S. 163 f.

793 Vgl. oben S. 131 ff.

794 Eine Ausnahme könnte jedoch für Fälle gelten, in denen die Satzung in Abweichung von § 133 Abs. 1 AktG für die Wahl des Aufsichtsrates eine höhere Mehrheit fordert, die nur mit Hilfe der Sperrminorität erreicht werden kann. Der um seine Wiederwahl besorgte Aufsichtsrat und damit mittelbar auch der Vorstand könnten dann – insbesondere in Abwesenheit eines Mehrheitsaktionärs – in eine gewisse Abhängigkeit zum Inhaber der Sperrminorität geraten, vgl. *Bayer*, in: MünchKomm, AktG, § 17, Rn. 43.

(b) Erforderlichkeit aufgrund von Informationsmöglichkeiten

Bereits die Untersuchung zum Mehrheitsaktionär zeigt auf, dass die gesetzlichen Informationsmöglichkeiten eines Aktionärs die Erforderlichkeit eines Wettbewerbsverbotes nicht begründen können. Dies gilt umso mehr für einen Minderheitsgesellschafter. Zudem stehen weder der Vorstand noch der Aufsichtsrat oder einzelne Mitglieder dieser Organe in einem tatsächlichen Abhängigkeitsverhältnis zum Minderheitsgesellschafter, so dass dieser auch über keine faktischen Informationsmöglichkeiten verfügt.[795]

Auch aufgrund der einem typischen Minderheitsaktionär zustehenden Informationsmöglichkeiten besteht nicht die Erforderlichkeit eines Wettbewerbsverbotes.[796]

(c) Ergebnis

Ein Wettbewerbsverbot zu Lasten eines Minderheitsaktionärs ist weder unter dem Gesichtspunkt der Einflussnahme- noch unter dem Gesichtspunkt der Informationsmöglichkeiten erforderlich.[797]

(5) Zusammenschluss von Minderheitsaktionären

Gerade wurde gezeigt, dass ein Wettbewerbsverbot für einen typischen Minderheitsaktionär grundsätzlich nicht erforderlich ist. Diese Bewertung kann sich aber ändern, wenn sich ein Minderheitsaktionär mit anderen Minderheitsaktionären zusammenschließt, so dass der so gebündelte Einfluss dem einer Mehrheitsbeteiligung entspricht. Ein solcher Zusammenschluss kann auf vertraglicher Grundlage erfolgen, so beispielsweise durch Treuhandverhältnisse und Stimmbindungs-, Pool- oder Konsortialverträge. Aufgrund des Inhaltes der vertragli-

---

795 Zumindest verfügt der Minderheitsaktionär über keine Informationsmöglichkeiten, die im Zusammenhang mit seiner Aktionärsstellung stehen; zu anderen faktischen Informationsmöglichkeiten des Minderheitsaktionärs, zum Beispiel aufgrund persönlicher Beziehungen, vgl. oben S. 104 ff. Es handelt sich hierbei nicht um spezifische Gefahren.

796 So auch *Salfeld*, Wettbewerbsverbote im Gesellschaftsrecht, S. 181 f.; *Eckert*, Konzerneingangsschutz im Aktienkonzernrecht, S. 123; *Friedewald*, Die personalistische Aktiengesellschaft, S. 140; *Geiger*, Wettbewerbsverbote im Konzernrecht, S. 76 ff.

797 So auch die allgemeine Ansicht; vgl. nur *Salfeld*, Wettbewerbsverbote im Gesellschaftsrecht, S. 181 f.; *Eckert*, Konzerneingangsschutz im Aktienkonzernrecht, S. 123; *Liebscher*, Konzernbildungskontrolle, S. 366 f.: „Anlagegesellschafter"; *Friedewald*, Die personalistische Aktiengesellschaft, S. 140; *Geiger*, Wettbewerbsverbote im Konzernrecht, S. 78 f.; *Hennrichs*, AcP 195 (1995), S. 221, 253.

chen Vereinbarung ist zu differenzieren zwischen Konstellationen, in denen einem der Aktionäre ein zusätzlicher Einfluss verschafft wird, und Konstellationen, in denen der Einfluss der Aktionäre gemeinsam koordiniert wird.

Zur ersten Konstellation gehört der Fall, dass ein Aktionär aufgrund einer Stimmrechtsvereinbarung berechtigt ist, über die Stimmabgabe der anderen Aktionäre zu bestimmen. Soweit die ihm übertragenen Stimmen zusammengenommen mit seinen eigenen Stimmen die Mehrheit oder die faktische Hauptversammlungsmehrheit ausmachen, ist seine Stellung mit der eines Mehrheitsaktionärs vergleichbar. Entsprechend ist auch zu seinen Lasten ein Wettbewerbsverbot erforderlich.

Auch in der zweiten Konstellation werden die Stimmen der an der Vereinbarung beteiligten Aktionäre in der Hauptversammlung einheitlich abgegeben. Im Gegensatz zur ersten Konstellation bestimmt aber nicht ein einzelner Aktionär über die Stimmabgabe der gesamten Aktionärsgruppe. Vielmehr wird der Inhalt der Stimmabgabe in einem internen Verfahren gemeinsam festgelegt. Über den Inhalt der einheitlichen Stimmabgabe kann beispielsweise durch Kopf- oder Stimmenmehrheit der Gruppenmitglieder entschieden werden. Entsprechen die Stimmen der Aktionärsgruppe der Mehrheit oder der faktischen Hauptversammlungsmehrheit, gerät die Leitung der Aktiengesellschaft in Abhängigkeit zur Aktionärsgruppe.[798] Die Gruppe insgesamt gleicht dann einem Mehrheitsaktionär. Die Erforderlichkeit eines Wettbewerbsverbotes ist daher für alle an der Gruppe beteiligten Aktionäre – unabhängig von ihrer eigenen Beteiligungsquote an der Gesellschaft und auch unabhängig von der Frage, ob sie bei poolinternen Mehrheitsentscheidungen regelmäßig überstimmt werden –[799] zu bejahen.[800] Gleiches gilt für faktische Zusammenschlüsse von Minderheitsaktionären, wenn die betreffenden Aktionäre in der Vergangenheit immer in gleicher Weise abgestimmt haben und auch weiterhin eine Interessenkonvergenz zwi-

---

798 Vgl. die entsprechende Diskussion zur „mehrfachen Abhängigkeit" im Rahmen des § 17 AktG: *Hüffer*, AktG, § 17, Rn. 13 ff.; *Bayer*, in: MünchKomm, AktG, § 17, Rn. 76 ff.; *Koppensteiner*, in: KölnKomm, AktG, § 17, Rn. 83 ff.; *Windbichler*, in: GroßKomm, AktG, § 17, Rn. 59 ff.; jeweils m. w. N.

799 Vgl. *Koppensteiner*, in: KölnKomm, AktG, § 17, Rn. 90, m. w. N.

800 *Geiger*, Wettbewerbsverbote im Konzernrecht, S. 114, 80 f.; für die GmbH vgl. *Osten*, GmbHR 1989, S. 450, 452.

schen ihnen besteht, aufgrund derer auch eine einheitliche Stimmabgabe für die Zukunft zu erwarten ist.[801]

Im Ergebnis ist somit festzuhalten, dass ein Wettbewerbsverbot zu Lasten von Minderheitsaktionären erforderlich sein kann, wenn diese ihre Stimmabgabe mit anderen Minderheitsaktionären koordinieren.

(6) Aktionär mit mitgliedschaftlichen Vorrechten

Den Aktionären können neben den mitgliedschaftlichen Vermögens- und Verwaltungsrechten, die grundsätzlich jedem Stammaktionär zustehen, durch die Satzung auch zusätzliche mitgliedschaftliche Rechte eingeräumt werden. Diese Rechte werden als Vorrechte bezeichnet.[802] Aufgrund solcher Vorrechte können Aktionären zusätzliche Einflussnahme- oder Informationsmöglichkeiten gewährt werden, welche die Erforderlichkeit eines Wettbewerbsverbotes begründen könnten. § 11 AktG zeigt auf, dass mitgliedschaftliche Rechte unterschiedlich stark ausgeprägt sein können, wobei Mitgliedschaften mit gleicher Ausprägung jeweils eine Gattung bilden.[803] Ein bekanntes Beispiel hierfür ist die Vorzugsaktie ohne Stimmrecht. Nach § 139 Abs. 1 AktG sind dies Aktien, die mit einem nachzuzahlenden Vorzug bei der Verteilung des Gewinns als Vorrecht ausgestattet sind. Ihnen *kann* für dieses Vorrecht im Gegenzug das Stimmrecht ausgeschlossen werden.[804] Als Grenze der Satzungsautonomie und damit zugleich als Zulässigkeitsschranke für mögliche Vorrechte fungiert der Grundsatz der Satzungsstrenge nach § 23 Abs. 5 AktG. Hieran scheitert beispielsweise die Gewährung von Leitungsbefugnissen an einen Aktionär.[805]

---

801 Vgl. BGHZ 80, 69, 73 (Süssen); ferner *Koppensteiner*, in: KölnKomm, AktG, § 17, Rn. 91 f.; *Bayer*, in: MünchKomm, AktG, § 17, Rn. 78 f.

802 Vorrechte werden teilweise auch als Sonderrechte bezeichnet. Zur Terminologie sowie zur terminologischen Differenzierung für das Aktienrecht vgl. *Hüffer*, AktG, § 11, Rn. 6; *Eckhardt*, in: Geßler/Hefermehl, AktG, § 11, Rn. 29 ff.; *Kraft*, in: KölnKomm, AktG, § 11, Rn. 13; *Heider*, in: MünchKomm, AktG, § 11, Rn. 13 ff.

803 *Hüffer*, AktG, § 11, Rn. 1. Eine Ausnahme zu dieser Regel bildet das Recht von Aktionären, Mitglieder in den Aufsichtsrat zu entsenden (§ 101 Abs. 2 AktG). Nach § 101 Abs. 2 Satz 3 AktG gelten die Aktien der Entsendungsberechtigten nicht als eine besondere Gattung.

804 Vgl. neben § 139 Abs. 1 AktG auch § 12 Abs. 1 Satz 2 AktG.

805 Siehe nur *K. Schmidt*, Gesellschaftsrecht, § 21 I. 2. d), S. 603, m. w. N.

Im vorliegenden Zusammenhang sind der Zustimmungsvorbehalt zu Satzungsänderungen, das Entsendungsrecht in den Aufsichtsrat sowie ein zusätzliches Informationsrecht für Aktionäre zu untersuchen. Es soll jeweils davon ausgegangen werden, dass es sich bei dem bevorrechtigten Aktionär um einen Minderheitsaktionär handelt, dem jeweils nur das zu untersuchende Vorrecht zusteht.

(a) Aktionär mit Zustimmungsvorbehalt zu Satzungsänderungen

Zur Änderung der Satzung bedarf es nach § 179 Abs. 2 Satz 1 AktG grundsätzlich einer Mehrheit von drei Vierteln des bei der Beschlussfassung vertretenen Grundkapitals. Neben einer anderen Kapitalmehrheit kann die Satzung aber nach § 179 Abs. 2 Satz 3 AktG auch „weitere Erfordernisse" für eine Satzungsänderung aufstellen,[806] die sich allgemein auf alle oder aber auch nur auf bestimmte Beschlussgegenstände beziehen können.[807] Als ein solches Erfordernis ist die Zustimmung bestimmter Aktionäre oder der Inhaber bestimmter Aktien oder Aktiengattungen anerkannt.[808] Nach vorherrschender Ansicht kann die Satzungsänderung auch an die Zustimmung aller Aktionäre gebunden sein.[809]

Steht einem Aktionär ein Zustimmungsvorbehalt zu, kann er nachteilig auf die Geschicke der Gesellschaft einwirken, indem er Satzungsänderungen verhindert, die für eine positive Entwicklung der Gesellschaft von Bedeutung sind. Damit ist er – ähnlich dem Inhaber einer Sperrminorität – unter Umständen in der Lage, erforderliche Kapitalmaßnahmen zu blockieren und damit die positive Weiterentwicklung der Gesellschaft zu verlangsamen. Entsprechend der Rechtslage

---

806 Vgl. ferner §§ 182 Abs. 1 Satz 3, 202 Abs. 2 Satz 3, 222 Abs. 1 Satz 2 AktG.

807 *Hefermehl/Bungeroth*, in: Geßler/Hefermehl, AktG, § 179, Rn. 122.

808 *Hüffer*, AktG, § 179, Rn. 23; *Zöllner*, in: KölnKomm, AktG, § 179, Rn. 169. Zustimmungsvorbehalte finden sich zwar nicht in den klassischen Aufzählungen möglicher Vorrechte. Sie sind ihnen aber zumindest strukturell vergleichbar, vgl. *Bachmann/Veil*, ZIP 1999, S. 348 mit Fn. 12.

809 *Hefermehl/Bungeroth*, in: Geßler/Hefermehl, AktG, § 179, Rn. 127; *Wiedemann*, in: GroßKomm, AktG, 3. Aufl., § 179, Anm. 6 b; *A. Hueck*, in: Baumbach/Hueck, AktG, § 179, Rn. 4; *Priester*, ZHR 151 (1987), S. 40, 49, Fn. 55; a.A. *S. Wilhelmi*, in: Godin/-Wilhelmi, AktG, § 179, Anm. 1; *Henn*, Handbuch des Aktienrechts, Rn. 180 mit Fn. 135. Im Einzelfall darf dieses Zustimmungserfordernis aber nicht dazu führen, dass Satzungsänderungen faktisch unmöglich werden. Für Publikumsgesellschaften wird dies aber generell anzunehmen sein, siehe dazu *Hefermehl/Bungeroth*, in: Geßler/-Hefermehl, AktG, § 179, Rn. 89, 128.

zur Stimmrechtsausübung kann jedoch nur in extremen Fällen eine Zustimmungspflicht angenommen werden. Zudem wird die Zustimmungsverweigerung eines konkurrierenden Gesellschafters nur dann einen Verstoß gegen die gesellschaftsrechtliche Treuepflicht darstellen, wenn evident ist, dass die durch die Kapitalmaßnahme beschafften Mittel für bestimmte wettbewerbsrelevante Maßnahmen der Gesellschaft verwendet werden sollen.[810]

Wie auch schon für den Inhaber einer Sperrminorität gezeigt, reicht allein die Möglichkeit, insbesondere Kapitalmaßnahmen der Gesellschaft zu blockieren, nicht aus, die Erforderlichkeit eines Wettbewerbsverbotes zu bejahen. Das Schädigungspotential ist regelmäßig niedrig; für wesentliche Satzungsänderungen ist die Gesellschaft durch die beschriebenen Schutzmechanismen ausreichend geschützt.[811]

(b) Aktionär mit Entsendungsrecht in den Aufsichtsrat

Nach § 101 Abs. 2 Satz 1 AktG kann die Satzung bestimmten Aktionären oder den jeweiligen Inhabern bestimmter Aktien das Recht einräumen, Mitglieder in der Aufsichtsrat zu entsenden. Das aktionärsgebundene Entsendungsrecht nach § 101 Abs. 2 Satz 1 Var. 1 AktG ist ein höchstpersönliches Recht, welches weder vererbt noch rechtsgeschäftlich übertragbar ist. Der Entsendungsberechtigte ist in der Satzung namentlich zu nennen.[812] Das aktiengebundene Entsendungsrecht nach § 101 Abs. 2 Satz 1 Var. 2 AktG steht dagegen dem jeweiligen Inhaber näher zu bestimmender Aktien zu. Dabei muss es sich nach § 101 Abs. 2 Satz 2 AktG um vinkulierte Namensaktien handeln. Durch eine Erklärung gegenüber der Gesellschaft benennt der Aktionär die Person des Aufsichtsratsmitglieds und übt damit sein Entsendungsrecht aus. Zur wirksamen Bestellung bedarf es des Weiteren noch der Annahme durch den Entsandten.[813]

Für die Frage nach den Einflussnahme- und Informationsmöglichkeiten, welche einem Aktionär mit Entsendungsrecht mittelbar über das entsandte Aufsichtsratsmitglied zustehen, ist mitentscheidend, in welchem Verhältnis die beiden

---

810 In Anlehnung an *Steindorff*, Festschrift Rittner, S. 675, 691 ff., vgl. ferner oben bei Fn. 788.

811 Vgl. oben S. 164 f.

812 *Hüffer*, AktG, § 101, Rn. 8.

813 *Hüffer*, AktG, § 101, Rn. 10.

Parteien zueinander stehen. Zunächst könnten die entsandten Aufsichtsratsmitglieder an die Weisungen des Entsenders gebunden sein. Zu differenzieren ist dabei zwischen einer organisationsrechtlichen und einer internen, das heißt, zwischen Entsender und Entsandten bestehenden Weisungsbindung:

(i) Organisationsrechtliche Weisungsbindung des Entsandten?

Organisationsrechtliche Weisungsbindungen werden unter jeweils besonderen Vorzeichen für Beamte, die von ihren Gebietskörperschaften in den Aufsichtsrat entsandt werden,[814] und für Arbeitnehmervertreter im Aufsichtsrat[815] diskutiert. Nach richtiger Ansicht ist eine Weisungsbindung aber für beide Fälle zwingend zu verneinen.[816] Denn die Autonomie des Aufsichtsrates und damit notwendigerweise auch die Unabhängigkeit seiner einzelnen Mitglieder stellt ein ungeschriebenes Prinzip des Aktienrechts dar.[817] Eine organisationsrechtliche Weisungsbindung für die Mitglieder des Aufsichtsrates ist dem Aktiengesetz daher unbekannt. Dies gilt auch für Aufsichtsratsmitglieder, die gemäß § 101 Abs. 2 AktG in den Aufsichtsrat entsandt werden.[818]

(ii) Vertragliche Weisungsbindung des Entsandten

Etwas anderes kann aber für das Innenverhältnis gelten. Das Innenverhältnis zwischen Entsandtem und Entsender ist – soweit es nicht öffentlich-rechtlicher Natur ist – schuldvertraglich ausgestaltet. Als mögliche Gestaltungsvarianten kommen dafür der Auftrag gemäß §§ 662 ff. BGB sowie der Geschäftsbesorgungsvertrag gemäß § 675 BGB in Betracht.[819] Ferner kann der Entsandte auch in einem Anstellungsverhältnis (§§ 611 ff. BGB) zum seinem Entsender ste-

---

814 Vgl. *Hüffer*, AktG, § 394, Rn. 27 ff., m. w. N.

815 Vgl. *Säcker*, DB 1977, S. 1791, 1793.

816 Für die beamtenrechtlichen Weisungsbindung vgl. nur *Hüffer*, AktG, § 394, Rn. 29, sowie die Nachweise zur ersten Ansicht ebd., Rn. 28; für die Weisungsbindung der Arbeitnehmervertreter vgl. *Säcker*, DB 1977, S. 1791, 1793.

817 Vgl. *Säcker*, DB 1977, S. 1791, 1793; *U. H. Schneider*, ZGR 1977, S. 335, 339.

818 *Hüffer*, AktG, § 101, Rn. 10, *Mertens*, in: KölnKomm, AktG, § 101, Rn. 55; *Meyer-Landrut*, in: GroßKomm, AktG, 3. Aufl., § 101, Anm. 18; *Breuer/Fraune*, in: AnwaltKomm, AktienR, AktG, § 101, Rn. 14; *Hoffmann-Becking*, in: MünchHdbGesR AG, § 30, Rn. 22; *U. H. Schneider*, ZGR 1977, S. 335, 338 f.; ferner BGHZ 36, 296, 306; 90, 381, 398 (BuM/WestLB).

819 *Mertens*, in: KölnKomm, AktG, § 101, Rn. 58; *Semler*, in: MünchKomm, AktG, § 101, Rn. 98; *Geßler*, in: Geßler/Hefermehl, AktG, § 101, Rn. 104; *Meyer-Landrut*, in: GroßKomm, AktG, 3. Aufl., § 101, Anm. 101.

hen.[820] Ein Entsandter ist aufgrund dieser vertraglichen Beziehungen grundsätzlich an die Weisungen des Entsenders gebunden.[821]

Dies führt zu einem Dilemma: Das entsandte Aufsichtsratsmitglied ist – so wie jedes andere Aufsichtsratsmitglied auch – dem Gesellschaftsinteresse verpflichtet.[822] Korrespondiert nun eine vertragliche Weisung nicht mit dem Gesellschaftsinteresse, befindet sich der Entsandte in einer „Zwickmühle“ zwischen aktienrechtlicher Pflichtenbindung und vertraglicher Weisungsbindung. Denn in Konfliktsituationen hat ein Aufsichtsratsmitglied zwingend dem Interesse der Aktiengesellschaft den Vorzug einzuräumen.[823] Andernfalls verletzt es seine Sorgfaltspflicht gegenüber der Gesellschaft, was eine Schadensersatzpflicht nach §§ 116 Satz 1, 93 Abs. 2 AktG begründen kann.[824] Umgekehrt bedeutet ein sorgfaltsgemäßes Verhalten aber automatisch ein weisungswidriges Verhalten, welches regelmäßig eine schadensersatzpflichtige Vertragsverletzung darstellt.

Zur Lösung des Dilemmas zwischen organisationsrechtlicher Unabhängigkeit der Aufsichtsratsmitglieder und vertraglicher Weisungsbindung wird teilweise eine Modifizierung des Weisungsrechts vorgeschlagen: Das Weisungsrecht solle nur soweit gehen, als dass der Entsandte durch eine Weisung nicht in einen Widerspruch zu seinen organschaftlichen Pflichten gesetzt wird.[825] Dabei liegt aber vor allem eine praktische Schwierigkeit darin, dass für den Entsender oftmals schwer abschätzbar sein wird, mit welcher Weisung er einen Interessenkonflikt des Entsandten herbeiführt. Deshalb wird auch vorgeschlagen, die vertragliche Bindungswirkung der Weisung zu lockern. Der Entsandte solle eigenverantwortlich entscheiden, ob die jeweilige Weisung mit dem Gesellschaftsinteresse kor-

---

820 Vgl. *U. H. Schneider*, ZGR 1977, S. 335, 341.

821 Vgl. nur *Weidenkaff*, in: Palandt, BGB, § 611, Rn. 45 ff.; *Sprau*, in: Palandt, BGB, § 662, Rn. 9.

822 *Semler*, in: MünchKomm, AktG, § 101, Rn. 132.

823 *Semler*, in: MünchKomm, AktG, § 101, Rn. 132 ff.; *Geßler*, in: Geßler/Hefermehl, AktG, § 101, Rn. 98, m. w. N.; vgl. ferner *Hüffer*, AktG, § 116, Rn. 5; *Ulmer*, NJW 1980, S. 1603, 1605.

824 Vgl. *U. H. Schneider*, ZGR 1977, S. 335, 341; *Ulmer*, NJW 1980, S. 1603, 1605.

825 *Meyer-Landrut*, in: GroßKomm, AktG, 3. Aufl., § 101, Anm. 17 f.; *A. Hueck*, in: Baumbach/Hueck, AktG, § 101, Rn. 13; ferner *Geßler*, in: Geßler/Hefermehl, AktG, § 101, Rn. 98 ff., 104, der daneben die Niederlegung des Aufsichtsratsmandats durch den Entsandten zur Lösung des Interessenkonflikts vorschlägt.

respondiere.[826] Harmoniere die Weisung mit dem Gesellschaftsinteresse, bestehe die vertragliche Verpflichtung zum weisungsgemäßen Verhalten.[827] Stehe dagegen eine Weisung nicht im Einklang mit dem Gesellschaftsinteresse, sei sie für den Entsandten unverbindlich. Ihre Nichtbeachtung bedeute keine Vertragsverletzung. Solche Modifikationen oder Begrenzungen des Weisungsrechts können mit einer aktienrechtlichen Überlagerung des allgemeinen Zivilrechts begründet werden.[828] Zudem können sie auch im Wege der ergänzenden Vertragsauslegung[829] in das jeweilige Vertragsverhältnis hineingelesen werden. Meines Erachtens sind Weisungen, die ein Mitglied des Aufsichtsrates zur Verletzung seiner Sorgfaltspflicht bestimmen, unzulässig und daher für den Entsandten unverbindlich.[830] Eine abschließende Entscheidung über die Art der Modifikation des vertraglichen Weisungsrechts sowie deren Begründung ist aber nicht notwendig.

Für die weitere Untersuchung bleibt festzuhalten, dass grundsätzlich ein vertragliches Weisungsrecht des Entsenders gegenüber dem Entsandten besteht. Der Entsandte hat aber nur solche Weisungen zu befolgen, die auch im Gesellschaftsinteresse liegen, und daher nicht zum Verstoß gegen seine organschaftlichen Pflichten führen.[831] Insbesondere hat er unter den genannten Voraussetzungen sein Stimmrecht weisungsgemäß auszuüben. Daher kommt es im Ergebnis zu keiner Kollision zwischen vertraglicher Weisungsbindung und dem Prinzip der organisationsrechtlichen Unabhängigkeit der Aufsichtsratsmitglieder. Gegen eine Kollision spricht daneben auch schon der schuldrechtliche Charakter der Weisung, aufgrund dessen ihr keine Außenwirkung und damit keine organisationsrechtliche Bindungswirkung zukommt.[832] Zum Beispiel wäre eine weisungs- und damit vertragswidrige Stimmabgabe bei der Beschlussfassung im Aufsichtsrat auch ohne Modifikation des Weisungsrechts in jedem Fall gültig.

---

826 So *Mertens*, in: KölnKomm, AktG, § 101, Rn. 55, 59.

827 Handlungsalternativen müssen dann ausgeblendet werden.

828 Vgl. *Mertens*, in: KölnKomm, AktG, § 101, Rn. 59.

829 Dazu *Heinrichs*, in: Palandt, BGB, § 157, Rn. 2 ff.

830 Vgl. *Zöllner*, in: KölnKomm, AktG, § 136, Rn. 90 f.; *Raiser*, Recht der Kapitalgesellschaften, § 16, Rn. 92, S. 257; jeweils zum Stimmbindungsvertrag.

831 Vgl. *U. H. Schneider*, ZGR 1977, S. 335, 341.

832 Vgl. *U. H. Schneider*, ZGR 1977, S. 335, 340 f.

Aus den genannten Gründen ist eine generelle Ablehnung einer internen Weisungsbindung nicht notwendig.[833]

Die Satzung kann das Entsendungsrecht über die gesetzlichen Voraussetzungen hinaus von weiteren Voraussetzungen abhängig machen. Dies ergibt sich aus § 103 Abs. 2 Satz 2 AktG. Durch eine entsprechende Satzungsklausel können daher vertragliche Weisungsbindungen ganz ausgeschlossen werden.[834]

(iii) Faktische Abhängigkeit des Entsandten

Neben einer beschränkten, internen Weisungsbindung könnte das entsandte Aufsichtsratsmitglied ferner in einem faktischen Abhängigkeitsverhältnis zum Entsendungsberechtigten stehen. Ein solches Abhängigkeitsverhältnis ließe in besonderem Maße die Befolgung solcher Wünsche und Weisungen eines konkurrierenden Entsenders erwarten, die für die Gesellschaft nachteilig sind.

Der Ursprung der Abhängigkeit kann dabei wirtschaftlicher Natur sein, wie dies etwa in Fällen gegeben ist, in denen der Entsandte in einem Anstellungsverhältnis zum Entsender steht. Solche Konstellationen finden sich insbesondere dann, wenn es sich bei dem Entsender selbst um eine Gesellschaft handelt. Die Gesellschaft entsendet dann häufig ein Mitglied ihrer Geschäftsführung oder einen leitenden Angestellten in den Aufsichtsrat der anderen Gesellschaft.[835] Zur Vermeidung solcher Abhängigkeiten kann zwar durch die Satzung bestimmt werden, dass zwischen dem Entsender und dem Entsandten kein Anstellungsverhältnis bestehen darf und der Entsender dem Entsandten auch darüber hinaus keine Vergütung für die Tätigkeit im Aufsichtsrat zahlen darf.[836] Doch existieren entsprechende Satzungsklauseln in den wenigsten Fällen.

---

833 So aber *Hüffer*, AktG, § 101, Rn. 10 in Zusammenschau mit § 394 Rn. 29 a.E.; ferner *Säcker*, DB 1977, S. 1791, 1793.

834 *Geßler*, in: Geßler/Hefermehl, AktG, § 101, Rn. 83 ff., 106, § 103, Rn. 24; *Mertens*, in: KölnKomm, AktG, § 101, Rn. 59; *Meyer-Landrut*, in: GroßKomm, AktG, 3. Aufl., § 101, Anm. 17.

835 Vgl. *Baumann/Reiß*, ZGR 1989, S. 157, 188, m. w. N., in Bezug auf pool- oder konsortialvertragliche Regelungen für die Besetzung des Aufsichtsrates.

836 *Mertens*, KölnKomm, AktG, § 101, Rn. 59; *Meyer-Landrut*, in: GroßKomm, AktG, 3. Aufl., § 101, Anm. 17; ferner *Geßler*, in: Geßler/Hefermehl, AktG, § 101, Rn. 83 ff., 106, § 103, Rn. 24.

Aber auch ohne eine wirtschaftliche Abhängigkeit wird der Entsender regelmäßig einen starken Einfluss auf den Entsandten nehmen können. So ist davon auszugehen, dass der Entsendungsberechtigte schon nur Personen in den Aufsichtsrat entsendet, von deren Loyalität er überzeugt ist. Zur langfristigen Absicherung dieser Loyalität, steht ihm die Abberufung als ein ständiges Druckmittel zur Verfügung. So kann der Entsender das entsandte Aufsichtsratsmitglied nach § 103 Abs. 2 Satz 1 AktG jederzeit abberufen und durch ein neues Mitglied ersetzen. Eines wichtigen Grundes bedarf es dafür nicht.[837] Da ein jedes Aufsichtsratsmitglied regelmäßig an einer möglichst langen Amtszeit interessiert ist,[838] muss erwartet werden, dass es sein Amt weitestgehend im Sinne des entsendungsberechtigten Aktionärs ausübt. Denn schon eine einzige Entscheidung, welche dem Entsendungsberechtigten missfällt, kann für das Aufsichtsratsmitglied die Abberufung bedeuten.[839]

Im Ergebnis muss daher – zumindest für den hier interessierenden Regelfall – eine faktische Abhängigkeit des entsandten Aufsichtsratsmitglieds vom Entsendungsberechtigten vermutet werden,[840] so dass auch in diesem Nexus von einem „informellen imperativen Mandat“ gesprochen werden kann[841]. Von einer hinreichenden Unabhängigkeit kann für entsandte Mitglieder des Aufsichtsrates also keinesfalls ausgegangen werden. Dies lag aber auch in der Intention des Gesetzgebers. Mit der Aufnahme von Entsendungsrechten in das Aktiengesetz wollte er die Möglichkeit schaffen, dass auch Aktionären ohne eine entsprechende Kapitalbeteiligung ein maßgeblicher Einfluss auf die Geschäftsführung durch die Satzung eingeräumt werden kann.[842] Streng genommen steht das aktiengesetzliche Entsendungsrecht daher in einem Wertungswiderspruch zum Prinzip der Unabhängigkeit des Aufsichtsrates.

---

837 *Hüffer*, AktG, § 103, Rn. 7.

838 Vgl. oben bei Fn. 678.

839 Vgl. *Hoffmann-Becking*, in: MünchHdbGesR AG, § 30, Rn. 22 a.E.

840 *Breuer/Fraune*, in: AnwaltKomm, AktienR, AktG, § 101, Rn. 14.

841 Vgl. Bericht zur Diskussion, ZGR 1977, S. 352, 353.

842 *Mertens*, in: KölnKomm, AktG, § 101, Rn. 39; vgl. ferner BGHZ 36, 296, 307.

(iv) Erforderlichkeit aufgrund von Möglichkeiten der Einflussnahme

Im Vorstehenden konnte gezeigt werden, dass die entsandten Aufsichtsratsmitglieder in einem gewissen Abhängigkeitsverhältnis zu ihrem Entsender stehen. Es bleibt zu prüfen, ob entsendungsberechtigte Aktionäre mittels der von ihnen entsandten Aufsichtsratsmitglieder einen solchen Einfluss auf die Geschicke der Gesellschaft nehmen können, der für sie ein Wettbewerbsverbot erforderlich macht.

Der Aufsichtsrat kann in verschiedener Weise Einfluss auf die Geschäftsführung der Gesellschaft nehmen: Das erste und vielleicht stärkste Mittel der Einflussnahme ist dabei seine Zuständigkeit für die Bestellung der Vorstandsmitglieder sowie für die Verlängerung deren Amtszeit. Ferner ist ihm aufgrund seiner Zustimmungsvorbehalte für bestimmte Arten von Geschäften (§ 111 Abs. 4 Satz 2 AktG) eine gewisse Möglichkeit der Einflussnahme gegeben. Schließlich ist auch sein Einwirkungspotential auf die gegenwärtige und zukünftige Geschäftspolitik der Gesellschaft durch die Beratung des Vorstandes und seine Einbindung in grundlegende Entscheidungen nicht zu unterschätzen.[843]

Die genannten Kompetenzen stehen dem Aufsichtsrat aber nur als Kollegialorgan zu.[844] Ein Entsendungsberechtigter könnte daher nur einen Einfluss auf die Geschicke der Gesellschaft nehmen, wenn die faktische Abhängigkeit der entsandten Aufsichtsratsmitglieder auf den Gesamtaufsichtsrat „ausstrahlen" würde. Dies verhindert aber § 101 Abs. 2 Satz 4 AktG, nach dem die Anzahl der aufgrund von Entsendungsrechten besetzbaren Aufsichtsratssitze auf ein Drittel der Aufsichtsratsmitglieder der Aktionäre begrenzt ist.[845] Deshalb kann der Gesamtaufsichtsrat nicht in ein Abhängigkeitsverhältnis zu einem Entsendungsberechtigten geraten, selbst wenn dieser über die maximale Anzahl von Entsendungsrechten verfügt. Folglich kann ein Aktionär aufgrund von Entsendungs-

---

843 Vgl. *Hüffer*, AktG, § 111, Rn. 5, m. w. N.: „Beratung als präventives Mittel der Überwachung"; *Lutter/Drygala*, Festschrift Ulmer, S. 381.

844 Seine Entscheidungen trifft er als Kollegialorgan nach § 108 Abs. 1 AktG durch Beschluss.

845 Eine Ausnahme gilt nach § 101 Abs. 2 Satz 5 AktG bislang noch für die Volkswagen AG. Nach § 4 Abs. 1 „VolkswagenG" (BGBl. I 1960, S. 585) sind die Bundesrepublik Deutschland und das Land Niedersachen berechtigt, je zwei Aufsichtsratsmitglieder in den Aufsichtsrat zu entsenden, solange ihnen Aktien der Gesellschaft gehören.

rechten auch keine beherrschende Stellung in der Gesellschaft erlangen, insbesondere dann nicht, wenn die Gesellschaft zudem noch mitbestimmt ist.[846] Eine Gleichsetzung eines Entsendungsberechtigten mit einem Mehrheitsaktionär, welcher im Regelfall Stimmenmehrheit im Aufsichtsrat dirigieren kann, ist nicht möglich.

Ein größeres Maß an Einfluss als im Gesamtaufsichtsrat kann den entsandten Mitgliedern aber in den einzelnen fachlich qualifizierten Ausschüssen des Aufsichtsrates zukommen. Nach § 107 Abs. 3 Satz 1 AktG kann der Aufsichtsrat aus seiner Mitte einen oder mehrere Ausschüsse bestellen. Sie haben die Aufgabe, die Sitzungen und Beschlüsse des Aufsichtsrates vorzubereiten, die Ausführung der Beschlüsse zu überwachen sowie in Teilbereichen auch Entscheidungen anstelle des Aufsichtsrates zu treffen[847]. Sie dienen damit der Steigerung der Effizienz der Aufsichtsratsarbeit. Eine besondere wettbewerbsbezogene Relevanz kann dabei Ausschüssen zu den Sachthemen Unternehmensstrategie, Investitionen oder Finanzierung zukommen.[848] Ein beachtlicher Einfluss der entsandten Aufsichtsratsmitglieder wird aber nur in solchen Ausschüssen gegeben sein, in denen sie überproportional vertreten sind. Ebenso wie die Ausschüsse werden auch die Ausschussmitglieder aber durch einen Beschluss des Aufsichtsrates bestellt. Zur Beschlussfassung bedarf es dabei der Mehrheit der abgegebenen Stimmen, wobei auch das zu bestellende Mitglied stimmberechtigt ist.[849] Ein satzungsmäßiges Vorrecht des Entsendungsberechtigten kann dagegen nicht die Zugehörigkeit des Entsandten zu einem oder mehreren Ausschüssen beinhalten, da dies einen Verstoß gegen die Gestaltungsautonomie des Aufsichtsrates bedeutet.[850] Eine überproportionale Besetzung von Ausschüssen mit entsandten Aufsichtsratsmitgliedern wird daher regelmäßig nicht zu erwarten sein.

Aber auch im Falle der überproportionalen Besetzung bleibt das Einwirkungs- und damit das Schädigungspotential eines konkurrierenden Entsenders unterhalb

---

846 *Hoffmann-Becking*, in: MünchHdbGesR AG, § 30, Rn. 21; vgl. auch RGZ 165, 68, 79 ff., 82 f.

847 Argumentum e contrario zu § 107 Abs. 3 Satz 2 AktG.

848 Vgl. Nr. 5.3.3 DCGK.

849 *Mertens*, in: KölnKomm, AktG, § 107, Rn. 101.

850 *Mertens*, in: KölnKomm, AktG, § 107, Rn. 90 a.E.; sowie die Vorauflage Rn. 79, m. w. N.

der Erheblichkeitsschwelle: Ist beispielsweise ein dauernder Ausschuss für Entscheidungen über einzelne zustimmungspflichtige Geschäfte bestellt[851], in dem zwei von drei Mitgliedern[852] durch einen Aktionär in den Aufsichtsrat entsandt wurden, können die abhängigen Mitglieder kraft ihrer Stimmenmehrheit die Zustimmung für bestimmte Geschäfte verweigern, von denen ein positiver Effekt für die Gesellschaft zu erwarten ist. Wegen der Zustimmungsverweigerung darf der Vorstand das Geschäft nicht durchführen. Der Vorstand kann zwar nach § 111 Abs. 4 Satz 3 AktG die Hauptversammlung anrufen, durch deren Beschluss die fehlende Zustimmung des Aufsichtsrates ersetzt werden kann, doch führt dies – insbesondere bei Publikumsgesellschaften – zu einer mitunter erheblichen zeitlichen Verzögerung, welche letztlich die Durchführung des Geschäfts scheitern lassen oder zumindest gefährden kann. Doch dazu wird es nicht kommen. So steht dem Gesamtaufsichtsrat die Kompetenz zu, Entscheidungen der Ausschüsse jederzeit aufzuheben oder abzuändern.[853] Von diesem Recht wird er insbesondere in Fällen Gebrauch machen, in denen eine Verknüpfung des Stimmverhaltens entsandter Aufsichtsratsmitglieder mit gesellschaftsfremden Interessen des Entsenders zu vermuten ist. Zudem kann der Gesamtaufsichtsrat durch Beschluss auch jederzeit die Besetzung eines Ausschusses verändern. Die anderen Aufsichtsratsmitglieder werden solchen Möglichkeiten allein schon deshalb zustimmen, um eine eigene Haftung nach §§ 116, 93 Abs. 2 AktG zu vermeiden. Denn der Gesamtaufsichtsrat muss sich von der sachgemäßen Arbeit der Ausschüsse überzeugen. Diese Pflicht liegt in der Gesamtverantwortung aller Aufsichtsratsmitglieder.[854] Des Weiteren verletzen die entsandten Aufsichtsratsmitglieder durch eine allzu starke Rücksichtnahme auf die Interessen ihres Entsenders ihre organschaftliche Pflicht. Zwar stellen sich die allgemeinen, insbesondere mit Ermessensentscheidungen zusammenhängenden Beweisproble-

---

851 Nach § 107 Abs. 3 Satz 2 AktG soll ein Ausschuss nur nicht über die Zustimmungspflichtigkeit bestimmter Arten von Geschäften (§ 111 Abs. 4 Satz 2 AktG) entscheiden dürfen.

852 Beschließende Ausschüsse müssen nach zutreffender Ansicht mit mindestens drei Mitgliedern besetzt sein, weil sonst die Regelung des § 108 Abs. 2 Satz 3 AktG unterlaufen würde, vgl. *Hüffer*, AktG, § 107, Rn. 17, m. w. N.

853 *Mertens*, in: KölnKomm, AktG, § 107, Rn. 125.

854 Vgl. *Hüffer*, AktG, § 116, Rn. 9.

me, doch ist zumindest anzunehmen, dass der Vorstand, der sich anders als im Falle der Anwesenheit eines Mehrheitsaktionärs der Rückendeckung durch den Gesamtaufsichtsrat sicher sein kann, auch nicht zögern wird, gegen pflichtwidrig handelnde Entsandte Schadensersatzansprüche nach §§ 116, 93 Abs. 2 AktG geltend zu machen.

Im Ergebnis sind die – durchaus vorhandenen – Einflussnahmemöglichkeiten eines Entsendungsberechtigten auf die Geschicke der Gesellschaft zu gering sowie die vorhandenen Schutzmechanismen ausreichend, um die Erforderlichkeit eines Wettbewerbsverbotes für den Entsendungsberechtigten unter dem Aspekt der Einflussnahme anzunehmen.

(v) Erforderlichkeit aufgrund von Informationsmöglichkeiten

Ein entsendungsberechtigter Aktionär könnte aber ferner über Informationsmöglichkeiten verfügen, welche die Anerkenntnis eines Wettbewerbsverbotes erforderlich machen. Das Entsendungsrecht selbst ist mit keinen Informationsrechten gegenüber der Gesellschaft oder deren Leitungsorganen verbunden. Daher sind nur Informationsmöglichkeiten in Betracht zu ziehen, die über das entsandte Aufsichtsratsmitglied vermittelt werden; eine Partizipation ist daher nur am Informationspool des Aufsichtsrates möglich.

Zur effektiven Überwachung der Geschäftsleitung benötigt der Aufsichtsrat eine breite Informationsbasis. Wichtigster Baustein des Informationssystems zwischen Vorstand und Aufsichtsrat ist § 90 AktG. Nach § 90 Abs. 1 Satz 1, Abs. 2 AktG hat der Vorstand dem Aufsichtsrat periodisch und ohne Anforderung Berichte über die beabsichtigte Geschäftspolitik und andere grundsätzlichen Fragen der Unternehmensplanungen, die Rentabilität der Gesellschaft, den Geschäftsverlauf und die Lage der Gesellschaft sowie Geschäfte von besonderer Bedeutung zu erstatten. Zudem hat der Vorstand den Aufsichtsratsvorsitzenden auch außerhalb der regelmäßigen Berichterstattung nach § 90 Abs. 1 Satz 2 AktG aus wichtigem Anlass zu informieren. Daneben kann der Aufsichtsrat auch selbst aktiv werden[855] und nach § 90 Abs. 3 Satz 1 AktG jederzeit weitere Berichte über die Angelegenheiten der Gesellschaft anfordern. Nach § 90 Abs. 3 Satz 2

---

[855] Nach Nr. 3.4 Abs. 1 DCGK ist die ausreichende Informationsversorgung des Aufsichtsrates die gemeinsame Aufgabe von Vorstand und Aufsichtsrat.

AktG kann auch ein einzelnes Aufsichtsratsmitglied einen Bericht an den Aufsichtsrat verlangen.

Neben § 90 AktG bestehen weitere Informationspflichten des Vorstandes immer dann, wenn der Aufsichtsrat eine Entscheidung zu treffen hat. So beispielsweise, wenn er nach § 111 Abs. 4 Satz 2 AktG eine Entscheidung über ein zustimmungspflichtiges Geschäft treffen soll.[856] Zudem bestehen noch besondere Berichts- oder Vorlagepflichten im Zusammenhang mit dem Jahresabschluss[857] und dem Abhängigkeitsbericht[858]. Auch kann der Aufsichtsrat eigene Ermittlungen durchführen. Nach § 111 Abs. 2 AktG kann er jederzeit die Bücher und Schriften der Gesellschaft sowie die Vermögensgegenstände einsehen sowie prüfen und sich so notwendige Informationen verschaffen.[859]

Der Aufsichtrat ist im Ergebnis recht zeitnah und umfassend über alle für die Gesellschaft wesentlichen und auch zukunftsbezogenen Parameter informiert.[860] Die dem Aufsichtsrat vorliegenden Informationen sind daher zusammengenommen – und dies ist wenig überraschend – von hoher wettbewerblicher Relevanz.[861] Die Informationen beziehen sich zwar nicht auf das Tagesgeschäft, so dass dem Aufsichtsrat beispielsweise auch keine weitreichenden Kenntnisse über Geschäftschancen der Gesellschaft vorliegen werden, oder auf technische Einzelheiten wie Produktbeschaffenheit oder Konstruktionspläne. Jedoch stehen dem Aufsichtsrat umso detaillierter Informationen über die mittel- bis langfristige Unternehmensstrategie zur Verfügung. Dies macht im Zweifelsfall das höhere Gefahrenpotential aus.[862]

---

856 Für weitere Beispiele vgl. §§ 88, 89 AktG.

857 §§ 170 f. AktG.

858 § 312 AktG.

859 Eingehend zur vorstandsunabhängigen Information des Aufsichtsrates *M. Roth*, AG 2004, S. 1 ff., m. w. N.

860 Vgl. aber auch *Schießl*, ZHR 167 (2003), S. 235, 241 f., m. w. N., der eine tatsächliche Informationsunterversorgung des Aufsichtsrates anmahnt; ferner *Ruhwedel/Epstein*, BB 2003, S. 161, 163 f.

861 Vgl. *M. Roth/Schoneweg*, NZG 2004, S. 206, 207: „[D]er Gegenstand der Kontrolltätigkeit des Aufsichtsrats zähl[t] zu den sensibelsten Daten eines Unternehmens.“; vgl. ferner *Säcker*, AG 2004, S. 180, 183.

862 Vgl. *Salfeld*, Wettbewerbsverbote im Gesellschaftsrecht, S. 168 f. (mit abweichender Bewertung).

Da alle Mitglieder des Aufsichtsrates rechtlich gleichgestellt sind, hat ein entsandtes Mitglied grundsätzlich den gleichen Informationszugang wie die anderen Aufsichtsratsmitglieder.[863] Dies kommt auch in § 90 Abs. 5 Satz 1 AktG zum Ausdruck, nach dem jedes Mitglied des Aufsichtsrates die Berichte des Vorstandes zur Kenntnis nehmen kann. Ein Entsandter verfügt damit – zumindest theoretisch – über alle wettbewerbsrelevanten Tatsachen, die auch dem Gesamtaufsichtsrat zur Verfügung stehen. Er könnte damit der optimale „Informant" für den mit der Gesellschaft konkurrierenden Entsender darstellen.

Ein entsandtes Aufsichtsratsmitglied könnte nun zunächst gegenüber seinem Entsender verpflichtet sein, diesem über die im Rahmen seiner Tätigkeit im Aufsichtsrat zur Kenntnis gelangten Informationen zu berichten oder Auskunft zu geben. Dem Aktienrecht ist ein solches Informationsrecht jedoch fremd. Etwas anderes ergibt sich aber aus dem Innenverhältnis zwischen dem Entsender und dem Entsandtem. Der Entsandte ist je nach Vertragstypus gegenüber seinem Auftraggeber oder Geschäftsherrn auskunfts- und berichtspflichtig.[864] Ähnlich dem vertraglichen Weisungsrecht wird aber auch die vertragliche Auskunfts- und Berichterstattungspflicht durch aktiengesetzliche Regelungen überlagert. So gilt die strafbewehrte Verschwiegenheitspflicht des § 116 Satz 2 AktG grundsätzlich auch gegenüber dem Entsendungsberechtigten und bildet damit die Grenze seines vertraglichen Informationsanspruchs.[865] Ein entsendungsberechtigter Aktionär hat damit keine rechtlich gesicherte Möglichkeit, wettbewerbsrelevante Informationen über das von ihm entsandte Aufsichtsratsmitglied in Erfahrung zu bringen.

Wie gezeigt, steht der Entsandte aber in einem tatsächlichen Abhängigkeitsverhältnis zu seinem Entsender, so dass sich für diesen faktische Informationsmög-

---

863 Zu einem tatsächlich bestehenden Informationsgefälle zwischen dem Aufsichtsratsvorsitzenden und übrigen Mitgliedern des Aufsichtsrates, *Schießl*, ZHR 167 (2003), S. 235, 242.

864 Vgl. *Sprau*, in: Palandt, BGB, § 662, Rn. 9; ferner *Meyer-Landrut*, in: GroßKomm, AktG, 3. Aufl., § 101, Anm. 17.

865 *Semler*, in: MünchKomm, AktG, § 101, Rn. 100; § 116, Rn. 413 a.E.; ausführlich *Stebut*, Geheimnisschutz und Verschwiegenheitspflicht im Aktienrecht, S. 132 ff. Eine Ausnahmeregelung findet sich in § 394 AktG. Danach ist die Verschwiegenheitsverpflichtung für Aufsichtsratsmitglieder, welche auf Veranlassung einer Gebietskörperschaft in den Aufsichtsrat gewählt oder entsandt worden sind, gelockert.

lichkeiten eröffnen. Es ist daher fraglich, ob die gegebenen Schutzmechanismen einer solchen informellen Informationsweitergabe adäquat entgegenwirken:

Die Verschwiegenheitspflicht für Aufsichtsratsmitglieder nach § 116 Satz 2 AktG bietet nur wenig Schutz. Aufgrund des geringen Einflusses des Entsendungsberechtigten auf den Gesamtaufsichtsrat muss zwar nicht damit gerecht werden, dass der Vorstand aus falscher Rücksichtnahme auf die Stellung eines Strafantrags nach § 404 Abs. 3 AktG oder die Erhebung einer Zivilklage verzichtet.[866] Dennoch ist zu erwarten, dass schon die Stellung des Strafantrags oder die Klageerhebung aus anderen Gründen, wie beispielsweise einer zu befürchtenden Rufschädigung der Gesellschaft, unterbleibt. Hinzu kommen wieder die erheblichen Beweisschwierigkeiten. Es ist praktisch kaum nachweisbar, was der Entsandte dem Entsender beim „Kamingespräch" ins Ohr flüsterte. Aus diesem Grund sowie aus weiteren Gründen, die bereits aufgezeigt wurden, können auch andere zivil- und strafrechtliche Mechanismen keinen ausreichenden Schutz vor der informellen Informationsweitergabe zwischen Entsandtem und Entsender bieten.

Erfolgsversprechend könnte dagegen der Versuch sein, das entsandte Aufsichtsratsmitglied von den wettbewerbsrelevanten Informationen zu isolieren, so dass schon die Kommunikation zwischen Entsandtem und Entsender keinerlei Schädigungspotential für die Gesellschaft mehr in sich bergen kann. So werden für Konstellationen, in denen die konkrete Befürchtung besteht, dass ein Mitglied des Aufsichtsrates eine Information an einen Wettbewerber weitergibt, diverse Wege vorgeschlagen, um die betreffende Person von der sensiblen Information auszuschließen: Im Rahmen der Berichtspflicht des Vorstandes nach § 90 Abs. 1 AktG solle der Aufsichtsratsvorsitzende dafür Sorge tragen, dass der schriftliche Bericht des Vorstandes nicht an „verdächtige" Aufsichtsratsmitglieder weitergegeben werde. Eine mündliche Berichterstattung solle nur in Abwesenheit dieses Aufsichtsratsmitglieds erfolgen. Das ausgeschlossene Mitglied könne zur Wahrung seiner Rechte eine Beschlussfassung des Gesamtaufsichtsrats verlangen. Desgleichen könne auch der Vorstand den Aufsichtsrat um einen Beschluss er-

---

866 Vgl. aber *Semler*, in: MünchKomm, AktG, § 116, Rn. 459: „Welcher Vorstand erstattet schon Anzeige gegen ein ihn überwachendes Aufsichtsratsmitglied."

suchen, falls der Aufsichtsratsvorsitzende die Besorgnisse des Vorstandes nicht teile und die Informationen an das fragliche Aufsichtsratsmitglied weitergeben wolle.[867] Für den Fall eines Berichtsverlangens eines „verdächtigen" Aufsichtsratsmitglieds nach § 90 Abs. 3 Satz 2 AktG wird vorgeschlagen, dass der Vorstand den Bericht verweigern dürfe[868] oder der Aufsichtsrat den Vorstand durch einen Beschluss von seiner Berichtspflicht befreien könne[869].

Aber reichen diese Mechanismen zum Schutz der Gesellschaft aus?[870] Zunächst fragt sich schon, in welchen Fällen überhaupt von einer konkreten Gefahr der missbräuchlichen Verwendung einer Information gesprochen werden kann. Es wird angenommen, dass eine solche Gefahr vorliege, wenn das fragliche Aufsichtsratsmitglied zugleich Organmitglied eines konkurrierenden Unternehmens sei und die betreffende Information für dieses von Bedeutung sein könne.[871] Als weitere Fallgruppen werden genannt die wiederholte Weitergabe von vertraulichen Informationen in der Vergangenheit oder die ausdrückliche Erklärung eines Aufsichtsratsmitglieds, die Information nicht vertraulich behandeln zu wollen.[872]

In der vorliegenden Fallkonstellation wird danach eine konkrete Gefahr aber in aller Regel zu verneinen sein. So muss es sich bei dem Entsandten nicht zwingend um ein Organmitglied oder sonstigen Repräsentanten des Entsenders handeln. Ferner ist auch nicht ernstlich anzunehmen, dass der Entsandte ausdrücklich erklärt, dass er eine bestimmte Information an den Entsender weitergeben wolle. Ein wiederholtes Verhalten in der Vergangenheit wird ferner – soweit sich die Protagonisten nicht äußerst ungeschickt gerieren – regelmäßig nicht nachweisbar sein. Es bleibt somit nur die abstrakte Gefahr, dass ein entsandtes Aufsichtsratsmitglied wettbewerbsbezogene Informationen an den mit der Ge-

---

867 *Mertens*, in: KölnKomm, AktG, § 90, Rn. 13.

868 *Hüffer*, AktG, § 90, Rn. 12a.

869 *Mertens*, in: KölnKomm, AktG, § 90, Rn. 14.

870 Nach der Begründung RegE TransPuG, zu Artikel 1 Nr. 5 b), NZG 2002, S. 213, 220, sei dies der Fall: „So kann es [...] zum Ausplaudern von Interna und Geschäftsgeheimnissen (Beispiel: Aufsichtsratsmitglied kraft Entsendungsrecht [...]) [...] kommen. Diese Gefahren lassen sich jedoch auch [...] angemessen eindämmen."

871 *Mertens*, in: KölnKomm, AktG, § 90, Rn. 13.

872 *Lutter*, Information und Vertraulichkeit im Aufsichtsrat, S. 35.

sellschaft konkurrierenden Entsender weitergeben könnte. Dies ist aber nicht ausreichend, um ihn von bestimmten Informationen auszuschließen. Auch ist die Praktikabilität der genannten Lösungsmechanismen bislang noch nicht nachgewiesen und muss berechtigterweise angezweifelt werden. Zudem sind die Mechanismen nur auf den Einzelfall und dann auch nur auf einzelne Informationseinheiten zugeschnitten. Ein Aufsichtsratsmitglied kann aber nicht auf Dauer von größeren Informationsmengen abgeschnitten werden, wie dies zum Beispiel der Fall wäre, wenn man ein von einem Wettbewerber entsandtes Aufsichtsratsmitglied von allen irgendwie wettbewerbsbezogenen Informationen ausschließen wollte. Denn dies würde ansonsten seine Mitgliedschaft im Aufsichtsrat ad absurdum führen; dies ist mit dem geltenden Recht unvereinbar.[873]

Es ist deshalb zu konstatieren, dass die beschrieben Mechanismen nicht geeignet sind, einen stetigen und schleichenden Informationsabfluss zu verhindern. Selbst die Einführung oder Anerkennung eines Wettbewerbsverbotes für Aufsichtsratsmitglieder oder die Annahme einer speziellen Inkompatibilität im Falle einer Doppelorganschaft[874] können nicht weiterhelfen, da der Entsandte weder selbst im Wettbewerb mit der Gesellschaft stehen noch Organ des konkurrierenden Entsenders sein muss.[875] Nicht vertretbar ist ferner die Annahme, dass bereits die Ausübung des Entsendungsrechts durch einen konkurrierenden Aktionär per se rechtsmissbräuchlich ist. Schließlich bietet auch die Möglichkeit der gerichtlichen Abberufung des Aufsichtsratsmitglieds aus wichtigem Grund nach § 103 Abs. 3 AktG keinen Schutz. Zwar wird ein – insbesondere wiederholter – Ver-

---

873 Vgl. § 90 Abs. 5 Satz 1 AktG.

874 Zum Wettbewerbsverbot sowie zur Inkompatibilität vgl. oben S. 24 ff. Der DCGK empfiehlt in Nr. 5.4.2 Satz 4, dass die Mitglieder des Aufsichtsrates keine Organfunktion bei wesentlichen Wettbewerbern ausüben sollen. Vgl. auch *Säcker*, AG 2004, S. 180, 183: „[...] Führungskräfte von Konkurrenzunternehmen [...] haben im Aufsichtsrat des Unternehmens, wenn man eine Beteiligung des Aufsichtsrates an der strategischen Planung, aber auch an wichtigen Maßnahmen gemäß § 90 Abs. 1 Nr. 4, Abs. 2 Nr. 4 AktG ernst nimmt, nichts zu suchen."

875 Vgl. *Geiger*, Wettbewerbsverbote im Konzernrecht, S. 85, Fn. 151 a.E. Handelt es sich bei dem Entsandten um ein Organmitglied eines Wettbewerbers kann unter Umständen ein wichtiger Grund zur Abberufung nach § 103 Abs. 3 AktG gegeben sein. Zudem kann das Aufsichtsratsmitglied in solchen Konstellationen aufgrund seiner organschaftlichen Treuepflicht zur Amtsniederlegung verpflichtet sein, *Mertens*, in: KölnKomm, AktG, § 103, Rn. 34, § 116, Rn. 32.

stoß gegen die Verschwiegenheitspflicht regelmäßig einen wichtigen Grund darstellen,[876] doch ergibt sich auch hier wieder das kaum lösbare Problem der Nachweisbarkeit. Verbindungen eines Aufsichtsratsmitglieds zu einem Wettbewerber können nur in besonders qualifizierten Ausnahmefällen einen wichtigen Grund darstellen.[877]

Angesichts des hohen Gefährdungspotentials und der nur sehr schwachen Schutzmöglichkeiten ist deshalb die Erforderlichkeit eines Wettbewerbsverbotes für den Entsendungsberechtigen aufgrund seiner faktischen Informationsmöglichkeiten zu bejahen.[878]

Für die Gesellschaft besteht aber ferner die Möglichkeit, sich auch selbst zu schützen. So kann die Satzung vorsehen, dass das Entsendungsrecht ruht oder erlischt, wenn der Entsendungsberechtigte in Wettbewerb zur Gesellschaft steht beziehungsweise tritt.[879] Als fakultative Schutzmaßnahme stellt eine solche Satzungsbestimmung aber die Erforderlichkeit eines gesetzlichen Wettbewerbsverbotes nicht in Frage.

(vi) Ergebnis

Im Ergebnis ist die Erforderlichkeit eines Wettbewerbsverbotes für einen Aktionär mit einem Entsendungsrecht in den Aufsichtsrat aufgrund seiner faktischen Informationsmöglichkeiten zu bejahen. Dieser Lösung kann nicht entgegengesetzt werden, dass, wenn schon die Mitglieder des Aufsichtsrates keinem Wettbewerbsverbot unterliegen, ein solches Verbot erst recht nicht entsendungsberechtigte Aktionäre treffen könne.[880] Denn dieses Argument greift schon dann nicht, wenn man mit *Lutter* eine spezielle Inkompatibilität annimmt.[881]

---

876 Vgl. *Hüffer*, AktG, § 103, Rn. 11.

877 *Mertens*, in: KölnKomm, AktG, § 103, Rn. 34; *Meyer-Landrut*, in: GroßKomm, AktG, 3. Aufl., § 103, Rn. 7; vgl. auch oben Fn. 875; großzügiger hingegen *S. Wilhelmi*, in: Godin/Wilhelmi, AktG, § 103, Anm. 8.

878 Darüber hinaus ist es konsequent, das Entsendungsrecht ganz aus dem Aktienrecht zu entfernen. Es stellt geradezu eine Einladung für alle erdenklichen Arten von Interessenskonflikten dar; vgl. auch *Gündel*, Interessenwahrung bei der Besetzung des Aufsichtsrats, S. 176 f.

879 Vgl. *Meyer-Landrut*, in: GroßKomm, AktG, 3. Aufl., § 101, Anm. 9.

880 Vgl. *Seydel*, Konzernbildungskontrolle, S. 180.

881 Vgl. oben S. 24 ff., insbesondere auch mit Fn. 118.

Im **Einführungsbeispiel 3**[882] ist daher die Erforderlichkeit eines Wettbewerbsverbotes für den Gesellschafter C zu bejahen.

(c) Aktionär mit zusätzlichen Informationsrechten

Das Aktiengesetz gewährt dem Aktionär nach § 131 AktG ein individuelles Informationsrecht,[883] nach dem ihm auf Verlangen in der Hauptversammlung Auskunft über die Angelegenheiten der Gesellschaft zu geben ist, soweit dies zur sachgemäßen Beurteilung des Gegenstandes der Tagesordnung erforderlich ist. Soweit bestimmten Aktionären ein zusätzliches Informationsrecht gewährt werden kann, könnte aufgrund des erhöhten Schädigungspotentials und in Abwesenheit adäquater Schutzmechanismen für diese Aktionäre ein Wettbewerbsverbot erforderlich sein. Fraglich ist jedoch, ob einem Aktionär über den gesetzlichen Bestand hinaus Informationsrechte eingeräumt werden können.

Von einer Ansicht wird dies verneint. Das Informationsrecht des Aktionärs sei durch zwingende und abschließende Vorschriften geregelt, so dass es wegen § 23 Abs. 5 AktG weder ausgedehnt noch eingeschränkt werden könne.[884] Teilweise wird aber eine Ausweitung des Auskunftsrechts als zulässige Ergänzung im Sinne des § 23 Abs. 5 Satz 2 AktG anerkannt, wenn die Erweiterung – im Hinblick auf § 53a AktG – für alle Aktionäre gleichermaßen gelte.[885] In diesem Rahmen werden auch Satzungsregelungen in Bezug auf die Auskunftserteilung außerhalb der Hauptversammlung für möglich erachtet.[886] Im Gegensatz zu den vorgenannten Ansichten wird ferner vertreten, dass die Satzung den Aktionären in Anlehnung an § 51a Abs. 1 GmbHG ein umfassendes Auskunfts- und Einsichtsrecht außerhalb der Hauptversammlung als Vorrecht einräumen könne.[887]

---

882 Vgl. oben S. 5.

883 Zu einen möglicherweise daneben bestehenden ungeschriebenen individuellen Informationsrecht des Aktionärs vgl. oben Fn. 588.

884 *Decher*, in: GroßKomm, AktG, § 131, Rn. 18; *K. Schmidt*, Gesellschaftsrecht, § 28 IV. 3. a), S. 842; LG Heidelberg, AG 1996, S. 523; differenzierend *Kubis*, in: MünchKomm, AktG, § 131, Rn. 158 ff.

885 *Hüffer*, AktG, § 23, Rn. 38; *Pentz*, in: MünchKomm, AktG, § 23, Rn. 161; *Kraft*, in: KölnKomm, AktG, § 23, Rn. 85; *Röhricht*, in: GroßKomm, AktG, § 23, Rn. 190; *Eckhardt*, in: Geßler/Hefermehl, AktG, § 131, Rn. 15, 18.

886 *Eckhardt*, in: Geßler/Hefermehl, AktG, § 131, Rn. 15; vgl. auch *Zetzsche*, NZG 2002, S. 942, 943, der auch die Einführung eines Auskunftsrecht der Aktionäre außerhalb der Hauptversammlung für erwägenswert hält.

887 *Loges/Distler*, ZIP 2002, S. 467, 470 f.

Als Vorrecht müsse dieses Recht nicht allen Aktionären gleichermaßen zustehen, sondern sei auf die Inhaber von Aktien einer besonderen Gattung beschränkt. Es wird argumentiert, dass ein solches Informationsrecht zunächst keine unzulässige Abweichung im Sinne § 23 Abs. 5 Satz 1 AktG darstelle, da Informationsrechte des Aktionärs außerhalb der Hauptversammlung nicht im Aktiengesetz angesprochen werden. Ferner liege auch keine unzulässige Ergänzung im Sinne des § 23 Abs. 5 Satz 2 AktG vor, weil das Auskunftsrecht nach § 131 AktG keinen abschließenden Charakter habe. Es beschränke sich allein auf das Informationsrecht *in* der Hauptversammlung. Dies wird mit dem Hinweis auf seine systematische Stellung im Vierten Abschnitt des Vierten Teils des Aktiengesetzes („Verfassung der Aktiengesellschaft") begründet, welcher die Überschrift „Hauptversammlung" trägt. Wollte das Auskunftsrecht eine über die Hauptversammlung hinausgehende, abschließende Geltung reklamieren, so müsste es im Dritten Teil des Gesetzes normiert sein, der die Überschrift „Rechtsverhältnisse der Gesellschaft und der Gesellschafter" trägt.[888] Zudem werde durch die Anerkennung eines erweiterten Informationsrechts für Aktionäre auch nicht in die Zuständigkeitsverteilung der Organe eingegriffen. Insbesondere werde die Stellung des Aufsichtsrates mit den ihm zustehenden Informationsrechten nicht tangiert.[889]

Der abschließende Charakter des § 131 AktG kann mit dem Hinweis auf seine systematische Stellung abgelehnt und damit ein Auskunftsrecht außerhalb der Hauptversammlung begründet werden. Doch erscheint meines Erachtens die Zulässigkeit einer informellen Bevorzugung einer bestimmten Aktionärsgruppe sehr zweifelhaft. Zwar bringt § 11 AktG zum Ausdruck, dass die unterschiedliche Ausstattung der Aktien aufgrund der Satzung möglich ist,[890] doch zeigt § 131 Abs. 4 Satz 1 AktG auf, dass alle Aktionäre dieselben Möglichkeiten haben müssen, sich über die Angelegenheiten der Gesellschaft zu informieren.[891]

---

888 *Loges/Distler*, ZIP 2002, S. 467, 470.

889 *Loges/Distler*, ZIP 2002, S. 467, 471.

890 Darauf verweisen auch *Loges/Distler*, ZIP 2002, S. 467, 471, um den möglichen Vorwurf, ihre Lösung verstoße gegen den Gleichbehandlungsgrundsatz (§ 53a AktG), zu entkräften.

891 Vgl. *Eckhardt*, in: Geßler/Hefermehl, AktG, § 131, Rn. 18.

Eine abschließende Stellungnahme mag aber zunächst dahinstehen. Unter der Annahme, dass ein dem § 51a Abs. 1 GmbHG entsprechendes Auskunfts- und Einsichtsrecht außerhalb der Hauptversammlung zulässig ist, soll vielmehr untersucht werden, ob ein solches für die Inhaber von Aktien der betreffenden Gattung die Erforderlichkeit eines Wettbewerbsverbotes begründen kann.

Das Auskunfts- und Einsichtsrecht des § 51a Abs. 1 GmbHG ist ein sehr weitgehendes Informationsrecht. Ein Aktionär, der in die Bücher und Schriften seiner Gesellschaft Einsicht nimmt, wird dabei in vielfältiger Weise auf wettbewerbsrelevante Informationen stoßen. Handelt es sich um einen konkurrierenden Aktionär, ist eine missbräuchliche Verwendung der Gesellschaftsinterna und damit eine Schädigung der Gesellschaft mit hoher Wahrscheinlichkeit zu erwarten. Doch auch ein dem § 51a Abs. 1 GmbHG entsprechendes Vorrecht für Aktionäre wäre ähnlich dem Auskunftsrecht nach § 131 AktG nicht schrankenlos zu gewähren. Für den Fall, dass ein konkurrierender Aktionär Auskunft über wettbewerbsbezogene Informationen oder Einsicht in Bücher oder Schriften, die ebensolche Informationen enthalten, verlangt, wird analog § 131 Abs. 3 Nr. 1 AktG ein Auskunftsverweigerungsgrund anzunehmen sein. Der Vorstand hat dann nicht nur das Recht, sondern aufgrund von § 93 Abs. 1 Satz 3 AktG auch die Pflicht, die Auskunft sowie die Einsicht zu verweigern. Verletzt der Vorstand seine Verschwiegenheitspflicht, kann dies sowohl straf- als auch zivilrechtliche Folgen nach sich ziehen. Soweit es sich bei dem Bevorrechtigten um einen konkurrierenden Minderheitsaktionär handelt, ist davon auszugehen, dass der Vorstand nicht zögert, das Auskunfts- oder Einsichtsverlagen zurückzuweisen. Dagegen wird ein bevorrechtigter Groß- oder Mehrheitsaktionär aufgrund seiner faktischen Informationsmöglichkeiten regelmäßig nicht auf ein § 51a Abs. 1 GmbHG entsprechendes Informationsrecht angewiesen sein. Die missbräuchliche Ausnutzung des in Frage stehenden Vorrechts würde somit durch die analoge Anwendung der Schranken des Auskunftsrechts ausreichend beschränkt, so dass ein Wettbewerbsverbot zu Lasten der Inhaber von Aktien dieser Gattung nicht erforderlich ist. Damit kann für diese Untersuchung auch abschließend dahinstehen, ob ein solches Vorrecht überhaupt mit dem Grundsatz der Satzungsstrenge zu vereinbaren ist.

Dieses Ergebnis ist ferner auch auf das erweiterte Auskunftsrecht für alle Aktionäre zu übertragen, welches nach der zweitgenannten Ansicht zulässig sein soll. Für diesen Fall kommt hinzu, dass der Wert der Information für einen konkurrierenden Aktionär bereits ohnehin dadurch reduziert ist, dass auch andere (konkurrierende) Aktionäre Zugang zu der Information haben. Denn der Wert einer Information nimmt mit ihrem zunehmenden Verbreitungsgrad ab.[892]

Zusätzliche Informationsrechte können – soweit sie denn überhaupt zulässig sind – die Erforderlichkeit eines Wettbewerbsverbotes für Aktionäre nicht begründen.

(7) Zukünftiger Aktionär

Unter einem zukünftigen Aktionär soll ein Nichtaktionär verstanden werden, der sich in der Anbahnungsphase zum Erwerb einer Mitgliedschaft befindet. Der Ausdruck „zukünftiger Aktionär" impliziert dabei eine gewisse Wahrscheinlichkeit der künftigen Mitgliedschaft. Die Anbahnungsphase stellt sich als ein Prozess dar, in dessen Verlauf die Wahrscheinlichkeit des Mitgliedschaftserwerbs variabel ist. Sie steigt regelmäßig an; ansonsten endet die Anbahnungsphase. Beim außerbörslichen Beteiligungskauf kann sich die Anbahnungsphase über mehrere Verhandlungsrunden mit diversen Punktationen und Vorfeldvereinbarungen bis hin zu einem Vorvertrag und schließlich dem Abschluss des eigentlichen Verpflichtungsgeschäfts, dem Kaufvertrag, erstrecken. Eine gleichsam zeitlich gestreckte Anbahnungsphase ist auch im Übernahmeverfahren nach dem WpÜG gegeben. Erst mit dem nachfolgenden Verfügungsgeschäft, das heißt mit der Übertragung der Anteile, erfolgt der Erwerb der Mitgliedschaft; der Nichtaktionär „metamorphosiert" zum Aktionär. Als zukünftige Aktionäre einer Gesellschaft können ferner auch die Inhaber einer Option, eines Vorkaufrechts sowie eines anders ausgestalteten Erwerbsvorrechts angesehen werden, soweit eine ausreichende Wahrscheinlichkeit für die tatsächliche Ausübung und Ausübbarkeit des Rechts angenommen werden kann.[893] Die Wahrscheinlichkeit einer bevorstehenden Mitgliedschaft ist individuell zu bestimmen. So kann beispielsweise die Partei eines wirksamen Aktienkaufvertrages dann schwerlich als zukünf-

---

892 Vgl. oben bei Fn. 716.

893 Vgl. *Weber*, Vormitgliedschaftliche Treubindungen, S. 265.

tiger Aktionär einer Gesellschaft angesehen werden, wenn die fraglichen Aktien vinkuliert sind und die zur Übertragung der Namensaktien nach § 68 Abs. 2 AktG notwendige Zustimmung der Gesellschaft weder zu erwarten ist noch Anzeichen für eine rechtsmissbräuchliche Versagung vorliegen.

Ein erst zukünftiger Aktionär steht der Gesellschaft zunächst aber wie ein x-beliebiger Dritter gegenüber, so dass Gefahren, die von einer konkurrierenden Tätigkeit ausgehen, grundsätzlich als reguläre Gefahren zu qualifizieren sind. Insbesondere stehen dem künftigen Aktionär keinerlei aktiengesetzliche Einflussnahme- oder Informationsrechte gegenüber der Gesellschaft zu. Jedoch könnten ihm in besonderen Fällen auch Einflussnahme- oder Informationsmöglichkeiten gegeben sein, die mit seiner bevorstehenden Mitgliedschaft in Verbindung stehen. Dann könnten spezifische Gefahren anzunehmen sein, die auf der Doppelrolle als zukünftiger Aktionär und Wettbewerber beruhen. Es ist daher zu fragen, ob es auch einem erst künftigen Aktionär unter Einbeziehung der gegebenen Schutzinstrumente möglich ist, einen solchen Einfluss auf die Geschicke der Gesellschaft zu nehmen oder interne, wettbewerbsrelevante Informationen in einem Umfang in Erfahrung zu bringen, welche die Anerkennung eines Wettbewerbsverbotes zu seinen Lasten erforderlich machen.

(a) Erforderlichkeit aufgrund von Möglichkeiten der Einflussnahme

Da der erst künftige Aktionär noch nicht Mitglied der Gesellschaft ist, stehen ihm auch noch keine mitgliedschaftlichen Verwaltungsrechte zu, insbesondere kein Stimmrecht. Deshalb verfügt er über keine rechtlich gesicherten Einflussnahmemöglichkeiten.

Dagegen könnten einem zukünftigen Aktionär Möglichkeiten der faktischen Einflussnahme auf die Geschicke der Gesellschaft gegeben sein, die aus seiner zukünftigen Beteiligung resultieren. Solche Möglichkeiten dürften dabei zunächst schon von der angestrebten Beteiligungshöhe abhängig sein. Da eine Minderheitsbeteiligung, selbst wenn sie mit Vorrechten verbunden ist, schon einem (aktuellen) Aktionär keinen oder nur einen geringen faktischen Einfluss auf die Gesellschaft vermittelt,[894] wird erst recht eine erst zukünftige Minderheitsbeteiligung keinen Einfluss auf die Geschäftsführung der Gesellschaft be-

---

894 Vgl. oben S. 164 ff.

gründen können. Eine andere Situation ist aber im Falle einer Mehrheitsbeteiligung gegeben. Wie gezeigt, ist ein Mehrheitsaktionär in der Lage, auf die Leitungsorgane der Gesellschaft einzuwirken und seine Vorstellungen von der Geschäftspolitik – auch zum Nachteil der Gesellschaft – durchzusetzen.[895] Dieses kann aber unter bestimmten Umständen auch für einen erst künftigen Mehrheitsaktionär gelten.[896] Denn wird die Übertragung der Mehrheitsbeteiligung mit einer hohen Probabilität und zudem mit einer gewissen zeitlichen Nähe – also nicht irgendwann in der fernen Zukunft – stattfinden, ist zu erwarten, dass die Leitungsorgane bereits im Vorfeld des dinglichen Aktienerwerbs die bevorstehenden Veränderungen antizipieren und „Wünschen" des künftigen Mehrheitsgesellschafters entsprechen.[897] Anderenfalls riskieren sie ihre Ablösung zum nächstmöglichen Zeitpunkt nach der dinglichen Übertragung. Unterstützend kann hinzukommen, dass sich der Veräußerer als Nochaktionär schon im Vorfeld der dinglichen Übertragung schuldvertraglich seiner Einflussnahmemöglichkeiten zugunsten des Erwerbers begibt. So wird häufig schon mit dem

---

895 Vgl. oben S. 134 ff.

896 Vgl. auch die Paralleldiskussion zu der Frage, ob ein erst zukünftiger (Mehrheits-)Aktionär herrschendes Unternehmen i.S.d. § 17 AktG sein kann. Eine Ansicht, die wohl als vorherrschend bezeichnet werden kann, verneint dies im Grundsatz, erkennt aber durchaus auch Ausnahmen an: *Emmerich*, in: Emmerich/Habersack, Aktien- und GmbH-Konzernrecht, § 17, Rn. 12 a.E.; *Hüffer*, AktG, § 17, Rn. 9; *Windbichler*, in: GroßKomm, AktG, § 17, Rn. 50; Adler/Düring/Schmaltz, AktG, § 17, Rn. 18, 34; *Krieger*, Festschrift Semler, S. 503, 507 ff., 515; *ders.*, in: MünchHdbGesR AG, § 68, Rn. 43; ferner OLG Düsseldorf, AG 1994, S. 36, 37 ff. (Feldmühle Nobel). Eine beachtliche Mindermeinung bejaht die Frage hingegen: *Lutter*, Festschrift Steindorff, S. 125, 133 f.; *Bayer*, in: MünchKomm, AktG, § 17, Rn. 53 f.; *Noack*, Gesellschaftervereinbarungen bei Kapitalgesellschaften, S. 89 f.; *Weber*, ZIP 1994, S. 678, 687 ff. Im Hinblick auf die „Breite" der Einflussmöglichkeiten ist die Schwelle zur Annahme eines Wettbewerbsverbotes grundsätzlich niedriger als zur Annahme einer Beherrschung. Für das Wettbewerbsverbot reichen punktuelle – im Gegensatz zu umfassenden – Einwirkungsmöglichkeiten aus. Denn gelegentliche Einwirkungen können bereits langfristig zu einem erheblichen Wettbewerbsnachteil führen.

897 *Lutter*, Festschrift Steindorff, S. 125, 133, unter Bezugnahme auf den Fall der Feldmühle Nobel AG: Noch vor beziehungsweise zeitgleich mit dem Abschluss des Kaufvertrags über eine 98%-Beteiligung an der Feldmühle Nobel AG und noch Wochen vor der Übereignung der Aktien veräußerte der Vorstand dieser Gesellschaft auf Wunsch des zukünftigen (mittelbaren) Mehrheitsaktionärs, der Deutschen Bank AG, erhebliche Finanzbeteiligungen. In diesem Fall war anzunehmen, dass ein solches Geschäft nicht ohne die Einflussnahme der Deutschen Bank AG getätigt worden wäre. Vgl. ferner *Weber*, Vormitgliedschaftliche Treubindungen, S. 259 ff., 264; *Baumann/Reiß*, ZGR 1989, S. 157, 203.

Abschluss des Verpflichtungsgeschäfts – in Ausnahmefällen auch schon zuvor – ein Stimmbindungsvertrag abgeschlossen, welcher dem Erwerber weitreichende Mitsprache- und Verfügungsrechte am Stimmverhalten des Veräußerers gewährt.[898]

Damit stehen dem erst zukünftigen Mehrheitsaktionär – unter den genannten Umständen – vergleichbare faktische Einflussnahmemöglichkeiten wie einem aktuellen Mehrheitsaktionärs zu. Wie andernorts aufgezeigt, reichen die vorhandenen Schutzmechanismen nicht aus, das Schädigungspotential ausreichend einzuschränken.[899] Daher ist es unter den beschriebenen Voraussetzungen erforderlich, einen künftigen Mehrheitsaktionär mit einem Wettbewerbsverbot zu belegen.[900] Das Wettbewerbsverbot zu Lasten des Mehrheitsaktionärs wird damit zeitlich vorverlegt. Gleichfalls ist ein Minderheitsaktionär mit einem Wettbewerbsverbot zu belegen, dessen „Aufstieg" zum Mehrheitsaktionär sich hinreichend konkret abzeichnet.

(b) Erforderlichkeit aufgrund von Informationsmöglichkeiten

Dem zukünftigen Aktionär stehen noch keine mitgliedschaftlichen Informationsrechte zu, so dass die Erforderlichkeit eines Wettbewerbsverbotes unter diesem Gesichtspunkt keiner weiteren Behandlung bedarf.

Dagegen könnte ein künftiger Aktionär aufgrund von Informationsmöglichkeiten mit einem Wettbewerbsverbot zu belegen sein, die ihm bereits im Hinblick auf seine potentiell bevorstehende Mitgliedschaft gewährt werden.

(i) Die Due Diligence Prüfung

Im Vorfeld von Unternehmens- oder Beteiligungskäufen werden von Käuferseite sehr häufig so genannte Due Diligence Prüfungen vorgenommen. Sie sind bei

---

898 Vgl. *Weber*, Vormitgliedschaftliche Treubindungen, S. 260 f.; *Krieger*, Festschrift Semler, S. 503, 506 f.

899 Vgl. oben S. 134 ff.

900 A.A. *Geiger*, Wettbewerbsverbote im Konzernrecht, S. 81, Fn. 135, siehe aber auch S. 115; vgl. ferner *Weber*, Vormitgliedschaftliche Treubindungen, S. 282 f., der zwar grundsätzlich ein Wettbewerbsverbot für erst zukünftige Gesellschafter ablehnt, aber in Fällen, in denen der Interessent bereits über Einfluss auf die Geschäftsleitung verfügt und unter der Annahme einer Mitgliedschaft, einem Wettbewerbsverbot unterliegen würde, ein Verbot der *Aufnahme* konkurrierender Tätigkeiten anerkennt, S. 283 f. Dies erscheint meines Erachtens aber zu kurz gegriffen.

größeren Akquisitionsvolumina inzwischen durchaus marktüblich[901] und teilweise schon als Verkehrssitte anerkannt[902]. Die systematische Durchleuchtung der Zielgesellschaft und ihres Unternehmens dient dem Kaufinteressenten zur Bemessung des Kauf- beziehungsweise Angebotspreises, der Aufdeckung vertraglich abzusichernder Risiken sowie der Erfüllung seiner vorvertraglichen Informationsobliegenheiten[903]. Handelt es sich bei dem Interessenten seinerseits um eine Aktiengesellschaft, kann deren Vorstand sogar dazu angehalten sein, eine Due Diligence Prüfung bei dem infrage stehenden Akquisitionsobjekt durchzuführen. Andernfalls riskiert er eine Schadensersatzpflicht aufgrund einer Sorgfaltspflichtverletzung.[904, 905]

Die Due Diligence Prüfung kann alle Bereiche der Zielgesellschaft erfassen, wobei aber den rechtlichen, wirtschaftlichen, finanziellen, organisatorischen und technischen Grundlagen eine besondere Bedeutung zukommt. Der Umfang sowie die Tiefe der Prüfung stehen dabei regelmäßig in einer gewissen Relation zur Höhe des Kaufpreises. Abhängig von der Intensität und Schwerpunktsetzung können dem potentiellen Erwerber durch die Due Diligence wettbewerbsrelevante Gesellschaftsinterna in größerem Umfang zur Kenntnis gelangen,[906] so dass ein erhebliches Schädigungspotential für den Fall gegeben ist, dass die Vertragsverhandlungen nicht zu einem positiven Abschluss gelangen.[907] Ferner be-

---

901 *Merkt*, Festschrift Sandrock, S. 657, 666; *Kiethe*, NZG 1999, S. 976, 979; *Körber*, NZG 2002, S. 263, 264.

902 *Berens/Schmitting/Strauch*, in: Berens, Due Diligence bei Unternehmensakquisitionen, S. 77, 113; *Knöfler*, Rechtliche Auswirkungen der Due Diligence bei Unternehmensakquisitionen, S. 70 ff.; ferner *Vischer*, SJZ 2000, S. 229, 235, der zumindest einen gewissen Kernbestand als etabliert ansieht; vgl. dazu *D. Horn/J. Schneider*, in: Fritsch/Niese, Gründungsprozess und Gründungserfolg, S. 219, 231 f.; ferner *Picot*, in: Berens, Due Diligence bei Unternehmensakquisitionen, S. 241, 259 f.; a.A. *Rittmeister*, NZG 2004, S. 1032; *H. P. Westermann*, ZHR 169 (2005), S. 248, 264 f.; vgl. dazu auch den Diskussionsbericht, ZHR 169 (2005), S. 295, 297 f.; jeweils m. w. N.

903 Dazu ausführlich *D. Horn/J. Schneider*, in: Fritsch/Niese, Gründungsprozess und Gründungserfolg, S. 219, 222 ff.

904 *Kiethe*, NZG 1999, S. 976 ff.; *Hemeling*, ZHR 169 (2005), S. 274, 276 f.; *Stoffels*, ZHR 165 (2001), S. 362, 368 mit Fn. 27, m. w. N.

905 Zu einem möglichen Anspruch auf Durchführung einer Due Diligence vgl. nur *H. P. Westermann*, ZHR 169 (2005), S. 248, 250 ff., m. w. N.

906 *Merkt*, Festschrift Sandrock, S. 657, 673.

907 *Semler*, in: Hdb Unternehmens- und Beteiligungskauf, Teil VI, Rn. 53, S. 547 f.

steht auch unter der Annahme, dass die genannten Informationen einem aktuellen Mitglied regelmäßig nicht gewährt werden oder nicht gewährt werden dürfen, ein nur leicht abgemildertes Schädigungspotential für den Fall eines positiven Abschlusses der Verhandlungen.

(ii) Grenzen der Informationsweitergabe

Jedoch sind der großzügigen Weitergabe gesellschaftsinterner Informationen rechtliche Grenzen gesetzt, insbesondere dann, wenn es sich bei dem Informationsempfänger um einen Gesellschaftsexternen handelt. Dieser verfügt, wie bereits aufgezeigt, über keine mitgliedschaftlichen Informationsrechte gegenüber der Gesellschaft. Vice versa bestehen für die Gesellschaft gegenüber dem Erwerbsinteressenten keine vorvertraglichen Auskunfts- oder Aufklärungspflichten, da potentieller Vertragspartner nicht die Gesellschaft, sondern der veräußerungswillige Aktionär ist.[908] Ausgehend vom Subjekt der Informationsweitergabe bestimmen sich deren Schranken:

Bislang konzentrierte sich die Diskussion allein auf den Vorstand als Subjekt der Informationsweitergabe, denn die Gestattung einer Due Diligence bildet einen Gegenstand der Geschäftsführung. Da ihre Zulassung regelmäßig die Ressortkompetenz der einzelnen Vorstandsmitglieder übersteigt, liegt sie nach zutreffender Ansicht allein in der Kompetenz des Gesamtvorstands.[909] Die Entscheidung soll dabei – soweit die Satzung oder die Geschäftsordnung des Vorstandes keine abweichende Regelung enthält –[910] durch einen einstimmigen Beschluss zu treffen sein.[911]

---

908 Vgl. *H. P. Westermann*, ZHR 169 (2005), S. 248, 252; *Stoffels*, ZHR 165 (2001), S. 362, 369, m. w. N.

909 *Roschmann/Frey*, AG 1996, S. 449, 452; *K. Müller*, NJW 2000, S. 3452, 3455; *Schroeder*, DB 1997, S. 2161, 2163; *Fleischer*, ZIP 2002, S. 651; *Traugott*, BB 2001, S. 2277, 2280: Arg. § 77 Abs. 1 Satz 1 AktG; *Hemeling*, ZHR 169 (2005), S. 274, 282: Aber Einschaltung des Aufsichtsrats bei Interessenkollisionen im Vorstand; *Stoffels*, ZHR 165 (2001), S. 362, 376 mit Fn. 62, m. w. N. Nach *Ziemons*, AG 1999, S. 492, 495, 500, bedarf die Gestattung der Due Diligence zusätzlich noch der Zustimmung des Aufsichtsrates sowie in Fällen, in denen die Veräußerung an die Zustimmung der Hauptversammlung gebunden ist (vgl. § 68 Abs. 2 Satz 3 AktG), auch deren Zustimmung.

910 *K. Müller*, NJW 2000, S. 3452, 3455; *Körber*, NZG 2002, S. 263, 268; *Stoffels*, ZHR 165 (2001), S. 362, 376, Fn. 62.

911 *Ziemons*, AG 1999, S. 492, 495; *Meincke*, WM 1998, S. 749, 751; *Fleischer*, ZIP 2002, S. 651, 652; a.A. *Schroeder*, DB 1997, S. 2161, 2163.

Neben dem Vorstand soll nach einer jüngeren Ansicht nunmehr aber auch ein verkaufswilliger Aktionär in der Lage sein, seinem potentiellen Vertragspartner die für die Due Diligence notwendigen Informationen zu beschaffen und damit Subjekt der Informationsweitergabe sein.[912] Dies wurde bisher nicht für möglich gehalten. Denn die gesetzlichen Informationsrechte der Aktionäre – insbesondere § 131 Abs. 1 AktG – sind so stark eingeschränkt, dass auf ihrer Grundlage die für eine Due Diligence Prüfung benötigten Informationen nicht zu erlangen sind.[913] Darüber hinausgehende Informationsrechte waren des Weiteren bislang nicht anerkannt.[914] Doch nun soll dem Aktionär ein ungeschriebenes Informationsrecht gegenüber der Gesellschaft in Fällen zustehen, in denen er ein berechtigtes Informationsbedürfnis hat.[915] Dieses Bedürfnis bestehe beispielsweise bei der Veräußerung einer (näher bestimmten) unternehmerischen Beteiligung, weil diese ohne die Durchführung einer Due Diligence praktisch nicht oder nur zu indiskutablen Konditionen zu veräußern sei und daher eine „faktische Vinkulierung“ drohe.[916] Grundlage dieses Informationsrechts sei ein allgemeines verbandsrechtliches Prinzip, nach dem jedes Verbandsmitglied einen Anspruch auf all jene Informationen habe, die es zur effektiven Ausübung seiner Mitgliedschaftsrechte – vorliegend des Rechts auf Veräußerung seiner Beteiligung – benötige.[917]

Für den ersten Fall, dass die Informationen vom Vorstand an den Erwerbsinteressenten weitergegeben werden, ist Verschwiegenheitspflicht des Vorstandes nach § 93 Abs. 1 Satz 3 AktG die wichtigste Grenze der Informationsweiterga-

---

912 *Krömker*, NZG 2003, S. 418, passim; *ders.*, Die Due Diligence im Spannungsfeld zwischen Gesellschafts- und Aktionärsinteressen, S. 73 ff.

913 *Semler*, in: Hdb Unternehmens- und Beteiligungskauf, Teil IV, Rn. 61 a.E., S. 550.

914 *Stoffels*, ZHR 165 (2001), S. 362, 369 f.; *Ziegler*, DStR 2000, S. 249, 252; jeweils m. w. N.; einschränkend *Körber*, NZG 2002, S. 263, 265, der in Ausnahmefällen ein Informationsrecht auf der Grundlage der gesellschaftsrechtlichen Treuepflicht anerkennt. In der Praxis könne sich auch nach seiner Ansicht daraus aber kein Anspruch auf die Gestattung einer umfassenden Due Diligence ableiten.

915 *Krömker*, NZG 2003, S. 418 ff.

916 *Krömker*, NZG 2003, S. 418, 420 ff.

917 *Krömker*, NZG 2003, S. 418 f., 423.

be. Die Verschwiegenheitspflicht ist jedoch nicht absolut,[918] sondern geht nur soweit, wie das Gesellschaftsinteresse reicht. Anders gewendet, die Verschwiegenheitspflicht steht der Informationsweitergabe dann nicht entgegen, wenn sie im Interesse der Gesellschaft erfolgt.[919] Im zweiten Fall werden die Informationen vom veräußerungswilligen Aktionär an seinen potentiellen Nachfolger weitergegeben, so dass sich die Grenze der Weitergabe aus der Verschwiegenheitspflicht des Aktionärs ergeben könnte.[920] Jedoch wird bereits der ungeschriebene Informationsanspruch des Aktionärs nicht grenzenlos gewährt.[921] Der Anspruch richtet sich gegen die Gesellschaft, so dass der Vorstand als primäres Vertretungsorgan (§ 78 Abs. 1 AktG) die notwendigen Informationen zu erteilen hat. Dabei hat er ähnlich wie im Rahmen der Auskunftsverweigerung nach § 131 Abs. 3 Nr. 1 AktG das Geheimhaltungsinteresse der Gesellschaft und das Informationsinteresse des Aktionärs gegeneinander abzuwägen. Kommt er bei der Abwägung zu dem Ergebnis, dass das Geheimhaltungsinteresse der Gesellschaft überwiegt, ist er aufgrund seiner Verschwiegenheitspflicht gehalten, dem Aktionär die Auskunft zu verweigern. Letztlich stellt also auch im zweiten Fall die Verschwiegenheitspflicht des Vorstandes die ausschlaggebende Grenze der Informationsweitergabe dar.[922] Die Verschwiegenheitspflicht des Aktionärs ist subsidiär.

Da demnach in beiden Fällen der Vorstand nach pflichtgemäßem Ermessen über die Informationsweitergabe zu entscheiden hat, kann für die vorliegende Untersuchung dahinstehen, ob das genannte ungeschriebene Informationsrecht für Aktionäre überhaupt anzuerkennen ist.[923] Es stellt dabei einen zu vernachlässigenden Unterschied dar, dass im ersten Fall das Aktionärsinteresse erst auf einer nachgelagerten Prüfungsstufe Berücksichtigung finden kann, nachdem die In-

---

918 Argumentum e contrario zu § 404 Abs. 1 AktG, wonach nur *unbefugtes* Offenbaren unter Strafe gestellt ist, *Ziemons*, AG 1999, S. 492, 493; vgl. ferner *Stoffels*, ZHR 165 (2001), S. 362, 372.

919 *Mertens*, in: KölnKomm, AktG, § 93, Rn. 82: "Wo es das Unternehmensinteresse gebietet zu reden, hört die Schweigepflicht auf."

920 Vgl. oben S. 114 ff.

921 *Krömker*, NZG 2003, S. 418 f, 422.

922 Vgl. *Körber*, NZG 2002, S. 263, 269.

923 Mit guten Gründen gegen ein ungeschriebenes Informationsrecht *Hemeling*, ZHR 169 (2005), S. 274,286 f.

formationsgewährung zunächst allein am Maßstab des Gesellschaftsinteresses zu messen ist,[924] wohingegen im zweiten Fall, das Aktionärsinteresse schon unmittelbar gegen das Gesellschaftsinteresse abgewogen wird. Denn besteht die Möglichkeit, dass das Gesellschaftsinteresse durch die Durchführung einer Due Diligence beeinträchtigt wird, kann das Aktionärsinteresse in der Regel auch im zweiten Fall keine höhere Gewichtung finden.

Neben der Verschwiegenheitspflicht des Vorstandes bestehen noch weitere Grenzen. Diese stehen aber ebenfalls grundsätzlich der Informationsweitergabe an den Erwerbsinteressenten im Rahmen einer Due Diligence nicht entgegen: Da in einem pflichtgemäßen Vorstandsbeschluss über die Gestattung der Due Diligence gleichzeitig auch eine rechtfertigende Einwilligung in die tatbestandsmäßige Verletzung der Geheimhaltungspflicht zu sehen ist,[925] scheidet eine Strafbarkeit eines Vorstandsmitglieds nach § 404 Abs. 1 Nr. 1 AktG aus. Im Rahmen von § 17 Abs. 1 UWG ist bereits der Tatbestand nicht erfüllt, weil der Vorstand durch seinen Beschluss den Geheimhaltungswillen aufgibt und damit das bisherige Geheimnis seinen Geheimnischarakter einbüßt.[926] Auch verstößt der Vorstand einer börsennotierten Gesellschaft nicht gegen das strafbewehrte insiderrechtliche Weitergabeverbot nach § 14 Abs. 1 Nr. 2 WpHG, wenn er dem Erwerbsinteressenten oder dem verkaufswilligen Aktionär Zugang zu solchen Gesellschaftsinterna gewährt, die nach § 13 WpHG als Insiderinformation einzustufen sind[927]. Denn nach ganz herrschender Ansicht wird die Mitteilung oder die Zugänglichmachung von Informationen zum Zwecke des außerbörslichen Beteiligungserwerbs zu Recht nicht als „unbefugt“ angesehen, wenn die Informationsweitergabe im Gesellschaftsinteresse erfolgt und zudem durch eine Geheimhaltungsvereinbarung abgesichert ist.[928]

---

924 *Fleischer*, ZIP 2002, S. 651, 652; *Körber*, NZG 2002, S. 263, 269.

925 *Roschmann/Frey*, AG 1996, S. 449, 450 f., m. w. N.

926 *Otto*, in: GroßKomm, UWG, § 17, Rn. 49.

927 Vgl. *Hemeling*, ZHR 169 (2005), S. 274, 283; *Stoffels*, ZHR 165 (2001), S. 362, 379, Fn. 74 a.E., m. w. N.

928 *Brandi/Süßmann*, AG 2004, S. 642, 647 f.; *Roschmann/Frey*, AG 1996, S. 449, 453; *Hemeling*, ZHR 169 (2005), S. 274, 283 f.; *Stoffels*, ZHR 165 (2001), S. 362, 380 f.; *Schroeder*, DB 1997, S. 2161, 2164 f.; *Kiehte*, NZG 1999, S. 976, 980 f.; *Ziemons*, AG 1999, S. 492, 498; *Süßmann*, AG 1999, S. 162, 169; *Assmann*, AG 1997, S. 50, 56; *Ass-*

Damit ist aber noch nicht geklärt, in welchen konkreten Fällen der Vorstand – gedeckt vom Interesse der Gesellschaft und deshalb unter Beachtung seiner Verschwiegenheitspflicht – eine Due Diligence Prüfung gestatten darf:

Nach einer restriktiven Ansicht sei es dem Vorstand regelmäßig nur gestattet, „sektorale und selektive Informationen" die „immer nur Teile des Unternehmens oder Teile des unternehmerischen Handelns" betreffen, an Dritte weiterzugeben.[929] Solche Informationen reichen jedoch zur Durchführung einer Due Diligence in der Regel nicht aus. Weitergehende Informationen oder „globale Daten, die das gesamte Unternehmen bestimmen", dürften nach dieser Ansicht aber nur dann offenbart werden, wenn es sich um ein „ungewöhnliches und überragendes, anders nicht erreichbares Interesse der Gesellschaft" handelt, „gewissermaßen um eine einmalige und unwiederbringliche unternehmerische Chance".[930] Diese Voraussetzungen werden – und dies wird bereits zutreffend erkannt – nur „sehr, sehr selten" erfüllt sein.[931] Als ein Ausnahmefall wird beispielsweise die Sanierung der Gesellschaft angeführt.[932] Für den gewöhnlichen Verkauf einer Beteiligung werden die genannten Vorrausetzungen jedoch nicht vorliegen.[933] Diese Ansicht muss mit der vorherrschenden Meinung[934] aber abgelehnt werden, da sie einseitig die Risiken der Informationsweitergabe in den Vordergrund stellt und infolgedessen das Gesellschaftsinteresse unzutreffend bestimmt.[935] Des Weiteren würde eine solch restriktive Sichtweise zu einer „faktischen Vinkulierung" oder zumindest zu einer starken Einschränkung der Fun-

---

mann/Cramer, in: Assmann/U. H. Schneider, WpHG, § 14, Rn. 31, 88b, 88e; jeweils m. w. N.; vgl. ferner Begr. RegE zum Zweiten Finanzmarktförderungsgesetz, BT-Drucks. 12/6679, S. 47; ferner *Bundesanstalt für Finanzdienstleistungsaufsicht*, Emittentenleitfaden, S. 31 f.

929 *Lutter*, ZIP 1997, S. 613, 617 (= *ders.*, Festschrift Schippel, S. 455, 465). Noch strenger *Merkt*, Festschrift Sandrock, S. 657, 675, nach dem Informationen, die einem Gesellschafter nicht ohne weiteres zur Verfügung gestellt werden dürften, auch nicht an den potentiellen Käufer weitergegeben werden dürfen.

930 *Lutter*, ZIP 1997, S. 613, 617; ähnlich *Ziemons*, AG 1999, S. 492, 495.

931 *Lutter*, ZIP 1997, S. 613, 617.

932 *Lutter*, ZIP 1997, S. 613, 617, Fn. 37.

933 *K. Mertens*, AG 1997, S. 541, 542.

934 Nachweise sogleich in Fn. 937.

935 Vgl. *Meincke*, WM 1998, S. 749, 751.

gibilität von größeren Aktienpakten führen,[936] die – wie gezeigt – gewöhnlich nur nach erfolgter Due Diligence Prüfung veräußerlich sind.

Zur Bestimmung des Gesellschaftsinteresses sind nach zutreffender Ansicht die Chancen des Aktionärswechsels und Risiken der Due Diligence Prüfung gleichberechtigt gegeneinander abzuwägen.[937] Chancen können sich für die Gesellschaft durch einen Anteilsverkauf eröffnen, wenn es sich bei dem neuen Aktionär beispielsweise um einen potenten Investor handelt und dieser beabsichtigt, die Fortentwicklung der Gesellschaft mit der Einbringung von frischem Kapital oder Know-how zu unterstützen.[938] Für den Fall einer vertikalen Akquisition können Abhängigkeiten gegenüber Abnehmern oder Lieferanten reduziert werden. Neue Chancen können ferner auch in der Erschließung neuer Märkte liegen.[939] Den Chancen sind potentielle Nachteile für die Gesellschaft gleichzustellen, die mit der Nichtgestattung der Due Diligence einhergehen können. So kann bereits die Marktüblichkeit einer Due Diligence[940] einen wichtigen unternehmerischen Grund zur Gewährung der Informationsweitergabe darstellen. Denn aufgrund ihrer Marktüblichkeit wird einem Aktionär der Verkauf seines Aktienpakets ohne Due Diligence Prüfung – wenn überhaupt – nur mit einem erheblichen Risikoabschlag bei der Preisbildung möglich sein. Soweit es sich um eine börsennotierte Gesellschaft handelt, sinkt infolgedessen der Börsenkurs;[941] zukünftige Kapitalmaßnahmen können sich für die Gesellschaft erheblich verteuern.[942] Den Chancen und den zu vermeidenden Nachteilen sind die jeweiligen Risken der konkreten Due Diligence Prüfung gegenüberzustellen. Im Gegensatz zu den gegebenen Chancen kann der Vorstand das Risikopotential durch die Gestaltung

---

936 Vgl. *Kiethe*, NZG 1999, S. 976, 979.

937 *K. Mertens*, AG 1997, S. 541, 545; *Stoffels*, ZHR 165 (2001), S. 362, 373 ff.; *Hemeling*, ZHR 169 (2005), S. 274, 279; *Fleischer*, ZIP 2002, S. 651, 652; *K. Müller*, NJW 2000, S. 3452, 3453; *Meinke*, WM 1998, S. 749, 751; *Körber*, NZG 2002, S. 263, 269; ferner *Hopt*, in: GroßKomm, AktG, § 93, Rn. 209, 213; *Hefermehl/Spindler*, in: MünchKomm, AktG, § 93, Rn. 63.

938 *K. Mertens*, AG 1997, S. 541, 545; *Stoffels*, ZHR 165 (2001), S. 362, 374.

939 Dazu und zu weiteren Beispielen *Schroeder*, DB 1997, S. 2161, 2162; *K. Müller*, NJW 2000, S. 3452, 3453; *Stoffels*, ZHR 165 (2001), S. 362, 374.

940 Vgl. oben S. 193.

941 Dies impliziert freilich eine gewisse Größe des Aktienpakets.

942 *K. Mertens*, AG 1997, S. 541, 545; *Stoffels*, ZHR 165 (2001), S. 362, 373 f.; *Banerjea*, ZIP 2003, S. 1730 f.

der Due Diligence graduell beeinflussen. Ihm ist es nicht nur möglich, sondern er ist vielmehr dazu verpflichtet, geeignete Maßnahmen zur Minimierung der Risiken der Due Diligence Prüfung, namentlich des Missbrauchs der offenbarten Informationen, zu treffen. Die Ergreifung solcher Maßnahmen wird deshalb teilweise auch als Durchführungsvoraussetzung zur Due Diligence Prüfung bezeichnet.[943]

(iii) Instrumente der Risikominimierung

Dem Vorstand stehen zur Risikominimierung eine Reihe verschiedener Instrumente zur Verfügung, die teilweise auch dem Schutz der offenbarten Informationen dienen: Zunächst kann er mit dem Erwerbsinteressenten eine Geheimhaltungsvereinbarung abschließen, in der sich dieser verpflichtet, die ihm offenbarten Informationen allein zur Prüfung des Aktienerwerbs zu verwenden, sie insbesondere nicht öffentlich zu machen oder anderweitig zu verwerten.[944] Solche Geheimhaltungsabreden können entweder eigenständig oder im Rahmen eines so genannten „Letter of Intent" vereinbart werden. Falls es doch zu einer unerlaubten Verwendung von im Rahmen der Due Diligence Prüfung erlangten Informationen kommt, stellt es regelmäßig eine erhebliche Schwierigkeit dar, die Höhe des Schadensersatzanspruches zu bestimmen. Mit der Vereinbarung einer Vertragsstrafe in angemessener Höhe kann diesem Problem aber bis zu einem gewissen Grad abgeholfen werden.[945] Dem großen Problem des Nachweises der unerlaubten Informationsverwendung wird versucht mit Beweislastvereinbarungen Rechnung zu tragen.[946] Die Geheimhaltungserklärung kann zudem mit einer Vernichtungsvereinbarung kombiniert werden, nach welcher der Informationsempfänger nach Scheitern der Verhandlungen die erhaltenen Unterlagen vernichten oder an die Gesellschaft zurückgeben muss.[947] Als ein weiteres Mittel zur Risikominimierung dient die Kontrolle des Informationsflusses in zeitlicher und qualitativer Hinsicht. Zunächst kann der Vorstand die Informationsweiter-

---

943 Vgl. nur *Traugott*, BB 2001, S. 2277, 2280.

944 Statt vieler *Semler*, in: Hdb Unternehmens- und Beteiligungskauf, Teil VI, Rn. 55 ff., S. 548; *Stoffels*, ZHR 165 (2001), S. 362, 378; *K. Mertens*, AG 1997, S. 541, 544, 546 f.

945 *Semler*, in: Hdb Unternehmens- und Beteiligungskauf, Teil VI, Rn. 57, S. 548.

946 *K. Mertens*, AG 1997, S. 541, 544.

947 *Stoffels*, ZHR 165 (2001), S. 362, 378; *Treeck*, Festschrift Fikentscher, S. 434, 445.

gabe an den Fortschritt der Vertragsverhandlungen koppeln, so dass mit vorschreitender Verfestigung des Erwerbsinteresses, das heißt mit steigender Wahrscheinlichkeit eines Vertragsabschlusses, der Relevanzgrad der offenbarten Informationen angehoben wird.[948] Ebenso kann der Vorstand je nach Risikobewertung eine absolute Relevanzgrenze vorgeben und so die Informationstiefe „deckeln". Des Weiteren kann auch die Art und Weise der Informationsweitergabe der Minimierung des Risikos einer Due Diligence Prüfung dienen. So können Informationen schriftlich oder nur mündlich erteilt werden. Werden sie schriftlich erteilt, können Passagen geschwärzt sein.[949] Werden die Informationen in einem so genannten „data room" hinterlegt, kann beispielsweise die Anfertigung von Aufzeichnungen und Kopien untersagt sein.[950]

(iv) Ausschluss des Erwerbsinteressenten von Gesellschaftsinterna

Das Risiko einer missbräuchlichen Verwendung wettbewerbsrelevanter Informationen kann aber in bestimmten Konstellationen trotz der Verwendung der vorgenannten Instrumente noch zu hoch sein, so dass der Vorstand den Interessenten im Ergebnis von jeglichen Gesellschaftsinterna auszuschließen ist. Dies wird zunächst häufig dann der Fall sein, wenn es sich bei dem Erwerbsinteressenten um einen direkten Wettbewerber der Gesellschaft handelt.[951] Denn wie *Kai Mertens* zutreffend bemerkt, kann schon eine einzelne Information, welche dem Wettbewerber offenbart wird, erhebliche Nachteile für die Gesellschaft bewirken.[952] Ferner stellt auch das Vorwissen des Wettbewerbers eine nicht zu unterschätzende Unbekannte dar. Für den Vorstand der Zielgesellschaft ist schwer kalkulierbar, aus welchen Daten und Informationen ein Wettbewerber weiterführende Schlüsse ziehen kann.[953] Denn auch Daten oder Informationen, denen

---

948 *K. Mertens*, AG 1997, S. 541, 544, 547; *Körber*, NZG 2002, S. 263, 270; *K. Müller*, NJW 2000, S. 3452, 3454; vgl. auch *Semler*, in: Hdb Unternehmens- und Beteiligungskauf, Teil VI, Rn. 59, S. 549.

949 *K. Müller*, NJW 2000, S. 3452, 3454.

950 *K. Mertens*, AG 1997, S. 541, 547.

951 *Stoffels*, ZHR 165 (2001), S. 362, 374; *K. Müller*, NJW 2000, S. 3452, 3454 f. mit Fn. 30; *Hemeling*, ZHR 169 (2005), S. 274, 280 f.; vgl. ferner *K. Mertens*, AG 1997, S. 541, passim.

952 *K. Mertens*, AG 1997, S. 541, 544.

953 Das Beispiel zur Offenlegung von Angaben über den Lieferanten von Rohstoffen und Vertragskonditionen bei *K. Müller*, NJW 2000, S. 3452, 3454, mag nur andeuten, wie

der Vorstand selbst keine besondere Relevanz zumisst und sodann offen legt, können für den Wettbewerber von erheblichem Wert sein und zu einer Schädigung der Gesellschaft führen.[954]

Für den Ausschluss des Erwerbsinteressenten von internen Informationen stehen grundsätzlich zwei Wege zur Verfügung. Zum einen kann ihm die Durchführung der Due Diligence Prüfung versagt werden. Diese Handlungsalternative führt regelmäßig zu einem Abbruch der weiteren Verhandlungen oder zu einem erheblichen Risikoabschlag der beschriebenen Art. Die durch den Aktionärswechsel möglichen Chancen sind dann nicht mehr zu realisieren. Alternativ kann die Due Diligence Prüfung aber auch durch neutrale, insbesondere vom Erwerbsinteressenten unabhängige Sachverständige (wie zum Beispiel Wirtschaftsprüfer oder Rechtsanwälte) durchgeführt werden, die ihrerseits zur Berufsverschwiegenheit verpflichtet sind[955] und kumulativ oder alternativ einer vertraglichen Geheimhaltungspflicht unterliegen.[956] Wettbewerbsrelevante Informationen werden dadurch von dem Wettbewerber abgeschirmt.[957] Nach erfolgter Prüfung erhält der Erwerbsinteressent einen verkürzten Due Diligence Bericht, der lediglich die Ergebnisse der Prüfung enthält, nicht aber die der Auswertung zugrunde liegenden Informationen.[958]

---

schwer die Entscheidung über die Offenlegung von Daten- und Informationsgruppen im Einzelfall sein kann. Zumindest birgt sie ein hohes Fehlerrisiko.

954 Zur Abhängigkeit des Wertes einer Information vom Vorwissen vgl. oben S. 144 ff.

955 Vgl. § 203 Abs. 1 Nr. 3 StGB; ferner § 43 Abs. 1 Satz 1 WPO, § 9 Berufssatzung für Wirtschaftsprüfer/vereidigte Buchprüfer.

956 Vgl. *Stoffels*, ZHR 165 (2001), S. 362, 377; *Fleischer*, ZIP 2002, S. 651, 652; *Roschmann/Frey*, AG 1996, S. 449, 452; *Traugott*, BB 2001, S. 2277, 2280; *Lutter*, ZIP 1997, S. 613, 615, 619 f.; *Schroeder*, DB 1997, S. 2161, 2163; *K. Müller*, NJW 2000, S. 3452, 3455; jeweils m. w. N.

957 Dem die Due Diligence Prüfung durchführenden Team sollten/dürfen daher keine Vertreter des Erwerbsinteressenten angehören, wie dies aber wohl in der Praxis der Fall zu sein scheint, vgl. *Stoffels*, ZHR 165 (2001), S. 362, 377, Fn. 64, m. w. N. Daneben wird teilweise auch die Integrität der Sachverständigen angezweifelt. Anders ist es nicht zu verstehen, wenn im Zusammenhang mit ihrer Nennung darauf verwiesen wird, dass das Bestehen von Geheimhaltungspflichten nicht schon ihre Einhaltung sicherstellt, so *Koppensteiner*, ZHR 155 (1991), S. 97, 100, Fn. 6; ihm nachfolgend *Weber*, Vormitgliedschaftliche Treubindungen, S. 278.

958 Vgl. *Bihr*, BB 1998, S. 1198, 1199; *Lutter*, ZIP 1997, S. 613, 615. Im Einzelfall kann ein verkürzter Due Diligence Report neben einer Zusammenstellung der Ergebnisse auch einzelne, ausgewählte Informationen oder Informationsgruppen enthalten. Die Of-

(v) Zwischenergebnis

Nach der bisherigen Darstellung ist davon auszugehen, dass einem konkurrierenden Erwerbsinteressenten in der Anbahnungsphase keine oder nur äußerst beschränkend wettbewerbsrelevante Gesellschaftsinterna offenbart werden. Unter dieser Annahme ist die Erforderlichkeit eines Wettbewerbsverbotes zu Lasten eines eine Due Diligence Prüfung durchführenden potentiell zukünftigen Aktionärs im Ergebnis nicht zu begründen. Denn die Verschwiegenheitspflicht des Vorstandes stellt bei gleicher Eignung das mildere Mittel dar.[959]

(vi) Sonderkonstellationen

Das vorgenannte Ergebnis ist jedoch anhand zweier Sonderkonstellationen zu überprüfen:

In der ersten Konstellation werden einem konkurrierenden Erwerbsinteressenten trotz der Verschwiegenheitspflicht des Vorstandes wettbewerbsrelevante Informationen im Rahmen einer Due Diligence offenbart. Die Gründe dafür können unterschiedlicher Natur sein. Die Entscheidung des Vorstandes über die Gestattung oder Versagung einer Due Diligence Prüfung ist – wie gezeigt – eine Ermessensentscheidung. Der Vorstand hat dabei die Chancen und Risiken gegeneinander abzuwägen. Die Beteiligung eines Wettbewerbers kann unter Umständen mit so erheblichen Vorteilen für die Gesellschaft verbunden sein,[960] dass sich daraus bereits unmittelbar die Gestattung einer Due Diligence ergeben kann. Hinzu kann aber kommen, dass sich der Wettbewerber nicht auf einen von einem neutralen Sachverständigen angefertigten, verkürzten Due Diligence Bericht verweisen lässt. Neben den Kostengesichtspunkten kann ein weiter Beweggrund dafür sein, dass sich der Interessent unbedingt selbst ein Bild von der Gesellschaft und ihrem Unternehmen machen möchte. Schließlich wird es dem

---

fenlegung bedarf jedoch der Absprache mit dem Vorstand der geprüften Gesellschaft, vgl. nur *Stoll*, BB 1998, S. 785, 786 f.

959 Es zeigt sich, dass in diesem Bereich die Verschwiegenheitspflicht und das Wettbewerbsverbot im Grundsatz dieselbe Schutzrichtung haben. Beide Rechtsinstitute bewirken (weitgehend) den Ausschluss eines Wettbewerbers von wettbewerbsrelevanten Informationen. Die Verschwiegenheitspflicht hält den Vorstand an, einem Wettbewerber die Durchführung der Due Diligence Prüfung zu versagen; unter der Annahme eines Wettbewerbsverbotes würde die Aufnahme der Due Diligence Prüfung einen Verstoß gegen dieses Verbot darstellen.

960 Vgl. *Hemeling*, ZHR 169 (2005), S. 274, 280.

Erwerbsinteressenten darauf ankommen, unterschiedliche Unternehmensdaten individuell, also nach seinen speziellen Bedürfnissen zu evaluieren. Ein verkürzter Prüfungsbericht kann dies nicht leisten.[961] In solchen Fällen kommt der Vorstand oft nicht umhin, auch einem Wettbewerber – freilich unter risikominimierenden Auflagen – die Due Diligence Prüfung zu gestatten.[962] Dem Vorstand kann dabei nicht per se unterstellt werden, dass er seine Entscheidung zur Gestattung der Unternehmensprüfung ermessensfehlerhaft getroffen hat. Offenbart der Vorstand dem Wettbewerber wettbewerbsbezogene Informationen in den zulässigen Grenzen seines unternehmerischen Ermessens und trifft er zudem die ihm zur Verfügung stehenden und aus seiner Sicht erforderlichen Schutzmaßnahmen, stellt dies keinen Verstoß gegen seine Verschwiegenheitspflicht dar. Eine Schadensersatzpflicht besteht dann nicht. Des Weiteren muss auch davon ausgegangen werden, dass die Entscheidung des Vorstandes über die Gestattung oder Versagung einer Due Diligence nicht immer frei von äußeren Einflüssen fällt. Es ist anzunehmen, dass ein verkaufswilliger Mehrheitsaktionär den Vorstand durchaus zur Gestattung der Due Diligence gegenüber einem Wettbewerber bestimmen kann.[963] Die Verantwortlichkeit des Vorstandes bietet vor solchen Einflussnahmen keinen ausreichenden Schutz, da bereits die Ermessensentscheidung schwer überprüfbar ist.[964] Zudem mag noch nachlässiges Vorstandshandeln zur Offenlegung von Gesellschaftsinterna gegenüber Wettbewerbern führen. Anders lässt es sich nicht erklären, warum es in der Praxis vielfach üblich sein soll, wettbewerbsbezogene Informationen von hohem Relevanzgrad bereits in frühen Stadien einer Due Diligence auch gegenüber Wettbewerbern zu offenbaren.[965]

---

961 Vgl. *Kiethe*, NZG 1999, S. 976, 979; *Krömker*, Die Due Diligence im Spannungsfeld zwischen Gesellschafts- und Aktionärsinteressen, S. 52 f.

962 So auch *Weber*, Vormitgliedschaftliche Treubindungen, S. 278. In Einzelfällen kann sogar eine „Gestattungspflicht" bestehen, vgl. *Schroeder*, DB 1997, S. 2161, 2162, m. w. N.

963 Vgl. *Semler*, in: Hdb Unternehmens- und Beteiligungskauf, Teil IV, Rn. 61, S. 550. Zur Abhängigkeit des Vorstands vom Mehrheitsaktionär vgl. oben S. 134 ff.

964 Vgl. *Ziegler*, DStR 2000, S. 249, 253; *Schroeder*, DB 1997, S. 2161, 2162 f.

965 *Stoffels*, ZHR 165 (2001), S. 362, 376.

In der zweiten Konstellation werden einem nichtkonkurrierenden Gesellschafter im Rahmen der Due Diligence sensible Informationen offenbart, woraus für gewöhnlich kein besonderes Gefährdungspotential erwächst und damit auch die Grundlage zur Bejahung der Erforderlichkeit eines Wettbewerbsverbotes entfällt. Diese Bewertung ändert sich aber für den Fall, dass der Erwerbsinteressent während oder auch nach Abbruch der Due Diligence Prüfung eine konkurrierende Tätigkeit aufnimmt.[966] Dafür können die verschiedensten Gründe in Frage kommen. So kann der Interessent beispielsweise während der Prüfung zu der Erkenntnis kommen, dass sich der geforderte Kaufpreis als zu hoch erweist oder es aus anderen Gründen vorteilhafter ist, ein Unternehmen in dem fraglichen Geschäftsfeld selber aufzubauen, als sich der gewachsenen Unternehmensstruktur der geprüften Gesellschaft zu bedienen. Die erfolgreiche Aufnahme einer konkurrierenden Tätigkeit wird dann freilich durch die erlangten Kenntnisse zum Nachteil der „durchleuchteten" Gesellschaft gefördert.

(vii) Adäquanz der Risikominimierungs- und Schutzinstrumente

Fraglich ist, ob in den genannten Konstellationen die Mittel der Risikominimierung neben den allgemeinen Schutzinstrumenten ausreichen, um das Gefährdungspotential ausreichend abzusenken.

Als eines der wichtigsten Instrumente der Risikominimierung und Mindestvoraussetzung[967] für die Weitergabe von Gesellschaftsinterna wird die Geheimhaltungsverpflichtung angesehen. Soweit sie sich allein auf ein Weitergabeverbot beschränkt, ist sie in den genannten Konstellationen freilich wertlos, da der Informationsempfänger gleichzeitig auch der finale Informationsverwerter ist. Es bedarf nicht der Weitergabe der Information, um eine für die Gesellschaft nachteilige Verwendung oder Verwertung zu ermöglichen. Daher ist das Weitergabeverbot regelmäßig mit einem Verwertungsverbot gekoppelt. Das Hauptproblem liegt hierbei im Nachweis der Verwertung einer Information. Fließt beispielsweise eine Information in einen komplexen Entscheidungsprozess des (zukünftigen) Konkurrenten ein, ist ihre Verwendung kaum aufzuzeigen. Zudem mag im Einzelfall der Nachweis unmöglich sein, dass es sich um eine gesell-

---

966 Vgl. *Weber*, Vormitgliedschaftliche Treubindungen, 283 f.

967 Vgl. *Traugott*, BB 2002, S. 2077, 2280 ff.

schaftsinterne und nicht um eine auf anderem Wege gewonnene Information handelt. Beweislastvereinbarungen können hier nur in einem geringen Umfang Abhilfe schaffen. Dagegen ist das Problem des Nachweises der Schadenshöhe unter Verwendung einer festgeschriebenen Vertragsstrafe in angemessener Höhe lösbar. Angesichts dieses Befundes von einem „Restrisiko" zu sprechen,[968] ist meines Erachtens – insbesondere im Hinblick auf die genannten Konstellationen – untertrieben; die Inkaufnahme eines „Restrisikos" im beschriebenen Umfang bei gleichzeitigem sehr hohen Schädigungspotential ist inakzeptabel. Allein auf die psychologische Wirkung von Geheimhaltungsvereinbarungen sollte sich deshalb nicht verlassen werden.[969] Auch eine Vernichtungsvereinbarung hat nur einen beschränkten Wert. Meist wird es nur schwer feststellbar sein, ob Unterlagen tatsächlich vernichtet oder noch vor der Vernichtung beziehungsweise der Rückgabe an die Gesellschaft vervielfältigt wurden. Auch durch die Kontrolle des Informationsflusses kann das Risiko nicht hinreichend abgesenkt werden. Zum einen ist es für den Vorstand nicht immer umfassend abschätzbar, welche Daten und Informationen für den (zukünftigen) Wettbewerber von Relevanz sind. Zum anderen erscheint es zwar angemessen, mit dem Fortgang der Verhandlungen und einem damit meist verbundenen – vermuteten oder tatsächlich vorliegenden – Ansteigen des Abschlusswillens des Interessenten die Relevanz der offenbarten Informationen zu steigern. Doch wird es für Erwerbsinteressenten immer wieder gute Gründe geben, auch in erst späten Stadien die Verhandlungen abzubrechen. Mit Blick auf die zweite Konstellation ist zu bedenken, dass sich noch im Laufe der Unternehmensprüfung (und selbst noch danach) die Risikobewertung ändern kann. Weder zu Beginn noch im weiteren Verlauf einer Due Diligence Prüfung kann die Aufnahme einer konkurrierenden Tätigkeit vorausgesehen werden. Die Rücknahme offenbarter Informationen ist ex post allerdings nicht mehr möglich. Zusammengenommen können die dem Vorstand zur Verfügung stehenden Mittel der Risikominimierung das Gefahrenpotential der missbräuchlichen Verwendung nicht ausreichend absenken. Zudem handelt es sich bei den beschriebenen Mitteln meist um obligatorische Instrumente, die

---

968 So zum Beispiel *K. Mertens*, AG 1997, S. 541, 544; *Stoffels*, ZHR 165 (2001), S. 362, 378.

969 Vgl. *Jansen*, Mergers & Acquisitions, S. 183.

deshalb für sich genommen die Erforderlichkeit eines gesetzlichen Wettbewerbsverbotes noch nicht aufheben können.[970]

Die gesetzlichen Schutzinstrumente zielen im Schwerpunkt darauf, eine Weitergabe von gesellschaftsinternen Informationen an Dritte zu verhindern oder zumindest stark zu reglementieren. Ist nun aber eine Information im Einklang mit der Verschwiegenheitspflicht des Vorstandes (§§ 93 Abs. 1 Satz 3; 404 Abs. 1 Nr. 1 AktG), dem insiderrechtlichen Weitergabeverbot (§ 14 Abs. 1 Nr. 2 WpHG) sowie dem wettbewerbsrechtlichen Verbot des Geheimnisverrats (§ 17 Abs. 1 UWG) weitergegeben worden, wie dies auch in den beschriebenen Sonderkonstellationen der Fall ist, stellt sich die Frage nach dem Schutz der Information vor missbräuchlicher Verwendung. Im vorliegenden Zusammenhang ist dabei allein die missbräuchliche Verwendung von Information zum Nachteil der Gesellschaft zu untersuchen. Daher ist nicht weiterzuverfolgen, inwieweit der Erwerbsinteressent unter Verwendung gesellschaftsinterner Informationen gegen das Verbot von Insidergeschäften nach § 14 Abs. 1 Nr. 1 WpHG verstoßen kann. Dagegen könnte sich der Erwerbsinteressent durch die missbräuchliche Verwendung einer im Rahmen der Due Diligence erhaltenen Information nach § 17 Abs. 2 Nr. 2 UWG strafbar machen. Da die Information in den vorliegenden Konstellationen durch den Vorstand nicht durch eine nach § 17 Abs. 1 UWG strafbare Mitteilung weitergegeben wird, scheidet eine Strafbarkeit des Erwerbsinteressenten bereits nach der ersten Alternative des § 17 Abs. 2 Nr. 2 UWG aus. Auch scheidet eine Strafbarkeit nach der zweiten Alternative aus, weil eine vom Vorstand erlaubte Due Diligence Prüfung freilich nicht mit einer Betriebsspionage gleichzusetzen ist. Verbleibt noch die dritte Alternative, nach der sich strafbar macht, wer ein Wirtschaftsgeheimnis der Gesellschaft unbefugt verwertet, welches er sich zuvor sonst unbefugt verschafft oder gesichert hat. Ein solches unbefugtes Verschaffen oder Sichern könnte gegebenenfalls durch das Einprägen eines Wirtschaftsgeheimnisses während der Durchführung der Due Diligence Prüfung gegeben sein, vorausgesetzt die Verhandlungen scheitern später.[971] Zunächst stellt sich aber schon die Frage, wie zwischen einem

---

970 Vgl. *Weber*, Vormitgliedschaftliche Treubindungen, S. 278.

971 Vgl. *Emmerich*, Unlauterer Wettbewerb, § 10 3. b), S. 123 f. unter Bezugnahme (Fn. 28) auf BGH, NJW 1960, S. 1999 f.

Einprägen als Vorgang des Verschaffens oder Sicherns und einem bloßen „Nichtvergessen" wettbewerbsrelevanter Informationen zu differenzieren ist. Der Abbruch einer Due Diligence Prüfung oder von Vertragsverhandlungen kann – überspitzt formuliert – nicht zur Amnesie verpflichten. Zudem wird auch der Verwertungsvorgang vielfach nicht nachweisbar sein. Es stellen sich ähnliche Nachweisprobleme wie bei den obligatorischen Verwertungsverboten, insbesondere wenn Informationen in komplexe Entscheidungsprozesse einfließen. Ohnehin steht in Frage, ob die „rein geistige Verarbeitung" eines Wirtschaftsgeheimnisses, wie dies aber beim Einstellen von Informationen in einen Entscheidungsprozess gegeben ist, ein Verwerten im Sinne des § 17 Abs. 2 Nr. 2 UWG darstellt.[972] Es zeigt sich im Ganzen, dass § 17 Abs. 2 Nr. 2 UWG wenig geeignet ist, einen Missbrauch von im Rahmen einer Due Diligence Prüfung offen gelegten Informationen zu verhindern. Als ein letzter „Notanker" verbleibt schließlich die Geschäftschancenlehre. Aber selbst unter der zweifachen – jeweils ungesicherten – Annahme, dass die Geschäftschancenlehre unter bestimmten qualifizierten Umständen nicht nur auf Aktionäre,[973] sondern auch auf potentiell zukünftige Aktionäre[974] Anwendung findet, greift ihr Schutz zu kurz. Es wurde bereits anderenorts gezeigt, dass die Geschäftschancenlehre nur einen kleinen Ausschnitt wettbewerbsrelevanter Informationen betrifft und daher keinen umfassenden Schutz vor der Weitergabe oder Verwertung dieser Informationen bieten kann.[975]

Zusammenfassend ist festzustellen, dass in den beschriebenen Konstellationen weder die dem Vorstand zur Verfügung stehenden Risikominimierungs- noch die gesetzlichen Schutzinstrumente geeignet sind, das durch die Möglichkeit des Missbrauchs der offenbarten Informationen gegebene Gefährdungspotential hinreichend zu begrenzen.

---

972 Ablehnend Baumbach/*Hefermehl*, UWG, 22. Aufl., § 17, Rn. 37; a.A. *Callmann*, UWG, § 17, Rn. 24, der bereits die Kenntnis eines Wirtschaftsgeheimnisses mit dessen Verwertung gleichsetzt.

973 Vgl. zu dieser Annahme oben S. 119 f.

974 *Weber*, Vormitgliedschaftliche Treubindungen, S. 277 ff., 283.

975 Vgl. oben bei Fn. 766.

(viii) Zwischenergebnis

Für den Fall, dass im Rahmen einer Due Diligence Prüfung einem Erwerbsinteressenten wettbewerbsrelevante Informationen offenbart werden und der Interessent ein Wettbewerber der Gesellschaft ist oder während oder nach Abschluss der Anbahnungsphase eine konkurrierende Tätigkeit aufnimmt, entsteht ein erhebliches Gefährdungspotential, welches durch die vorhandenen Schutzinstrumente nicht zu beherrschen ist. Da die Aufnahme einer konkurrierenden Tätigkeit nicht mit hinreichender Sicherheit vorhersehbar ist, ist ein Wettbewerbsverbot zu Lasten des potentiell zukünftigen Aktionärs (vormitgliedschaftliches Wettbewerbsverbot) immer dann erforderlich, wenn ihm von der Gesellschaft die Möglichkeit eingeräumt wird, im Hinblick auf seine mögliche Mitgliedschaft von gesellschaftsinternen, wettbewerbsrelevanten Informationen Kenntnis zu nehmen.[976]

Unter dieser Prämisse ist die Durchführung einer Due Diligence Prüfung durch einen Wettbewerber, also im Falle einer horizontalen Akquisition, ohne vorherige Befreiung vom Wettbewerbsverbot[977] unzulässig[978]. Der Wettbewerber ist auf einen gekürzten Due Diligence Bericht eines neutralen Sachverständigen zu verweisen.[979] Die Durchführung einer Due Diligence durch einen nichtkonkurrierenden Erwerbsinteressenten wird dagegen durch die Annahme eines Wettbewerbsverbotes in keiner Weise behindert. Ihm wird allein die Aufnahme einer

---

976 In dieser Tendenz bereits *D. Horn/J. Schneider*, in: Fritsch/Niese, Gründungsprozess und Gründungserfolg, S. 219, 243; a.A. *Weber*, Vormitgliedschaftliche Treubindungen, S. 277 ff., 283, der in Fällen der Informationsweitergabe im Rahmen einer Due Diligence ein Verbot der Wahrnehmung von Geschäftschancen der Gesellschaft für den zukünftigen Gesellschafter zum Schutz der Gesellschaft für ausreichend erachtet. Daneben könne im Einzelfall ein Verbot der Aufnahme konkurrierender Tätigkeiten im Erwerbsstadium bestehen, ebd., S. 283.

977 Zur Befreiung ausführlich unten S. 253 ff.

978 Zu den Rechtsfolgen ausführlich unten S. 249 ff.

979 Enthält der gekürzte Due Diligence Bericht nicht nur Ergebnisse sondern auch einzelne Informationen oder Informationsgruppen (vgl. oben Fn. 958), ist einem Wettbewerber im Hinblick auf die Tatsache, dass nur schwierig zwischen wettbewerbsrelevanten und nicht wettbewerbsrelevanten Informationen zu differenzieren ist, anzuraten, sich den Bericht noch vor seiner Übergabe von der Hauptversammlung als dem auch für die Befreiung vom Wettbewerbsverbot zuständigen Organ (vgl. unten S. 255 ff.) genehmigen zu lassen.

konkurrierenden Tätigkeit während und nach Abschluss der Due Diligence Prüfung erschwert.[980]

(ix) Informationsmöglichkeiten außerhalb der Due Diligence Prüfung

Neben den Informationsmöglichkeiten, die einem potentiell zukünftigen Aktionär im Rahmen einer Due Diligence Prüfung eingeräumt werden, können ihm auch faktische Informationsmöglichkeiten gegeben sein.

Zu denken ist dabei an einen zukünftigen Mehrheitsaktionär. Diesem werden unter den Voraussetzungen, dass die Übertragung der Mehrheitsbeteiligung mit hoher Wahrscheinlichkeit und mit einer gewissen zeitlichen Nähe vollzogen wird, vergleichbare faktische Informationsmöglichkeiten zustehen wie einem aktuellen Mehrheitsaktionär. So ist davon auszugehen, dass der Vorstand dem zukünftigen Mehrheitsaktionär infolge seiner antizipierten Abhängigkeit großzügig Auskunft erteilen wird. Wie gezeigt, reichen die vorhandenen Schutzmechanismen nicht aus, dieses Schädigungspotential ausreichend zu beschränken.

Daher ist es erforderlich, einen künftigen Mehrheitsaktionär im Hinblick auf seine faktischen Informationsmöglichkeiten mit einem Wettbewerbsverbot zu belegen.

(x) Ergebnis

Im Hinblick auf die faktischen Einflussnahme- und Informationsmöglichkeiten ist die Erforderlichkeit eines Wettbewerbsverbotes zu Lasten eines künftigen Mehrheitsaktionärs dann zu bejahen, wenn sein (zeitnaher) Eintritt in die Gesellschaft hinreichend wahrscheinlich ist.[981] Dies wird regelmäßig mit dem Abschluss des Aktienkaufvertrages der Fall sein.[982] Zeitlich früher ist die Erforderlichkeit eines Wettbewerbsverbotes anzunehmen, wenn einem potentiell zukünftigen Aktionär wettbewerbsrelevante Gesellschaftsinterna offenbart werden.

---

980 Nach Abschluss der Due Diligence Prüfung ist ähnlich dem nachmitgliedschaftlichen Wettbewerbsverbot (dazu unten S. 215 ff.) ein nachwirkendes vormitgliedschaftliches Wettbewerbsverbot anzunehmen.

981 A.A. *Koppensteiner*, in: KölnKomm, AktG, Anh. § 318, Rn. 14.

982 Steht der Vertrag unter einer aufschiebenden Bedingung, wie beispielsweise der Zustimmung des Aufsichtsrates oder des Bundeskartellamts, bedarf es freilich einer hinreichenden Wahrscheinlichkeit des Bedingungseintritts.

(8) Ehemaliger Aktionär

Ein Aktionär kann seine Mitgliedschaft in der Aktiengesellschaft auf unterschiedlichem Wege verlieren und damit zum ehemaligen Aktionär werden. Zu einem zwangsweisen Ausscheiden kann es unter anderem durch eine Kaduzierung nach § 64 AktG, durch die Einziehung der Aktien nach § 237 AktG oder durch ein so genanntes Squeeze-out nach § 327a AktG kommen. Noch nicht abschließend geklärt ist die Frage, ob ein Aktionär daneben in Anlehnung an §§ 737, 723 Abs. 1 Satz 2 BGB, 140 Abs. 1, 133 Abs. 1 und 2 HGB auch aus einem wichtigen Grund aus der Gesellschaft ausgeschlossen werden kann.[983] Dessen ungeachtet, stellt aber ein freiwilliges Ausscheiden im Wege der Beteiligungsveräußerung den Regelfall des Verlusts der Aktionärsstellung dar. Davon wird auch im Nachfolgenden ausgegangen.

Mit dem Verlust der Mitgliedschaft ist der Verlust der mitgliedschaftlichen Mitverwaltungsrechte verbunden, so dass einem ehemaligen Aktionär keine aktiengesetzlichen Einflussnahme- oder Informationsrechte mehr zur Verfügung stehen. Gefahren, die von einer möglichen konkurrierenden Tätigkeit des „Nicht-Mehr-Aktionärs" ausgehen, sind demnach grundsätzlich als reguläre Gefahren zu qualifizieren. Etwas anderes kann jedoch dann gelten, wenn dem ausgeschiedenen Aktionär noch Einflussnahme- und Informationsmöglichkeiten gegeben sind, die in seiner vormaligen Mitgliedschaft fußen und damit grundsätzlich als spezifische Gefahren zu qualifizieren sind. Ein nachmitgliedschaftliches Wettbewerbsverbot zu seinen Lasten ist erforderlich, wenn die ihm über sein Ausscheiden hinaus verfügbaren Einflussnahme- oder Informationsmöglichkeiten ein Gefährdungspotential begründen, welches durch die vorhandenen Schutzinstrumente nicht ausreichend reduziert werden kann. Zudem ist nach der Erforderlichkeit eines nachmitgliedschaftlichen Wettbewerbsverbots aufgrund eines nach dem Ausscheiden fortbestehenden Informations- und Wissensbestandes zu fragen.

---

983 Vgl. nur *Becker*, ZGR 1986, S. 383 ff.; *Reinisch*, Der Ausschluss von Aktionären aus der Aktiengesellschaft, S. 35 ff.; *Grunewald*, Der Ausschluss aus Gesellschaft und Verein, S. 52 ff., 57 f.; ferner *Friedewald*, Die personalistische Aktiengesellschaft, S. 138; jeweils m. w. N.

(a) Erforderlichkeit aufgrund von Möglichkeiten der Einflussnahme

Wie anderenorts gezeigt, stehen einem Minderheitsaktionär keine nennenswerten Einflussnahmemöglichkeiten auf die Geschicke der Gesellschaft zur Verfügung, welche die Erforderlichkeit eines Wettbewerbsverbotes begründen können.[984] Nach seinem Ausscheiden werden ihm daher erst recht keine Einflussnahmemöglichkeiten zustehen, die der nähern Beachtung lohnen.

Anders könnte sich dagegen die Situation für einen ehemaligen Mehrheitsaktionär darstellen. Solange er Inhaber der Mehrheitsbeteiligung war, konnte er über die Besetzung des Aufsichtsrates die Besetzung des Vorstandes bestimmen und daher beide Organe wesentlich beeinflussen.[985] Mit der Veräußerung der Beteiligung enden aber die Einflussnahmemöglichkeiten auf den Vorstand und den Aufsichtsrat der Gesellschaft. Die Druckmittel der Abberufung und der Nichtwiederbestellung entfallen. Zwar können beide Gremien zumindest noch für eine Weile in unveränderter Besetzung weiterbestehen, doch werden die Organmitglieder ihr Verhalten den Vorstellungen des neuen Mehrheitsaktionärs anpassen, hängt doch ihre Wiederbestellung nun entscheidend von dessen Gusto ab. Dass ein solches Verhalten unter Umständen sogar schon vor der dinglichen Übertragung der Beteiligung zu erwarten ist, konnte bereits im Zusammenhang mit dem zukünftigen Mehrheitsaktionär gezeigt werden. Weiterbestehende Loyalitäten gegenüber dem ehemaligen Mehrheitsaktionär sind in der Regel nicht zu erwarten,[986] auch weil ein „vernünftiges" Organmitglied[987] sein Verhalten zukunfts- und nicht vergangenheitsorientiert ausrichtet. Etwas grundsätzlich anderes ist auch dann nicht zu erwarten, wenn die Mehrheitsbeteiligung im Zuge der Veräußerung in mehrere kleine Aktienpakete aufgeteilt wird und infolgedessen kein Aktionär an der Gesellschaft mehrheitlich beteiligt ist.[988] Ein möglicherweise entstehendes „Machtvakuum"[989] wird durch die Leitungsorgane selbst ausgefüllt, die sich nun einer tatsächlichen Unabhängigkeit erfreuen können. Da

---

984 Vgl. oben S. 164 ff.

985 Vgl. oben S. 134 ff.

986 Vgl. Adler/Düring/Schmaltz, AktG, § 17, Rn. 34.

987 Formulierung angelehnt an *Lutter*, Festschrift Steindorff, S. 125, 133.

988 Diese Möglichkeit sieht aber *Koppensteiner*, in: KölnKomm, AktG, § 17, Rn. 39.

989 Vgl. *Koppensteiner*, in: KölnKomm, AktG, § 17, Rn. 39.

das eine oder andere Organmitglied seine Position dem ehemaligen Mehrheitsaktionär zu verdanken hat, dürfte hie und da noch eine gewisse Dankbarkeit gegenüber diesem weiterbestehen, die wohl aber nicht mehr als Loyalität bezeichnet werden kann. Faktische Einwirkungsmöglichkeiten, die hierin ihre Wurzel haben, begründen dann jedoch nur reguläre Gefahren.[990]

Ein ehemaliger (Mehrheits-)Aktionär verfügt im Ergebnis über keine rechtlichen oder faktischen Einflussmöglichkeiten auf die Geschicke der Gesellschaft, welche die Annahme eines Wettbewerbsverbotes erforderlich machen.

(b) Erforderlichkeit aufgrund von Informationsmöglichkeiten

Da einem Minderheitsaktionär schon während seiner Mitgliedschaft keine ein Wettbewerbsverbot begründenden Informationsmöglichkeiten rechtlicher oder faktischer Natur zustehen, ist dies erst recht nicht nach seinem Ausscheiden der Fall.

Vielmehr konzentriert sich auch vorliegend die Untersuchung auf jene Aktionäre, denen während der Zeit ihrer Mitgliedschaft in der Gesellschaft faktische Informationsmöglichkeiten in einem Maße zustehen, welche die Annahme eines Wettbewerbsverbotes erforderlich machen. Dies sind der Mehrheitsaktionär und der Aktionär mit einem Entsendungsrecht in den Aufsichtsrat. In beiden Fällen resultieren die faktischen Informationsmöglichkeiten dabei aus Abhängigkeiten von Mitgliedern der Leitungsorgane. Soeben wurde gezeigt, dass ein Mehrheitsaktionär mit seinem Ausscheiden aus der Gesellschaft seinen Einfluss auf die Mitglieder des Vorstandes und des Aufsichtsrates verliert. Daher ist zu schließen, dass damit auch seine informelle Informationsversorgung weitgehend zum Erliegen kommt, selbst wenn die Besetzung der Gremien noch eine Zeitlang unverändert fortbesteht. Nichts anderes ist auch für die faktischen Informationsmöglichkeiten eines Entsenders anzunehmen. Zwar wird zwischen einem Entsendungsberechtigten und dem von ihm entsandten Aufsichtsratsmitglied im Vergleich zum Mehrheitsaktionär und den von diesem bestimmten Organmitgliedern oftmals ein gesteigertes Loyalitäts- oder Vertrauensverhältnis bestehen, doch entfällt mit dem Ausscheiden des Entsendungsberechtigten aus der Gesellschaft auch hier das Druckmittel der (jederzeitigen) Abberufung. Zudem wird

---

990 Vgl. oben S. 104 ff.

ein entsandtes Aufsichtsratsmitglied in der Regel auch schneller nach dem Ausscheiden seines Entsenders abberufen oder ersetzt werden, als dies für die vom Mehrheitsaktionär gewählten Aufsichtsratsmitglieder der Fall ist. Handelt es sich um ein aktiengebundenes Entsendungsrecht, wird der Erwerber der betreffenden Aktien alsbald ein eigenes Mitglied in den Aufsichtsrat entsenden; handelt es sich um ein aktionärsgebundenes Entsendungsrecht, entfällt durch die Veräußerung der Aktien und dem damit einhergehenden Verlust der Aktionärstellung des Entsendungsberechtigten die Voraussetzung des Entsendungsrechts, so dass der Entsandte mit einfacher Stimmenmehrheit von der Hauptversammlung abberufen werden kann[991].

Mangels fortbestehender Informationsmöglichkeiten ist ein Wettbewerbsverbot zu Lasten eines ehemaligen Aktionärs unter diesem Aspekt nicht erforderlich.

(c) Erforderlichkeit aufgrund eines nach dem Ausscheiden fortbestehenden Informations- und Wissensbestands

Konnte vorstehend gezeigt werden, dass einem ehemaligen Aktionär keine Möglichkeiten zur Verfügung stehen, nach seinem Ausscheiden an „frische" Gesellschaftsinterna zu gelangen, stellt sich aber weitergehend die Frage, ob es nicht erforderlich ist, ihn aufgrund seines potentiellen Informationsbestands dennoch mit einem nachmitgliedschaftlichen Wettbewerbsverbot zu belegen.

Sowohl ein Mehrheitsaktionär als auch ein Aktionär mit einem Entsendungsrecht verfügen für die Zeit ihrer Mitgliedschaft in der Gesellschaft über informelle Informationskanäle und faktische Informationsmöglichkeiten, über die sie sich fortlaufend mit wettbewerbsrelevanten Informationen versorgen lassen (können). Mit der Zeit akkumulieren sie so wettbewerbsrelevante Informationen und wettbewerbsrelevantes Wissen in erheblichem Umfang. Diese gehen mit dem Ausscheiden aus der Gesellschaft jedoch nicht verloren. So ist eine einmal erlangte Information aus dem Wissen nicht mehr zu streichen, sondern kann nur verloren, das heißt vergessen werden. Aufgrund des fortbestehenden Informations- und Wissensbestands besteht – bildlich gesprochen – auch an dem Tag nach dem Verlust der Mitgliedschaft ein nahezu unvermindertes Schädigungspotential, falls es sich bei dem ehemaligen Aktionär um einen Wettbewerber der

---

991 *Geßler*, in: Geßler/Hefermehl, AktG, § 103, Rn. 23, 26; *Hüffer*, AktG, § 103, Rn. 8.

Gesellschaft handelt.[992] Gleiches gilt, wenn der ehemalige Aktionär unmittelbar nach seinem Ausscheiden eine konkurrierende Tätigkeit aufnimmt. Selbst unter der Annahme einer fortwirkenden Geheimhaltungspflicht und eines fortwirkenden Verwertungsverbots für ehemalige Aktionäre, die auf der Grundlage nachmitgliedschaftlicher Treuepflichten bestehen können, ist eine hinreichende Absenkung des Schädigungspotentials nicht zu erreichen. Die Geheimhaltungspflicht ist – wie auch anderenorts bereits erwähnt – nutzlos, wenn der Informationsempfänger gleichzeitig der finale Verwerter der Information ist.[993] Für das Verwertungsverbot stellen sich die bereits mehrfach aufgezeigten, teilweise unüberwindlichen Nachweisprobleme. Auch andere Schutzinstrumente können – wie gezeigt – der Verwertung wettbewerbsrelevanter Informationen nicht adäquat entgegenwirken.

Deshalb ist im Grundsatz ein nachmitgliedschaftliches Wettbewerbsverbot für ehemalige Mehrheitsaktionäre sowie für ehemalige Aktionäre mit Entsendungsrecht[994] zum Schutz der Gesellschaft erforderlich.[995, 996]

---

992 Vgl. *Langhein*, in: MünchKomm, HGB, § 112, Rn. 20.

993 Vgl. oben S. 206.

994 Freilich unter der Voraussetzung, dass sie von diesem Recht während ihrer Mitgliedschaft auch Gebrauch gemacht haben.

995 A.A. für die GmbH *Osten*, GmbHR 1989, S. 450, 453; für die OHG OLG Düsseldorf, ZIP 1990, S. 861, für die GbR *Ulmer*, in: MünchKomm, BGB, § 705, Rn. 237, siehe aber auch *ders.*, ebd., § 738, Rn. 7; vgl. ferner *Langhein*, in: MünchKomm, HGB, § 112, Rn. 20 f.

996 Bei dieser Annahme besteht im Übrigen auch kein Wertungswiderspruch zum Wettbewerbsverbot für die Mitglieder des Vorstandes, die nach § 88 Abs. 1 AktG zunächst zwar nur während ihrer Amtszeit einem Wettbewerbsverbot unterliegen (*Hüffer*, AktG, § 88, Rn. 2). Denn entgegen der vorherrschenden Ansicht (*Hüffer*, AktG, § 88, Rn. 2, *Salfeld*, Wettbewerbsverbote im Gesellschaftsrecht, S. 161 ff.; *Armbrüster*, ZIP 1997, S. 1269, 1270 f.; *Fleischer*, WM 2003, S. 1045, 1058; *ders.*, AG 2005, S. 336, 341; m. w. N) ist zu ihren Lasten ebenfalls ein fortwirkendes Wettbewerbsverbot auf der Grundlage der nachorganschaftlichen Treuepflicht anzuerkennen (*Palzer*, Fortwirkende organschaftliche Pflichten des Geschäftsführers der GmbH, S. 239; ferner *Thüsing*, NZG 2004, S. 9, 14 f.). Zwar ist für sie eine fortwirkende Verschwiegenheitspflicht (*Hefermehl/Spindler*, in: MünchKomm, AktG, § 93, Rn. 61; *Hüffer*, AktG, § 93, Rn. 7 a.E.) sowie ein fortwirkendes Verwertungsverbot für Gesellschaftsinterna (*Salfeld*, Wettbewerbsverbote im Gesellschaftsrecht, S. 162) anerkannt, doch können diese bei der Aufnahme einer konkurrierenden Tätigkeit durch das ehemalige Vorstandsmitglied aus den gleichen Gründen, wie sie bereits für den ehemaligen Aktionär dargelegt wurden, keinen hinreichenden Schutz für die Gesellschaft bieten. Die Möglichkeit der Vereinbarung eines vertraglichen Wettbewerbsverbotes für die Zeit nach dem Ausscheiden

Damit ist noch nichts über den zeitlichen Geltungsbereich des Wettbewerbsverbotes für ehemalige Aktionäre gesagt. Es zeigt sich, dass sich das Schädigungspotential wettbewerbsrelevanter Informationen durch Zeitablauf reduziert. Denn mit schwindender Aktualität nimmt regelmäßig auch der Wert einer Information für einen Wettbewerber ab.[997] Wie lange ein Wettbewerbsverbot ab dem Zeitpunkt des Ausscheidens eines Aktionärs zum Schutz einer Gesellschaft erforderlich ist, lässt sich nur für den konkreten Einzelfall bestimmen, so dass hier nur ein grober Maßstab entwickelt werden kann.

Als Anhaltspunkt für die Bestimmung der Dauer nachmitgliedschaftlicher Wettbewerbsverbote mag zunächst die zulässige Höchstdauer schuldvertraglicher Wettbewerbsverbote dienen. Eine hohe sachliche Nähe zur vorliegenden Fragestellung weisen insbesondere Wettbewerbsverbote auf, welche regelmäßig[998] im Rahmen von Unternehmenskaufverträgen vereinbart werden[999]. So werden Unternehmenskäufe häufig in Form des Beteiligungskaufes (share deal)[1000] vollzogen und betreffen damit auch regelmäßig den vorliegend einschlägigen Fall der Veräußerung einer Mehrheitsbeteiligung.[1001] Die mit einer Vertragsstrafe bewehrten Wettbewerbsverbote dienen der Absicherung der ordnungsgemäßen Übergabe des Unternehmens auf den Erwerber, in dem sie den Verkäufer an der Ausnutzung seines Know-hows und insbesondere der Kunden- und Lieferanten-

---

(vgl. *Hüffer*, AktG, § 88, Rn. 10) steht dabei dem Erfordernis eines gesetzlichen Wettbewerbsverbotes nicht entgegen, sondern liefert nur ein weiteres Indiz für seine Notwendigkeit. Der Umfang des Wettbewerbsverbotes ist freilich ein reduzierter.

997 Vgl. oben bei Fn. 718.

998 *Wagener/Schultze*, NZG 2001, S. 157: „heute gängige Praxis".

999 Ist die ausdrückliche Vereinbarung eines Wettbewerbsverbotes im Rahmen des Kaufvertrages oder in einem eigenständigen Vertrag unterblieben, kann sich ein Wettbewerbsverbot dennoch auf der Grundlage von § 242 BGB als ungeschriebene Nebenpflicht aus dem Kaufvertrag ergeben, vgl. RGZ 113, 70, 72; 117, 176, 180; 163, 311, 313 f.; BGHZ 16, 71, 76.

1000 Der Kauf eines Unternehmens kann als asset oder als share deal erfolgen. Unter share deal versteht man den Kauf eines Unternehmens durch Übertragung seines Rechtsträgers beziehungsweise einer wesentlichen Beteiligung an diesem Rechtsträger. Unter asset deal versteht man hingegen die Übertragung des Unternehmens als solches im Wege der Übertragung der einzelnen Wirtschaftsgüter (Singularsukzession). Das Unternehmen wird dabei von seinem Rechtsträger abgetrennt.

1001 Der Veräußerer einer Mehrheitsbeteiligung wird damit regelmäßig sowohl einem (nach-)mitgliedschaftlichen als auch einem vertraglichen Wettbewerbsverbot unterliegen.

beziehungen hindern sollen. Denn andernfalls ist die wirtschaftliche Ertragskraft des gerade erst veräußerten Unternehmens zu Lasten des Erwerbes wesentlich gefährdet. Abgesehen vom Schutzadressaten stimmt die Zielrichtung des vertraglichen Wettbewerbsverbotes mit dem des gesellschaftsrechtlichen Wettbewerbsverbotes weitgehend überein. Denn beide versuchen partiell die Verwertung gesellschaftsinterner Informationen zu hemmen. Ebenso wie das nachmitgliedschaftliche Wettbewerbsverbot schränkt aber auch das vertragliche Wettbewerbsverbot die Betätigungs- und Berufsfreiheit des veräußernden Aktionärs ein. Greift das vertragliche Wettbewerbsverbot unangemessen stark in die Betätigungs- und Berufsfreiheit des Veräußerers ein, ist es wegen Verstoßes gegen das Verbot von sittenwidrigen Rechtsgeschäften nach § 138 Abs. 1 BGB nichtig. Nach der heute in Literatur und Rechtsprechung vorherrschenden Ansicht soll dies in aller Regel ab der Überschreitung einer zweijährigen Laufzeit der Fall sein.[1002] Längere Laufzeiten sind nur im Einzelfall auf der Grundlage besonderer Umstände zulässig. Eine Begrenzung von Wettbewerbsverboten auf maximal zwei Jahre ist daneben auch in anderen Bereichen anerkannt. So wird beispielsweise im Bereich der freien Berufe eine zeitliche Grenze für Wettbewerbsverbote von zwei Jahren beim Ausscheiden eines Gesellschafters aus der Personengesellschaft angenommen.[1003] Eine gesetzliche Begrenzung auf zwei Jahre findet sich in § 90a Abs. 1 Satz 2 HGB für das nachvertragliche Wettbewerbsverbot zu Lasten des Handelsvertreters.

Für das nachmitgliedschaftliche Wettbewerbsverbot für ehemalige Aktionäre ist demnach für den Regelfall auch von einer Obergrenze von maximal zwei Jahren auszugehen. Im Einzelfall – wie beispielsweise in besonders informations- und wissensbasierten Branchen – kann aber dennoch eine höhere Grenze anzunehmen sein.[1004] Da der Konsolidierungsgedanke im Zusammenhang mit Kunden- und Lieferantenbeziehungen bei der Veräußerung von Aktienbeteiligungen im

---

1002 Vgl. nur BGH, NJW 1979, S. 1605, 1606; NJW-RR 1996, S. 741, 742; ferner *Hirte*, ZHR 154 (1990), S. 443, 451, 468; *Wagener/Schultze*, NZG 2001, S. 157, 160; *Weimar*, DB 2001, S. 1477, 1478; jeweils m. w. N.

1003 BGH, WM 1990, S. 13, 16; NJW 1984, S. 2366; vgl. ferner BGH, WM 1974, S. 74, 76; sowie zum Ausscheiden eines GmbH-Geschäftsführers beziehungsweise GmbH-Gesellschafter-Geschäftsführers BGH, ZIP 1990, S. 586, 588; ZIP 1984, S. 954, 956.

1004 Vgl. *Wagener/Schultze*, NZG 2001, S. 157, 159.

Gegensatz zu anderen Gesellschaftsformen meist nur eine nachgeordnete Rolle spielt[1005] und zudem ohnehin der Grund des nachmitgliedschaftlichen Wettbewerbsverbotes in der Gefahr der missbräuchlichen Verwendung interner Informationen liegt, ist sich für die Bestimmung der Dauer auf die „üblichen" wettbewerbsrelevanten Informationen zu konzentrieren. Branchenabhängig wird vielfach schon eine Dauer von vier bis acht Monaten zum Schutz der Gesellschaft ausreichen.

(9) Sonderfall: Gemeinnützige Aktiengesellschaft

Bislang wurde die Erforderlichkeit eines Wettbewerbsverbotes zu Lasten der Aktionäre einer erwerbswirtschaftlich tätigen Aktiengesellschaft untersucht. Es stellt sich die Frage, ob die hierzu gewonnen Ergebnisse auch auf die gemeinnützige Aktiengesellschaft zu übertragen sind.

Unter einer gemeinnützigen Aktiengesellschaft ist eine Aktiengesellschaft zu verstehen, die einen gemeinnützigen Gesellschaftszweck verfolgt und daher in der Regel gemäß §§ 51 ff. AO steuerbegünstigt ist. Nach § 52 Abs. 1 Satz 1 AO verfolgt eine Körperschaft einen gemeinnützigen Zweck, „wenn ihre Tätigkeit darauf gerichtet ist, die Allgemeinheit auf materiellem, geistigen oder sittlichem Gebiet selbstlos zu fördern".[1006] Als ein Beispiel für eine gemeinnützige Aktiengesellschaft sei nur die Zoologischer Garten Berlin Aktiengesellschaft genannt.[1007] Die Verfassung einer gemeinnützigen Aktiengesellschaft entspricht grundsätzlich der einer „normalen" Aktiengesellschaft. Zur Erlangung der Steuerbegünstigung muss die Satzung der Gesellschaft aber gewisse Vorgaben der AO erfüllen. So muss sich aus der Satzung selbst ergeben, dass die Gesellschaft gemeinnützige Zwecke verfolgt (§§ 59 f. AO). Ferner muss die Satzung dafür

---

1005 Kunden- und Lieferantenbeziehungen werden sich bei der Aktiengesellschaft regelmäßig stärker als bei anderen Gesellschaftsformen auf die Gesellschaft und deren Geschäftsführung beziehen und weniger auf die dahinterstehenden Anteilseigner.

1006 Oftmals wird der Terminus „gemeinnützig" auch synonym für „steuerbegünstigt" verwendet. Steuerbegünstigt können aber nicht nur Körperschaften sein, die einen gemeinnützigen Zweck nach § 52 AO verfolgen, sondern auch solche, die mildtätige Zwecke nach § 53 AO oder kirchliche Zwecke nach § 54 AO verfolgen. Zum Begriff der Körperschaft vgl. § 51 Satz 2 AO.

1007 Vgl. die Satzung unter http://www.zoo-berlin.de (Stand: 30. November 2005). Die Namensaktien werden im Übrigen unter den Wertpapierkennnummern 503180 und 503186 auch an der Berliner Börse gehandelt.

Sorge tragen, dass die Aktionäre keine Dividende und in ihrer Eigenschaft als Gesellschafter auch keine weiteren sonstigen Zuwendungen aus den Mitteln der Gesellschaft erhalten sowie bei der Auflösung der Gesellschaft oder dem Wegfall ihres gemeinnützigen Zwecks nicht mehr als ihre eingezahlten Kapitalanteile und den gemeinen Wert ihrer geleisteten Sacheinlagen zurück erhalten (§§ 61, 55 AO).[1008]

Die Erforderlichkeit eines Wettbewerbsverbotes für Aktionäre einer gemeinnützigen Gesellschaft könnte zunächst unter dem Gesichtspunkt in Frage gestellt werden, dass ihr Zweck nicht auf die Erwirtschaftung von Gewinn gerichtet ist. Denn ist ihr Ziel nicht auf die Erwirtschaftung eines möglichst hohen Gewinns gerichtet, kann bezweifelt werden, dass sie überhaupt durch eine konkurrierende Tätigkeit ihrer Gesellschafter beeinträchtigt werden kann.[1009]

Eine solche Sichtweise würde jedoch übersehen, dass es auch einen Markt für Ideen und Ideale gibt. Dies kann an einem einfachen Beispiel verdeutlicht werden. Verfolgen zwei gemeinnützige Aktiengesellschaften ein gleichartiges Ziel, können sie dies mit einer unterschiedlichen Akzentuierung verfolgen. So gibt es beispielsweise verschiede Konzepte zur Entwicklungshilfe.[1010] Daraus folgt bereits, dass auch gemeinnützige Gesellschaften in einer gewissen Art von Wettbewerb stehen können. Besonders deutlich wird diese Konkurrenzsituation bei der Beschaffung von Mitteln, insbesondere bei der Akquisition neuer Eigenkapitalgeber und Spender. Eine gemeinnützige Gesellschaft kann deshalb auch durch Einflussnahmen eines Mehrheitsaktionärs oder durch den Abfluss sensibler Informationen über ein entsandtes Mitglied des Aufsichtsrates zum Vorteil einer konkurrierenden, ebenfalls gemeinnützigen Körperschaft gleichsam einer erwerbswirtschaftlichen Gesellschaft geschädigt werden. Einziger Unterschied ist, dass sich die Schädigung nicht primär in einer reduzierten Ertragskraft, sondern in der Beeinträchtigung der Zielerreichung des gemeinnützigen Zwecks nieder-

---

1008 Vgl. auch die Mustersatzung der Finanzverwaltung im Anwendungserlass zur AO (AEAO) zu § 60, Anlagen 1 bis 3.

1009 So für die GbR *Salfeld*, Wettbewerbsverbote im Gesellschaftsrecht, S. 109 f.; vgl. oben S. 9 f.

1010 Zur Förderung der Entwicklungshilfe als gemeinnütziger Zweck vgl. § 52 Abs. 2 Nr. 1 AO.

schlägt. In beiden Fällen wird der Gesellschaftszweck beeinträchtigt; in beiden Fällen kann die Gesellschaft langfristig aus dem Markt gedrängt werden.

Es sei abschließend angemerkt, dass eine gemeinnützige Gesellschaft natürlich auch im Wettbewerb mit erwerbswirtschaftlichen Gesellschaften stehen kann.[1011] In diesen Fällen ist sogar ein erhöhtes Gefahrenpotential anzunehmen, da für einen konkurrierenden Aktionär eine erhöhte Motivation zur Bevorzugung der erwerbswirtschaftlich tätigen Gesellschaft gegeben ist, da er hier am (monetären) Gewinn partizipieren kann.[1012]

Im Ergebnis ist die Erforderlichkeit eines Wettbewerbsverbotes zu Lasten der Aktionäre einer gemeinnützigen Aktiengesellschaft nicht anders zu beurteilen wie die Erforderlichkeit eines Wettbewerbsverbotes für Aktionäre einer erwerbswirtschaftlich tätigen Aktiengesellschaft.

(10) Sonderfall: Die aufgelöste Aktiengesellschaft in Abwicklung und Insolvenzverfahren

Ebenso wie bei der gemeinnützigen Aktiengesellschaft ist der Gesellschaftszweck einer aufgelösten Aktiengesellschaft nicht auf Gewinnerzielung ausgerichtet. So tritt mit der Auflösung der Aktiengesellschaft eine Zweckänderung ein; der neue Gesellschaftszweck ist auf die Abwicklung der Gesellschaft gerichtet.[1013] Die Gründe, die zur Auflösung der Gesellschaft führen, sind in § 262 Abs. 1 Nr. 1 bis 5 niedergelegt. Danach kommen als Auflösungstatbestände insbesondere der Zeitablauf für auf eine bestimmte Zeit angelegte Gesellschaften (Nr. 1), ein Beschluss der Hauptversammlung mit einer Mehrheit von mindestens drei Viertel des vertretenen Grundkapitals (Nr. 2), die Eröffnung des Insolvenzverfahrens über das Vermögen der Gesellschaft (Nr. 3) sowie ein rechtskräftiger Beschluss, aufgrund dessen die Eröffnung des Verfahrens abgelehnt

---

[1011] Vgl. *Schauhoff*, in: Handbuch der Gemeinnützigkeit, Einleitung, Rn. 1 a.E., § 5, Rn. 88. Ein Beispielsfall wird in der FAZ vom 23. Juli 2003, S. 7, unter dem Titel „Friedhofsunruhe in Remscheid" beschrieben: Eine gemeinnützige GmbH konkurriert mit erwerbswirtschaftlichen Bestattungsunternehmen.

[1012] Da aber eine gegenläufige Tendenz nicht ausgeschlossen werden kann – eine Bevorzugung einer gemeinnützigen Körperschaft kann beispielsweise aus Prestigegründen erfolgen –, ist auch das Wettbewerbsverbot eines Mehrheitsaktionärs inhaltlich nicht auf *erwerbswirtschaftliche* Betätigungen im Handelszweig der Gesellschaft zu beschränken. So aber *Salfeld*, Wettbewerbsverbote im Gesellschaftsrecht, S. 180 f.

[1013] *Hüffer*, AktG, § 262, Rn. 2.

wird (Nr. 4), in Betracht. Da die aufgelöste Aktiengesellschaft bis zu ihrer Vollbeendigung als Rechtsträgerin erhalten bleibt, könnte bis zu diesem Zeitpunkt ein Wettbewerbsverbot zu Lasten ihrer Aktionäre bestehen.[1014] Fraglich ist, ob ein solches überhaupt (noch) erforderlich ist.

(a) Erforderlichkeit in der Abwicklung

Nach § 264 Abs. 1 AktG folgt der Auflösung in den Fällen der Nr. 1, 2 und 4 notwendigerweise die Abwicklung der Gesellschaft. In der Abwicklung sind die laufenden Geschäfte der Gesellschaft zu beenden, das Vermögen der Gesellschaft (bestmöglich) zu verwerten sowie die Gesellschaftsgläubiger zu befriedigen.[1015] Neue Geschäfte sollen nur noch eingegangen werden, soweit es dem Abwicklungszweck dient.[1016] Ein danach noch verbleibender Überschuss wird schließlich unter den Aktionären verteilt.[1017] Mit der Beendigung der laufenden Geschäfte und der Verwertung des Vermögens klinkt sich die Gesellschaft aus dem aktuellen Wettbewerbsgeschehen aus und stellt damit den Kampf um den Erhalt und die Ausweitung ihres Marktanteils ein. Daraus folgt, dass die Gesellschaft letztlich auch nicht mehr durch eine konkurrierende Tätigkeit ihrer Aktionäre gefährdet werden kann.[1018] Ein Wettbewerbsverbot zu Lasten der Aktionäre ist nicht (mehr) erforderlich.[1019]

An dieser Bewertung ist auch grundsätzlich festzuhalten, wenn eine Fortsetzung der aufgelösten Gesellschaft möglich ist. Nach § 274 Abs. 1 AktG kann eine durch Zeitablauf oder durch Beschluss der Hauptversammlung aufgelöste Gesellschaft mit einem Beschluss der Hauptversammlung, für welchen eine Mehrheit von mindestens drei Viertel des vertretenen Grundkapitals notwendig ist, fortgesetzt werden, solange noch nicht mit der Verteilung des Vermögens unter

---

1014 Die gesellschaftsrechtliche Treuepflicht besteht grundsätzlich auch in der Liquidationsphase; vgl. *Ulmer*, in: MünchKomm, BGB, § 705, Rn. 222; § 730, Rn. 29; m. w. N.

1015 § 268 Abs. 1 Satz 1 AktG.

1016 § 268 Abs. 1 Satz 2 AktG.

1017 § 271 AktG.

1018 *Geiger*, Wettbewerbsverbote im Konzernrecht, S. 65; vgl. zur Geschäftschancenlehre *Weisser*, Corporate Opportunities, S. 178 f.

1019 Dieses Ergebnis entspricht auch der Wertung des § 268 Abs. 3 AktG, nach dem die Abwickler nicht dem Wettbewerbsverbot des § 88 AktG unterliegen.

die Aktionäre begonnen wurde.[1020] Zwar kann es für eine später fortgesetzte Gesellschaft von erheblichem Nachteil sein, wenn einer ihrer Aktionäre während der Abwicklungsphase eine konkurrierende Tätigkeit aufgenommen hat. Denn handelt es sich bei dem Aktionär um einen Mehrheitsaktionär oder um einen Entsendungsberechtigten, könnte sich dieser in der vorübergehenden Abwicklungsphase über die Abwickler oder die Mitglieder des Aufsichtsrates mit internen, wettbewerbsrelevanten Informationen versorgt haben.[1021] So sind einem Mehrheitsaktionär direktere Einflussnahmemöglichkeiten auf die Abwickler gegeben als auf den Vorstand einer werbenden Gesellschaft.[1022] Soweit es sich bei den Abwicklern nicht ohnehin schon aufgrund von § 265 Abs. 1 AktG um Personen handelt, die vom Mehrheitsaktionär bestimmt sind,[1023] kann der Mehrheitsaktionär kraft seiner Stimmmacht die ihm gefälligen Personen nach § 265 Abs. 2 Satz 1 AktG zum Abwickler bestellen und ihm missliebige Abwickler nach § 265 Abs. 5 Satz 1 AktG jederzeit abberufen. Dagegen stellt es kein hinreichendes Korrektiv dar, dass eine qualifizierte Minderheit nach § 265 Abs. 3 AktG das Gericht zur Bestellung oder Abberufung von Abwicklern anrufen kann, da der wichtige Grund – wie zum Beispiel Parteilichkeit –[1024] nicht in jedem Fall unproblematisch nachweisbar ist. Ferner ist der Aufsichtsrat zwar seiner Bestellungsbefugnis enthoben, dennoch verbleibt ihn nach § 268 Abs. 2 Satz 2 AktG die Kontrolle der Geschäftsführung des Abwicklers. Dem Aufsichtsrat und damit auch seinen (entsandten) Mitgliedern ist somit auch in der Abwicklungsphase ein hoher, sich ständig aktualisierender Informationsbestand

---

[1020] Für eine nach § 262 Abs. 1 Nr. 4 AktG aufgelöste Aktiengesellschaft besteht keine Fortsetzungsmöglichkeit, vgl. *Hüffer*, AktG, § 262, Rn. 14, § 274, Rn. 6, m. w. N.

[1021] Nur theoretischer Natur ist die Überlegung, dass ein Mehrheitsaktionär über den Abwickler schädigend auf die Gesellschaft einwirkt, um ihre erfolgreiche Fortsetzung zu Gunsten seines Konkurrenzunternehmens zu verhindern. Denn der Mehrheitsaktionär hat dies nicht nötig, kann er doch bereits den Fortsetzungsbeschluss verhindern.

[1022] Ein Weisungsrecht der Hauptversammlung in Fragen der Geschäftsführung ist mit der vorherrschenden Ansicht abzulehnen; *Hüffer*, AktG, § 268, Rn. 6; *Hoffmann-Becking*, in: MünchHdbGesR AG, § 66, Rn. 8; *Kraft*, in: KölnKomm AktG, § 268, Rn. 4, 21; a.A. aber *Wiedemann*, in: GroßKomm, AktG, 3. Aufl., § 268, Anm. 5; *A. Hueck*, in: Baumbach/Hueck, AktG, § 268, Rn. 9, m. w. N.

[1023] Zur Einflussnahme des Mehrheitsaktionärs auf die Bestellung der Vorstandsmitglieder vgl. oben S. 134 ff.

[1024] Vgl. *Hüffer*, AktG, § 265, Rn. 8, m. w. N.

gesichert.[1025] Doch diese Bedenken können solange keine Rolle spielen, wie die Fortsetzung unwahrscheinlich ist und die Gesellschaft ihrer Vollbeendigung entgegenstrebt. Denn der Abfluss von Gesellschaftsinterna kann die Gesellschaft dann nicht mehr in einer Intensität schädigen, welche ausreicht, um die Erforderlichkeit eines Wettbewerbsverbotes zu begründen.

Etwas anderes muss aber in – zumindest theoretisch vorstellbaren – Ausnahmefällen gelten, wenn die Fortführung der Gesellschaft hinreichend wahrscheinlich ist und der Fortsetzungsbeschluss nur noch eine „Formsache" darstellt. Ein solcher Fall könnte beispielsweise anzunehmen sein, wenn die Aktiengesellschaft auf Zeit angelegt ist, ihre Fortsetzung von dem überwiegenden Teil der Gesellschafter gewünscht ist, jedoch vor Ablauf der Zeit die betreffende Satzungsänderung (Aufhebung der Befristung) versäumt wurde. In einem solchem Fall ist die Erforderlichkeit eines Wettbewerbsverbotes in gleichem Maße zu Lasten der Aktionäre gegeben, wie dies bei der werbenden Aktiengesellschaft der Fall ist. Gleiches gilt – und dies bedarf keiner weiteren Erläuterung – in dem Zeitraum zwischen dem Beschluss der Hauptversammlung, die Gesellschaft fortzusetzen, und der Eintragung des Beschlusses in das Handelsregister. Denn nach § 274 Abs. 4 Satz 1 AktG wird der Fortsetzungsbeschluss erst mit seiner Eintragung in das Handelsregister wirksam.[1026, 1027]

Eine weitere Ausnahme von der Grundregel, dass in der Abwicklung kein Wettbewerbsverbot für Aktionäre besteht, könnte in Konstellationen gegeben sein, in denen die Abwickler das Gesellschaftsunternehmen zunächst noch für eine gewisse Zeit fortführen. Zwar bringt das Regelungskonzept des § 268 Abs. 1 AktG

1025 Dem Aufsichtsrat bleiben in der Abwicklung die Informationsrechte der §§ 90, 111 Abs. 2 AktG erhalten, vgl. *Hüffer*, AktG, § 268, Rn. 6.

1026 Vgl. *Hüffer*, AktG, § 275, Rn. 8.

1027 Die Wettbewerbsverbote in den beiden letztgenannten Fällen finden ihre Grundlage in der Vorauswirkung der Treuepflicht gegenüber der zukünftig wieder werbenden Gesellschaft, welche nach erneuter Zweckänderung in vollem Umfang wiederaufleben wird. Keine Grundlage können die genannten Wettbewerbsverbote dagegen in der Treuepflicht gegenüber der abzuwickelnden Gesellschaft finden, da sich diese Treuepflicht allein auf den zur Verwirklichung der Abwicklung erforderlichen Bereich beschränken kann (vgl. *Lutter/Kleindiek*, in: Lutter/Hommelhoff, GmbHG, § 69, Rn. 2) Unter Umständen kann es aber an der Angemessenheit des Wettbewerbsverbotes fehlen, dazu vgl. unten S. 229.

zum Ausdruck, dass die Abwicklung regelmäßig im Wege der Zerschlagung und Einzelveräußerung geschehen soll. Doch entspricht dies nicht der wirtschaftlichen Realität.[1028] Vielmehr haben die Abwickler im Interesse der Gläubiger und der Aktionäre ein maximales Verwertungsergebnis zu erzielen. Dieses Ziel ist aber regelmäßig nur durch eine Gesamt- oder Teilveräußerung des Gesellschaftsunternehmens zu erreichen, da der im Wege der Einzelveräußerung von Vermögensgegenständen zu erzielende Zerschlagungs- oder Liquidationswert im Vergleich zu dem durch die Veräußerung des Gesamtunternehmens beziehungsweise selbständiger Unternehmensteile zu erzielende Fortführungswert oftmals deutlich niedriger ausfällt. Folglich sind die Abwickler gehalten, das Gesellschaftsunternehmen oder betriebsfähige Unternehmensteile noch solange (erwerbswirtschaftlich) fortzuführen, wie eine realistische Aussicht besteht, es als Ganzes zu veräußern und dadurch ein über dem Zerschlagungswert liegendes Verwertungsergebnis zu erzielen.[1029] Die Suche nach einem geeigneten Käufer sowie die nachfolgenden Vertragsverhandlungen können sich in Abhängigkeit vom Transaktionsvolumen über Wochen und auch Monate hinziehen.[1030] Nimmt nun ein Aktionär, welcher in der werbenden Gesellschaft einem Wettbewerbsverbot unterliegt, während dieser Zeit eine konkurrierende Tätigkeit auf, begründet dies ein spezifisches Gefahrenpotential für das Gesellschaftsunternehmen. Zu befürchten sind sowohl der Abfluss und Missbrauch wettbewerbsrelevanter Informationen als auch letztmögliche schädigende Einflussnahmen, wird doch bei einer Gesamtveräußerung das Unternehmen dem Einfluss- und Informationsbereich des konkurrierenden Gesellschafters entzogen. Auch kann durch die Aufnahme einer konkurrierenden Tätigkeit durch einen Mehrheitsaktionär die Verhandlungsbasis der Gesellschaft beim Verkauf ihres Unternehmens geschwächt werden, was zu einem deutlichen Abschlag beim Veräußerungsergebnis führen kann.[1031]

1028 *Kraft*, in: KölnKomm, AktG, § 268, Rn. 3; *Hoffmann-Becking*, in: MünchHdbGesR AG, § 66, Rn. 7; *Hüffer*, AktG, § 268, Rn. 2.

1029 *Hoffmann-Becking*, in: MünchHdbGesR AG, § 66, Rn. 7; ferner *Hüffer*, AktG, § 268, Rn. 2 f.

1030 Vgl. *Kraft*, in: KölnKomm, AktG, § 268, Rn. 3.

1031 Vgl. *Salfeld*, Wettbewerbsverbote im Gesellschaftsrecht, S. 160.

Deshalb ist im Ergebnis die Erforderlichkeit eines Wettbewerbsverbotes für solche Aktionäre in der Abwicklung zu bejahen, für die schon ein Wettbewerbsverbot in der werbenden Gesellschaft erforderlich ist, solange das Gesellschaftsunternehmen oder wesentliche Teile davon durch die Abwickler unternehmerisch weitergeführt werden, das heißt noch nicht veräußert oder zerschlagen sind.[1032, 1033]

1032 Vgl. *Fischer*, in: Staub, HGB, 3. Aufl., § 112, Rn. 3; Baumbach/*Hopt*, HGB, § 112, Rn. 3; *Goette*, in: Ebenroth/Boujong/Joost, HGB, § 112, Rn. 18; jeweils m. w. N. Zum einen kann das Wettbewerbsverbot seine Grundlage in der vertikalen Treuepflicht finden, wenn man die ***bestmögliche*** Verwertung des Gesellschaftsvermögens als vom Abwicklungszweck umfasst sieht. Kumulativ oder alternativ kann aber auch die horizontale Treuepflicht als Grundlage des Wettbewerbsverbotes dienen. So liegt es im berechtigten Interesse der Aktionäre, durch eine bestmögliche Verwertung des Gesellschaftsvermögens einen möglichst hohen Anteil bei der abschließenden Verteilung des Vermögens zu erhalten. Durch die Aufnahme einer konkurrierenden Tätigkeit würde ein betreffender Aktionär dieses Interesse seiner Mitaktionäre aber treuwidrig beeinträchtigen. Zum Verhältnis der Treuepflichten zueinander vgl. oben S. 72; zum den gesellschaftsrechtlichen Treuepflichten in der Abwicklung vgl. OLG Hamm, NZG 1999, S. 996; *Winter*, Mitgliedschaftliche Treuebindungen im GmbH-Recht, S. 158.

1033 Dieses Ergebnis könnte als Wertungswiderspruch zu § 268 Abs. 3 AktG erscheinen, nach dem das Wettbewerbsverbot des § 88 Abs. 1 AktG nicht für die Abwickler gilt. Wie anderenorts dargelegt (S. 22 ff.), normiert § 88 Abs. 1 AktG nicht allein ein Wettbewerbsverbot, sondern in erster Linie ein Tätigkeitsverbot für die Mitglieder des Vorstands. Eines Tätigkeitsverbotes bedarf es für die Abwickler jedoch nicht, da ihre Aufgabe – insbesondere in einer späteren Phase der Abwicklung – keine Vollzeitbeschäftigung ist und daher die Gesellschaft auch keines Schutzes vor einem anderweitigen Einsatz der Arbeitskraft der Abwickler bedarf. In diesem Zusammenhang ist zudem darauf hinzuweisen, dass nach § 265 Abs. 2 Satz 3 AktG auch juristische Personen zu Abwicklern bestellt werden können. Der Ausschluss vom Wettbewerbsverbot des § 88 Abs. 1 AktG ist vor dem Hintergrund zu sehen, dass die Abwicklung auf Zerschlagung der Gesellschaft und Einzelveräußerung der Vermögensgegenstände angelegt ist. Die Gesellschaft ist nicht mehr erwerbswirtschaftlich tätig, so dass sie durch eine konkurrierende Tätigkeit ihrer geschäftsführenden Organmitglieder grundsätzlich nicht benachteiligt werden kann. Auf der Grundlage ihrer organschaftlichen Treuepflicht sollen die Abwickler jedoch einem „abgespeckten“ Wettbewerbsverbot unterliegen. So soll es ihnen untersagt sein, in Wettbewerb bezüglich der Verwertung von Vermögensgegenständen der Gesellschaft zu treten. Ein solches Wettbewerbsverbot ist auch im Hinblick auf den Wortlaut des § 268 Abs. 3 AktG unproblematisch. Darüber hinaus sollen die Abwickler auch dann einem Wettbewerbsverbot unterliegen, wenn das Gesellschaftsunternehmen zunächst noch fortgeführt wird, um es als Ganzes zu verkaufen (*Salfeld*, Wettbewerbsverbote im Gesellschaftsrecht, S. 144, 160; *Barz*, in: GroßKomm, AktG, 3. Aufl., § 268, Anm. 10 a.E.; *Kraft*, in: KölnKomm, AktG, § 268, Rn. 25). Unter dieser – meines Erachtens auch zutreffenden – Annahme besteht zwischen dem hier für die Erforderlichkeit des Wettbewerbsverbotes für Aktionäre gefundenen Ergebnis und § 268 Abs. 3 AktG kein Wertungswiderspruch.

(b) Erforderlichkeit im Insolvenzverfahren

Eingangs wurde bereits gezeigt, dass die Eröffnung des Insolvenzverfahrens über das Vermögen der Gesellschaft die Auflösung der Aktiengesellschaft und damit die Beendigung ihrer werbenden Tätigkeit bewirkt (§ 262 Abs. 1 Nr. 3 AktG). Anders als in den bislang erörterten Fällen folgt der Auflösung jedoch nicht die gesellschaftsrechtliche Abwicklung, sondern das Insolvenzverfahren (§ 264 Abs. 1 AktG). Das Insolvenzverfahren ist ein besonderes Abwicklungsverfahren, welches grundsätzlich auch auf die Vollabwicklung beziehungsweise Vollbeendigung angelegt ist.[1034]

Im so genannten Regelverfahren nach § 1 Satz 1 Alt. 1 InsO kann es ähnlich wie bei der Abwicklung zunächst zu einer Fortführung des Gesellschaftsunternehmens kommen. Diese kann für die Zeit zwischen dem Eröffnungsbeschluss und dem Berichtstermin[1035] oder aber auch darüber hinaus zum Zwecke einer möglichen Veräußerung des Gesamtunternehmens (übertragende Sanierung)[1036] erfolgen. Die Aufnahme einer konkurrierenden Tätigkeit durch einen Mehrheitsaktionär oder durch einen entsendungsberechtigten Aktionär kann während der Fortführung ein spezifisches Gefahrenpotential für das Gesellschaftsunternehmen begründen. Zwar sind schädigende Einflussnahmen weitgehend auszuschließen, da dem Insolvenzverwalter aufgrund von § 80 Abs. 1 InsO die Verwaltung des Gesellschaftsvermögens sowie die Verfügungsbefugnis über die Vermögensgegenstände obliegt und er insoweit den Vorstand verdrängt.[1037] Doch ist ein Abfluss wettbewerbsrelevanter Informationen zu befürchten. So bleibt die Organstruktur der Gesellschaft während des Insolvenzverfahrens grundsätzlich erhalten.[1038] Beispielsweise bleibt der Aufsichtsrat auch weiterhin für die Bestellung der Vorstandsmitglieder zuständig,[1039] so dass dem Mehrheitsaktionär über den Aufsichtsrat ein gewisses Einwirkungspotential auf die Mitglieder des Vorstandes erhalten bleibt. Gleiches gilt für den Entsender. Ein darüber hinaus erhöhtes

---

1034 Vgl. § 199 Satz 2 InsO.

1035 Vgl. § 29 Abs. 1 Nr. 1 InsO i.V.m. § 158 Abs. 1 InsO.

1036 Vgl. dazu *Görg*, in: MünchKomm, InsO, § 157, Rn. 13.

1037 *Ott*, in: MünchKomm, InsO, § 80, Rn. 111.

1038 OLG München, AG 1995, S. 232 (EKATIT/Riedinger), m. w. N.

1039 OLG Nürnberg, AG 1991, S. 446, 447 (Maxhütte); ferner *Ott*, in: MünchKomm, InsO, § 80, Rn. 112.

und mit der werbenden Gesellschaft vergleichbares Gefahrenpotential ist ferner bei einer Eigenverwaltung nach §§ 270 ff. InsO gegeben. Erst mit der Zerschlagung des Gesellschaftsunternehmens im Wege der Einzelveräußerung oder mit seiner Gesamtveräußerung besteht keine Schädigungsgefahr mehr für das Gesellschaftsunternehmen und damit für die Gesellschaft durch konkurrierende Betätigungen der Aktionäre. Im Wesentlichen kann somit auf die obigen Ausführungen zur Abwicklung rekurriert werden. Solange das Gesellschaftsunternehmen oder wesentliche Teile davon vom Insolvenzverwalter oder in Eigenverwaltung erwerbswirtschaftlich fortgeführt werden, ist von der Erforderlichkeit eines Wettbewerbsverbotes zu Lasten der Aktionäre in gleichem Maße wie in der werbenden Gesellschaft auszugehen.[1040]

Daneben ist auch im Insolvenzplanverfahren nach §§ 217 ff. InsO, welches der Reorganisation oder Sanierung der Gesellschaft und ihres Unternehmens dienen kann, bei einer erwerbswirtschaftlichen Fortführung des Gesellschaftsunternehmens ein Wettbewerbsverbot für Aktionäre in gleichem Maße wie bei der werbenden Gesellschaft anzuerkennen. Dabei ist auch zu berücksichtigen, dass mit der Bestätigung des Insolvenzplans nach § 258 InsO auch das Insolvenzverfahren aufgehoben wird und die Gesellschaft nach § 274 Abs. 2 Nr. 1 AktG fortgesetzt werden kann.

(c) Ergebnis

Die Ergebnisse zur Erforderlichkeit des Wettbewerbsverbotes für Aktionäre in der werbenden Aktiengesellschaft sind sowohl auf die sich in Abwicklung als auch im Insolvenzverfahren befindliche Aktiengesellschaft zu übertragen, solange das Gesellschaftsunternehmen erwerbswirtschaftlich fortgeführt wird. Ferner ist ein Wettbewerbsverbot wie in der werbenden Gesellschaft zu fordern, wenn ein Fortsetzungsbeschluss hinreichend wahrscheinlich ist oder bereits getroffen wurde.

1040 Grundlage des Wettbewerbsverbotes ist die vertikale Treuepflicht, welche sich auf die Verwirklichung des Insolvenzzwecks beschränkt. Die Fortführung des Gesellschaftsunternehmens kann dem Insolvenzzweck dienen, vgl. *Ott*, in: MünchKomm, InsO, § 80, Rn. 111.

(11) Zwischenergebnis

Die Erforderlichkeit eines Wettbewerbsverbotes für bestimmte Aktionärstypen ergibt sich in den vorstehenden Fallgruppen aus dem Versagen der bestehenden Schutzmechanismen. In einigen dieser Konstellationen ergibt sich dabei die Erforderlichkeit sowohl aus den Einflussmöglichkeiten als auch aus den Informationsmöglichkeiten eines Aktionärs, in anderen Konstellationen allein aus den Informationsmöglichkeiten. Die dargestellten Fallgruppen sind nicht abschließend. Im Hinblick auf bestimmte Aktionärstypen kann es auch zu Vermischungen kommen (Aktionär mit Zustimmungsvorbehalt zu Satzungsänderungen und einem zusätzlichen Informationsrecht). Im Einzelfall kommt es daher auch auf das Zusammenspiel der Elemente Einfluss und Information an. Das Ergebnis hängt dann vom jeweiligen Gewicht der einzelnen Elemente ab, so dass gewisse Ähnlichkeiten zum „beweglichen System" im Sinne *Wilburgs*[1041] zu konstatieren sind.

4. Die Angemessenheit eines Wettbewerbsverbotes zu Lasten der Aktionäre (Verhältnismäßigkeit im engeren Sinne)

Nach der Geeignetheit und der Erforderlichkeit ist im Rahmen der Verhältnismäßigkeitsprüfung abschließend auf die Proportionalität des Wettbewerbsverbotes einzugehen. In einer Gesamtabwägung sind dabei den geschützten Interessen die beeinträchtigten Interessen gegenüberzustellen. Auf die vorliegende Untersuchung bezogen bedeutet dies, dass die Beeinträchtigung der außergesellschaftlichen Betätigungsfreiheit des Aktionärs, welche durch Artt. 2 Abs. 1, 12 Abs. 1 GG geschützt ist, nicht außer Verhältnis zum Schutz der Gesellschaft vor den spezifischen Gefahren einer Konkurrenztätigkeit ihrer Aktionäre stehen darf.[1042]

Beachtet man, dass die Mitgliedschaft in einer Aktiengesellschaft grundsätzlich aus einer freiwilligen und autonomen Entscheidung einer (natürlichen oder juristischen) Person resultiert und dass das Wettbewerbsverbot in den genannten Fallkonstellationen erforderlich ist, damit die Gesellschaft ihren jeweiligen Zweck erreichen kann, erscheinen die Beeinträchtigungen eines Wettbewerbs-

---

[1041] Grundlegend *Wilburg*, Entwicklung eines beweglichen Systems, passim; vgl. ferner *Larenz/Canaris*, Methodenlehre, S. 298 f., m. w. N.

[1042] Vgl. BVerfGE 50, 217, 227; 80, 103, 107; 99, 202, 212 ff.

verbotes – insbesondere unter Berücksichtigung der Befreiungsmöglichkeiten –[1043] dem betroffenen Aktionär durchaus zumutbar zu sein. Anders gewendet: Ist ein Wettbewerbsverbot zum Schutz der Gesellschaft erforderlich, ist es regelmäßig auch angemessen.[1044]

Abweichungen sind im Einzelfall freilich möglich. So erscheint beispielsweise ein Wettbewerbsverbot zu Lasten eines Aktionärs in Anlehnung an § 105 Abs. 2 Satz 4 AktG dann nicht zumutbar, wenn es ihn nur für kurze Zeit belegen würde.[1045] Eine generelle Bestimmung der Zeitspanne ist nicht möglich. Sie muss im Verhältnis zum jeweiligen Gefahrenpotential stehen. Der in § 105 Abs. 2 Abs. 2 Satz 1 AktG genannte Höchstzeitraum von einem Jahr dürfte für das Wettbewerbsverbot für Aktionäre regelmäßig zu lang sein.

> **Beispiel:** Ein Wettbewerbsverbot für einen zukünftigen Mehrheitsaktionär kann zwar erforderlich sein. Unter der Voraussetzung, dass er aber alsbald nach seinem tatsächlichen Eintritt in die Gesellschaft einen Beherrschungsvertrag, der – wie noch zu zeigen ist – eine Befreiung vom Wettbewerbsverbot bewirkt,[1046] abschließen will und dazu auch selbst über eine ausreichende Mehrheit verfügt, erscheint die nur *zwischenzeitliche* Annahme eines Wettbewerbsverbotes unangemessen. Anders ist aber bei der Durchführung einer Due Diligence zu entscheiden, bei der gesellschaftsinterne, wettbewerbsrelevante Informationen weitergegeben werden. Abgesehen davon, dass der Zeitraum zwischen dem Beginn der Due Diligence Prüfung und dem Abschluss des Beherrschungsvertrages, welcher erst nach der Übernahme erfolgen kann, zu lang ist, ist die Übernahme zum Zeitpunkt der Due Diligence noch zu unsicher.

5. Ergebnis

Ein Wettbewerbsverbotes für Aktionäre wurde eingangs hypothetisch als Rechtssatz angenommen. Die Überprüfung am Maßstab der Verhältnismäßigkeit hat ein stark ausdifferenziertes Bild ergeben. In diversen Fallgruppen ist ein Wettbewerbsverbot für Aktionäre anzunehmen, in anderen nicht. In beiden Fäl-

---

[1043] Dazu unten S. 253 ff.

[1044] So auch *Geiger*, Wettbewerbsverbote im Konzernrecht, S. 95 ff.

[1045] Ein Verbot der Aufnahme einer konkurrierenden Tätigkeit würde in einem solchen Fall ausreichen, vgl. *Mertens*, in: KölnKomm, AktG, § 105, Rn. 28.

[1046] Vgl. unten S. 263 ff.

len sind Rückausnahmen möglich. Die aufgezeigten Ergebnisse bieten zumindest eine grobe Richtlinie, können die Konkretisierung für den Einzelfall aber nicht restlos ersetzen.

6. Exkurs: (Keine) Relevanz der Realstruktur

Der Frage nach einem Wettbewerbsverbot für Aktionäre wurde bislang unabhängig von der Realstruktur der Gesellschaft nachgegangen. Die Erforderlichkeit eines Wettbewerbsverbotes bestimmte sich nach den Einflussnahme- und Informationsmöglichkeiten, welche dem fraglichen Aktionär zur Verfügung stehen.

Teilweise wird aber vertreten, dass ein Wettbewerbsverbot für Aktionäre nur bei personalistisch strukturierten Aktiengesellschaften angenommen werden könne.[1047]

Als personalistische Aktiengesellschaften werden allgemein Aktiengesellschaften bezeichnet, die typischerweise folgende Merkmale aufweisen:[1048] Sie verfügen zunächst über einen überschaubaren, das heißt begrenzten Gesellschafterkreis. Des Weiteren ist zumindest ein Teil der Aktionäre in den Leitungsorganen der Gesellschaften und leitenden Positionen des Gesellschaftsunternehmens tätig. Oftmals finden sich auch Entsendungsrechte nach § 101 Abs. 2 Satz 1 AktG. Schließlich weisen die Aktionäre eine enge Bindung an ihre Gesellschaften auf, welche durch eine Vinkulierung der Aktien (§ 68 Abs. 2 AktG)[1049] oder schuldrechtliche Nebenabreden abgesichert wird. Eine Börsennotierung der Aktien ist

---

1047 *Friedewald*, Die personalistische Aktiengesellschaft, S. 140 ff.; *Liebscher*, Konzernbildungskontrolle, S. 388 f.; *Eckert*, Konzerneingangsschutz im Aktienkonzernrecht, S. 123 f.; *Krieger*, in: MünchHdbGesR AG, § 69, Rn. 17 a.E.; *Wimmer-Leonhardt*, Konzernhaftungsrecht, S. 315 f.; *Hennrichs*, AcP 195 (1995), S. 221, 253; *Emmerich/Sonnenschein*, Konzernrecht, § 4a IV. 3. b) aa), S. 83 f.; tendenziell wohl auch *Binnewies*, Konzerneingangskontrolle in der abhängigen Gesellschaft, S. 344 ff.; für die GmbH exemplarisch: *Raiser*, Festschrift Stimpel, S. 855, 864 f.; *Lutter/Timm*, NJW 1982, S. 409, 419; ferner für österreichische Aktiengesellschaften: *Doralt*, in: Konzernrecht im Ausland, S. 192, 209.

1048 Vgl. dazu nur *Friedewald*, Die personalistische Aktiengesellschaft, S.14 ff.; *Binnewies*, Konzerneingangskontrolle, S. 344 f.; jeweils m. w. N.

1049 Am Rande sei erwähnt, dass ein typischer Zweck von Vinkulierungsklauseln die Verhinderung des Eindringens von Wettbewerbern in die Gesellschaft ist, vgl. *Liebscher*, ZIP 2003, S. 825, 826.

dahingegen ausgeschlossen.[1050] Als Beispiele für personalistische Aktiengesellschaften gelten Familien-Aktiengesellschaften[1051] sowie die so genannten Mitunternehmer-Aktiengesellschaften[1052].

Das Wettbewerbsverbot für die Aktionäre personalistischer Aktiengesellschaften wird in erster Linie auf deren unternehmerische Mitarbeit in der Gesellschaft gestützt. So sollen diejenigen Aktionäre einem Wettbewerbsverbot unterliegen, „die unternehmerisch beteiligt sind, das heißt die in der Gesellschaft Mitglieder der Verwaltung, in leitender Stellung in dem Unternehmen tätig oder in sonstiger Weise in den wirtschaftlichen und personalpolitischen Entscheidungsprozessen faktisch eingegliedert sind".[1053] Denn diese Aktionäre stünden in einer „engen Beziehung zu den geschäftlichen Aktivitäten der Gesellschaft" und seien deshalb besonders gut über Gesellschaftsinterna informiert. Insbesondere durch ihre Mitarbeit in der Gesellschaft hätten sie regelmäßig Zugang zu internen Informationen, an die sie mit Hilfe ihrer mitgliedschaftlichen Informationsrechte nicht gelangen könnten.[1054] Weitergehend wird das Wettbewerbsverbot damit gerechtfertigt, dass die Aktionäre einer personalistisch strukturierten Gesellschaft in einem gegenseitigen Vertrauensverhältnis stünden und zudem eine erhöhte Verantwortung füreinander trügen, weil die Gesellschaft oft auch die wirtschaftliche Existenzgrundlage der Aktionäre bilde.[1055] Gleichzeitig wird ein Wettbewerbsverbot für Aktionäre von Publikumsgesellschaften verneint. Dies wird damit begründet, dass der an einer Publikumsgesellschaft beteiligte Aktionär regelmäßig „weder besondere Informationen über die laufende Geschäftsführung der Gesellschaft" erwerbe noch „eine Stellung inne[habe], die es ihm

---

1050 Siehe insbesondere *Wimmer-Leonhardt*, Konzenhaftungsrecht, S. 287; anders aber *Mai*, Aktionärsschutz, S. 86, nach dem sich personalistische Struktur und Börsennotierung nicht gegenseitig ausschließen.

1051 Vgl. § 1 Abs. 1 Nr. 1 Satz 3 DrittelbG, ferner *K. Schmidt*, Gesellschaftsrecht, § 26 III. 2. c), S. 772 f.

1052 Vgl. *Friedewald*, Die personalistische Aktiengesellschaft, S. 11.

1053 *Friedewald*, Die personalistische Aktiengesellschaft, S. 143.

1054 *Friedewald*, Die personalistische Aktiengesellschaft, S. 140 ff.

1055 Vgl. *Eckert*, Konzerneingangsschutz im Aktienkonzernrecht, S. 123; ferner *Liebscher*, Konzernbildungskontrolle, S. 388; *Binnewies*, Konzerneingangskontrolle in der abhängigen Gesellschaft, S. 345 f.; *Raiser*, Festschrift Stimpel, S. 855, 864 f.

erlauben würde, Insider-Informationen zu erlangen".[1056] Zudem habe der einzelne Aktionär regelmäßig nicht die Möglichkeit, auf die Geschäftsführung der Gesellschaft Einfluss zu nehmen.[1057] Zum Teil wird ein Wettbewerbsverbot in einer Publikumsgesellschaft mit der Begründung verneint, dass keine „Nähebeziehung" zwischen den Aktionären gegeben sei.[1058]

Diese Ansicht ist jedoch abzulehnen. Auf die Realstruktur einer Aktiengesellschaft kommt es bei der Frage nach einem Wettbewerbsverbot für Aktionäre nicht an.[1059, 1060] Allein entscheidend sind die Einflussnahme- und Informationsmöglichkeiten, welche dem jeweils in Frage stehenden Aktionär zur Verfügung stehen. Denn den Gefahren, welche aus diesen Möglichkeiten resultieren, sind die Mitgesellschafter – insbesondere die Minderheitsgesellschafter – in einer Publikumsgesellschaft ebenso ausgeliefert, wie dies in einer personalistischen Gesellschaft der Fall ist. Die Gesellschaftsstruktur kann deshalb keinen Differenzierungsgrund darstellen. Zudem gilt es zu erkennen, dass die unter der Annahme einer konkurrierenden Betätigung aus der unternehmerischen Mitwirkung eines Gesellschafters resultierenden Gefahren für die Gesellschaft keine spezifischen Gefahren sind, die im Nexus mit seiner Doppelrolle als Aktionär und Wettbewerber stehen. Vielmehr entspringen die Gefahren den Doppelrollen als Vorstandsmitglied und Wettbewerber, als Aufsichtsratsmitglied und Wettbewerber oder als leitender Angestellter und Wettbewerber. Diese Gefahren sind jedoch innerhalb der jeweiligen Rechtsbeziehung zu regulieren. Darauf ist anderenorts eingegangen worden.[1061] Ferner kann ein Wettbewerbsverbot für Aktionäre nicht von dem Bestehen oder Nichtbestehen einer Nähebeziehung oder ei-

---

1056 *Friedewald*, Die personalistische Aktiengesellschaft, S. 140.

1057 *Binnewies*, Konzerneingangskontrolle, S. 341.

1058 *Eckert*, Konzerneingangsschutz im Aktienkonzernrecht, S. 123.

1059 So auch *Habersack*, in: Emmerich/Habersack, Aktien- und GmbH-Konzernrecht, Vor § 311, Rn. 7; *ders.*, in: Emmerich/Habersack, Konzernrecht, § 8 III. 4. c), S. 99; *Henze/Notz*, in: GroßKomm, AktG, Anh § 53a, Rn. 78; *Burgard*, Festschrift Lutter, S. 1033, 1041 f.; *Bungert*, VersR 1997, S. 27, 38; vgl. ferner *Altmeppen*, in: Roth/Altmeppen, GmbHG, Anh § 13, Rn. 124.

1060 Ob die Realstruktur einer Gesellschaft abseits der Frage nach dem Bestehen eines Wettbewerbsverbotes für die Konkretisierung oder Intensität der gesellschaftsrechtlichen Treuepflicht relevant ist, kann hier offen bleiben; vgl. dazu *Winter*, Mitgliedschaftliche Treuebindungen im GmbH-Recht, S. 185 ff., m. w. N.

1061 Vgl. oben S. 98 ff.

nes Vertrauensverhältnisses zwischen den Aktionären abhängig gemacht werden. Zunächst stellt es schon eine Fiktion dar, dass in personalistisch strukturierten Gesellschaften von dem Bestehen einer Vertrauensbeziehung zwischen den Gesellschaftern ausgegangen werden kann. Viele Familiengesellschaften belegen das Gegenteil.[1062]

Zwar kann damit eine personalistische Gesellschaftsstruktur kein Wettbewerbsverbot begründen, zumindest dürfte aber der Befund zutreffen, dass der Anteil der Gesellschafter, welche einem Wettbewerbsverbot unterliegen, bei personalistischen Gesellschaften im Vergleich zu anderen Gesellschaftstypen überproportional hoch ist. Dabei machen aber die mitgliedschaftlichen Wettbewerbsverbote neben den organschaftlichen oder arbeitsvertraglichen Wettbewerbsverboten nur einen Teil aus.

7. Exkurs: (Keine) Relevanz der Börsennotierung

Ebenso wie die Realstruktur fand auch die Börsennotierung der Gesellschaft bei der bisherigen Untersuchung im Wesentlichen keine Berücksichtigung.[1063] Allein für die Anwendung der Vorschriften der Insiderüberwachung nach dem WpHG kam es auf eine Börsennotierung an.[1064] Die Erforderlichkeit eines Wettbewerbverbotes bestimmte sich unabhängig von einer Notierung nach den Einfluss- und Informationsmöglichkeiten des jeweils fraglichen Aktionärs.

Teilweise wird aber in jüngerer Zeit vertreten, dass ein Wettbewerbsverbot für Aktionäre einer börsennotierten Aktiengesellschaft nicht angenommen werden könne.[1065]

Dabei wird sich im Wesentlichen auf zwei Argumente gestützt: Zum einen beeinträchtige die Annahme eines Wettbewerbsverbotes die Handelbarkeit der Ak-

---

1062 *Burgard*, Festschrift Lutter, S. 1033, 1042.

1063 Die Diskussionen um die Relevanz von Realstruktur und Börsennotierung überschneiden sich beziehungsweise gehen insoweit parallel, als dass eine Börsennotierung nach vorherrschender Ansicht die Annahme einer personalistischen Gesellschaftsstruktur ausschließt, vgl. oben bei Fn. 1050.

1064 Vgl. S. 128 ff., ferner S. 198.

1065 *Habersack*, in: Emmerich/Habersack, Konzernrecht, § 8 III. 4. c), S. 99; *ders.*, in: Emmerich/Habersack, Aktien- und GmbH-Konzernrecht, Vor § 311, Rn. 7 a.E. (anders noch in der Vorauflage); ferner *Mai*, Aktionärsschutz, S. 83 ff.; *Hüffer*, Festschrift Röhricht, S. 251, 261, 270.

tie.[1066] Zum anderen stehe die Annahme eines Wettbewerbsverbotes bei börsennotierten Aktiengesellschaften im Widerspruch zu den Wertungen des WpÜG.[1067] Das WpÜG wolle einen Kontrollwechsel fördern; insbesondere seien die Minderheitsaktionäre durch das WpÜG sowie durch sonstigen Regeln des Kapitalmarktrechts und die Institutionen des Kapitalmarktes hinreichend geschützt.[1068]

Diese Ansicht ist jedoch abzulehnen. Zunächst beeinträchtigt ein Wettbewerbsverbot für Aktionäre die Handelbarkeit einer Aktie im Regelfall nur unwesentlich. Denn abseits von Sonderkonstellationen, wie beim Besehen von Entsendungsrechten,[1069] greift ein Wettbewerbsverbot frühestens mit dem Erreichen eines Aktienbestandes in Höhe der so genannten faktischen Hauptversammlungsmehrheit.[1070] Erst beim Herannahen dieser Schwelle kann es bei Annahme eines Wettbewerbsverbotes zu einer Beeinträchtigung der Handelbarkeit in der Form kommen, dass der Großaktionär vom Zukauf weiterer Aktien absieht oder absehen muss. Dies ist allerdings nur unter der doppelten Annahme der Fall, dass es sich bei dem betreffenden Aktionär um einen Konkurrenten der Gesellschaft handelt und ferner kein Befreiungstatbestand gegeben ist[1071]. Des Weiteren widerspricht die Annahne eines Wettbewerbsverbotes für Aktionäre nicht den Wertungen des WpÜG. Mit der Normierung des Pflichtangebotes nach § 35 Abs. 1 i.V.m. § 29 Abs. 2 WpÜG, mit welchem die Minderheitsgesellschafter in die Lage versetzt werden, durch den Verkauf ihrer Anteile einer befürchtenden missbräuchlichen Einflussnahme durch den Großaktionär zu entgehen, hat der Gesetzgeber ein Instrument des Konzerneingangsschutzes geschaffen. Damit hat er aber nicht per se anderen – insbesondere nur faktischen – Instrumenten des

---

1066 *Habersack*, in: Emmerich/Habersack, Konzernrecht, § 8 III. 4. c), S. 99; *ders.*, in: Emmerich/Habersack, Aktien- und GmbH-Konzernrecht, Vor § 311, Rn. 7; *Mai*, Aktionärsschutz, S. 83, 88.

1067 *Habersack*, in: Emmerich/Habersack, Konzernrecht, § 8 III. 4. c), S. 99; *ders.*, in: Emmerich/Habersack, Aktien- und GmbH-Konzernrecht, Vor § 311, Rn. 7; *Mai*, Aktionärsschutz, S. 87 f.; ferner *Hüffer*, Festschrift Röhricht, S. 251, 261

1068 *Habersack*, in: Emmerich/Habersack, Konzernrecht, § 8 III. 4. c), S. 99; *ders.*, in: Emmerich/Habersack, Aktien- und GmbH-Konzernrecht, Vor § 311, Rn. 7

1069 Vgl. oben S. 171 ff.

1070 Vgl. oben bei Fn. 781.

1071 Zu den Befreiungstatbeständen vgl. unten S. 253 ff.

Konzerneingangschutzes eine Absage erteilt, soweit diese nicht zu einem überdimensionierten Konzerneingangschutz führen. Dies ist aber unter der Annahme eines Wettbewerbsverbotes gerade nicht der Fall. So steht schon ein Wettbewerbsverbot allein horizontalen Übernahmen entgegen und dies auch nur in Abwesenheit eines Befreiungstatbestandes.[1072] Zudem bleibt zu berücksichtigen, dass das Wettbewerbsverbot neben der Gesellschaft auch die nach einer Übernahme in der Gesellschaft verbliebenen Aktionäre vor den Gefahren einer missbräuchlichen Einflussnahme durch den Mehrheitsaktionär schützt.[1073] Abschließend ist anzuerkennen, dass die Gefahren, welche aus Einfluss- und Informationsmöglichkeiten eines Aktionärs erwachsen können, unabhängig von einer Börsennotierung gegeben sind.

Im Ergebnis hat die Börsennotierung einer Gesellschaft daher keinen Einfluss auf die Frage nach einem Wettbewerbsverbot für Aktionäre. Sollte man dennoch ein Wettbewerbsverbot mit der Börsennotierung einer Gesellschaft für unvereinbar erachten, besteht freilich die Möglichkeit, eine satzungsmäßige Befreiung vom Wettbewerbsverbot als Kriterium der Börsenzulassung festzuschreiben, um auf diese Weise zum gewünschten Ergebnis zu kommen.

8. Exkurs: Gegenseitigkeit des Wettbewerbsverbotes?

Untersuchungsgegenstand der vorliegenden Arbeit ist das Wettbewerbsverbot des Aktionärs. Die Grundlage dieses Wettbewerbsverbotes stellt primär die gesellschaftsrechtliche Treuepflicht gegenüber der Aktiengesellschaft dar. An anderer Stelle wurde aber auch gezeigt, dass diese Treuepflicht keine einseitige Verpflichtung des Gesellschafters gegenüber der Gesellschaft ist, sondern vice versa auch eine Treuepflicht der Gesellschaft gegenüber ihren Gesellschaftern besteht.[1074] Deshalb stellt sich die Frage, ob auch die Aktiengesellschaft einem Wettbewerbsverbot gegenüber ihren Gesellschaftern unterliegen kann.[1075] Dieser Fragestellung könnte in Fällen, in denen die Gesellschaft ihre Geschäftstätigkeit

---

1072 Zum Wettbewerbsverbot im konzernrechtlichen Kontext ausführlich S. 277 ff.

1073 Vgl. *Burgard*, Festschrift Lutter, S. 1033, 1045.

1074 Vgl. oben S. 61 f.

1075 So *Kropff*, in: MünchKomm, AktG, Vor. § 311, Rn. 65 a.E.

in das unternehmerische Betätigungsfeld eines ihrer Aktionäre ausdehnt, eine besondere Relevanz zukommen.[1076]

> **Beispiel:** Die börsennotierte Bank-AG gründet mit der Online-Bank AG eine zunächst 100%ige Tochtergesellschaft, die im so genannten Online-Brokerage-Geschäft tätig wird. Die Tochter geht 1998 an die Börse. Die Bank-AG behält auch in der Folgezeit ihre Mehrheitsbeteiligung. Nachdem sich das Börsenumfeld im Laufe der Jahre 2000 und 2001 beträchtlich verschlechtert hat, ist das Hauptgeschäftsfeld der Online-Bank AG – das Online-Brokerage für Privatkunden – stark eingebrochen, so dass ein stärkerer Schwerpunkt auf den Vertrieb von Finanzprodukten gelegt werden musste. Um neue Vertriebskanäle zu eröffnen, beschließt der Vorstand, in ausgewählten Städten eigene Filialen zu eröffnen. Diese liegen teilweise in unmittelbarer Nähe zu Filialen der Bank-AG.[1077]

Die Treuepflicht der Gesellschaft ist ebenfalls im Wege der Interessenabwägung unter Anbindung an den Grundsatz der Verhältnismäßigkeit zu konkretisieren. In Frage steht aber, ob ein Wettbewerbsverbot der Gesellschaft gegenüber ihren Aktionären überhaupt erforderlich ist. Dies ist zu verneinen.[1078] Denn spezifische Gefahren, welche dem Aktionär durch Wettbewerbshandlungen „seiner" Gesellschaft drohen, sind nicht ersichtlich. So sind die Einflussnahmemöglichkeiten, welche der Aktiengesellschaft im Bezug auf ihre Gesellschafter zustehen, äußerst bescheiden. Gleiches gilt für den Bereich der Informationsmöglichkeiten.[1079] Die regulären Gefahren, die von einer Konkurrenztätigkeit der Gesellschaft für die unternehmerische Betätigung des Aktionärs ausgehen, muss dieser dulden. Ferner sind die Gefahren, die durch Wettbewerbshandlungen der Gesellschaft drohen, gegenständlich auf den Bereich des satzungsmäßigen Unternehmensgegenstandes beschränkt. Eine darüber hinausgehende Ausdehnung der unternehmerischen Tätigkeit der Gesellschaft muss der Gesellschafter nicht hinnehmen.[1080]

1076 Vgl. *Kropff*, in: MünchKomm, AktG, Vor. § 311, Rn. 65 a.E.

1077 Beispiel in Anlehnung an FAZ vom 26. März 2002, S. 30: „Markt & Meinung" und FAZ vom 27. März 2002, S. 24: „Weniger Börsenhandel, mehr Fondsverkauf".

1078 So auch *U. H. Schneider/Burgard*, Festschrift Ulmer, S. 579, 595, 602.

1079 *U. H. Schneider/Burgard*, Festschrift Ulmer, S. 579, 595, 602.

1080 Vgl. unten S. 239 ff.

Im **Einführungsbeispiel 1**[1081] muss es die T-AG daher grundsätzlich dulden, wenn die Online-AG – soweit dies von ihrem satzungsmäßigen Unternehmensgegenstand gedeckt ist – ebenso wie ihre direkten Konkurrenten in die so genannte Internet-Telephonie einsteigen würde.[1082]

E. Der Umfang des Wettbewerbsverbotes

1. Einleitung

Der Umfang des Wettbewerbsverbotes für Aktionäre unterteilt sich in einen persönlichen, einen sachlichen, einen räumlichen sowie einen zeitlichen Geltungsbereich. Der persönliche Geltungsbereich des Wettbewerbsverbotes ist bei der Erforderlichkeit des Wettbewerbsverbotes im Rahmen der Fallgruppen ausführlich dargestellt worden. In Abwesenheit eines Befreiungstatbestandes[1083] ist neben dem Mehrheitsaktionär auch der Aktionär mit einem ausgeübten Entsendungsrecht Adressat des Wettbewerbsverbotes. Des Weiteren sind im Rahmen der Fallgruppen auch schon Teilaspekte des zeitlichen Geltungsbereiches des Wettbewerbsverbotes für Aktionäre besprochen worden. Es wurde aufgezeigt, dass sowohl ein erst zukünftiger als auch ein ehemaliger Aktionär unter bestimmten Voraussetzungen einem Wettbewerbsverbot unterliegen kann. Ebenso wurde bereits auf das Wettbewerbsverbot nach Auflösung der Gesellschaft eingegangen. Im Rahmen des zeitlichen Geltungsbereiches ist daher nur noch auf den Beginn des Wettbewerbsverbotes im Gründungsstadium der Aktiengesellschaft einzugehen. Zuvor sollen aber der sachliche – und dies stellt den Schwerpunkt des vorliegenden Kapitels dar – sowie der räumliche Geltungsbereich dargestellt werden.

Der Grundsatz der Verhältnismäßigkeit ist bei der Bestimmung des Umfanges ebenso wie auch schon bei der Begründung des Wettbewerbsverbotes zu beach-

---

1081 Vgl. oben S. 4.

1082 Vgl. dazu FAZ vom 9. Februar 2004, Seite 17: „Telekom ändert Strategie für das Breitband-Internet“, mittlere Spalte; FAZ vom 17. März 2004, Seite 21: „T-Online verliert dramatisch Marktanteile im DSL-Geschäft“, erste Spalte; ferner FAZ vom 8. März 2004, Seite 21: „Der Wettbewerb um das Breitband-Internet wird härter“, letzte Spalte; FAZ vom 10. März 2004: „Markt & Meinung – Wachstumsdelle bei T-Online“.

1083 Vgl. unten S. 253 ff.

ten,[1084] so dass jeweils insbesondere die Erforderlichkeit einer bestimmten Reichweite des Wettbewerbsverbotes im Auge zu behalten ist.

2. Sachlicher Geltungsbereich

Das Wettbewerbsverbot für Aktionäre ist zunächst nicht als ein allgemeines Wettbewerbsverbot in dem Sinne zu verstehen, dass dem betreffenden Aktionär „jedwede anderweitige unternehmerische Betätigung" untersagt ist.[1085] Zwar wäre auch ein solches Wettbewerbsverbot – soweit nicht überhaupt schon seine Bezeichnung als *Wettbewerbs*verbot irreführend ist – ohne weiteres geeignet, die Gesellschaft vor den spezifischen Gefahren zu schützen, welche sich aus der konkurrierenden Tätigkeit einer ihrer Aktionäre ergeben können, doch wäre es keinesfalls erforderlich.

a) Geschäftszweig der Gesellschaft

Der sachliche Geltungsbereich des Wettbewerbsverbotes beschränkt sich zunächst auf den Geschäftszweig[1086] der Gesellschaft. Bei der Bestimmung dieses Geschäftszweiges ist umstritten, ob auf den satzungsmäßigen Unternehmensgegenstand[1087] oder auf die tatsächliche Geschäftstätigkeit der Gesellschaft abzustellen ist:[1088] Zunächst ist zu konstatieren, dass die tatsächliche Geschäfts-

---

1084 Dies wird meist nicht ausreichend beachtet. *Geiger*, Wettbewerbsverbote im Konzernrecht, S. 103, weist zumindest – wenn auch etwas versteckt – darauf hin.

1085 *Kropff*, in: MünchKomm, AktG, Vor § 311, Rn. 63 mit Fn. 156, unterstellt eine solche Sichtweise jedoch *Emmerich/Sonnenschein*, Konzernrecht, § 4a IV. 3. b) aa), S. 83 f., die meines Erachtens aber so zu verstehen sind, dass ein Wettbewerbsverbot den außenstehenden Aktionären die Entscheidung über die Begründung der Abhängigkeit der Gesellschaft in die Hand legen *kann*, nicht aber in jedem Fall legt. Denn mit einer Entscheidung über die Befreiung vom Wettbewerbsverbot entscheiden die außenstehenden Aktionäre nur dann zugleich auch über die Begründung der Abhängigkeit, wenn es sich bei dem herrschenden Unternehmen um einen Wettbewerber handelt, vgl. dazu auch unten S. 277 ff. Zum einem „Abhängigkeitsbegründungsverbot" vgl. *Binnewies*, Die Konzerneingangskontrolle in der abhängigen Gesellschaft, S. 320 und passim.

1086 Der Terminus „Geschäftszweig" ist hier in Anlehnung an § 88 Abs. 1 Satz 1 AktG gewählt. Synonym kann auch der Begriff des „Handelszweiges" (§ 112 Abs. 1 HGB) verwendet werden.

1087 § 23 Abs. 3 Nr. 2 AktG.

1088 Auf den satzungsmäßigen Unternehmensgegenstand abstellend: *Hommelhoff/Kleindiek*, in: Lutter/Hommelhoff, GmbHG, Anh. § 6, Rn. 22; *U. H. Schneider*, in: Scholz, GmbHG, § 43, Rn. 127; *S. Wilhelmi*, in: Godin/Wilhemi, AktG, § 88, Anm. 4; *Ulmer*, in: Staub, HGB, § 112, Rn. 15; Baumbach/*Hopt*, HGB, § 112, Rn. 5; *Stuhlfelner*, in:

tätigkeit der Gesellschaft für die Bestimmung des Geschäftszweiges schon nur insoweit eine Rolle spielen kann, wie sie vom satzungsgemäßen Unternehmensgegenstand gedeckt ist.[1089] Denn der satzungsmäßige Unternehmensgegenstand begrenzt zwingend die Geschäftstätigkeit der Gesellschaft; nach § 82 Abs. 2 AktG stellt er eine Beschränkung der Geschäftsführungsbefugnis für die Mitglieder des Vorstandes dar.[1090] Damit begrenzt er gleichzeitig auch den aus der gesellschaftsrechtlichen Treuepflicht ableitbaren Pflichtenrahmen für die Gesellschafter, denn die Treuepflicht findet ihren Entstehungsgrund in der Satzung und kann nur soweit reichen, wie dort die Förderung des gemeinsamen Zwecks versprochen wurde. Ein über den satzungsmäßigen Unternehmensgegenstand hinausgehendes Wettbewerbsverbot lässt sich daher nicht begründen.[1091] Hinzu kommt, dass der satzungsmäßige Unternehmensgegenstand ferner der Information außenstehender Dritter und damit auch potentiell zukünftiger Aktionäre über den Tätigkeitsbereich der Gesellschaft dient.[1092] Für den Fall, dass sie (spätestens) mit ihrem Eintritt in die Gesellschaft einem Wettbewerbsverbot unterliegen, dürfen sie darauf vertrauen, dass sie zumindest das Maximum des sachlichen Umfanges ihres Wettbewerbsverbotes der Satzung ex ante entnehmen können.[1093]

Jedoch ist der satzungsmäßige Unternehmensgegenstand in aller Regel sehr weit gefasst und wird durch die tatsächliche Geschäftstätigkeit der Gesellschaft meist

---

HeidelbergKomm, HGB, § 112, Rn. 2; *Goette*, DStR 1998, S. 1137, 1139; *Röhricht*, WPg 1992, S. 766, 769; *Burgard*, Festschrift Lutter, S. 1033, 1049; auf die tatsächliche Geschäftstätigkeit abstellend: *Hüffer*, AktG, § 88, Rn. 3; *Mertens*, in: KölnKomm, AktG, § 88, Rn. 9; *Hefermehl*, in: Geßler/Hefermehl, AktG, § 88, Rn. 11; *Emmerich*, in: Heymann, HGB, § 112, Rn. 12; *Fischer*, in: Staub, HGB, 3. Aufl., § 112, Rn. 6; *Armbrüster*, ZIP 1997, S. 261, 263; *ders.*, ZIP 1997, S. 1269, 1270.

1089 A.A. *Fischer*, in: Staub, HGB, 3. Aufl., § 112, Rn. 6; vgl. auch *Emmerich*, in: Heymann, HGB, § 112, Rn. 12; *Röhricht*, WPg 1992, S. 766, 769; *U. H. Schneider*, in: Scholz, GmbHG, § 43, Rn. 127.

1090 Vgl. *Hüffer*, AktG, § 82, Rn. 9.

1091 *Winter*, Mitgliedschaftliche Treuebindungen im GmbH-Recht, S. 253 f.; ihm nachfolgend *Geiger*, Wettbewerbsverbote im Konzernrecht, S. 103; vgl. auch *Ulmer*, in: Staub, HGB, § 112, Rn. 16.

1092 Vgl. *Hüffer*, AktG, § 23, Rn, 21, m. w. N.

1093 *Winter*, Mitgliedschaftliche Treuebindungen im GmbH-Recht, S. 254; *Armbrüster*, ZIP 1997, S. 1269, 1274; *Geiger*, Wettbewerbsverbote im Konzernrecht, S. 103; *A. Müller*, Das Wettbewerbsverbot des GmbH-Gesellschafters, S. 62 f.

nur partiell ausgefüllt.[1094] Für die „brachliegenden" Gebiete des Unternehmensgegenstandes ist durchaus fraglich, ob ein Schutz der Gesellschaft durch ein Wettbewerbsverbot hier überhaupt erforderlich ist.[1095] Denn nimmt ein Aktionär in dem vom der tatsächlichen Geschäftstätigkeit der Gesellschaft nicht umfassten Bereich eine Tätigkeit auf, tritt er im Grunde in keinen Wettbewerb zur Gesellschaft.[1096] Daher treten auch keine spezifischen Gefahren auf, die aus einer Doppelrolle als Aktionär und Wettbewerber resultieren. Der Gesellschafter kann weder wettbewerbsrelevante Gesellschaftsinterna zum Wohle seiner anderweitigen unternehmerischen Betätigung verwenden, noch kann sein Unternehmen von schädigenden Einflussnahmen auf die Gesellschaft profitieren. Zu Bedenken ist jedoch ferner, dass die Gesellschaft die – zumindest theoretische – Möglichkeit besitzt, jederzeit ihre Geschäftstätigkeit innerhalb des satzungsmäßigen Unternehmensgegenstandes auszudehnen. Dabei ist ihr insbesondere eine Ausdehnung in das unternehmerische Betätigungsfeld ihrer Aktionäre grundsätzlich unbenommen.[1097] Verfügt nun aber ein Gesellschafter über einen solchen Einfluss auf die Geschicke der Gesellschaft, dass er eine Ausdehnung oder Verlagerung ihrer tatsächlichen Geschäftstätigkeit verhindern oder in eine bestimmte Richtung steuern kann, ist die Freiheit der Gesellschaft, sich im Rahmen des Unternehmensgegenstandes zu entwickeln, gefährdet. Denn es ist zu erwarten, dass ein solcher Gesellschafter, soweit er sich innerhalb der bislang „brachliegenden" Bereiche des Unternehmensgegenstandes selbst unternehmerisch betätigt, eine Ausdehnung der Gesellschaft in diese – möglicherweise zukunftsträchtigen oder sehr profitablen – Bereiche zu verhindern sucht. In diesem Fall ist eine spezifische Gefahr für die Gesellschaft gegeben, die aus der Doppelrolle als Aktionär

---

1094 Vgl. *Burgard*, Festschrift Lutter, S. 1033, 1049; *Wiedemann/Hirte*, ZGR 1986, S. 163, 171.

1095 Vgl. *Ivens*, Das satzungsmäßige Konkurrenzverbot des GmbH-Gesellschafters, S. 60 ff.; ferner *Emmerich*, in: Heymann, HGB, § 112, Rn. 12; *Armbrüster*, ZIP 1997, S. 261, 263; *Wiedemann/Hirte*, ZGR 1986, S. 163, 170 f.; *Martens*, in: Schlegelberger, HGB, § 112, Rn. 15.

1096 Vgl. nur *Kardaras*, Das Wettbewerbsverbot in den Personalgesellschaften, S. 59.

1097 A.A. *Kropff*, in: MünchKomm, AktG, Vor § 311, Rn. 65 a.E. Vgl. zur Frage der Gegenseitigkeit des Wettbewerbsverbotes oben S. 236.

und – im Hinblick auf den Unternehmensgegenstand – Wettbewerber resultiert. Ein Schutz der Gesellschaft erscheint hier erforderlich.[1098]

Diese Überlegungen führen zu einer differenzierten Lösung: Der sachliche Geltungsbereich des Wettbewerbsverbotes umfasst für den Mehrheitsaktionär wegen seiner Einflussnahmemöglichkeiten den gesamten satzungsmäßigen Unternehmensgegenstand. Aktionäre, deren Wettbewerbsverbot sich allein aufgrund ihrer faktischen Informationsmöglichkeiten ergibt, wie beispielsweise Aktionäre mit einem ausgeübten Entsendungsrecht, unterliegen dagegen nur einem Wettbewerbsverbot, soweit die aktuelle, tatsächliche Geschäftstätigkeit der Gesellschaft reicht. Bei der Bestimmung der tatsächlichen Geschäftstätigkeit der Gesellschaft sind im Übrigen auch die Geschäftstätigkeiten möglicher Tochtergesellschaften zu berücksichtigen, da diese der Gesellschaft zuzurechnen sind.[1099] Der Unternehmensgegenstand der Gesellschaft hat ohnehin zwingend die Unternehmensgegenstände der Tochtergesellschaften zu umfassen.

b) Verbotene Tätigkeiten

Ist nun der Geschäftszweig der Gesellschaft bestimmt, ist in einem nächsten Schritt zu fragen, welche Arten von Tätigkeiten innerhalb dieses Geschäftszweiges grundsätzlich vom Wettbewerbsverbot umfasst sind. In Anlehnung an § 112 Abs. 1 HGB kann zunächst auch für das Wettbewerbsverbot zu Lasten der Aktionäre zwischen einem Geschäftsverbot und einem Beteiligungsverbot unterschieden werden:

Das Geschäftsverbot ist weit zu verstehen und umfasst grundsätzlich alle Arten unternehmerischen Tätigkeiten sowohl im eigenen als auch in fremden Namen. Dem Verbot unterfallen daher sowohl einzelne, gelegentlich zu Erwerbszwecken getätigte Geschäfte, einzelkaufmännische Betätigungen als auch Tätigkeiten als Vorstands- oder Aufsichtsratsmitglied[1100] einer Aktiengesellschaft, Ge-

---

[1098] So auch *Burgard*, Festschrift Lutter, S. 1033, 1049; vgl. ferner *U. H. Schneider*, in: Scholz, GmbHG, § 43, Rn. 127; *Röhricht*, WPg 1992, S. 766, 769; *Weisser*, Corporate Opportunities, S. 151 ff.; a.A. *Wiedemann/Hirte*, ZGR 1986, S. 163, 171.

[1099] Vgl. *Mertens*, in: KölnKomm, AktG, § 88, Rn. 9.

[1100] Soweit bestimmte Geschäfte nach § 111 Abs. 4 Satz 2 AktG der Zustimmung des Aufsichtsrates bedürfen, vgl. *Lawall*, Das ungeschriebene Wettbewerbsverbot des GmbHschäftsführer einer GmbH, Prokurist, Handelsbevollmächtigter, Handelsvertreter, Makler, Kommissionär oder Treuhänder.[1101] Vom Beteiligungsverbot umfasst sind Beteiligungen als typischer, persönlich haftender Gesellschafter einer GbR und oHG beziehungsweise als Komplementär einer KG oder KGaA, ferner als atypischer Kommanditist oder stiller Gesellschafter, wenn diesem Mitspracherechte an der Geschäftsführung eingeräumt sind. Eine Beteiligung an einer GmbH oder Aktiengesellschaft ist untersagt, wenn der Aktionär Einfluss auf die Geschäftsführung der anderen Gesellschaft nehmen kann, was regelmäßig dann gegeben ist, wenn er eine Allein- oder Mehrheitsbeteiligung hält.[1102] Zur Vermeidung von Umgehungen ist es sowohl beim Geschäfts- als auch beim Beteiligungsverbot unerheblich, ob der dem Wettbewerbsverbot unterliegende Gesellschafter Dritte zwischenschaltet. Daher werden vom Wettbewerbsverbot auch Geschäfte unter Verwendung eines Vertreters, Treuhänders oder sonstigen Beauftragten erfasst.[1103] Bei der Beteiligung an einer anderen Gesellschaft schadet ebenso die Zwischenschaltung einer weiteren Gesellschaft nicht, so dass auch mittelbare Beteiligungen erfasst werden.[1104] Gleiches gilt für die Zwischenschaltung eines Treuhänders. Nach alledem bleiben dem Aktionär rein private Geschäfte im Geschäftszweig der Gesellschaft erlaubt.[1105] Des Weiteren kann sich der Aktionär als typischer Kommanditist, Kommanditaktionär oder stiller Gesellschafter an einer konkurrierenden Gesellschaft beteiligen. Ebenso ist eine Beteiligung als atypischer, das heißt von der Geschäftsführung ausgeschlossener oHG-Gesellschafter nicht vom Beteiligungsverbot erfasst. Auch ist es dem Ak-

---

Gesellschafters, S. 23; *Ivens*, Das satzungsmäßige Konkurrenzverbot des GmbH-Gesellschafters, S. 77; a.A. Baumbach/*Hopt*, HGB, § 112, Rn. 4.

1101 Vgl. nur *Ulmer*, in: Staub, HGB, § 112, Rn. 20 ff.; *Martens*, in: Schlegelberger, HGB, § 112, Rn. 9 f.; *Emmerich*, in: Heymann, HGB, § 112, Rn. 10 f.; jeweils m. w. N.

1102 Vgl. nur *Ulmer*, in: Staub, HGB, § 112, Rn. 24 f.; *Martens*, in: Schlegelberger, HGB, § 112, Rn. 11; jeweils m. w. N.

1103 Vgl. nur *Ulmer*, in: Staub HGB, § 112, Rn. 20; *Emmerich*, in: Heymann, HGB, § 112, Rn. 11.

1104 *Burgard*, Festschrift Lutter, S. 1033, 1049.

1105 *Ulmer*, in: Staub, HGB, § 112, Rn. 21. Zu beachten ist aber, dass der Gesellschafter auch bei rein privaten Geschäften keine Geschäftschancen der Gesellschaft wahrnehmen und auch sonst keine Gesellschaftsinterna zum Nachteil der Gesellschaft verwerten darf; vgl. *Martens*, in: Schlegelberger, HGB, § 112, Rn. 9.

tionär unbenommen, sich grundsätzlich auch an einer konkurrierenden Kapitalgesellschaft als reiner Minderheitsgesellschafter zu beteiligen.[1106]

c) Überschneidung der Geschäftszweige

Bislang wurde präsumiert, dass sich die Geschäftzweige der Aktiengesellschaft und der anderen Gesellschaft, in welcher dem Aktionär eine Mehrheitsbeteiligung oder ein Vorstandsamt untersagt sind, weitgehend überschneiden. Es ist jedoch weiter zu fragen, ob ein Wettbewerbsverbot auch dann noch erforderlich ist, wenn nur Teilbereiche der Geschäftstätigkeiten übereinstimmen.

Teilweise wird ein Wettbewerbsverbot dann angenommen, wenn sich „die Tätigkeitsbereiche der beiden Gesellschaften sachlich in nicht unerheblichen Umfang überschneiden";[1107] andererseits soll eine ausreichende Konkurrenz erst dann vorliegen, wenn „mehr als die Hälfte des Umsatzes mit gleichen oder verwandten Produkten [...] erzielt" wird.[1108] Zunächst erscheint das Erfordernis eines hälftigen Umsatzes zu restriktiv und zum Schutz der Gesellschaft nicht genügend.[1109] Vielmehr muss bereits eine partielle, nicht jedoch eine unwesentliche Überschneidung der Geschäftsbereiche ausreichen.[1110]

Gleichzeitig ist es zum Schutz der Gesellschaft erforderlich, dass selbst im Falle einer unwesentlichen Überschneidung der Betätigungsfelder kumulativ auch die absoluten Umsatzzahlen aus den sich überschneidenden Bereichen zu berücksichtigen sind. So ist zu fordern, dass der absolute Umsatz der konkurrierenden Unternehmung aus den sich überschneidenden Bereichen wesentlich unter dem der Aktiengesellschaft liegt. Ansonsten könnte sich eine Aktiengesellschaft, die hochspezialisiert auf einem Gebiet tätig ist, einer stark diversifizierten Gesellschaft gegenübersehen, welche der Hauptkonkurrent der Aktiengesellschaft im fraglichen Bereich ist, gleichzeitig dieser Bereich innerhalb ihrer Geschäftstä-

---

1106 *Ulmer*, in: Staub, HGB, § 112, Rn. 12; Baumbach/*Hopt*, HGB, § 112, Rn. 4; *Goette*, in: Ebenroth/Boujong/Joost, § 112, Rn. 115; a.A. *Grauer*, Konzernbildungskontrolle im GmbH-Recht, S. 97 f.; vgl. ferner *Reichert/Winter*, Festschrift 100 Jahre GmbHG, S. 209, 237 f.

1107 *Emmerich*, in: Heymann, HGB, § 112, Rn. 14; ferner *Kardaras*, Das Wettbewerbsverbot in Personalgesellschaften, S. 61.

1108 Vgl. *Weisser*, Corporate Opportunities, S. 154 f. (für die Geschäftschancenlehre).

1109 Ebenso *Geiger*, Wettbewerbsverbote im Konzernrecht, S. 105 mit Fn. 252.

1110 *Emmerich*, in: Heymann, HGB, § 112, Rn. 14; Baumbach/*Hopt*, HGB, § 112, Rn. 7.

tigkeit aber nur einen unwesentlichen Anteil am Gesamtumsatz ausmacht. Denn stellt man allein auf eine anteilige Überschneidung ab, ist es einem Aktionär unbenommen, beispielsweise ein Vorstandsamt in der konkurrierenden Gesellschaft wahrzunehmen. Ein Schutz der Gesellschaft insbesondere vor der missbräuchlichen Verwertung interner Informationen ist dann nicht mehr hinreichend gewährleistet. Umgekehrt ist aber auch zu konstatieren, dass selbst bei einer idealtypischen Übereinstimmung der Betätigungsfelder beider Gesellschaften die Aktiengesellschaft keines Schutzes durch ein Wettbewerbsverbot bedarf, wenn der Gesamtumsatz der konkurrierenden Gesellschaft eine bloße Marginalie darstellt und angesichts der branchenspezifischen Gegebenheiten auch ein Verlust von Marktanteilen langfristig nicht zu befürchten ist.[1111]

> **Beispiel:** Der Privatier X ist Mehrheitsaktionär der weltweit agierenden Gemüsehandel AG. Da er über einen ausgeprägten „grünen Daumen" verfügt, baut er zusammen mit seinem guten Freund Y zum Zeitvertreib eine breite Palette heimischer Gemüsesorten an. Die reichhaltige Ernte übersteigt bei Weitem den Eigenverbrauch, so dass die beiden einen Teil auf dem samstäglichen Wochenmarkt in der nahe gelegenen Kleinstadt W verkaufen.

3. Räumlicher Geltungsbereich

Ist der Gegenstand des Unternehmens nach § 23 Abs. 3 Nr. 2 AktG notwendiger Inhalt der Satzung und bestimmt er damit den Rahmen des sachlichen Geltungsbereiches des Wettbewerbsverbotes für Aktionäre, so findet sich aber in den Satzungen höchst selten eine räumliche, das heißt geographische Begrenzung der Geschäftstätigkeit der Gesellschaft. Der räumliche Geltungsbereich erfasst daher zunächst neben dem Bereich der aktuellen Geschäftstätigkeit auch den Bereich einer potentiellen Geschäftstätigkeit.[1112] Ein Wettbewerbsverbot zu Lasten eines Aktionärs erscheint aber dann nicht erforderlich, wenn das aktuelle, räumliche Geschäftsfeld der Aktiengesellschaft von dem aktuellen, räumlichen

---

[1111] Bejaht man dennoch die Erforderlichkeit, fehlt es zumindest an der Angemessenheit des Wettbewerbsverbotes.

[1112] *Gerkan*, in: Röhricht/Westphalen, HGB, § 112, Rn. 5; *Martens*, in: Schlegelberger, HGB, § 112, Rn. 17.

Geschäftsfeld der konkurrierenden Betätigung des Aktionärs überschneidungsfrei abgrenzbar ist.[1113]

In der Praxis bereitet eine solche Abgrenzung – insbesondere in Bereichen des Warenumsatzes – in der Regel erhebliche Schwierigkeiten, da nicht nur eine Überschneidung auf dem Angebotsmarkt zu vermeiden ist, sondern auch auf dem Nachfragemarkt,[1114] welcher in aller Regel deutlich größer – wenn nicht in vielen Branchen inzwischen sogar global – ist. Denn hier kann der Aktionär sein Wissen um Lieferanten und deren Konditionen zum Nachteil der Gesellschaft nutzen.[1115] Im Dienstleistungssektor kann im Einzelfall eine räumliche Abgrenzung eher gegeben sein, was ein Stück weit mit der Kundenimmobilität im Zusammenhang steht.[1116]

Das ändert aber nichts an der rechtlichen Wertung: Ist eine räumliche Abgrenzung der Geschäftsbereiche möglich, ist dem Aktionär die konkurrierende Tätigkeit gestattet.[1117] Entsprechend den Ausführungen zum sachlichen Geltungsbereich gilt dies jedoch nicht für den Mehrheitsaktionär, weil dieser wegen seiner Einflussnahmemöglichkeiten die räumliche Ausdehnung des Geschäftsbereiches der Gesellschaft in den geographischen Bereich seiner konkurrierenden Betätigung verhindern kann.[1118] Denn auch die räumliche Ausdehnung in das Betätigungsfeld ihrer Aktionäre ist der Gesellschaft grundsätzlich unbenommen.[1119] Des Weiteren ist in Bezug auf eine teilweise geographische Überschneidung der Geschäftsbereiche auf die entsprechenden Ausführungen zur Überschneidung der Geschäftszweige Rekurs zu nehmen.

1113 Vgl. *Goette*, in: Ebenroth/Boujong/Joost, HGB, § 112, Rn. 16; ferner *Gerkan*, in: Röhricht/Westphalen, HGB, § 112, Rn. 5.

1114 *Ulmer*, in: Staub, HGB, § 112, Rn. 19; *Armbrüster*, ZIP 1997, S. 261, 264 f.; jeweils m. w. N.

1115 *Armbrüster*, ZIP 1997, S. 261, 264 f.

1116 Vgl. *Wassermeyer*, GmbHR 1993, S. 329, 331 f.

1117 Vgl. *Ulmer*, in: Staub, HGB, § 112, Rn. 19; *Armbrüster*, ZIP 1997, S. 261, 265.

1118 A.A. *Wiedemann/Hirte*, ZGR 1986, S. 163, 171.

1119 Siehe aber *Kropff*, in: MünchKomm, AktG, Vor § 311, Rn. 65 a.E. Zur Frage der Gegenseitigkeit des Wettbewerbsverbotes vgl. oben S. 236.

4. Zeitlicher Geltungsbereich

In der Einleitung wird bereits darauf hingewiesen, dass wesentliche Aspekte des zeitlichen Geltungsbereiches des Wettbewerbsverbotes für Aktionäre zuvor schon im Rahmen der Fallgruppen behandelt wurden. Ausgespart wurde bislang noch der Beginn des Wettbewerbsverbotes im Gründungsstadium der Aktiengesellschaft:

Die Gründung einer Aktiengesellschaft erfolgt typischerweise in verschiedenen Etappen. Mit der Verabredung der zukünftigen Gründer zur gemeinsamen Errichtung einer Aktiengesellschaft entsteht die so genannte Vorgründungsgesellschaft.[1120] Diese Vorgründungsgesellschaft hat die Rechtsform einer GbR, deren Zweck die Errichtung der Gesellschaft ist. Wird aber von den Gründern ausnahmsweise in diesem Stadium bereits ein Handelsgewerbe betrieben, hat die Vorgründungsgesellschaft die Rechtsform einer oHG und das Wettbewerbsverbot des § 112 Abs. 1 HGB findet unmittelbare Anwendung auf die zukünftigen Aktionäre. Mit der Feststellung der Satzung nach § 23 Abs. 1 Satz 1 AktG und der Übernahme aller Aktien durch die Gründer nach § 29 AktG entsteht die so genannte Vorgesellschaft, deren Zweck in der Herbeiführung der Eintragung der Aktiengesellschaft liegt.[1121] Ihrer Rechtsnatur nach handelt es sich bei der Vor-Aktiengesellschaft um eine Gesamthandsgesellschaft eigener Art.[1122] Für sie gilt im Gegensatz zur Vorgründungsgesellschaft neben den sich aus dem Gesetz oder dem Gesellschaftsvertrag ergebenden Gründungsvorschriften bereits das Aktienrecht, soweit es nicht die Eintragung voraussetzt.[1123] Zur Vermeindung von Haftungsrisiken für die Gründer betreibt die Vor-Aktiengesellschaft regelmäßig noch kein Unternehmen. Solange dies der Fall ist, ist ein Wettbewerbsverbot zu

---

1120 Es handelt sich bei dieser Verabredung um einen Vorvertrag, welcher der notariellen Beurkundung bedarf, vgl. *Hoffmann-Becking*, in: MünchHdbGesR AG, § 3, Rn. 28.

1121 Auf die Frage, ob auch bei der Einpersonengründung eine Vorgesellschaft entsteht, soll hier nicht eingegangen werden, vgl. dazu nur *Hüffer*, AktG, § 41, Rn. 3, 17a ff., m. w. N.

1122 So die ständige höchstrichterliche Rechtsprechung, vgl. BGHZ 21, 242, 246; 45, 338, 347; 51, 30, 32; 117, 323, 326 f.; 143, 314, 319; sowie die ganz vorherrschende Ansicht in der Literatur, vgl. nur *Pentz*, in: MünchKomm, AktG, § 41, Rn. 24; *Kraft*, in: KölnKomm, AktG, § 41, Rn. 34; jeweils m. w. N.

1123 Vgl. nur BGHZ 21, 242, 246.

Lasten der Gesellschafter nicht erforderlich und die Gründer können sich innerhalb des satzungsmäßigen Unternehmensgegenstandes der Gesellschaft uneingeschränkt unternehmerisch betätigen. Anders stellt sich dagegen die Rechtslage mit der Aufnahme der Geschäftstätigkeit der Gesellschaft dar. Für die Aufnahme der Geschäftstätigkeit im Gründungsstadium bedarf es zunächst grundsätzlich der Zustimmung aller Gesellschafter, wobei sich das Einverständnis bereits aus der Satzung ergeben kann.[1124] Abweichend davon bedarf es keiner besonderen Zustimmung, wenn ein Unternehmen als Sacheinlage nach § 27 AktG eingebracht wurde, welches zu seiner Erhaltung fortgeführt werden muss.[1125] Mit der Aufnahme der Geschäftstätigkeit erweitert sich der Zweck der Vorgesellschaft. Die Gesellschaft eigener Art wird zur erwerbswirtschaftlichen Gesellschaft und bedarf damit dem Schutz vor konkurrierenden Gesellschaftern in gleicher Weise wie auch die spätere – mit ihr im Übrigen identische –[1126] Aktiengesellschaft. Da der Mehrheitsaktionär bereits in der Vorgesellschaft seinen Einfluss auf die Geschäftsführung wie in der späteren Aktiengesellschaft geltend machen kann[1127] und dem Entsendungsberechtigten sein Entsendungsrecht bereits bei der Bestellung des ersten Aufsichtsrates zusteht,[1128] ist für diese ab dem Zeitpunkt der Aufnahme einer Geschäftstätigkeit ein Wettbewerbsverbot in der Vor-Aktiengesellschaft erforderlich.

Die bisherigen Ausführungen betreffen die Neugründung der Aktiengesellschaft. Solche sind heute eher selten, weil die meisten neuen Aktiengesellschaften nach § 190 ff. UmwG im Wege eines Formwechsels anderer Gesellschaften entstehen.[1129] Die formwechselnde Gesellschaft wird nach § 202 Abs. 1 Nr. 1 UmwG

1124 BGHZ 80, 129, 139; ferner *Pentz*, in: MünchKomm, AktG, § 41, Rn. 34; *Hüffer*, AktG, § 41, Rn. 6, m. w. N.

1125 *Hüffer*, AktG, § 41, Rn. 6.

1126 Streitig, so wie hier *Pentz*, in: MünchKomm, AktG, § 41, Rn. 107 f.; *K. Schmidt*, Gesellschaftsrecht, § 27 II. 3. d), S. 790; a.A. *Hüffer*, AktG, § 41, Rn. 16 f.: Gesamtrechtsnachfolge; jeweils m. w. N.

1127 So wird der erste Aufsichtsrat nach § 30 Abs. 1 AktG von den Gründern bestellt. Dabei beschließen die Gründer – soweit sich aus der Satzung nichts anderes ergibt – mit einfacher Mehrheit. Der erste Aufsichtsrat bestellt dann nach § 30 Abs. 4 AktG den ersten Vorstand, vgl. *Hüffer*, AktG, § 30, Rn. 2 und 12.

1128 *Pentz*, in: MünchKomm, AktG, § 30, Rn. 15; *Hüffer*, AktG, § 30, Rn. 2.

1129 *Grunewald*, Gesellschaftsrecht, 2. C. II. 1., Rn. 7, S. 225.

mit der Eintragung des Umwandlungsbeschlusses in das Handelsregister zur Aktiengesellschaft. Ab diesem Zeitpunkt gilt auch das aktienrechtliche Wettbewerbsverbot für die Aktionäre der Gesellschaft. Bis zu diesem Zeitpunkt finden die Wettbewerbsverbote der jeweiligen Ausgangsrechtsformen Anwendung.[1130]

5. Ergebnis

Als ein wesentliches Ergebnis ist festzuhalten, dass der sachliche und räumliche Geltungsbereich des Wettbewerbsverbotes zu Lasten des Mehrheitsaktionärs weiter reicht als der Geltungsbereich des Wettbewerbsverbotes zu Lasten des Entsendungsberechtigten. Unsicherheiten über den Umfang des Wettbewerbsverbotes können sich im Einzelfall bei einer teilweisen Überschneidung sachlicher und räumlicher Geschäftsbereiche ergeben. Schon deswegen ist eine satzungsmäßige Regelung des Wettbewerbsverbotes zu empfehlen.[1131] Im Rahmen der Regelung können auch sach- und räumliche Bereiche, welche zwar vom satzungsmäßigen Unternehmensgegenstand umfasst sind, jedoch weder aktuell noch kurz- bis mittelfristig zum Bereich der tatsächlichen Geschäftstätigkeit der Gesellschaft gehören, für die Gesellschafter – unter Umständen zeitlich befristet – freigegeben werden.[1132] Dem Mehrheitsgesellschafter wird damit die Möglichkeit gegeben, sich innerhalb des satzungsmäßigen Unternehmensgegenstandes unternehmerisch zu betätigen. Auch der entsendungsberechtigte Aktionär kann dadurch für seine wirtschaftlichen Betätigungen innerhalb des Unternehmensgegenstandes eine weitgehende Planungssicherheit erhalten, da er das Risiko einer Ausdehnung der Geschäftstätigkeit durch die Gesellschaft nicht mehr tragen muss.

F. Die Rechtsfolgen bei einem Verstoß gegen das Wettbewerbsverbot

Verstößt ein Aktionär gegen ein ihm obliegendes Wettbewerbsverbot, resultieren daraus verschiedene Ansprüche:

1130 Zu den Wettbewerbsverboten in anderen Gesellschaftsformen vgl. oben S. 8 ff.

1131 Zum satzungsmäßigen Wettbewerbsverbot als Konkretisierung der gesetzlichen Regelung vgl. unten S. 302 f.

1132 Zur Befreiung vom Wettbewerbsverbot vgl. unten S. 253 ff.

Zunächst macht er sich durch die Verletzung des Wettbewerbsverbotes in Anlehnung an § 113 Abs. 1 Alt. 1 HGB[1133] schadensersatzpflichtig.[1134] Dabei wird das Verschulden nach §§ 276, 278 BGB regelmäßig ohne Schwierigkeiten nachzuweisen sein. In Ausnahmefällen ist aber ein Verschulden dann nicht gegeben, wenn das Wettbewerbsverbot oder der Verstoß gegen das Wettbewerbsverbot durch einen Faktor ausgelöst wird, der vom fraglichen Anspruchsgegner weder vorherzusehen noch zu beeinflussen war. Eine unerwartete Erbschaft einer Mehrheitsbeteiligung an der Aktiengesellschaft durch einen Konkurrenten beziehungsweise die unerwartete Erbschaft einer Mehrheitsbeteiligung an einer konkurrierenden GmbH durch den Mehrheitsaktionär können hier als Beispiele genannt werden.[1135] Der Umfang der Schadensersatzpflicht regelt sich nach §§ 249 ff. BGB. Der Schaden kann beispielsweise in dem der Gesellschaft durch den Abschluss von Konkurrenzgeschäften entgangenen Gewinn (§ 252 BGB) oder ferner einem durch die konkurrierende Tätigkeit des Aktionärs hervorgerufenen allgemeinen Umsatz- oder Gewinnrückgang oder auch dem Verlust von Kunden liegen.[1136] In vielen Fällen wird aber die Bestimmung der konkreten Schadenshöhe problematisch sein.[1137] § 287 ZPO kann hier partiell abhelfen.

Alternativ zum Schadensersatzanspruch kann die Gesellschaft in Anlehnung an § 113 Abs. 1 Alt. 2 HGB[1138] auch ein Eintrittsrecht geltend machen.[1139] Dies kann insbesondere in Fällen angezeigt sein, in denen die Schadenshöhe nicht hinreichend bestimmbar ist oder es an einem Schaden mangelt. Mit der Ausübung des Eintrittsrechts hat der Aktionär den durch Konkurrenzgeschäfte erzielten Gewinn an die Gesellschaft herauszugeben. Hat der Aktionär gegen sein Wettbewerbsverbot verstoßen, indem er eine geschäftsführende Tätigkeit in einer konkurrierenden GmbH oder Aktiengesellschaft aufgenommen hat, ist er

---

1133 Vgl. auch §§ 88 Abs. 2 Satz 1, 284 Abs. 2 Satz 1 AktG, § 61 Abs. 1 Alt. 1 HGB.

1134 Statt vieler *Burgard*, Festschrift Lutter, S. 1033, 1049; *Geiger*, Wettbewerbsverbote im Konzernrecht, S. 193; *Salfeld*, Wettbewerbsverbote im Gesellschaftsrecht, S. 279 f.

1135 Vgl. *Geiger*, Wettbewerbsverbote im Konzernrecht, S. 193.

1136 *Ulmer*, in: Staub, HGB, § 113, Rn. 15.

1137 *Geiger*, Wettbewerbsverbote im Konzernrecht, S. 193.

1138 Vgl. auch §§ 88 Abs. 2 Satz 2, 284 Abs. 2 Satz 2 AktG, § 61 Abs. 1 Alt. 2 HGB.

1139 Statt vieler *Burgard*, Festschrift Lutter, S. 1033, 1049; *Geiger*, Wettbewerbsverbote im Konzernrecht, S. 194 f.; *Salfeld*, Wettbewerbsverbote im Gesellschaftsrecht, S. 280 f.

verpflichtet, seine Geschäftsführer- oder Vorstandsbezüge an die Gesellschaft herauszugeben oder abzutreten.[1140] Die Gesellschaft kann ferner auch ihr Eintrittsrecht geltend machen, wenn der Aktionär durch Gründung oder Beteiligung an einer konkurrierenden Gesellschaft gegen das Wettbewerbsverbot verstoßen hat.[1141] Dabei kann die Gesellschaft jedoch nicht verlangen, dass der Aktionär seine Beteiligung an der anderen Gesellschaft an sie abtritt.[1142] Vielmehr kann sie nur die Abtretung des auf die Beteiligung des Aktionärs entfallenden Gewinnes verlangen. Hierbei ist insbesondere unklar, ob die Aktiengesellschaft auch dann den vollen Gewinnanteil fordern kann, wenn die Geschäftsfelder der beiden Gesellschaften nicht deckungsgleich sind, die konkurrierende Gesellschaft also auch Gewinne in Bereichen realisiert, in denen die Aktiengesellschaft selbst nicht tätig ist. Teilweise wird eine nur anteilige Abtretung der Gewinnanteile gefordert.[1143] Richtigerweise muss aber von einer vollständigen Abtretung des Gewinnanteils ausgegangen werden, da ansonsten dem Sanktionscharakter des Eintrittsrechts in vielen Fällen nicht ausreichend Rechnung getragen würde.[1144]

Neben dem Schadensersatzanspruch und dem Eintrittsrecht steht der Gesellschaft ferner ein (verschuldensunabhängiger) Unterlassungsanspruch gegen den Aktionär auf Einstellung der – gegebenenfalls auch nur drohenden – konkurrierenden Tätigkeit zu.[1145] Beruht der Verstoß gegen das Wettbewerbsverbot auf einer Mitgliedschaft im geschäftsführenden Organ einer anderen Kapitalgesell-

---

1140 *Ulmer*, in: Staub, HGB, § 113, Rn. 20; a.A. *Mertens*, in: KölnKomm, AktG, § 88, Rn. 17 a.E.; ferner *Meyer-Landrut*, in: GroßKomm, AktG, 3. Aufl., § 88, Anm. 7, der ein Eintrittsrecht in diesen Fällen für „begrifflich ausgeschlossen“ erachtet; ebenso *Hefermehl*, in: Geßler/Hefermehl, AktG, § 88, Rn. 28.

1141 Vgl. zu der heute vorherrschenden Ansicht: BGHZ 38, 306, 309 f.; *Ulmer*, in: Staub, HGB, § 113, Rn. 21, m. w. N.

1142 Vgl. nur BGHZ 38, 306, 309 f.; 89, 162, 171.

1143 *A. Hueck*, oHG, § 13 II., Fn. 25, S. 200 f.; *Kardaras*, Das Wettbewerbsverbot in den Personalgesellschaften, S. 116; ferner *Mertens*, in: KölnKomm, AktG, § 88, Rn. 17; *K. Schmidt*, Handelsrecht, S. 504. Noch weitergehend *Hefermehl*, in: Geßler/Hefermehl, AktG, § 88, Rn. 28, der sich gegen ein Eintrittsrecht bei der Beteiligung an einer anderen Gesellschaft ausspricht, da die Höhe des Gewinnanteils nicht berechenbar sei.

1144 BGHZ 38, 306, 309 f.; 89, 162, 171; *Ulmer*, in: Staub, HGB, § 113, Rn. 21; Baumbach/*Hopt*, HGB, § 113, Rn. 3.

1145 Statt vieler *Burgard*, Festschrift Lutter, S. 1033, 1049; *Geiger*, Wettbewerbsverbote im Konzernrecht, S. 196; *Salfeld*, Wettbewerbsverbote im Gesellschaftsrecht, S. 278 f.; vgl. ferner Baumbach/*Hopt*, HGB, § 113, Rn. 4.

schaft, hat der Aktionär dieses Amt niederzulegen; beruht der Verstoß auf einer Beteiligung an einer anderen Gesellschaft, hat er die Beteiligung zu veräußern oder auf andere Weise – zum Beispiel durch Auflösung der Gesellschaft[1146] – zu beenden. Handelt es sich bei der konkurrierenden Gesellschaft um eine Kapitalgesellschaft, kann auch schon die Reduzierung der Beteiligungshöhe ausreichen, um die Verletzung des Wettbewerbsverbotes zu beenden.[1147] Daneben kann der Aktionär freilich auch auf den das Wettbewerbsverbot begründenden Umstand einwirken und dem Unterlassungsanspruch auf diesem Wege die Grundlage entziehen. Ein Mehrheitsaktionär kann seine Beteiligung an der Gesellschaft reduzieren, ein Entsendungsberechtigter auf sein Entsendungsrecht verzichten. Einen Anspruch auf solche Maßnahmen hat die Gesellschaft freilich nicht.[1148] Ein Mehrheitsgesellschafter kann bei entsprechender Stimmenmacht auch durch die Abänderung des Unternehmensgegenstandes seine Verletzung des Wettbewerbsverbotes beenden.[1149] Alternativ kann der Aktionär auf seine Befreiung vom Wettbewerbsverbot hinwirken.[1150]

Die beschriebene Anspruchstriga wird durch einen Auskunftsanspruch gegenüber dem konkurrierenden Aktionär ergänzt, welcher insbesondere der Geltendmachung und Durchsetzung des Schadensersatzanspruches und des Eintrittsrechts dient. So kann die Gesellschaft auf der Grundlage der gesellschaftsrechtlichen Treuepflicht Auskunft über die Art und Zahl der von dem Aktionär unter Verstoß gegen sein Wettbewerbsverbot getätigten Geschäfte und dem dabei erlangten Gewinn verlangen.[1151]

Inhaber der genannten Ansprüche ist – wie bereits mehrfach angeklungen – die Aktiengesellschaft, die nach § 78 Abs. 1 AktG durch ihren Vorstand vertreten wird. Aufgrund der faktischen Abhängigkeit des Vorstandes vom Mehrheitsgesellschafter erscheint die Durchsetzung der Ansprüche gefährdet, wenn dieser

---

1146 Vgl. *Geiger*, Wettbewerbsverbote im Konzernrecht, S. 196.

1147 *Salfeld*, Wettbewerbsverbote im Gesellschaftsrecht, S. 274.

1148 *Burgard*, Festschrift Lutter, S. 1033, 1049 f.

1149 Vgl. *Priester*, ZGR 1993, S. 512, 532.

1150 Zu den Befreiungstatbeständen vgl. unten S. 253 ff.

1151 Vgl. *Winter*, Mitgliedschaftliche Treuebindungen im GmbH-Recht, S. 261; ferner *Heinrichs*, in: Palandt, BGB, § 261, Rn. 8 ff.; sowie *Ulmer*, in: Staub, HGB, § 113, Rn. 13.

das Wettbewerbsverbot verletzt. Damit das Wettbewerbsverbot aber nicht zu einem „stumpfen Schwert“ verkommt, ist bei (pflichtwidriger) Untätigkeit des Vorstandes die Geltendmachung der Ansprüche durch den Minderheitsaktionär im Wege der actio pro societate zuzulassen.[1152]

Da die bislang dargestellten Rechtsfolgen zu „schwerfällig“ seien und zudem „lediglich bei der Konkurrenztätigkeit“ ansetzten, wird vereinzelt ein Stimmverbot für einen Aktionär gefordert, der – in Abwesenheit eines Befreiungstatbestandes –[1153] sein Wettbewerbsverbot verletzt.[1154] Wie aber bereits anderenorts dargelegt, ist einem solchen Stimmverbot aber die Anerkennung zu versagen.[1155] Dagegen ist ein dem Wettbewerbsverbot unterliegender Aktionär aufgrund seiner gesellschaftsrechtlichen Treuepflicht angehalten, die Gesellschaft über die Ausübung oder Aufnahme einer konkurrierenden Tätigkeit zu informieren.[1156]

Abschließend ist darauf hinzuweisen, dass, soweit man den Ausschluss eines Aktionärs aus der Gesellschaft aus wichtigem Grund anerkennt,[1157] ein solcher bei besonders schweren und lang andauernden Verstößen gegen das Wettbewerbsverbot geboten sein kann.[1158]

G. Die Befreiung vom Wettbewerbsverbot

Das Wettbewerbsverbot für Aktionäre ist immer im Zusammenhang mit den entsprechenden Befreiungsmöglichkeiten zu sehen. Denn die Befreiungsmöglichkeiten sind mitbestimmend für die Frage nach der Zumutbarkeit des Wettbewerbsverbotes für die Gesellschafter.

1152 *Burgard*, Festschrift Lutter, S. 1033, 1049; ausführlich *Geiger*, Wettbewerbsverbote im Konzernrecht, S. 196, 198 ff., m. w. N.; vgl. ferner *Winter*, Mitgliedschaftliche Treuebindungen im GmbH-Recht, S. 307 ff.

1153 Zur Befreiung vom Wettbewerbsverbot vgl. unten S. 253 ff.

1154 So *Burgard*, Festschrift Lutter, S. 1033, 1050.

1155 Vgl. oben S. 109 ff..

1156 *Burgard*, Festschrift Lutter, S. 1033, 1050; *Henze/Notz*, in: GroßKomm, AktG, Anh § 53a, Rn. 79; vgl. ferner *Ulmer*, in: Hachenburg, GmbHG, Anh. § 77, Rn. 67; *Emmerich*, in: Scholz, GmbHG, Anh. Konzernrecht, Rn. 40; *Henze*, BB 1996, S. 489, 498; vgl. ferner bei Fn. 1151.

1157 Vgl. bei Fn. 983.

1158 Vgl. *Weisser*, Corporate Opportunities, S. 248 f.

1. Befreiung durch den Aufsichtsrat?

Zunächst könnte der Aufsichtsrat in analoger Anwendung von § 88 Abs. 1 Satz 1 und 2 AktG für die Befreiung der Aktionäre vom Wettbewerbsverbot zuständig sein.[1159]

Dafür könnte sprechen, dass ihm bereits nach § 88 Abs. 1 Satz 1 und 2 AktG die Befreiung der Mitglieder des Vorstandes als auch in der KGaA nach § 284 Abs. 1 Satz 1 AktG die Befreiung der geschäftsführenden Gesellschafter vom Wettbewerbsverbot obliegt und er auf diesem Wege für eine gewisse Einheitlichkeit Sorge tragen könnte.[1160] Schließlich verfügt der Aufsichtsrat auch aufgrund seiner Überwachungstätigkeit über einen reichen Informations- und Wissensschatz in Bezug auf die Gesellschaft, auf dessen Grundlage er die Chancen und Risiken einer Befreiung des Aktionärs vom Wettbewerbsverbot besser beurteilen kann, als dies einem anderem Organ der Gesellschaft möglich ist.[1161]

Jedoch würde eine solche Sichtweise die notwendige Differenzierung zwischen dem organschaftlichen und dem mitgliedschaftlichen Bereich vermissen lassen. Aus gutem Grunde wurde anderenorts die analoge Anwendung des Wettbewerbsverbotes des § 88 Abs. 1 AktG auf Aktionäre abgelehnt.[1162] So beziehen sich auch die wesentlichen Kompetenzen des Aufsichtsrates auf den Vorstand, so dass die Annahme einer Kompetenz zur Befreiung der Aktionäre vom Wettbewerbsverbot systemwidrig erscheint.[1163] Ferner ist zu bedenken, dass der Aufsichtsrat in einer faktischen Abhängigkeit zum Mehrheitsgesellschafter steht, zu dem Gesellschafter also, der regelmäßig einem Wettbewerbsverbot unterliegt

---

1159 So *Salfeld*, Wettbewerbsverbote im Gesellschaftsrecht, S. 270 f., dessen Aussage – insbesondere in Zusammenschau mit seinen Ausführungen zur GmbH und Genossenschaft – allgemein für die Befreiung von treuepflichtgestützten Wettbewerbsverboten in der Aktiengesellschaft verstanden werden muss (vgl. auch *Binnewies*, Die Konzerneingangskontrolle in der abhängigen Gesellschaft, S. 350 mit Fn. 74), der aber bei der Darstellung seinen Blick recht stark auf die Befreiung der Leitungsorgane verengt und vielleicht auch nur deshalb zu dem genannten Ergebnis gelangt. Für die Zuständigkeit des Aufsichtsrates zur Freigabe von Geschäftchancen *Kübler/Waltermann*, ZGR 1991, S. 163, 171; *Weisser*, Corporate Opportunities, S. 212 ff.

1160 Vgl. *Salfeld*, Wettbewerbsverbote im Gesellschaftsrecht, S. 271.

1161 *Weisser*, Corporate Opportunities, S. 212.

1162 Vgl. oben S. 30 ff.

1163 *Geiger*, Wettbewerbsverbote im Konzernrecht, S. 147.

und demgemäß häufig um eine Befreiung ersuchen wird. Der durch das Wettbewerbsverbot bezweckte Schutz der Gesellschaft würde durch die Anerkenntnis der Befreiungskompetenz des Aufsichtsrates somit gravierend geschwächt.[1164]

Im Ergebnis scheidet die Möglichkeit einer Befreiung des Aktionärs vom Wettbewerbsverbot durch den Aufsichtsrat aus.

2. Befreiung durch satzungsändernden Beschluss der Hauptversammlung

a) Grundlagen

Das Wettbewerbsverbot zu Lasten der Aktionäre stellt eine Konkretisierung der gesellschaftsrechtlichen Treuepflicht dar, welche ihren Entstehungsgrund im Gesellschaftsverhältnis und damit letztlich in der Satzung findet. Daher erscheint es nur konsequent, die Freistellung eines Aktionärs von seinem Wettbewerbsverbot ebenfalls durch die Satzung zuzulassen.[1165]

Einer satzungsmäßigen Befreiung könnte zunächst aber schon § 23 Abs. 5 AktG entgegenstehen,[1166] nach dem die Satzung von den Vorschriften des AktG nur abweichen darf, wenn es ausdrücklich zugelassen ist, und ergänzende Satzungsbestimmungen nur zulässig sind, soweit das Gesetz keine abschließende Regelung aufweist. Da das AktG keine Regelung eines Wettbewerbsverbotes für Aktionäre enthält, bietet es freilich erst recht keine Regelungen zu einer Befreiung von diesem. § 88 AktG bezieht sich ferner allein auf die Pflichtenstellung der Mitglieder des Vorstandes, so dass eine satzungsmäßige Abbedingung des Wettbewerbsverbotes zu Lasten der Aktionäre keine Abweichung vom Aktiengesetz darstellt. Ferner handelt es sich bei § 88 AktG auch nicht um eine ab-

---

1164 *Binnewies*, Die Konzerneingangskontrolle in der abhängigen Gesellschaft, S. 350: „ausgehebelt".

1165 Vgl. *Geiger*, Wettbewerbsverbote im Konzernrecht, S. 148; *Winter*, Mitgliedschaftliche Treuebindungen im GmbH-Recht, S. 259; *Binnewies*, Die Konzerneingangskontrolle in der abhängigen Gesellschaft, S. 213 f.; ferner *Friedewald*, Die personalistische Aktiengesellschaft, S. 144.

1166 So *Koppensteiner*, in: KölnKomm, AktG, 2. Aufl., Vorb. § 311, Rn. 28. Allgemein zum Verhältnis von Treuepflicht und Satzung und zu den Einschränkungen des Dispenses von Treuepflichten aufgrund der Satzungsstrenge vgl. nur *Hüffer*, AktG, § 53a, Rn. 18.

schließende Regelung. So wurde bereits anderenorts gezeigt, dass für das Wettbewerbsverbot für Aktionäre eine Regelungslücke vorliegt.[1167] § 23 Abs. 5 AktG steht daher einer satzungsmäßigen Befreiung nicht entgegen.[1168]

Enthält die ursprüngliche Gründungssatzung, welche von den Gründern einstimmig festgestellt wird (§§ 2, 23 Abs. 1 Satz 1 AktG), keine Befreiung, ist zur Befreiung vom Wettbewerbsverbot eine Satzungsänderung erforderlich. Dazu bedarf es nach § 179 Abs. 1 Satz 1, Abs. 2 Satz 1 AktG eines Beschlusses der Hauptversammlung, der – soweit die Satzung nichts anderes bestimmt – mit einer Mehrheit von mindestens drei Vierteln des vertretenen Grundkapitals zu fassen ist.[1169] Zum Schutze der Gesellschaft und der Minderheitsgesellschafter wird vorgeschlagen, eine materielle Beschlusskontrolle für den Befreiungsbeschluss zuzulassen und alternativ oder kumulativ den zu befreienden Gesellschafter mit einem Stimmverbot zu belegen. Ein solcher Schutz scheint insbesondere in Fällen notwendig, in denen die Befreiung des Mehrheitsaktionärs zur Beschlussfassung steht.

b) Das Stimmverbot für den zu befreienden Aktionär

Das Stimmverbot des zu befreienden Aktionärs ergibt sich aus § 136 Abs. 1 Alt. 2 AktG, nach dem niemand das Stimmrecht für sich ausüben kann, wenn über seine Befreiung von einer Verbindlichkeit gegenüber der Gesellschaft Beschluss zu fassen ist.[1170] Da der Begriff Verbindlichkeit dabei sowohl gesellschaftsrechtliche Verbindlichkeiten als auch Unterlassungen mitumfasst,[1171] kann das geschuldete Wettbewerbsverbot für Aktionäre hierunter subsumiert werden.[1172]

1167 Vgl. oben S. 30 ff.

1168 *Geiger*, Wettbewerbsverbote im Gesellschaftsrecht, S. 147 f.

1169 *Burgard*, Festschrift Lutter, S. 1033, 1050; *Geiger*, Wettbewerbsverbote im Gesellschaftsrecht, S. 150; *Friedewald*, Die personalistische Aktiengesellschaft, S. 144, *Emmerich/Sonnenschein*, Konzernrecht, § 4a IV. 3. b) aa), S. 84; *Henze/Notz*, in: GroßKomm, AktG, Anh § 53a, Rn. 80.

1170 *Habersack*, in: Emmerich/Habersack, Aktien- und GmbH-Konzernrecht, Vor § 311, Rn. 8; *ders.*, in: Emmerich/Habersack, Konzernrecht, § 8 III. 4. c), S. 99 mit Fn. 74; *Henze/Notz*, in: GroßKomm, AktG, Anh § 53a, Rn. 80; *Burgard*, Festschrift Lutter, S. 1033, 1050; *Geiger*, Wettbewerbsverbote im Gesellschaftsrecht, S. 158 ff.

1171 *Zöllner*, in: KölnKomm, AktG, § 136, Rn. 10; *Hüffer*, AktG, § 136, Rn. 22.

1172 *Geiger*, Wettbewerbsverbote im Gesellschaftsrecht, S. 158 f.

Jedoch könnte ein solches Stimmverbot in einem Wertungswiderspruch zu § 293 Abs. 1 AktG stehen,[1173] nach dem ein Unternehmensvertrag (§§ 291 f. AktG) der Zustimmung der Hauptversammlung mit einer Mehrheit bedarf, die mindestens drei Viertel des vertretenen Grundkapitals umfasst. Denn bei dieser Beschlussfassung steht auch einem Aktionär ein Stimmrecht zu, welcher Partei des Unternehmensvertrages ist, weil § 293 AktG keinen Stimmrechtausschluss vorsieht und der allgemeine Ausschlusstatbestand des § 136 Abs. 1 AktG nicht einschlägig ist. Dies war vom Gesetzgeber gewünscht, da ansonsten „eine unternehmerische Entscheidung vielfach in die Hand kleiner Minderheiten gelegt" würde.[1174] Genau dies – so könnte man folgern – geschehe nun aber, wenn man unter Ausschluss des Mehrheitsaktionärs die verbleibenden Minderheitsaktionäre über dessen Befreiung vom Wettbewerbsverbot und damit über die Begründung der Abhängigkeit ihrer Gesellschaft im Sinne des § 17 Abs. 1 AktG entscheiden lasse.[1175] Eine solche Sichtweise würde jedoch „Äpfel mit Birnen vergleichen", da es sich bei dem Abschluss eines Unternehmensvertrages im Gegensatz zur Befreiung von einem Wettbewerbsverbot um eine Organisationsentscheidung handelt, an der alle Aktionäre zu beteiligen sind.[1176] Ferner muss die Entscheidung über die Befreiung von einem Wettbewerbsverbot auch nicht zwingend mit der Entscheidung über die Begründung einer Abhängigkeit nach § 17 Abs. 1 AktG verbunden sein.[1177] Geht es um die Entscheidung über die Befreiung eines Wettbewerbsverbotes, kann die Gesellschaft bereits in einem Abhängigkeitsverhältnis zu einem (nichtkonkurrierenden) Unternehmen stehen; geht es um die Befreiung eines entsendungsberechtigten (Minderheits-)Aktionärs, ist eine Abhängigkeit hingegen nicht zu befürchten. Daneben sei noch angemerkt, dass auch eine teleologische Reduktion des § 136 Abs. 1 Alt. 2 AktG im vorliegenden Fall nur schwer zu begründen ist.[1178]

1173 So *Kropff*, in: MünchKomm, AktG, Vor § 311, Rn. 67.

1174 Begründung RegE zu § 293, in: *Kropff*, Aktiengesetz, S. 380, vgl. ferner *Altmeppen*, in: MünchKomm, AktG, § 293, Rn. 41, m. w. N.

1175 *Kropff*, in: MünchKomm, AktG, Vor § 311, Rn. 67.

1176 Vgl. *K. Schmidt*, Gesellschaftsrecht, § 28 IV. 4. b) dd), S. 851, m. w. N.

1177 Zum Wettbewerbsverbot im konzernrechtlichen Kontext vgl. unten S. 277 ff.

1178 Vgl. *Habersack*, in: Emmerich/Habersack, Aktien- und GmbH-Konzernrecht, Vor § 311, Rn. 8, Fn. 30.

Bedenken gegen ein Stimmverbot für den zu befreienden Aktionär könnten sich des Weiteren aber daraus ergeben, dass die Befreiung von der Verbindlichkeit durch eine Satzungsänderung erfolgt.[1179] Der Wortlaut des § 136 Abs. 1 Alt. 2 AktG selbst differenziert nicht nach der Art der Befreiung. Dennoch könnten Stimmverbote grundsätzlich bei Satzungsänderungen auszuschließen sein. So beugen die gesetzlichen Stimmverbote besonders schweren Interessenkollisionen vor, bei denen die Gefahr besteht, dass regelmäßig persönliche, primär gesellschaftsfremde Interessen die mitgliedschaftlichen Interessen überwiegen. In den in § 136 Abs. 1 AktG aufgeführten Konstellationen steht der Aktionär der Gesellschaft regelmäßig wie ein Dritter gegenüber.[1180] Bei Änderungen der Satzung handelt es sich hingegen typischerweise nicht um solche Konstellationen. Auch hat die Beschlussfassung über eine Satzungsänderung regelmäßig keine unmittelbaren[1181] Auswirkungen auf einzelne, individuelle Beziehungen der Gesellschaft zu ihren Aktionären, sondern betrifft alle aktuellen (und zukünftigen) Aktionäre weitgehend gleichmäßig.[1182] Da die Satzung ferner die Grundlage der Gesellschaft bildet, auf der alle Rechtsbeziehungen der Beteiligten aufbauen, könnte verlangt werden, dass auch alle Aktionäre bei satzungsändernden Beschlussfassungen stimmberechtigt sind.[1183] Für den Regelfall mag dies anerkennenswert sein, nicht aber vorliegend für die Befreiung eines Aktionärs vom Wettbewerbsverbot. Denn durch die anstehende Satzungsänderung wird regelmäßig nur ein einzelner Gesellschafter bevorteilt, welcher der Gesellschaft als potentieller Wettbewerber zudem noch wie ein Dritter gegenübersteht.[1184]

Das Stimmverbot des § 136 Abs. 1 Alt. 2 AktG findet im Ergebnis – zumindest in der vorliegenden Konstellation – auch bei der satzungemäßen Befreiung von

---

1179 *Zöllner*, in: KölnKomm, AktG, § 136, Rn. 12; vgl. ferner *K. Schmidt*, in: Scholz, GmbHG, § 47, Rn. 110 ff., 113, 123; *Ulmer*, in: MünchKomm, BGB, § 709, Rn. 66, m. w. N.

1180 Vgl. *K. Schmidt*, in: Scholz, GmbHG, § 47, Rn. 110.

1181 Vgl. *Zöllner*, in: KölnKomm, AktG, § 136, Rn. 13.

1182 Vgl. *K. Schmidt*, in: Scholz, GmbHG, § 47, Rn. 110.

1183 Vgl. *Zöllner*, in: KölnKomm, AktG, § 136, Rn. 13.

1184 *Geiger*, Wettbewerbsverbote im Konzernrecht, S. 159.

einer Verbindlichkeit Anwendung.[1185] Dennoch besteht eine Ausnahme: Keinem Stimmverbot unterliegt in jedem Fall der Alleinaktionär, da ansonsten eine Beschlussfassung gar nicht möglich wäre.[1186] § 136 Abs. 1 AktG ist insoweit teleologisch zu reduzieren. Im Regelfall liegt also die Entscheidung über die Befreiung vom Wettbewerbsverbot in den Händen der außenstehenden Aktionäre.[1187]

Da der zu befreiende Aktionär vom Stimmrecht ausgeschlossen ist, steht es den übrigen Aktionären frei, ihre Zustimmung von Gegenleistungen des zu befreienden Gesellschafters abhängig zu machen. Solche Gegenleistungen, die in der Form von satzungsergänzenden Nebenabreden vereinbart werden können, können verschiedener Art sein und sowohl die Gesellschaft als auch die Gesellschafter begünstigen. In Betracht kommen beispielsweise Stimmrechtsbindungen bei bestimmten Beschlussgegenständen, Abreden zur Besetzung der Leitungsorgane sowie Finanzierungszusagen zugunsten der Gesellschaft (§ 328 BGB).[1188]

c) Die Inhaltskontrolle des Befreiungsbeschlusses

Neben dem Stimmverbot für den zu befreienden Aktionär könnte der satzungsändernde Beschluss auch einer Inhaltskontrolle unterliegen.[1189] Eine materielle

---

[1185] Vgl. *Barz*, in: GroßKomm, AktG, 3. Aufl., § 136, Anm. 7, im Anschluss an *Zöllner*, Die Schranken mitgliedschaftlicher Stimmrechtsmacht, S. 209 f.; vgl. ferner *Meyer Landrut*, in: Meyer-Landrut/Miller/Niehus, GmbHG, § 47, Rn. 43; *Winter*, Mitgliedschaftliche Treuebindungen im GmbH-Recht, S. 260; *Timm*, GmbHR 1981, S. 177, 183.

[1186] Vgl. BGHZ 105, 324, 333; *Barz*, GroßKomm, AktG, 3. Aufl., § 136, Anm. 10; *Bachmann*, NZG 2001, S. 961, 968, m. w. N. Gleiches gilt bei gleichmäßiger Befangenheit aller stimmberechtigten Aktionäre (*Hüffer*, AktG, § 136, Rn. 5, m. w. N.), das heißt im vorliegenden Fall bei Beschlussfassung über die Befreiung aller (stimmberechtigten) Aktionäre vom Wettbewerbsverbot. Dazu müssten zunächst aber alle Aktionäre einem Wettbewerbsverbot unterliegen, was – abgesehen von der Möglichkeit eines satzungsgemäßen Wettbewerbsverbotes (dazu unten S. 289 ff.) – nur in seltenen Fällen der Fall sein dürfte, beispielsweise, wenn allen Aktionären ein Entsendungsrecht zusteht.

[1187] Dass die außenstehenden Aktionäre im Einzelfall einer Zustimmungspflicht unterliegen können, erscheint meines Erachtens eher theoretischer Natur zu sein. Ausführlich und mit einer etwas optimistischeren Grundhaltung *Geiger*, Wettbewerbsverbote im Konzernrecht, S. 162 ff., m. w. N.

[1188] Vgl. *Hüffer*, AktG, § 23, Rn. 45 f.; ferner *Geiger*, Wettbewerbsverbote im Konzernrecht, S. 156, 176 ff.; *Wiedemann*, Unternehmensgruppe im Privatrecht, S. 62.

[1189] So *Habersack*, in: Emmerich/Habersack, Aktien- und GmbH-Konzernrecht, Vor § 311, Rn. 8; ausführlich *Geiger*, Wettbewerbsverbote im Konzernrecht, S. 151 ff.; für die GmbH vgl. ferner BGHZ 80, 69, 74 (Süssen); *Ulmer*, in: Hachenburg, GmbHG, Anh.

Beschlusskontrolle ist grundsätzlich immer dann durchzuführen, wenn ein Beschluss in die Mitgliedschaft der Minderheitsaktionäre eingreift.[1190] Dies ist im Falle der Befreiung eines Aktionärs von seinem Wettbewerbsverbot gegeben, da durch die Aufnahme einer konkurrierenden Tätigkeit nicht nur die Gesellschaft, sondern auch gleichzeitig der Wert der Mitgliedschaft des einzelnen Aktionärs in erheblichem Maße gefährdet wird.[1191]

Gegen eine Inhaltskontrolle könnte jedoch eingewandt werden, dass dem Schutz der außenstehenden Gesellschafter aber schon durch das Stimmverbot des zu befreienden Aktionärs ausreichend Genüge getan ist.[1192] Es ist zwar zuzugestehen, dass der Stimmrechtsausschluss für den zu befreienden Aktionär bereits einen Schutz der außenstehenden Aktionäre bewirkt, welcher vielfach auch ausreichen dürfte. Doch muss auch berücksichtigt werden, dass die verbleibenden abstimmungsberechtigten Aktionäre nicht immer eine „homogene Masse" bilden werden.[1193] Handelt es sich um eine „homogene Masse", kann sich dies in einem einstimmigen Beschluss mit der Folge niederschlagen, dass eine materielle Beschlusskontrolle ohnehin nicht durchzuführen ist. Führt die Abstimmung der verbliebenen Aktionäre aber zu einem Mehrheitsbeschluss, liegt prinzipiell die gleiche Situation vor, wie bei einem Mehrheitsbeschluss unter Teilnahme aller Aktionäre: Die Minderheit bedarf in beiden Fällen des Schutzes vor der Mehrheit. Ferner können auch die Motive, welche die Aktionäre zu einer Zustimmung zur Befreiung bewegen, vielfältig sein und müssen nicht zwingend ihren Grund in einem Näheverhältnis zu dem zu befreienden Aktionär finden, so dass auch eine auf diese Personengruppe bezogene „sachgerechte Handhabung des Stimmrechtsausschlusses" kein valides Argument gegen die Inhaltskontrolle darstellen kann.[1194] Schließlich wird die Diskussion, ob ein

---

§ 77, Rn. 60 a.E.; *Timm*, GmbHR 1981, S. 177, 182 f., *Lutter/Timm*, NJW 1982, S. 409, 417 f.; *Röhricht*, WPg 1992, S. 766, 782.

[1190] Vgl. nur *Hüffer*, AktG, § 243, Rn. 21 ff., m. w. N.

[1191] Vgl. *Timm*, GmbHR 1981, S. 177, 182.

[1192] *Burgard*, Festschrift Lutter, S. 1033, 1050 f.; vgl. auch *Kübler/Waltermann*, ZGR 1991, S. 162, 172; *Wiedemann/Hirte*, ZGR 1986, S. 163, 173; *Weisser*, Corporate Opportunities, S. 215, Fn. 43.

[1193] *Geiger*, Wettbewerbsverbote im Konzernrecht, S. 161.

[1194] So aber *Burgard*, Festschrift Lutter, S. 1033, 1050 f.

Stimmverbot die Notwendigkeit einer Sachkontrolle beseitigt, unter der Annahme geführt, dass nur ein Mehrheitsaktionär einem Wettbewerbsverbot unterliegen kann. Die vorliegende Untersuchung hat aber gezeigt, dass auch für einen Minderheitsaktionär unter qualifizierten Voraussetzungen ein Wettbewerbsverbot gilt.[1195] Unterliegt er deshalb bei der Beschlussfassung über seine Befreiung einem Stimmverbot, und kommt die Befreiung mithilfe der Stimmen eines Mehrheitsaktionärs zu Stande, ist nicht zu begründen, warum hier keine Inhaltskontrolle durchzuführen ist. Im Ergebnis ist daher die Inhaltskontrolle des Befreiungsbeschlusses neben dem Stimmverbot des zu befreienden Aktionärs zwingend anzuerkennen.[1196]

Um den Anforderungen der materiellen Beschlusskontrolle zu genügen, muss der Befreiungsbeschluss, der – wie gezeigt – einen Eingriff in die Mitgliedschaft der Minderheitsaktionäre darstellt, durch das Gesellschaftsinteresse sachlich gerechtfertigt und nach Abwägung des Gesellschaftsinteresses und der Interessen der betroffenen Minderheitsaktionäre verhältnismäßig sein.[1197] Die Befreiung muss also zunächst nicht nur im Gesellschaftsinteresse liegen, sondern darüber hinaus auch noch erforderlich sein.[1198] Da die Aufnahme einer konkurrierenden Tätigkeit durch Aktionäre, die gewöhnlich einem Wettbewerbsverbot unterliegen, regelmäßig mit erheblichen Gefahren für die Gesellschaft verbunden ist, kann daraus schon geschlossen werden, dass die Befreiung nur in Ausnahmefällen denkbar erscheint. Fast drängt sich die Frage auf, ob eine Befreiung von einem Wettbewerbsverbot überhaupt „jemals im Gesellschaftsinteresse erforderlich sein“ kann.[1199] In der Literatur werden aber einige Beispielsfälle genannt, in denen eine Befreiung im Interesse der Gesellschaft liegen soll und ferner auch erforderlich sei. So sei eine Befreiung dann gerechtfertigt, wenn die Gesellschaft sanierungsbedürftig ist und sich nur ein Wettbewerber zum Zwecke der Sanierung an der Gesellschaft beteiligen will. Ferner sei eine Befreiung dann gerecht-

---

1195 So der Aktionär mit Entsendungsrecht, vgl. oben S. 171 ff.

1196 *Geiger*, Wettbewerbsverbote im Konzernrecht, S. 161, m. w. N. in Fn. 74.

1197 Vgl. nur *Hüffer*, AktG, § 243, Rn. 24, m. w. N.

1198 *Geiger*, Wettbewerbsverbote im Konzernrecht, S. 155 f.

1199 So für die Freigabe von Geschäftschancen *Kübler/Waltermann*, ZGR 1991, S. 162, 172; vgl. ferner *Seydel*, Konzernbildungskontrolle bei der Aktiengesellschaft, S. 175.

fertigt, wenn nur unter dieser Voraussetzung eine wichtige Geschäftsbeziehung zu etablieren oder das Eindringen eines übermächtigen Dritten in den Markt der Gesellschaft zu verhindern ist.[1200] Des Weiteren könnte eine Befreiung dann gerechtfertigt sein, wenn sie einer Börsennotierung entgegenstehen würde und diese im Gesellschaftsinteresse liegt.[1201] Kann der Befreiungsbeschluss den Anforderungen der Inhaltskontrolle nicht genügen, ist er gesetzeswidrig im Sinne des § 243 Abs. 1 AktG und kann durch eine Anfechtungsklage vernichtet werden.

Die Hauptversammlung fasst den Befreiungsbeschluss unter Inanspruchnahme ihres unternehmerischen Ermessens.[1202] Zur sachgerechten Beschlussfassung bedarf sie hinreichender Informationen über die Chancen und Risiken der Befreiung.[1203] Daher ist in Anlehnung an § 186 Abs. 4 Satz 2 AktG ein schriftlicher Bericht des Vorstandes über den Grund der Befreiung zu fordern.[1204] Der satzungsändernde Beschluss wird nach § 181 Abs. 3 AktG mit der Eintragung ins Handelsregister wirksam. Ab dem Datum der Eintragung darf der betreffende Aktionär entsprechend dem Umfang der Befreiung in Wettbewerb zu der Gesellschaft treten; beziehungsweise es endet die Verletzung des Wettbewerbsverbotes bei einer vorherigen Aufnahme der konkurrierenden Tätigkeit.

d) Umfang der satzungsmäßigen Befreiung

Die satzungsmäßige Befreiung vom Wettbewerbsverbot kann sowohl generell als auch für den konkreten Einzelfall erfolgen.[1205] Zwischen diesen beiden Polen besteht eine weite Bandbreite von Gestaltungsmöglichkeiten. Innerhalb des satzungsmäßigen Unternehmensgegenstandes oder der tatsächlichen Geschäftstätigkeit können dem Aktionär für bestimmte Geschäftsfelder eine Befreiung erteilt sowie innerhalb der Geschäftsfelder bestimmte Tätigkeiten erlaubt werden.

1200 *Geiger*, Wettbewerbsverbote im Konzernrecht, S. 156 f.; *Ivens*, Das satzungsmäßige Konkurrenzverbot des GmbH-Gesellschafters, S. 109; *Raiser*, Festschrift Stimpel, S. 855, 863.

1201 Vgl. oben S. 234 ff.

1202 Vgl. *Bungeroth*, in: MünchKomm, AktG, Vor 53a, Rn. 31.

1203 Vgl. *Weber*, Vormitgliedschaftliche Treubindungen, S. 279; kritisch *Weisser*, Corporate Opportunities, S. 212.

1204 *Timm*, GmbHR 1981, S. 177, 183; *Lutter/ders.*, NJW 1982, S. 409, 416; *Geiger*, Wettbewerbsverbote im Konzernrecht, S. 157 f., m. w. N.

1205 Ausführlich *Geiger*, Wettbewerbsverbote im Konzernrecht, S. 171 f., m. w. N.

Auch eine Bestimmung des räumlichen Geltungsbereiches sowie eine zeitliche Befristung der Befreiung sind denkbar. Abgesehen von dem Fall des Alleinaktionärs ist der Umfang der Befreiung mit den außenstehenden Aktionären zu verhandeln.[1206]

> **Beispiel:** Der baldige Mehrheitsaktionär X verfügt selbst nicht über die zum Abschluss eines Beherrschungsvertrages notwendige Mehrheit beziehungsweise will einen Beherrschungsvertrag nicht abschließen.[1207] Betreibt er bereits ein Konkurrenzunternehmen oder beabsichtigt er in Wettbewerb zur Gesellschaft zu treten, muss er versuchen, über eine Befreiung mit den außenstehenden Aktionären übereinzukommen.

Von der Befreiung vom Wettbewerbsverbot ist jeweils die Freigabe der entsprechenden Geschäftschancen mitumfasst.[1208] Dagegen bewirkt die Befreiung vom Wettbewerbsverbot keinen Dispens vom Verbot der Verwertung gesellschaftsinterner Daten und Informationen.[1209]

3. Befreiung durch Abschluss eines Beherrschungsvertrages

Neben einer satzungsgemäßen Befreiung vom Wettbewerbsverbot entfaltet auch ein Beherrschungsvertrag nach § 291 Abs. 1 Satz 1 Alt. 1 AktG zwischen der Gesellschaft und dem Aktionär eine vom Wettbewerbsverbot befreiende Wirkung.[1210]

Der Grund für die befreiende Wirkung des Beherrschungsvertrages liegt darin, dass der Zweck des Wettbewerbsverbotes, die Gesellschaft vor schädigenden Einflussnahmen und dem Missbrauch interner Informationen durch ihre Aktionäre zu schützen, nicht mehr erreicht werden kann. Denn besteht ein Beherrschungsvertrag kann der Aktionär (als herrschendes Unternehmen) seine Interessen aufgrund der ihm zustehenden Leitungsmacht nach § 308 AktG gegenüber der (abhängigen) Gesellschaft durchsetzen und sie zudem schädigen, so-

---

1206 Ferner bedarf es unter Umständen auch beim Vorliegen einer satzungsergänzenden Nebenabrede keiner Verhandlung, vgl. unten S. 273 ff.

1207 Vgl. Beispiel oben S. 229 f.

1208 *Timm*, GmbHR 1981, S. 177, 181; vgl. ferner *Weisser*, Corporate Opportunities, S. 227.

1209 Vgl. *Löffler*, NJW 1986, S. 223, 228 f.

1210 *Henze/Notz*, in: GroßKomm, AktG, Anh § 53a, Rn. 80; *Burgard*, Festschrift Lutter, S. 1033, 1048, 1051; ferner *Röhricht*, WPg 1992, S. 766, 778.

weit dies den Belangen des herrschenden Unternehmens oder der mit ihm konzernverbundenen Unternehmen – kurz: dem Konzerninteresse – dient. Das Weisungsrecht des § 308 Abs. 1 Satz 1 AktG beinhaltet dabei auch ein umfassendes Informationsrecht hinsichtlich aller für die Ausübung der Leitungsmacht relevanten Umstände, da ohne hinreichende Informationsgrundlage Ausübung von Leitungsmacht unmöglich ist.[1211] So ist es auch weitgehend anerkannt, dass Weisungen des herrschenden Unternehmens auch auf die Herausgabe von Wirtschaftsgeheimnissen der Gesellschaft gerichtet sein können.[1212] Zwar könnte ein Wettbewerbsverbot weiterhin dem Schutz vor den spezifischen Gefahren, die aus der Doppelrolle als Aktionär und Wettbewerber resultieren, dienen. In Anbetracht der umfangreichen „Schädigungskompetenz" des herrschenden Unternehmens erscheinen jedoch Schädigungen mit wettbewerblichem Hintergrund nur als ein Minus. Zudem erfahren die Interessen der Gesellschaft durch die Verlustausgleichspflicht nach § 302 AktG sowie die der außenstehenden Gesellschafter durch eine Dividendengarantie nach § 304 AktG oder alternativ durch eine Abfindung nach § 305 AktG einen weitgehenden Schutz.

Zum Abschluss eines Beherrschungsvertrages ist es notwendig, dass es sich bei dem Aktionär um ein Unternehmen im Sinne des § 15 AktG handelt. Als Unternehmen wird nach der heute ganz vorherrschenden Ansicht jeder Gesellschafter – gleich welcher Rechtsform – verstanden, der neben seiner Beteiligung an der Aktiengesellschaft anderweitige wirtschaftliche Interessenbindungen aufweist, die nach Art und Intensität die ernsthafte Sorge begründen, er könne wegen dieser Bindungen seinen aus der Mitgliedschaft folgenden Einfluss auf die Gesellschaft nachteilig ausüben.[1213] Die anderweitige wirtschaftliche Interessenbindung kann dabei aus dem Betrieb eines Handelsgewerbes oder aber aus einer maßgeblichen Beteiligung an einer anderen Gesellschaft resultieren. Einem Aktionär mit anderweitiger wirtschaftlicher Interessenbindung ist damit die Mög-

---

1211 *Krieger*, in: MünchHdbGesR AG, § 70, Rn. 136; *Emmerich*, in: Emmerich/Habersack, Aktien- und GmbH-Konzernrecht, § 308, Rn. 39, m. w. N.

1212 *Treeck*, Festschrift Fikentscher, S. 434, 448; *Decher*, ZHR 158 (1994), S. 473, 480; *Lutter*, ZIP 1997, S. 613, 616; *Eckhardt*, in: Geßler/Hefermehl, AktG, § 131, Rn. 147.

1213 Statt vieler *Emmerich*, in: Emmerich/Habersack, Aktien- und GmbH-Konzernrecht, § 15, Rn. 10 f.; *Hüffer*, AktG, § 15, Rn. 8; jeweils m. w. N. insbesondere auch zur höchstrichterlichen Rechtsprechung.

lichkeit gegeben, sich noch vor Aufnahme einer konkurrierenden Betätigung bereits von seinem Wettbewerbsverbot zu befreien oder anders gewendet: Besteht ein Beherrschungsvertrag kann der Aktionär problemlos eine konkurrierende Tätigkeit aufnehmen. Betreibt ein Aktionär bereits – unter Verstoß gegen sein Wettbewerbsverbot – ein Handelsgewerbe im Geschäftszweig der Gesellschaft oder ist er an einem Konkurrenten der Gesellschaft maßgeblich beteiligt, kann er sich mit einem Beherrschungsvertrag nachträglich befreien. Dagegen kann sich ein Privataktionär, der bislang keine anderweitigen wirtschaftlichen Interessenbindungen aufweist, jedoch die Aufnahme einer konkurrierenden Tätigkeit plant, mangels Parteieigenschaft nicht durch einen Beherrschungsvertrag ex ante von einem für ihn dann geltenden Wettbewerbsverbot befreien. Ein solcher Vertrag wäre nichtig.[1214] Ebenso ist ihm nicht möglich, den Beherrschungsvertrag unter der aufschiebenden Bedingung der Aufnahme der konkurrierenden Tätigkeit[1215] abzuschließen, da ein Beherrschungsvertrag, sofern dieser nicht bereits bedingungsfeindlich ist, zumindest vor Eintritt der Bedingung nicht in das Handelsregister eingetragen werden kann[1216] und mithin nach § 294 Abs. 2 AktG nicht wirksam ist. Zumindest für die Zeit zwischen der Aufnahme der konkurrierenden Tätigkeit und Eintragung des Beherrschungsvertrages würde eine formale Verletzung des Wettbewerbsverbotes gegeben sein. Jedoch dürfte es für den relativ kurzen Zeitraum zwischen der Aufnahme der konkurrierenden Tätigkeit und der Eintragung des Beherrschungsvertrages in das Handelsregister an der Angemessenheit des Wettbewerbsverbotes fehlen.[1217]

Neben der Unternehmenseigenschaft des Aktionärs bedarf es für einen wirksamen Beherrschungsvertrag nach § 293 Abs. 1 AktG ferner der Zustimmung der

---

1214 Vgl. *Altmeppen*, in: MünchKomm, AktG, § 291, Rn. 5 ff.; ferner *Emmerich*, in: Emmerich/Habersack, Aktien- und GmbH-Konzernrecht, § 291, Rn. 9b, m. w. N.; anders zum Beispiel *K. Schmidt*, Festschrift Koppensteiner, S. 191, 206 ff.

1215 Voraussetzung dafür ist freilich, dass die konkurrierende Tätigkeit eine anderweitige wirtschaftliche Interessenbindung darstellt. Dies ist beispielsweise bei der Übernahme eines Vorstandsamts in einer konkurrierenden Aktiengesellschaft nicht der Fall, da die Tätigkeit in einem Geschäftsführungsorgan keine eigenunternehmerische Tätigkeit ist, vgl. *Peres/Oschütz*, in: AnwaltKomm, AktienR, AktG, § 15, Rn. 11.

1216 *Koppensteiner*, in: KölnKomm, AktG, § 293, Rn. 19; *Altmeppen*, in: MünchKomm, AktG, § 293, Rn. 26, m. w. N., vgl. aber auch BGHZ 122, 211, 219 f. (SSI).

1217 Zur Angemessenheit vgl. oben S. 229 f.

Hauptversammlung der Gesellschaft. Der Beschluss bedarf dabei mindestens einer drei Viertel des Grundkapitals umfassenden Mehrheit. Anders als bei der Beschlussfassung über die satzungsgemäße Befreiung vom Wettbewerbsverbot unterliegt der Aktionär, welcher Partei des Beherrschungsvertrages ist, – wie dort gezeigt – keinem Stimmverbot.[1218] Dies führt dazu, dass der Aktionär den zu seiner Befreiung vom Wettbewerbsverbot notwenigen Beschluss auch alleine, das heißt, mit seinen eigenen Stimmen herbeiführen kann.[1219] Umgekehrt dürfte es ohnehin die Ausnahme darstellen, dass ein Beherrschungsvertrag mit der Zustimmung der außenstehenden Aktionäre zu Stande kommt.[1220] Als Mittel zur Befreiung vom Wettbewerbsverbot stellt der Abschluss eines Beherrschungsvertrages praktisch daher wohl nur eine Option für einen Mehrheitsaktionär dar, der über eine eigene, für den Zustimmungsbeschluss notwendige Mehrheit verfügt. Im Hinblick auf das Stimmverbot des zu befreienden Aktionärs beim satzungsändernden Befreiungsbeschluss erscheint es im Regelfall für den Mehrheitsaktionär auch die einzige Möglichkeit zu sein, sich vom Wettbewerbsverbot zu befreien.[1221]

> Im **Einführungsbeispiel 2**[1222] ist die V-AG beim Vorliegen eines Beherrschungsvertrages mit der A-AG vom Wettbewerbsverbot befreit.

4. „Befreiung" durch Abschluss eines Entherrschungsvertrages

Des Weiteren könnte ein Mehrheitsaktionär auch durch den Abschluss eines so genannten Entherrschungsvertrages von seinem Wettbewerbsverbot befreit werden.[1223]

Unter Entherrschungs- oder Abhängigkeitsausschlussverträgen werden gemeinhin schuldvertragliche Vereinbarungen verstanden, mit denen ein Mehrheitsaktionär – zumindest teilweise – auf die Ausübung seines Stimmrechts in der Ge-

---

1218 Vgl. oben bei Fn. 1174.

1219 Vgl. *Emmerich*, in: Emmerich/Habersack, Aktien- und GmbH-Konzernrecht, § 293, Rn. 30; *Altmeppen*, in: MünchKomm, AktG, § 293, Rn. 41.

1220 Vgl. *Emmerich*, in: Emmerich/Habersack, Aktien- und GmbH-Konzernrecht, § 293, Rn. 30.

1221 Vgl. *Burgard*, Festschrift Lutter, S. 1033, 1051.

1222 Vgl. oben S. 4.

1223 Kritisch *Geiger*, Wettbewerbsverbote im Konzernrecht, S. 86.

sellschaft mit dem Ziel verzichtet, einer Qualifikation als herrschendes Unternehmen im Sinne des § 17 AktG zu entgehen. Mit dem Verzicht soll erreicht werden, dass der Mehrheitsaktionär die mit seiner Beteiligung zusammenhängende Stimmenmacht nicht zum Zwecke der Abhängigkeitsbegründung benutzt. Die grundsätzliche Zulässigkeit von Entherrschungsverträgen zwischen dem Mehrheitsaktionär und der abhängigen Gesellschaft ist heute weitgehend anerkannt.[1224] Ebenfalls in diese Kategorie fallen Verträge zwischen dem Mehrheitsaktionär und einem oder mehreren außenstehenden Aktionären oder anderen Dritten, in denen der Mehrheitsgesellschafter auf die Ausübung seines Stimmrechts verzichtet. Solche Stimmbindungsverträge sind im Gegensatz zu Verpflichtungen gegenüber der Gesellschaft zweifelsfrei zulässig.[1225] Eine einseitige Verzichtserklärung des herrschenden Unternehmens soll dagegen nach allgemeiner Ansicht keine „Entherrschung" bewirken können.[1226]

Die Zulässigkeitserfordernisse des Entherrschungsvertrages sind in vielfacher Hinsicht umstritten.[1227] Darauf soll und muss hier aber nicht eingegangen werden, weil zumindest im Hinblick auf die wesentlichen Vertragsvoraussetzungen weitgehende Einigkeit besteht: So bedarf der Entherrschungsvertrag zunächst der Schriftform. Auf diese Weise soll die Ernstlichkeit des Vertrages sichergestellt werden.[1228] Erforderlich ist ferner eine Mindestlaufzeit von fünf Jahren,[1229]

[1224] Für die Rechtsprechung: OLG Köln, AG 1993, S. 86, 87, sowie die Vorinstanz AG Köln, AG 1992, S. 238 (Winterthur/Nordstern); LG Mainz, AG 1991, S. 30, 32 (Massa/Asko); für Literatur vgl. nur: *Hüffer*, AktG, § 17, Rn. 22; *Bayer*, in: MünchKomm, AktG, § 17, Rn. 99; *Koppensteiner*, in: KölnKomm, AktG, § 17, Rn. 109; *Hentzen*, ZHR 157 (1993), S. 65, 67 f.; *Götz*, Der Entherrschungsvertrag im Aktienrecht, S. 4 ff.; *Korsmeier*, Der vertragliche Ausschluss von Abhängigkeit, S. 139 ff., passim: Organisationsvertrag; jeweils m. w. N.; a.A. *Hüttemann*, ZHR 156 (1992), S. 314, 324 ff.; *Geßler*, in: Geßler/Hefermehl, AktG, § 17, Rn. 106; kritisch auch *Windbichler*, in: GroßKomm, AktG, § 17, Rn. 80.

[1225] *Bayer*, in: MünchKomm, AktG, § 17, Rn. 99; *Windbichler*, in: GroßKomm AktG, § 17, Rn. 76 f.; *Emmerich*, in: Emmerich/Habersack, Aktien- und GmbH-Konzernrecht, § 17, Rn. 42; vgl. aber *H. Werner*, Der aktienrechtliche Abhängigkeitstatbestand, S. 174.

[1226] Vgl. nur *Hüffer*, AktG, § 17, Rn. 22, m. w. N.

[1227] Vgl. die Nachweise in Fn. 1224. Für den Fall, dass der Aktionär beziehungsweise das herrschende Unternehmen eine Gesellschaft ist, ist insbesondere umstritten, welches Organ die Kompetenz für den Abschluss des Entherrschungsvertrages innehat.

[1228] Zur Ernsthaftigkeit und zu dem Problem des Scheingeschäfts vgl. *Bayer*, in: MünchKomm, AktG, § 17, Rn. 112; ferner *Koppensteiner*, in: KölnKomm AktG, § 17,

damit der Mehrheitsaktionär keinen Einfluss auf die Zusammensetzung des nächsten Aufsichtsrates nehmen kann.[1230] Das Stimmrecht muss inhaltlich zumindest für die Wahl des Aufsichtsrates ausgeschlossen sein.[1231] Dabei muss der Umfang der Stimmrechtsbeschränkung so umfassend gewählt sein, dass keine Möglichkeit der Einflussnahme mehr besteht. Dies ist mit *Emmerich* dann anzunehmen, wenn „das Stimmrecht aus mindestens so vielen Aktien ausgeschlossen [ist], dass der Gesellschafter bei Berücksichtigung der durchschnittlichen Präsenz in der Hauptversammlung unter keinen Umständen mehr über die Hälfte der Stimmrechte verfügen kann".[1232]

Durch den Entherrschungsvertrag wird dem Mehrheitsaktionär – schuldrechtlich – die Möglichkeit genommen, die Besetzung der Leitungsorgane der Gesellschaft zu beeinflussen. Ein einflusskonformes Verhalten der Mitglieder des Aufsichtsrates und des Vorstandes ist mit Abschluss des Vertrages nicht mehr zu erwarten,[1233] so dass dem Mehrheitsaktionär keine faktischen Einflussnahme- und Informationsmöglichkeiten mehr gegeben sind. Die spezifischen Gefahren, die aus der Doppelrolle als Mehrheitsaktionär und Wettbewerber resultieren, werden also weitgehend beseitigt.

Mit dem Entherrschungsvertrag wird dem Mehrheitsaktionär im Gegensatz zum Beherrschungsvertrag aber keine Befreiung vom Wettbewerbsverbot gewährt, vielmehr werden mit seinem Abschluss die Voraussetzungen des Wettbewerbsverbotes entzogen. Er wirkt daher nur faktisch wie eine Befreiung. Ihm kommt damit etwa die gleiche Wirkung zu wie einer Reduzierung der Beteiligung, die

---

Rn. 112. In diesem Nexus erscheint die „Befreiung" von einem Wettbewerbsverbot als ein legitimes Motiv für einen Entherrschungsvertrag.

1229 Während der Laufzeit besteht nur ein außerordentliches Kündigungsrecht.

1230 Vgl. § 102 AktG; ferner *Hüffer*, AktG, § 17, Rn. 22; *Emmerich*, in: Emmerich/Habersack, Aktien- und GmbH-Konzernrecht, § 17, Rn. 43; *H. Werner*, Der aktienrechtliche Abhängigkeitstatbestand, S. 177 f., der sich – aus guten Gründen – für eine 10jährige Mindestlaufzeit ausspricht.

1231 Streitig ist, ob daneben noch andere Beschlussgegenstände umfasst sein müssen; vgl. nur *Emmerich*, in: Emmerich/Habersack, Aktien- und GmbH-Konzernrecht, § 17, Rn. 43, 40, m. w. N.

1232 *Emmerich*, in: Emmerich/Habersack, Aktien- und GmbH-Konzernrecht, § 17, Rn. 43; *ders.*, in: Emmerich/Habersack, Konzernrecht, § 3 IV. 2., S. 46.

1233 Hier kann auf die Ausführungen zum ehemaligen Mehrheitsaktionär rekurriert werden, vgl. oben S. 212 ff.

im Gegensatz zum Abschluss eines Entherrschungsvertrages aber regelmäßig autonom, das heißt ohne Beteiligung der Gesellschaft oder anderer Gesellschafter erfolgen kann. Dies zusammengenommen mag die Behandlung des Entherrschungsvertrages im Sinne eines Befreiungstatbestands (für den Mehrheitsaktionär) rechtfertigen.

Abschließend sei darauf hingewiesen, dass der Abschluss eines Entherrschungsvertrages unter Umständen für einen anderen Aktionär der Gesellschaft auch die Begründung eines Wettbewerbsverbotes bedeuten kann. Denn durch den Entherrschungsvertrag wird die durchschnittliche Präsenz in der Hauptversammlung für bestimmte Beschlussgegenstände erheblich reduziert. Ist nun neben dem Mehrheitsaktionär ein anderer Großaktionär vorhanden, wird dieser mit dem Abschluss des Vertrages bei den einschlägigen Beschlussgegenständen regelmäßig über die faktische Hauptversammlungsmehrheit verfügen und damit einem Wettbewerbsverbot unterliegen.[1234]

5. Die Entbehrlichkeit der Befreiung in Sonderkonstellationen?

Nach den bisherigen Ausführungen kann ein Aktionär, für den normalerweise ein Wettbewerbsverbot gilt, nur nach erfolgter Befreiung eine konkurrierende Tätigkeit ausüben, ohne damit gleichzeitig das Wettbewerbsverbot zu verletzten. Die ganz vorherrschende Meinung geht nun aber davon aus, dass in bestimmten Sonderkonstellationen dieser Aktionär auch ohne Befreiung eine konkurrierende Tätigkeit ausüben dürfe, eine Befreiung also entbehrlich sei:

a) In Frage stehende Sonderkonstellationen

In der ersten Konstellation wird eine Gesellschaft neu gegründet. Dabei befindet sich unter den Gründern ein Gesellschafter, der eine konkurrierende Tätigkeit ausübt, die auch seinen Mitgründern bekannt ist. Dieser Gesellschafter soll in der Gesellschaft keinem Wettbewerbsverbot unterliegen, auch wenn dies nach den bislang aufgestellten Regeln der Fall wäre.[1235] Gleiches soll auch für die

---

[1234] Vgl. oben S. 163.

[1235] *Röhricht*, WPg 1992, S. 766, 779; *Mertens/Cahn*, Festschrift Heinsius, S. 560 f.; *Ivens*, Das satzungsmäßige Konkurrenzverbot des GmbH-Gesellschafters, S. 111 ff., *Geiger*, Wettbewerbsverbote im Konzernrecht, S. 173, m. w. N.

eingliedrige Aktiengesellschaft gelten, wenn der Gründer zum Zeitpunkt der Gründung schon eine konkurrierende Tätigkeit ausübt.[1236] In der zweiten Konstellation tritt ein Gesellschafter neu in eine Gesellschaft ein. Er übt bislang eine konkurrierende Tätigkeit aus und es bestehen keine Anzeichen, dass er diese beenden möchte. Die anderen Gesellschafter wissen davon und dulden dies widerspruchslos[1237] oder stimmen alle seinem Eintritt zu.[1238] Dies kann in einer Aktiengesellschaft bei der Übertragung vinkulierter Namensaktien der Fall sein, wenn die Hauptversammlung über die Erteilung der Zustimmung beschließt.[1239] Schließlich gründen in der dritten Konstellation die Gesellschafter einer Gesellschaft gemeinsam eine neue Gesellschaft, welche in Konkurrenz zu ihrer ersten Gesellschaft steht. Auch hier sei eine Befreiung für die Gesellschafter entbehrlich, welche bislang einem Wettbewerbsverbot unterlagen.[1240]

Besteht im Hinblick auf das Ergebnis eine weitgehende Einigkeit, dass in den genannten Konstellationen ein Wettbewerbsverbot entbehrlich ist, finden sich doch divergierende dogmatische Begründungen. Teilweise wird in Anlehnung an § 112 Abs. 2 HGB von einer Einwilligung der übrigen Gesellschafter ausgegangen.[1241] Andere gehen primär von einer satzungsergänzenden Nebenabrede aus, die neben den Gesellschaftern auch die Gesellschaft bindet.[1242] Meines Erachtens können beide Begründungen nicht tragen; zudem ist auch das Ergebnis fehlerhaft. Im Einzelnen:

1236 *Burgard*, Festschrift Lutter, S. 1033, 1048; *Henze/Notz*, in: GroßKomm, AktG, Anh § 53a, Rn. 80; ferner *Habersack*, in: Emmerich/Habersack, Konzernrecht, § 8 IV., S. 99.

1237 *Friedewald*, Die personalistische Aktiengesellschaft, S. 144; *Röhricht*, WPg 1992, S. 766, 779; *Geiger*, Wettbewerbsverbote im Konzernrecht, S. 173, m. w. N.

1238 *Röhricht*, WPg 1992, S. 766, 779; *Ivens*, Das satzungsmäßige Konkurrenzverbot des GmbH-Gesellschafters, 113 ff.

1239 Vgl. § 68 Abs. 2 Satz 3 AktG.

1240 *Wiedemann/Hirte*, ZGR 1986, S. 163, 173 f.; ihnen nachfolgend *Geiger*, Wettbewerbsverbote im Konzernrecht, S. 99 mit Fn. 223.

1241 *Friedewald*, Die personalistische Aktiengesellschaft, S. 144; *Burgard*, Festschrift Lutter, S. 1033, 1048; *Habersack*, in: Emmerich/Habersack, Konzernrecht, § 8 IV., S. 99; *Henze/Notz*, in: GroßKomm, AktG, Anh § 53a, Rn. 80; *Ivens*, Das satzungsmäßige Konkurrenzverbot des GmbH-Gesellschafters, S. 110 ff.; siehe auch *Geiger*, Wettbewerbsverbote im Konzernrecht, S. 172, der beide Begründungsansätze verbindet, indem er davon ausgeht, dass die Einwilligung zu einer schuldvertraglichen Bindung führt.

1242 *Röhricht*, WPg 1992, S. 766, 779 f.

b) Die Einwilligung aller außenstehenden Aktionäre

Die Einwilligung des § 112 HGB ist der Befreiung vom Wettbewerbsverbot nur funktional vergleichbar. Im Gegensatz zur Befreiung handelt es sich bei der Einwilligung nicht um eine Änderung des Gesellschaftsvertrages, sondern vielmehr um ein negatives Merkmal des gesetzlichen Tatbestandes des § 112 Abs. 1 HGB.[1243] Das Wettbewerbsverbot für Aktionäre fußt in der gesellschaftsrechtlichen Treuepflicht, die wiederum ihren Entstehungsgrund in der Satzung findet. Darum ist schon anzunehmen, dass die Befreiung von diesem Wettbewerbsverbot auch nur durch die Satzung erfolgen kann und nicht zudem auch durch eine Einwilligung, welche der Gesetzgeber nur für die gesetzlich normierten Wettbewerbsverbote vorgesehen hat.[1244, 1245]

Erhebliche Bedenken gegen eine analoge Anwendung des § 112 HGB[1246] ergeben sich ferner unter dem Aspekt der weitgehenden Intransparenz der Einwilligung sowohl für die zukünftigen Aktionäre wie auch für die Gläubiger der Gesellschaft. Bei einer Personengesellschaft stellt dagegen die Unkenntnis zukünftiger Gesellschafter von der Einwilligung in die konkurrierende Tätigkeit eines Gesellschafters regelmäßig kein Problem dar. So ist bei Personengesellschaften bereits der Gesellschaftsvertrag ein Internum.[1247] Es bestehen grundsätzlich keine berechtigten Interessen zukünftiger Gesellschafter an einer Publizität des Gesellschaftsvertrages, weil die Gesellschafterstellung anders als bei der Aktiengesellschaft nicht frei übertragbar ist.[1248] Die Gläubiger sind durch die unbeschränkte Haftung ohnehin ausreichend geschützt. Eine abweichende Sachlage ergibt sich jedoch für die Aktiengesellschaft. Wie bei allen Körperschaften ist auch in der Aktiengesellschaft der Inhalt des Gesellschaftsvertrages vollständig

---

1243 *Ulmer*, in: Staub, HGB, § 112, Rn. 32.

1244 Die Möglichkeit der Einwilligung findet sich neben § 112 HGB auch in den §§ 88 Abs. 1, 284 Abs. 1 AktG. § 112 Abs. 1 AktG stellt zwar eine gesetzliche Ausprägung der gesellschaftsrechtlichen Treuepflicht dar, doch kommt ihm auch eine eigenständige Bedeutung zu, vgl. *Ulmer*, in: Staub, HGB, § 112, Rn. 3.

1245 *Salfeld*, Wettbewerbsverbote im Gesellschaftsrecht, S. 268 f.

1246 Eine Analogie zum Zwecke der Begründung eines Wettbewerbsverbotes für Aktionäre wurde bereits oben abgelehnt, vgl S. 34 f.

1247 Zu den anmeldungspflichtigen Tatsachen vgl. § 106 Abs. 2 HGB.

1248 *Martens*, in: Schlegelberger, HGB, § 106, Rn. 1 a.E.

in der Satzung niederzulegen, welche anders als bei Personenhandelsgesellschaften nach § 37 Abs. 4 Nr. 1 AktG der Anmeldung beim Handelsregister beizufügen und damit öffentlich einzusehen ist (§ 9 Abs. 1 HGB). Die erhöhte Transparenz dient unter anderem den Interessen der zukünftigen Gesellschafter als auch denen der Gesellschaftsgläubiger[1249]. Letztere sollen darauf vertrauen können, dass die Gesellschafter einer Aktiengesellschaft bei ihrem Handeln nicht nur die gesetzlichen, sondern auch die statuarischen Grenzen beachten.[1250] Zu diesen Grenzen gehört – wie gezeigt – auch das Wettbewerbsverbot. Unterliegt ein Gesellschafter – insbesondere wenn es sich um einen Mehrheits- oder Alleinaktionär handelt – keinem Wettbewerbsverbot, ist dies wegen der damit verbundenen Gefahren für die Gesellschaft von erheblichem Interesse für zukünftige Aktionäre wie auch für die Gläubiger der Gesellschaft. Eine Einwilligung, die nicht von der Publizität des Handelsregisters erfasst ist, kann dem aber nicht genügen. Daher ist eine Analogie zur Einwilligung gemäß § 112 HGB mangels einer vergleichbaren Interessenlage abzulehnen.[1251, 1252]

Findet ein Wettbewerbsverbot für einen Aktionär entgegen den dargelegten Regeln keine Anwendung, muss dies zwingend dem Handelsregister zu entnehmen sein, wie dies für den satzungsändernden Befreiungsbeschluss sowie den Beherrschungsvertrag der Fall ist.[1253] Ein Anerkenntnis der Einwilligung würde dagegen – nicht zuletzt wegen der Möglichkeit ihrer konkludenten Erteilung – [1254] auch der Rechtssicherheit einen Bärendienst erweisen.

> Im **Einführungsbeispiel 1**[1255] stellt demnach die Gründung der Online-AG als 100%ige Tochtergesellschaft allein noch keinen

---

1249 Vgl. *Krafka*, in: MünchKomm, HGB, § 8, Rn. 5.

1250 Vgl. *Burgard*, ZIP 2002, S. 827, 835, m. w. N.

1251 *Röhricht*, WPg 1992, S. 766, 779 f. mit Fn. 75.

1252 Auf die Frage, ob die einmal erteilte (oder vermutete) Einwilligung auch für neu beigetretene Gesellschafter gilt, braucht hier nicht mehr eingegangen zu werden.

1253 Es sei nochmals darauf hingewiesen, dass der so genannte Entherrschungsvertrag die Gefahren, welche die Annahme eines Wettbewerbsverbotes erforderlich machen, beseitigt und daher nur faktisch wie eine Befreiung wirkt. Deshalb trifft ihn kein Transparenzerfordernis; vgl. aber *Hommelhoff*, Die Konzernleitungspflicht, S. 101; dagegen *Götz*, Der Entherrschungsvertrag im Aktienrecht, S. 77 f., m. w. N.

1254 *Ulmer*, in: Staub, HGB, § 112, Rn. 27; kritisch *Weisser*, Corporate Opportunities, S. 210, m. w. N.

1255 Vgl. oben S. 4.

Befreiungstatbestand für die T-AG dar. Die Befreiung muss vielmehr aus der Gründungssatzung ersichtlich sein. Eine nachträgliche Befreiung kann durch einen satzungsändernden Hauptversammlungsbeschluss oder den Abschluss eines Beherrschungsvertrages erreicht werden.

c) „Befreiung“ durch satzungsergänzende Nebenabreden

Unter satzungsergänzenden Nebenabreden werden allgemein schuldrechtliche Verträge verstanden, welche die Gesellschafter bei der Gründung oder zu einem späteren Zeitpunkt treffen, um ihre Rechtsbeziehungen sowohl untereinander als auch zu ihrer Aktiengesellschaft oder GmbH außerhalb der Satzung zu regeln.[1256] Für die vorliegenden Konstellationen wird angenommen, dass sich die außenstehenden Gesellschafter mit der konkurrierenden Tätigkeit des anderen Gesellschafters ausdrücklich oder zumindest konkludent einverstanden erklären[1257] und damit eine satzungsergänzende Nebenabrede abschließen.[1258] An diese Vereinbarung sei unter der Voraussetzung, dass sämtliche Gesellschafter Vertragspartei sind, auch die Gesellschaft gebunden.[1259] Die Beteiligten verpflichten sich durch die Abrede, die Geltendmachung von Ansprüchen zu unterlassen, welche aus der Verletzung des Wettbewerbsverbotes durch den Mitgesellschafter resultieren.[1260]

Vorab ist zu konstatieren, dass satzungsergänzende Nebenabreden, an denen sämtliche Gesellschafter beteiligt sind, nicht auf die Konkretisierung der gesellschaftsrechtlichen Treuepflicht in der Weise einwirken,[1261] dass ein Wettbewerbsverbot für die Gesellschafter schon gar nicht mehr aus der gesellschafts-

---

1256 Vgl. nur *Hüffer*, AktG, § 23, Rn. 45 ff.; *Pentz*, in: MünchKomm, AktG, § 23, Rn. 187 ff.: „schuldrechtliche Nebenabreden“; *Ulmer*, NJW 1987, S. 1849, 1850; jeweils m. w. N.

1257 In der dritten Fallkonstellation erklären sich die Aktionäre wechselseitig mit der konkurrierenden Tätigkeit des jeweils anderen einverstanden. Gleiches gilt in der ersten Konstellation, wenn mehr als ein Gründer eine konkurrierende Tätigkeit ausübt (Beispiel: „joint venture“).

1258 *Röhricht*, WPg 1992, S. 766, 780.

1259 *Röhricht*, WPg 1992, S. 766, 780.

1260 *Röhricht*, WPg 1992, S. 766, 780.

1261 So aber *K. Schmidt*, Jahrbuch der Fachanwälte für Steuerrecht 1988/89, S. 143, 146; ihm nachfolgend *Hoffmann-Becking*, ZGR 1994, S. 442, 459; wohl auch *Röhricht*, in: GroßKomm, AktG, § 23, Rn. 255.

rechtlichen Treuepflicht abgeleitet werden kann.[1262] So ist das Gesellschaftsinteresse über die Rechtsordnung hinaus aus der Satzung und dem Zweck der Gesellschaft zu bestimmen. Satzungsergänzende Nebenabreden hingegen können keinen Einfluss auf den Inhalt und den Umfang der gesellschaftsrechtlichen Treuepflicht der Aktionäre nehmen.[1263] Eine satzungsergänzende Nebenabrede der beschriebenen Art kann in ihrer Wirkweise rechtstechnisch nicht mit der satzungsmäßigen Befreiung und der soeben abgelehnten Einwilligung verglichen werden, da sie weder das Wettbewerbsverbot aufhebt noch seine Verletzung inhibiert. Vielmehr dient sie allein der Verhinderung der Durchsetzung der Rechtsfolgen der Verletzung des Wettbewerbsverbotes, in dem sämtlichen Klagebefugten eine Geltendmachung der Ansprüche untersagt wird. Der mit der Gesellschaft im Wettbewerb stehende Aktionär soll dadurch schuldrechtlich so gestellt werden, wie wenn er vom Wettbewerbsverbot befreit wäre.[1264] Mangels eines Publizitätserfordernisses für satzungsergänzende Nebenabreden[1265] entziehen sich diese, ebenso wie die zuvor behandelte Einwilligung, der Kenntnisnahme durch zukünftige Aktionäre und Gläubiger der Gesellschaft. Im Gegensatz zur Einwilligung ist dies jedoch hier unschädlich, weil ein neuer Aktionär mit seinem Eintritt in die Gesellschaft nicht automatisch auch Partei der Nebenabrede wird. Dies gilt selbst dann nicht, wenn er von ihr zuvor Kenntnis hatte.[1266] Es bedarf vielmehr einer Vereinbarung zwischen ihm und allen anderen Beteiligten,[1267] so dass dem Interesse der zukünftigen Aktionäre ausreichend Rechnung getragen ist.[1268] Bereits unter diesem Aspekt erscheint die Annahme

---

1262 Vgl. *Mertens/Cahn*, Festschrift Heinsius , S. 545, 560 f.

1263 *Pentz*, in: MünchKomm, AktG, § 23, Rn. 193; *Hüffer*, AktG, § 23, Rn. 47; *Winter*, Mitgliedschaftliche Treuebindungen im GmbH-Recht, S. 51 f.; *Ulmer*, NJW 1987, S. 1849, 1852; *ders.*, in: Hachenburg, GmbHG, § 3, Rn. 124.

1264 Vgl. *Geiger*, Wettbewerbsverbote im Konzernrecht, S. 173.

1265 *Hüffer*, AktG, § 23, Rn. 46.

1266 *Röhricht*, in: GroßKomm, AktG, § 23, Rn. 270 ff.; *Hefermehl/Bungeroth*, in: Geßler/-Hefermehl, AktG, § 54, Rn. 36; *Hüffer*, AktG, § 23, Rn. 46; a.A. *Lutter*, in: KölnKomm, AktG, § 54, Rn. 29 f.

1267 Vgl. nur *Hüffer*, AktG, § 23, Rn. 46, m. w. N.

1268 Ein gewisser Schutz der Gläubiger mag sich daraus ergeben, dass Schadensersatzansprüche – anders als bei der Einwilligung – gegen den konkurrierenden Aktionär entstehen und spätestens in der Insolvenz nach einer außerordentlichen Kündigung der satzungsergänzenden Nebenabrede geltend gemacht werden können; zumindest soweit sie

der Entbehrlichkeit einer Befreiung absurd. Denn der konkurrierende Aktionär kann nicht in allen Fällen auf die Veräußerung von Anteilen an der Gesellschaft einwirken; wird der Neu-Gesellschafter aber nicht freiwillig Partei der Nebenabrede, kann er die Ansprüche der Gesellschaft im Wege der actio pro societate gegenüber dem konkurrierenden Gesellschafter geltend machen[1269]. Zwar ist die grundsätzliche Zulässigkeit satzungsergänzender Nebenabreden nicht in Zweifel zu ziehen,[1270] doch bestehen ernstliche Bedenken gegen die Einbeziehung der Gesellschaft in die Vereinbarung. Denn damit würde gegen den Grundsatz, dass für „die Gesellschaft unmittelbar bindende Vereinbarungen der Gesellschafter nur in der Satzung getroffen werden können", verstoßen.[1271] Damit fehlt eine allgemeine oder auf diesen Einzelfall bezogene valide dogmatische Begründung für die Einbeziehung der Gesellschaft und damit für die Durchbrechung des Trennungsprinzips zwischen schuldvertraglicher und satzungsmäßiger Ebene. Kann jedoch die Einbeziehung der Gesellschaft nicht begründet werden, ist auch aus diesem Grund die Annahme der Entbehrlichkeit einer Befreiung hinfällig.[1272]

Die satzungsergänzende Nebenabrede ist mit der satzungsmäßigen Befreiung somit funktional nicht vergleichbar. Sie macht die Befreiung nicht entbehrlich, kann aber freilich in Abwesenheit einer Befreiung und unter der Voraussetzung eines gleich bleibenden Aktionärskreises die „Symptome" der Verletzung des Wettbewerbsverbotes „unterdrücken".

Trotz allem ist der satzungsergänzenden Nebenabrede doch eine gewisse Bedeutsamkeit zuzusprechen. So kann sie im Einzelfall eine satzungsmäßige Befreiung vom Wettbewerbsverbot erst ermöglichen. Aufgrund der Nebenabrede steht dem konkurrierenden Aktionär nämlich ein Anspruch gegen seine Mitge-

---

nicht verjährt sind. Auch daher mag es zweifelhaft erscheinen, dass auf dieser Grundlage von der Entbehrlichkeit der Befreiung ausgegangen wird.

1269 Vgl. oben bei Fn. 1152.

1270 Statt vieler *Pentz*, in: MünchKomm, AktG, § 23, Rn. 188; *Röhricht*, in: GroßKomm AktG, § 23, Rn. 256; jeweils m. w. N.

1271 *Winter*, Mitgliedschaftliche Treuebindungen im GmbH-Recht, S. 51 f.

1272 Geht der Vorstand nicht gegen den sein Wettbewerbsverbot verletzenden Aktionär vor, handelt er grob sorgfaltswidrig, so dass unter Umständen auch die Gesellschaftsgläubiger den Schadensersatzanspruch der Gesellschaft gegen die Vorstandsmitglieder geltend gemacht werden können, vgl. § 93 Abs. 5 AktG.

sellschafter auf Zustimmung zur satzungsändernden Befreiung zu.[1273] Dies wird insbesondere in Konstellationen relevant, in den bei der Gründung oder beim Beitritt versäumt wurde, eine Befreiung vom Wettbewerbsverbot für den betreffenden Aktionär in der Satzung festzuschreiben. Solange der Aktionärskreis unverändert ist, kann eine satzungsmäßige Befreiung problemlos durchgeführt werden, weil bei Zustimmung aller Gesellschafter auch keine materielle Beschlusskontrolle zu befürchten ist. Ferner muss der zu befreiende Aktionär nicht auf Gegenleistungsforderungen der außenstehenden Aktionäre eingehen. Theoretisch bleibt eine Befreiung mit Hilfe der Nebenabrede darüber hinaus solange möglich, wie die ursprünglichen Aktionäre (ohne Berücksichtigung des zu befreienden Gesellschafters) über eine satzungsändernde Mehrheit verfügen.

d) Zwischenergebnis

Es konnte gezeigt werden, dass in den genannten Sonderkonstellationen nicht von der Entbehrlichkeit einer Befreiung vom Wettbewerbsverbot ausgegangen werden kann. Mit Ausnahme des Anspruches des konkurrierenden Aktionärs gegen seine Mitgesellschafter auf Zustimmung zum satzungsändernden Befreiungsbeschluss ergeben sich keine Besonderheiten im Vergleich zu den „normalen“ Konstellationen.[1274]

6. Ergebnis

Ein Aktionär kann nur durch einen satzungsändernden Beschluss der Hauptversammlung oder den Abschluss eines Beherrschungsvertrages von seinem Wettbewerbsverbot befreit werden. Aufgrund satzungsergänzender Nebenabreden wird allein die Herbeiführung eines satzungsändernden Befreiungsbeschlusses erleichtert.

Dagegen wird durch den Abschluss eines Entherrschungsvertrages dem Wettbewerbsverbot seine Grundlage entzogen. Der Entherrschungsvertrag wirkt daher nur faktisch wie eine Befreiung. Er steht damit auf einer Stufe mit der ein-

---

1273 *Röhricht*, WPg 1992, S. 766, 780.

1274 Eine Verwirkung der Ansprüche der Gesellschaft kommt wohl regelmäßig wegen Fehlens eines Vertrauenstatbestandes nicht in Betracht, vgl. *Heinrichs*, in: Palandt, BGB, § 242, Rn. 87 ff., 95.

schränkenden Änderung des Unternehmensgegenstandes oder Reduzierung der Beteiligungshöhe an der Aktiengesellschaft.

H. Das Wettbewerbsverbot des Aktionärs im konzernrechtlichen Kontext

Das Wettbewerbsverbot für Aktionäre ist eine Figur des allgemeinen Aktienrechts. Wie auch für andere allgemein aktienrechtliche Institute – namentlich für die Vermögensbindung (§§ 57, 60, 62 AktG), die Kompetenzen und die Verantwortlichkeit des Vorstandes (§§ 76, 93 AktG), den Schadensersatz (§ 117 AktG) oder die Unzulässigkeit der Verfolgung von Sondervorteilen (§ 243 Abs. 2 AktG) –[1275] ist auch für das Wettbewerbsverbot nach seinem Verhältnis zum Aktienkonzernrecht zu fragen.[1276] Teilaspekte sind bereits anderenorts behandelt worden. So konnte für den Vertragskonzern gezeigt werden, dass der Abschluss eines Beherrschungsvertrages einen Befreiungstatbestand darstellt.[1277]

Offen ist dagegen die Frage nach dem Wettbewerbsverbot im faktischen Aktienkonzern. Bevor diesem Problem nachgegangen wird, soll zunächst noch auf die konzernpräventive Wirkung des Wettbewerbsverbotes eingegangen werden:

1. Die konzernpräventive Wirkung des Wettbewerbsverbotes

Das Wettbewerbsverbot für Aktionäre wird regelmäßig im Kontext mit der Konzernbildungskontrolle diskutiert. Darauf ist bereits in der Einführung zu dieser Arbeit hingewiesen worden. Unter Konzernbildung versteht man die Begründung einer Abhängigkeitslage. Der Abhängigkeitstatbestand wird durch § 17 Abs. 1 AktG definiert. Danach ist eine Aktiengesellschaft dann abhängig, wenn ein anderes Unternehmen, welches vom Gesetz als „herrschendes Unternehmen" bezeichnet wird, auf sie unmittelbar oder mittelbar einen beherrschenden Einfluss ausüben kann. Nach § 17 Abs. 2 AktG wird die Abhängigkeit ver-

---

1275 Statt vieler *Hüffer*, AktG, § 291, Rn. 36 f., § 308, Rn. 7, 12 ff. und insbesondere § 311, Rn 48 ff., m. w. N.

1276 Allgemein zum Verhältnis der gesellschaftsrechtlichen Treuepflicht zu den §§ 311 ff. AktG vgl. nur *Habersack*, in: Emmerich/Habersack, Aktien- und GmbH-Konzernrecht, § 311, Rn. 89 f., m. w. N.

1277 Vgl. oben S. 263 ff.

mutet, wenn eine Mehrheitsbeteiligung im Sinne des § 16 AktG gegeben ist. Unter dem Terminus „Unternehmen" ist – bezogen auf die Aktiengesellschaft – ein Aktionär zu verstehen, welcher nicht nur in der Gesellschaft selbst, sondern auch außerhalb unternehmerische Interessen verfolgt.[1278] Keine Relevanz kommt dabei der Rechtsform des Aktionärs zu;[1279] auch eine natürliche Person kann Unternehmen im Sinne der §§ 15 ff. AktG sein.[1280] Die geforderte, anderweitige unternehmerische Interessenbindung liegt beispielsweise dann vor, wenn der Aktionär ein beliebiges anderes Unternehmen betreibt oder eine weitere maßgebliche Beteiligung an einer anderen Gesellschaft hält.[1281]

Der Hauptanwendungsfall des Wettbewerbsverbotes für Aktionäre ist – wie gezeigt – für den Fall einer Mehrheitsbeteiligung gegeben. Ob nun die Gesellschaft von diesem Aktionär auch im Sinne des § 17 AktG abhängig ist, hängt insbesondere von dessen Unternehmereigenschaft ab. Betreibt er ein Unternehmen oder ist er an einer anderen Gesellschaft maßgeblich beteiligt, ist dieses Kriterium – in Abwesenheit eines so genannten Entherrschungsvertrages –[1282] erfüllt. Betreibt er aber ein Konkurrenzunternehmen oder ist er an einer konkurrierenden Gesellschaft maßgeblich beteiligt, ist er zwar herrschendes Unternehmen und die Aktiengesellschaft abhängiges Unternehmen, verstößt aber in Abwesenheit eines Befreiungstatbestandes gleichzeitig gegen das ihm obliegende Wettbewerbsverbot. Der Verstoß gegen ein Wettbewerbsverbot zieht diverse Rechtsfolgen nach sich. Insbesondere kann sich ein Aktionär mit der Verletzung des Wettbewerbsverbotes mit Schadensersatz- und Unterlassungsansprüchen konfrontiert sehen.[1283] Wie anderenorts gezeigt, ist der Unterlassungsanspruch auf die Einstellung der konkurrierenden Tätigkeit gerichtet. Anstatt seine konkurrierende Tätigkeit einzustellen, kann der Aktionär auch auf den das Wettbewerbs-

---

1278 BGHZ 69, 334, 336 ff. (VEBA/Gelsenberg); 74, 359, 365 (WAZ); 80, 69, 72 (Süssen); 95, 330, 337 (Autokran); 135, 107, 113 (VW/Niedersachsen).

1279 BGHZ 69, 334, 338 (VEBA/Gelsenberg); 122, 123, 127 (TBB); 135, 107, 113 (VW/Niedersachsen).

1280 BGHZ 95, 330, 337 (Autokran); 115, 187, 189 ff. (Video); 122, 123, 127 f. (TBB).

1281 Vgl. BGHZ 135, 107, 113 (VW/Niedersachsen); ferner *Emmerich*, in: Emmerich/-Habersack, Aktien- und GmbH-Konzernrecht, § 15, Rn. 12 ff.; *Hüffer*, AktG, § 15, Rn. 9; jeweils m. w. N.

1282 Dazu vgl. oben S. 266 ff.

1283 Zu den Rechtsfolgen der Verletzung des Wettbewerbsverbotes vgl. oben S. 249 ff.

verbot begründenden Umstand einwirken, das heißt ein Mehrheitsgesellschafter kann seine Beteiligung an der Aktiengesellschaft reduzieren. Erfüllt er den durch die Verletzung des Wettbewerbsverbotes entstandenen Unterlassungsanspruch durch Verkauf des konkurrierenden Unternehmens oder der maßgeblichen Beteiligung an der konkurrierenden Gesellschaft, wird die Aktiengesellschaft – freilich unter der Voraussetzung, dass der Mehrheitsaktionär keine weiteren Unternehmen betreibt oder andere maßgebliche Beteiligungen hält – wieder unabhängig. Reduziert der Aktionär seine Beteiligung an der Aktiengesellschaft und entzieht dem Wettbewerbsverbot damit seine Grundlage, greift die Vermutung des § 17 Abs. 2 AktG nicht mehr und die Aktiengesellschaft wird in Abwesenheit anderer Einflusspotentiale ebenfalls wieder unabhängig.

Die aus der Verletzung des Wettbewerbsverbotes resultierenden Rechtsfolgen etablieren somit die konzernpräventive Wirkung des Wettbewerbesverbotes. Sie obstruieren die Begründung einer Abhängigkeitslage und wirken faktisch abhängigkeitsverhindernd.[1284] Diese Wirkung ist aber nur dann gegeben, wenn es sich bei dem (potentiell) herrschenden Unternehmen um einen Wettbewerber handelt. Insoweit steht das Wettbewerbsverbot *allein* horizontalen Übernahmen entgegen. Vertikale oder auch konglomerate Übernahmen werden dagegen nicht behindert.[1285] Das Wettbewerbsverbot gewährt damit nur einen partiellen Konzerneingangsschutz. Versteht man unter einer Konzernbildungskontrolle insbesondere die Beteiligung der Gesellschafter der Tochtergesellschaft an der Entscheidung über die Begründung der Abhängigkeitslage,[1286] wird diese beim Wettbewerbsverbot für Aktionäre im Rahmen des satzungsändernden Befreiungsbeschlusses der Hauptversammlung gewährleistet.

2. Das Verhältnis des Wettbewerbsverbotes zu den §§ 311 ff. AktG

Aufgrund der §§ 311 ff. AktG könnten sich innerhalb ihres Anwendungsbereichs Bedenken gegen die Zulässigkeit des Wettbewerbsverbotes ergeben. So

---

1284 Vgl. *Burgard*, Festschrift Lutter, S. 1033, 1034, der hierin den besonderen „Reiz" des Wettbewerbsverbotes für Aktionäre sieht.

1285 Vgl. *D. Horn/J. Schneider*, in: Fritsch/Niese, Gründungsprozess und Gründungserfolg, S. 219, 221 f., 235, 244.

1286 Vgl. *Emmerich/Sonnenschein*, Konzernrecht, § 4a II. 1., S. 74, m. w. N.

wird vertreten, dass die §§ 311 ff. AktG eine abschließende Regelung darstellen und mit der Annahme eines Wettbettbewerbsverbotes für Aktionäre nicht zu vereinbaren seien.[1287] Es wird darauf verwiesen, dass der Gesetzgeber die Aktiengesellschaft bewusst konzernoffen gestaltet habe, was mit einer weitgehenden Absage an einen – insbesondere treuepflichtgestützten – konzernrechtlichen Präventivschutz verbunden sei.[1288] Nach § 311 Abs. 1 AktG sei es einem herrschenden Unternehmen zudem gestattet, der Aktiengesellschaft Nachteile zuzufügen, soweit sie nachträglich kompensiert werden. In Widerspruch dazu würde aber ein Wettbewerbsverbot stehen, welches bereits der bloßen Gefahr einer Nachteilszufügung entgegenwirke.[1289]

Dieser Ansicht ist jedoch nicht zu folgen: Die §§ 311 ff. AktG dienen dem Bestandsschutz der abhängigen Aktiengesellschaft.[1290] Daraus kann aber nicht der Schluss gezogen werden, dass daneben für einen Konzerneingangsschutz kein Platz mehr sei. *Burgard* weist zu Recht darauf hin, dass der Gesetzgeber bei der Konzeption der §§ 311 ff. AktG einer zweifachen Fehleinschätzung unterlegen ist:[1291] Zum einen unterschätzte er die aus der Abhängigkeitslage resultierende Interessengefährdung. Er ging davon aus, dass er diese mit den §§ 311 ff. AktG genügend reduziert habe. Jedoch tragen die Vorschriften nur beliebigen anderweitigen unternehmerischen Interessenbindungen Rechnung. Dagegen finden darüber hinausgehende, spezifische Gefahren, welche mit einer konkurrierenden Tätigkeit einhergehen, keine Berücksichtigung. Dies spricht im Gegenteil gerade

---

1287 *Binnewies*, Die Konzerneingangskontrolle in der abhängigen Gesellschaft, S. 342 f.; *Seydel*, Konzernbildungskontrolle in der Aktiengesellschaft, S. 176; *Jungkurth*, Konzernleitung bei der GmbH, S. 116; *Hüffer*, Festschrift Röhricht, S. 251, 257 f., 259 f.; *Immenga*, JZ 1984, S. 578, 579; vgl. auch *Lutter*, ZHR 162 (1998), S. 164, 173; *Timm*, NJW 1987, S. 977, 978 f.; *Martens*, ZHR 147 (1983), S. 377, 406 ff.; *Liebscher*, Konzernbildungskontrolle, S. 366 f.; *Schuberth*, Konzernrelevante Regelungen im britischen Recht, S. 85; ferner *Röhricht*, Hdb Corporate Governance, S. 513, 531.

1288 Auf niedrigem Niveau findet sich ein gesetzlicher Konzerneingangsschutz in den Mitteilungspflichten der §§ 20 ff. AktG und §§ 21 ff. WpHG sowie dem neuen Übernahmerecht. Zudem verfolgen im Grundsatz auch die §§ 291 ff. AktG einen präventiven Ansatz. Jedoch wird in den allermeisten Fällen schon vor Abschluss des Beherrschungsvertrages eine Abhängigkeitslage bestehen, so dass die Regelung in dieser Hinsicht wenig effektiv ist.

1289 Vgl. die Nachweise in Fn. 1287.

1290 Vgl. auch oben bei Fn. 436.

1291 *Burgard*, Festschrift Lutter, S. 1033, 1043, 1047.

für die Erforderlichkeit der Annahme eines Wettbewerbsverbotes für Aktionäre, welches neben den §§ 311 ff. AktG Anwendung findet.[1292] So ist es den außenstehenden Aktionären insbesondere nicht zuzumuten, dass sie ausharren, bis sich die spezifischen Gefahren, welche sich aus der Doppelrolle als herrschendes Unternehmen und Konkurrent ergeben, schließlich verwirklicht haben, um dann auf einen Nachteilsausgleich zu hoffen oder den unsicheren und meist erfolglosen Klageweg zu bestreiten.[1293] Ebenfalls ist es nicht zumutbar, die außenstehenden Aktionäre auf den Verkauf ihrer Beteiligung zu verweisen.[1294] Zum anderen sah der Gesetzgeber den Vertragskonzern nach §§ 291 ff. AktG als den Regelfall an, so dass die §§ 311 ff. AktG aus seiner Sicht nur für den Bereich der noch verbleibenden Ausnahmefälle gedacht waren.[1295] § 293 Abs. 1 AktG enthält mit dem Zustimmungserfordernis der Hauptversammlung der abhängigen Gesellschaft Elemente einer Konzernbildungskontrolle; oder wie es die Begründung zum Regierungsentwurf formuliert: „Durch den Vertragszwang wird die Konzernbildung rechtlich erfasst und sichtbar gemacht."[1296] Sollte also im Regelfall eine gewisse – wenn auch wenig effektive – Konzernbildungskontrolle stattfinden, kann aus den bestandsschützenden Vorschriften der §§ 311 ff. AktG nicht auf das Fehlen eines jeglichen Präventivschutzes geschlossen werden. Vielmehr kann den §§ 311 ff. AktG nur entnommen werden, dass ein Konzerneingangsschutz nicht so (über)dimensioniert sein darf, dass das Entstehen faktischer Konzernverbindungen rechtlich oder tatsächlich ausgeschlossen ist und die §§ 311 ff. AktG leer laufen würden.[1297] Dies ist aber gerade bei einem Wettbewerbsverbot nicht der Fall. Denn einerseits ist das Wettbewerbsverbot nur bei

---

1292 *Burgard*, Festschrift Lutter, S. 1033, 1044, 1047; vgl. auch *Windbichler*, in: GroßKomm, AktG, § 17, Rn. 83: Wettbewerbsverboten kommt „die Funktion des Schutzes bei bestehender Abhängigkeit" zu.

1293 *Burgard*, Festschrift Lutter, S. 1033, 1047 f.

1294 So aber *Binnewies*, Die Konzerneingangskontrolle in der abhängigen Gesellschaft, S. 343; zutreffend wiederum *Burgard*, Festschrift Lutter, S. 1033, 1047.

1295 Vgl. Begründung RegE, Vorbemerkung zum Dritten Buch, in: *Kropff*, Aktiengesetz 1965, S. 374 f.

1296 Begründung RegE, Vorbemerkung zum Dritten Buch, in: *Kropff*, Aktiengesetz 1965, S. 375; vgl. ferner Begründung RegE zu § 293, in: *Kropff*, Aktiengesetz 1965, S. 380.

1297 *Geiger*, Wettbewerbsverbote im Konzernrecht, S. 217.

Unternehmensverbindungen zwischen Konkurrenten einschlägig.[1298] Andererseits besteht auch die Möglichkeit einer Befreiung vom Wettbewerbsverbot, ohne dass damit die Beendigung einer faktischen Konzernverbindung zwingend einhergeht.[1299] Des Weiteren bewirken die Vorschriften der §§ 311 ff. AktG (zumindest) über ihren Regelungsbereich hinaus keine Einschränkung der gesellschaftsrechtlichen Treuepflicht, so dass die §§ 311 ff. AktG auch insoweit dem Wettbewerbsverbot für Aktionäre nicht entgegenstehen.[1300]

Im Ergebnis stehen damit die §§ 311 ff. AktG der Zulässigkeit eines Wettbewerbsverbotes für Aktionäre nicht entgegen.[1301]

3. Die Auswirkungen des Wettbewerbsverbotes auf Konzernstrukturen

Im Rahmen der Darstellung der konzernpräventiven Wirkung des Wettbewerbsverbotes sind bereits erste rechtstatsächliche Auswirkungen auf den Konzern angedeutet worden. Das Wettbewerbsverbot steht horizontalen Übernahmen entgegen und behindert damit eine wichtige Variante der Konzernbildung und -

---

1298 Die These, dass Unternehmensverbindungen typischerweise zwischen Wettbewerbern bestehen (*Jungkurth*, Konzernleitung bei der GmbH, S. 116), ist meines Erachtens unzutreffend, zumindest aber nicht hinreichend belegt. Daher und auch in Anbetracht der Befreiungsmöglichkeiten führt das Wettbewerbsverbot für Aktionäre auch nicht zu einem „Konzernierungsverbot großen Ausmaßes“; so aber *Seydel*, Konzernbildungskontrolle bei der Aktiengesellschaft, S. 175; vgl. ferner *Hüffer*, Festschrift Röhricht, S. 251, 260.

1299 Eine Befreiung vom Wettbewerbsverbot fällt mit der Beendigung einer faktischen Konzernverbindung nur beim Abschluss eines Beherrschungs- oder Entherrschungsvertrages zusammen, nicht dagegen bei der Befreiung durch einen satzungsändernden Hauptversammlungsbeschluss.

1300 Vgl. *Habersack*, in: Emmerich/Habersack, Aktien- und GmbH-Konzernrecht, Vor § 311, Rn. 7, § 311, Rn. 89 f.; *ders.*, in: Emmerich/Sonnenschein/Habersack, Konzernrecht, § 24 VI. 2. a.E., S. 400, m. w. N. Teilweise wird sogar von einer Superposition der §§ 311 ff. AktG durch die gesellschaftsrechtliche Treuepflicht ausgegangen, so *Zöllner*, ZHR 162 (1998), S. 235, 241 f., passim; *Henze*, BB 1996, S. 489, 499; *Tröger*, Treupflicht im Konzernrecht, S. 210 ff.; ferner *Ehricke*, Das abhängige Konzernunternehmen in der Insolvenz, S. 439 ff.; dagegen aber neben *Habersack* (a.a.O.) auch *Mülbert*, ZHR 163 (1999), S. 1, 26, Fn. 96.

1301 Ebenso *Habersack*, in: Emmerich/Habersack, Aktien- und GmbH-Konzernrecht, Vor § 311, Rn. 7, § 311, Rn. 90; *ders.*, in: Emmerich/Sonnenschein/Habersack, Konzernrecht, § 24 VI. 2., S. 400; *Burgard*, Festschrift Lutter, S. 1033, 1044; *Geiger*, Wettbewerbsverbote im Konzernrecht, S. 217; *Wimmer-Leonhardt*, Konzernhaftungsrecht, S. 316.

erweiterung. Ferner bedingt das Wettbewerbsverbot in Abwesenheit eines Befreiungstatbestandes zunächst eine (weitestgehend) überschneidungsfreie Aufteilung der Geschäftsfelder zwischen Muttergesellschaften und ihren Tochteraktiengesellschaften.[1302] Da eine Konzernmutter sowohl durch eine unmittelbare als auch durch eine mittelbare Beteiligung an einer konkurrierenden Gesellschaft das ihr obliegende Wettbewerbsverbot verletzen kann,[1303] ist sie ferner gehalten, die Aufteilung der Geschäftsfelder aus Sicht der zu betrachtenden Aktiengesellschaft auch auf deren Schwester- und Nichtengesellschaften zu erstrecken.

Diese Konsequenzen werden teilweise als zu weitgehend angesehen. So wird gegen die Zulässigkeit des Wettbewerbsverbotes für Aktionäre eingewandt, dass es die unternehmerische Bewegungsfreiheit einschränke, indem es Umstrukturierungsmaßnahmen innerhalb eines Konzerns sowie den Beteiligungserwerb erschwere.[1304] Des Weiteren würde die Annahme eines Wettbewerbsverbotes für Aktionäre die Auflösung oder Umstrukturierung bislang bestehender Konzernstrukturen notwendig machen.[1305]

Diese – zunächst auch zutreffenden – Hinweise auf die praktischen Auswirkungen des Wettbewerbsverbotes liefern jedoch rechtlich kein hinreichendes Argument gegen seine Zulässigkeit.[1306] Die ökonomische Sinnhaftigkeit horizontaler Übernahmen oder des Betriebs konkurrierender Gesellschaften innerhalb eines Konzernverbundes soll an dieser Stelle nicht in Frage gestellt werden. So kann die Übernahme eines Konkurrenten durchaus eine – auch volkswirtschaftlich wünschenswerte – Steigerung der Leistungsfähigkeit der verbunden Unternehmen bewirken. Die Umsetzung von Diversifizierungs- und Flexibilisierungsstrategien stellt neben der allgemeinen Haftungssegmentierung einen möglichen Grund für den Betrieb zweier oder mehrerer konkurrierender Gesellschaften in-

---

1302 Eine besondere Bedeutung bei der Aufteilung der Geschäftsfelder kommt der Bestimmung des satzungsmäßigen Unternehmensgegenstandes der Tochtergesellschaft zu, vgl. oben S. 239 ff.

1303 Vgl. oben S. 242 ff.

1304 *Kropff*, in: MünchKomm, AktG, Vor § 311, Rn. 65 a.E.; *Mai*, Aktionärsschutz, S. 79 ff.

1305 *Seydel*, Konzernbildungskontrolle bei der Aktiengesellschaft, S. 175.

1306 *Burgard*, Festschrift Lutter, S. 1033, 1046, Fn. 58: „Wo-kämen-wir-denn-dahin"-Argument.

nerhalb eines Verbundes dar. Gleichzeitig bedürfen aber die Gesellschaft und über sie vermittelt deren Minderheitsaktionäre und Gläubiger dem Schutz vor den spezifischen Gefahren, die aus einer konkurrierenden Betätigung der Muttergesellschaft resultieren. Dies kann – wie gezeigt – allein das gesetzliche Wettbewerbsverbot leisten. Andernfalls würde man den genannten Gruppen im Konzerninteresse eine Art Sonderopfer abverlangen.[1307]

Auch werden die Konzernbildung, -erweiterung oder -umstrukturierung durch die Anerkennung eines Wettbewerbes nicht übermäßig beeinträchtigt. Allein die „Spielregeln" der jeweiligen Maßnahme sind modifiziert:

Keine Probleme bereiten zunächst Fälle, in denen eine Tochteraktiengesellschaft im Wege der Ausgliederung nach § 123 Abs. 3 Nr. 2 UmwG aus der Muttergesellschaft hervorgeht. Denn bereits in der Gründungssatzung der neuen Aktiengesellschaft kann die Befreiung der Muttergesellschaft vom Wettbewerbsverbot festgeschrieben werden. Dritte, die sich erst später an der Tochtergesellschaft beteiligen,[1308] haben die satzungsmäßige Befreiung zu akzeptieren. Auch ohne satzungsmäßige Befreiung kann die Muttergesellschaft in der Gründungssatzung auf den Umfang des Wettbewerbsverbotes einwirken. Sie kann sowohl den räumlichen als auch durch die Bestimmung des Unternehmensgegenstandes den sachlichen Geltungsbereich des Wettbewerbsverbotes festlegen. Soweit die Muttergesellschaft rechtlicher oder wirtschaftlicher Alleinaktionär der Tochtergesellschaft ist, entstehen durch das Wettbewerbsverbot ebenfalls keine Probleme. Die Mutter kann in beiden Fällen auch später noch einen einstimmigen, satzungsändernden Befreiungsbeschluss der Hauptversammlung herbeiführen. Alternativ kann die Muttergesellschaft in den genannten Fällen einen Beherrschungsvertrag mit ihrer Tochtergesellschaft abschließen.

Vertikale und konglomerate Übernahmen werden durch das Wettbewerbsverbot für Aktionäre nicht behindert.[1309] Bei der horizontalen Übernahme einer Aktiengesellschaft muss die (zukünftige) Muttergesellschaft bereits im Vorfeld auf eine satzungsmäßige Befreiung hinarbeiten und über eine solche mit den außen-

---

1307 Vgl. nur *Noll*, ORDO 43 (1992), S. 205, 218 ff.

1308 Beispielsweise im Rahmen der Börsenplazierung einer Minderheitsbeteilung.

1309 Vgl. oben S. 277 ff., insbesondere bei Fn. 1285.

stehenden Aktionären der Gesellschaft verhandeln. Regelmäßig dürfte eine solche Befreiung aber nur schwer zu erlangen sein.[1310] Alternativ besteht aber vielfach die Möglichkeit, dass die Muttergesellschaft alsbald nach der Übernahme einen Beherrschungsvertrag mit der Aktiengesellschaft schließt.[1311] Dieser Weg ist jedoch bei Vornahme einer Due Diligence Prüfung nicht gangbar.[1312] Unproblematisch ist dagegen wiederum die Konstellation, dass die zu übernehmende Aktiengesellschaft eingliedrig ist. Denn dann kann bereits der übertragungswillige Alleinaktionär – soweit noch nicht erfolgt – die satzungsmäßige Befreiung betreiben. Gleiches gilt für den Verkauf durch die Gesellschaftergesamtheit. Dies zusammengenommen beschränkt sich die konzernpräventive Wirkung des Wettbewerbsverbotes im Wesentlichen nur noch auf horizontale Übernahmen, bei denen eine kleinere als die für den Abschluss eines Beherrschungsvertrages notwendige Mehrheit von drei Vierteln des Grundkapitals erworben werden kann oder soll. Nochmals: Für dieses Ergebnis bestehen aber gute Gründe.

Soweit eine Muttergesellschaft keine klare Aufteilung und Zuordnung der Geschäftsfelder zwischen ihren Tochtergesellschaften durchführen will und eine satzungsmäßige Befreiung nicht erzielt werden kann, steigt für sie somit der Druck zum Abschluss eines Beherrschungsvertrages beträchtlich.[1313] Das Wettbewerbsverbot für Aktionäre drängt damit – freilich nur innerhalb seines Anwendungsbereiches – die Bildung sowie die Existenz faktischer Konzerne zurück. Dies ist zu begrüßen, assistiert es doch damit der Verwirklichung des gesetzlichen Leitbildes, nach welchem der Vertragskonzern und nicht der faktische Konzern den Regelfall darstellen soll.

4. Exkurs: Das konzernweite Wettbewerbsverbot

Von dem Thema der vorliegenden Untersuchung zu unterscheiden ist die Frage nach einem konzernweiten Wettbewerbsverbot. Über das Wettbewerbsverbot des Aktionärs hinaus ist dabei nach einem Wettbewerbsverbot der Muttergesellschaft gegenüber ihren Enkel- und Ur-Enkelgesellschaften sowie – mit freilich

---

1310 So auch die Einschätzung von *Burgard*, Festschrift Lutter, S. 1033, 1048, 1051.

1311 Vgl. oben S. 229 f. (Beispiel).

1312 Vgl. oben S. 229 f. (Beispiel).

1313 *Burgard*, Festschrift Lutter, S. 1033, 1047 f., 1051.

negativem Ergebnis – vice versa zu fragen[1314]. Für den Fall, dass es sich bei der Enkelgesellschaft um eine Aktiengesellschaft handelt, geht es – anders gewendet – um die Frage nach einem Wettbewerbsverbot zu Lasten nur mittelbarer Aktionäre. Untersuchungsgegenstand ist dabei nicht mehr der persönlichen Anwendungsbereich des Wettbewerbsverbotes für Aktionäre. Denn zwischen der Enkelaktiengesellschaft und ihrer Muttergesellschaft besteht kein mitgliedschaftliches Verhältnis, so dass die vertikale Treuepflicht in der beschriebenen Weise nicht als Rechtsgrundlage für das Wettbewerbsverbot der Muttergesellschaft dienen kann.

Dass eine Muttergesellschaft gegenüber ihrer Enkelgesellschaft einem Wettbewerbsverbot unterliegt, wird verschiedentlich angenommen.[1315] Als Rechtsgrundlage dieses Wettbewerbsverbotes dient die konzernweite Treuepflicht, welche inzwischen überwiegend anerkannt ist[1316]. Unterschiedlich sind allerdings die dogmatischen Begründungen der konzernweiten Treuepflicht: Teilweise wird der zwischen der Mutter- und der Tochtergesellschaft bestehenden Treuepflicht eine Schutzwirkung zugunsten der Enkelgesellschaft zugesprochen.[1317] Andere erstrecken die zwischen der Tochter- und der Enkelgesellschaft bestehenden Treuepflichten nach den Grundsätzen des Zurechnungsdurchgriffs auf die Muttergesellschaft.[1318] Vorzugswürdig erscheint schließlich aber eine

---

1314 *U. H. Schneider/Burgard*, Festschrift Ulmer, S. 579, 596; vgl. zur Gegenseitigkeit des Wettbewerbsverbotes oben S. 236.

1315 Für die GmbH: *U. H. Schneider/Burgard*, Festschrift Ulmer, S. 579, 586 ff.; *Habersack*, in: Emmerich/Habersack, Aktien- und GmbH-Konzernrecht, Anh. § 318, Rn. 28; für die Personenhandelsgesellschaft: BGHZ 89, 162, 165 (Heumann/Ogilvy); vgl. ferner *Stimpel*, AG 1986, S. 117, 120.

1316 Zur herrschenden Ansicht vgl. neben BGHZ 65, 15, 20 f. (ITT); 89, 162, 165 (Heumann/Ogilvy) die Nachweise in den Fn. 1317 bis 1319; a.A. soweit ersichtlich nur *Schießl*, Die beherrschte Personengesellschaft, S. 94 ff., 103 f.; sowie *Stehle*, Gesellschafterschutz gegen fremdunternehmerischen Einfluss in der Personengesellschaft, S. 76 ff., 81 f.

1317 Grundlegend *Stimpel*, AG 1986, S. 117, 119 f.; *ders.*, in: Hommelhoff u.a., Entwicklungen im GmbH-Konzernrecht, S. 39, 41; ihm nachfolgend *Winter*, Mitgliedschaftliche Treuebindungen im GmbH-Recht, S. 256 ff.; *Paschke*, AG 1988, S. 196, 203; vgl. ferner *Assmann*, Festschrift 100 Jahre GmbHG, S. 657, 710 f.; sowie *Rehbinder*, ZGR 1976, S. 386, 396.

1318 *Ulmer*, in: Hachenburg, GmbHG, Anh. § 77, Rn. 74; *ders.*, in: Staub, HGB, Anh. § 105, Rn. 53; *Koppensteiner*, in: Rowedder, GmbHG, Anh. § 52, Rn. 76; *Habersack*, in: Emmerich/Habersack, Aktien- und GmbH-Konzernrecht, § 311, Rn. 89; Anh. § 318,

dritte Ansicht, welche von dem Bestehen einer rechtlichen Sonderverbindung zwischen der Mutter- und der Tochtergesellschaft ausgeht.[1319] Diese Sonderverbindung stellt – auf der Rechtsgrundlage von § 242 BGB – den Entstehungsgrund der konzernweiten Treuepflicht dar. Die konzernweite Treuepflicht konkretisiert sich zu einem eigenständigen Wettbewerbsverbot der Muttergesellschaft gegenüber der Enkelgesellschaft.[1320] So steht außer Frage, dass die spezifischen Gefahren für eine Enkelgesellschaft, welche aus einer konkurrierenden Betätigung ihrer Muttergesellschaft resultieren, zumindest ein vergleichbares Level wie im Falle des konkurrierenden Mehrheitsaktionärs erreichen.[1321] Ein konzernweites Wettbewerbsverbot ist daher zwingend erforderlich.

Zur Befreiung der Muttergesellschaft vom Wettbewerbsverbot gegenüber einer Enkelaktiengesellschaft bedarf es wegen des eigenständigen Charakters des Wettbewerbsverbotes eines satzungsändernden Befreiungsbeschlusses zugunsten der Mutter bei der Enkelin. Nicht ausreichend ist eine „Befreiungskette" mit satzungsmäßigen Befreiungen zwischen Mutter und Tochter sowie Tochter und Enkelin. Gleiches gilt für eine Kette von Beherrschungsverträgen. Auch sie bewirken keine Befreiung vom Wettbewerbsverbot im Mutter-Enkel-Verhältnis.[1322]

Rn. 28; *Emmerich*, Festschrift Stimpel, S. 743, 748 ff.; *K. Schmidt*, ZIP 1986, S. 146, 149; *Reuter*, AG 1986, S. 130, 131; sowie *Wiedemann/Hirte*, ZGR 1986, S. 163, 165.

1319 *Tröger*, Treupflicht im Konzernrecht, S. 52 ff., 57 f.; *Limmer*, Die Haftungsverfassung des faktischen GmbH-Konzerns, S. 78 ff.; vgl. ferner *U. H. Schneider*, ZGR 1980, S. 511, 532 ff.; *ders.*, BB 1981, S. 249, 255; *Rehbinder*, ZGR 1977, S. 581, 640 f.; sowie jüngst *U. H. Schneider/Burgard*, Festschrift Ulmer, S. 579, 585 ff.

1320 Geht man – wie hier – von einer Treuepflicht und zudem von einem Wettbewerbsverbot des Alleingesellschafters aus (vgl. oben S. 74 ff., S. 162), kommt man unabhängig von der dogmatischen Begründung der konzernweiten Treuepflicht in den meisten Fallkonstellationen zu identischen Ergebnissen. Verneint man aber eine Treuepflicht und damit ein Wettbewerbsverbot des Alleingesellschafters, kommt man in den meisten Fallkonstellationen zu unterschiedlichen Ergebnissen, vgl. dazu *U. H. Schneider/Burgard*, Festschrift Ulmer, S. 579, 586 ff.

1321 *U. H. Schneider/Burgard*, Festschrift Ulmer, S. 579, 586: „noch weitergehende Gefahren".

1322 *U. H. Schneider/Burgard*, Festschrift Ulmer, S. 579, 582 f.

III. Das satzungsmäßige Wettbewerbsverbot für Aktionäre

A. Einleitung

Die bisherige Untersuchung zeigt, dass in bestimmten Fallkonstellationen ein gesetzliches Wettbewerbsverbot für Aktionäre besteht. Dieses findet seine Grundlage in der gesellschaftsrechtlichen Treuepflicht. Offen ist bislang noch die Frage nach der Möglichkeit einer satzungsmäßigen Verankerung des Wettbewerbsverbotes. Ob und inwieweit diese zulässig ist, bedarf der Überprüfung am Grundsatz der formellen Satzungsstrenge, welcher in § 23 Abs. 5 AktG niedergelegt ist. Die Satzungsstrenge beschränkt die Autonomie der Aktionäre bei der Gestaltung der Satzung. Sie dient allgemein der Schaffung von Rechtssicherheit und -klarheit.[1323] Durch die geschaffenen Standards wird zudem die Fungibilität der Aktie sichergestellt. Insbesondere zukünftige Anlagegesellschafter können darauf vertrauen, dass die Satzung keine überraschenden, für sie nachteiligen Klauseln enthält. Die Kosten einer Überprüfung der Satzung werden ihnen dadurch erspart.[1324] In gleicher Weise dient der Grundsatz der Satzungsstrenge dem Schutz der Gläubiger.[1325]

Nach § 23 Abs. 5 Satz 1 AktG sind Abweichungen vom Gesetz nur erlaubt, wenn das Aktiengesetz diese ausdrücklich zulässt; Ergänzungen sind nach § 23 Abs. 5 Satz 2 AktG zulässig, soweit das Aktiengesetz keine abschließende Regelung enthält:

B. Das Wettbewerbsverbot als Abweichung im Sinne des § 23 Abs. 5 Satz 1 AktG

Zunächst könnte ein statuarisches Wettbewerbsverbot für Aktionäre eine Abweichung von den Vorschriften des Aktiengesetzes darstellen. Eine Abweichung

---

1323 *Röhricht*, in: GroßKomm, AktG, § 23, Rn. 167.

1324 Vgl. *Röhricht*, in: GroßKomm, AktG, § 23, Rn. 167; *Pentz*, in: MünchKomm, AktG, § 23, Rn. 150; ferner *Schäfer/Ott*, Ökonomische Analyse des Zivilrechts, S. 609.

1325 *Hüffer*, AktG, § 23, Rn. 34; ferner *Binnewies*, Die Konzerneingangskontrolle in der abhängigen Gesellschaft, S. 315 f.

liegt vor, wenn eine gesetzliche Regelung durch die in Frage stehende satzungsmäßige Regelung ersetzt wird.[1326]

Koppensteiner war der Ansicht, dass ein Wettbewerbsverbot für Aktionäre eine abweichende Regelung zu § 88 AktG darstellt.[1327] Da § 88 AktG Abweichungen von diesem Wettbewerbsverbot nicht – wie von § 23 Abs. 5 Satz 1 AktG gefordert – ausdrücklich zulasse, könne eine entsprechende Regelung für Aktionäre deshalb kein zulässiger Satzungsbestandteil sein.[1328]

Der Einordnung des Wettbewerbsverbotes für Aktionäre als eine Abweichung von § 88 AktG ist jedoch zu widersprechen: Zunächst ist zwingend zwischen den unterschiedlichen Regelungsbereichen zu differenzieren. Das Wettbewerbsverbot des § 88 Abs. 1 AktG bezieht sich auf den organschaftlichen, das Wettbewerbsverbot für Aktionäre dagegen auf den mitgliedschaftlichen Bereich.[1329] Adressat des Wettbewerbsverbotes des § 88 Abs. 1 AktG sind allein die Mitglieder des Vorstandes. Ein satzungsmäßiges Wettbewerbsverbot für Aktionäre betrifft daher keineswegs den Regelungsbereich des § 88 AktG, sondern rekurriert vielmehr auf eine andere Organisationsebene innerhalb der Aktiengesellschaft. Es ersetzt somit die gesetzliche Regelung des § 88 AktG nicht und ist daher mitnichten als eine Abweichung im Sinne von § 23 Abs. 5 Satz 1 AktG zu qualifizieren.[1330]

1326 Vgl. nur *Hüffer*, AktG, § 23, Rn. 35.

1327 *Koppensteiner*, in: KölnKomm, AktG, 2. Aufl., Vorb. § 311, Rn. 27; vgl. nunmehr *ders.*, in: KölnKomm, AktG, Anh. § 318, Rn. 25: Zulässige Ergänzung?.

1328 Leichte Zweifel an seinem eigenen Ergebnis ließ *Koppensteiner* aber erkennen, wenn er formulierte, dass „[i]n der Satzung einer Aktiengesellschaft [...] ein Wettbewerbsverbot *wohl* nicht aufgenommen werden“ könne; vgl. *Koppensteiner*, in: KölnKomm, AktG, 2. Aufl., Vorb. § 311, Rn. 27.

1329 Vgl. dazu auch oben S. 33 f.

1330 *Binnewies*, Die Konzerneingangskontrolle in der abhängigen Gesellschaft, S. 317; *Liebscher*, Konzernbildungskontrolle, S. 386 f.; *Seydel*, Konzernbildungskontrolle bei der Aktiengesellschaft, S. 172 f.; *Bouchon*, Konzerneingangsschutz im GmbH- und Aktienrecht, S. 112 f.; vgl. ferner *Eckert*, Konzerneingangsschutz im Aktienkonzernrecht, S. 92 f., der schon gar nicht erst auf die Möglichkeit einer Abweichung eingeht.

C. Das Wettbewerbsverbot als Ergänzung im Sinne des § 23 Abs. 5 Satz 2 AktG

Des Weiteren könnte ein satzungsmäßiges Wettbewerbsverbot für Aktionäre als eine ergänzende Bestimmung zulässig sein. Eine Ergänzung im Sinne des § 23 Abs. 5 Satz 2 AktG liegt vor, wenn das Aktiengesetz entweder keinen der in Frage stehenden Satzungsbestimmung entsprechenden Regelungsinhalt normiert oder eine gesetzliche Regelung nach ihrem Gedanken weitergeführt, folglich in ihrem Grundsatz unberührt bleibt.[1331] Sie ist nur zulässig, soweit das Aktiengesetz keine abschließende Regelung enthält. Anders gewendet bedeutet dies, dass eine Regelungslücke gegeben sein muss.[1332]

Dass für das Wettbewerbsverbot für Aktionäre grundsätzlich eine Regelungslücke besteht und insbesondere § 88 AktG nicht als eine abschließende Regelung zu verstehen ist, wurde anderenorts bereits aufgezeigt.[1333] Des Weiteren lässt das Aktiengesetz satzungsergänzende Regelungen teilweise auch ausdrücklich zu. Einen dieser Fälle bildet § 55 Abs. 1 AktG. Nach § 55 Abs. 1 AktG kann die Satzung – beim Vorliegen vinkulierter Aktien – den Gesellschaftern Nebenverpflichtungen auferlegen. Damit macht § 55 Abs. 1 AktG eine Ausnahme von dem Grundsatz des § 54 Abs. 1 AktG, nach dem die Aktionäre nur zur Erbringung ihrer Einlage verpflichtet sind.

Zunächst ist zu prüfen, ob ein Wettbewerbsverbot für Aktionäre als eine Nebenverpflichtung im Sinne des § 55 Abs. 1 AktG zu qualifizieren ist. Fällt das Ergebnis positiv aus, kann ein Wettbewerbsverbot für Aktionäre als eine solche Nebenverpflichtung in die Satzung aufgenommen werden. Erst für den Fall, dass diese Frage zu verneinen ist, stellt sich die Anschlussfrage, ob § 55 Abs. 1 AktG für Verpflichtungen zu Lasten der Aktionäre, welche über die Leistung ihrer Einlage hinausgehen, eine abschließende Regelung im Sinne des § 23 Abs. 5 Satz 2 AktG darstellt.

1331 *Pentz*, in: MünchKomm, AktG, § 23, Rn. 157; *Hüffer*, AktG, § 23, Rn. 37; *Röhricht*, in: GroßKomm, AktG, § 23, Rn. 186.

1332 Vgl. nur *Röhricht*, in: GroßKomm, AktG, § 23, Rn. 187.

1333 Vgl. oben S. 30 ff.

1. Das Wettbewerbsverbot als Nebenverpflichtung im Sinne von § 55 Abs. 1 AktG?

Als Gegenstand der Nebenverpflichtung kommt nach dem Gesetz nur eine „wiederkehrende, nicht in Geld bestehende Leistung" in Betracht. Da Unterlassungen grundsätzlich nicht monetärer Art sind,[1334] ist allein fraglich, ob es sich bei dem Wettbewerbsverbot um eine „Leistung" handelt und insbesondere ob diese als „wiederkehrend" zu qualifizieren ist:

a) Leistung

Der Begriff der Leistung des § 55 Abs. 1 AktG ist nach allgemeiner Ansicht im Sinne des § 241 Abs. 1 BGB zu verstehen,[1335] kann neben einer Handlung nach Satz 2 also durchaus auch in einem Unterlassen liegen.[1336]

Ein Wettbewerbsverbot als die Pflicht, Wettbewerb gegenüber der Gesellschaft zu unterlassen, ist mithin vom Leistungsbegriff des § 55 Abs. 1 AktG gedeckt.[1337]

1334 So schon *Sallach*, Die Nebenleistungsaktiengesellschaft, S. 25 unten; *Schildmacher*, Die Nebenleistungsaktiengesellschaft, S. 27 unten.

1335 Statt anderer *Hüffer*, AktG, § 55, Rn. 3; *Henze*, in: GroßKomm, AktG, § 55, Rn. 16; *Lutter*, in: KölnKomm, AktG, § 55, Rn. 5; *Hefermehl/Bungeroth*, in: Geßler/Hefermehl, AktG, § 55, Rn. 12; *Bungeroth*, in: MünchKomm, AktG, § 55, Rn. 14; *Janssen*, in: AnwaltKomm, AktienR, AktG, § 55, Rn. 7. Dagegen geht *Wolff*, Festgabe Wilke, S. 319, 335, unter Bezugnahme auf die Entstehungsgeschichte der Vorschrift davon aus, dass ein Aktionär nur zur Lieferung von „Produkten" verpflichtet werden könne. Unter dem Terminus „Produkte" verstand *Wolff* wohl Naturprodukte und Rohstoffen wie beispielsweise Rüben, Kartoffeln, Milch und Kohle; vgl. dazu *Lehmann*, ZHR 51 (1901), S. 303; ferner *Köppel*, Die Nebenleistungs-Aktiengesellschaft nach geltendem Handelsrecht, S. 18 f. mit Fn. 2.

1336 Anders *Schlegelberger/Quassowski*, AktG, § 50, Rn. 6, nach denen eine Unterlassung nicht Gegenstand einer Nebenverpflichtung sein kann. Es sei ausgeschlossen, dass eine Unterlassung „wiederkehrend" sein könne.

1337 So auch schon *Ebert*, Die Nebenleistungsaktiengesellschaft, S. 64, zum damaligen § 212 Abs. 1 HGB. Anmerkung: § 212 Abs. 1 HGB 1900 ist die Vorgängervorschrift zu § 50 Abs. 1 AktG 1937, welche wiederum der Vorläufer des heutigen § 55 Abs. 1 AktG 1965 ist. § 55 Abs. 1 AktG 1965 stimmt bis auf den neu eingefügten Satz 2 mit § 50 Abs. 2 AktG 1937 wörtlich überein. Zuvor stimmte schon § 50 Abs. 1 AktG 1937 mit § 212 Abs. 1 HGB 1900 inhaltlich überein. Seit 1965 ist § 55 AktG unverändert geblieben.

b) Wiederkehrend?

Fraglich ist jedoch, ob ein Wettbewerbsverbot unter die Voraussetzung „wiederkehrend“ subsumiert werden kann:

(1) Auslegung nach allgemeiner Ansicht

Eine Leistung wird nach der heute allgemein vertretenen Ansicht als wiederkehrend angesehen, wenn sie weder einmalig noch andauernd zu erbringen ist.[1338] Dabei sei die Regel- oder Unregelmäßigkeit der Leistungserbringung unerheblich.[1339] Ebenso komme es nicht darauf an, ob die Leistung tatsächlich nur einmal erbracht worden ist, wenn sie als wiederkehrende vorgesehen war.[1340]

Die Möglichkeit, Unterlassungen zum Gegenstand einer Nebenverpflichtung zu machen, ist durch diese Auslegung des Begriffes „wiederkehrend“ und der damit verbundenen Unzulässigkeit von Verpflichtungen zu dauernden Leistungen sehr stark eingeschränkt. Denn Unterlassungspflichten sind in aller Regel als Dauerleistungen zu qualifizieren.[1341]

Ganz ausgeschlossen ist die Begründung von Unterlassungen als Nebenverpflichtungen im Sinne des § 55 Abs. 1 AktG jedoch nicht,[1342] sondern beschränkt sich auf solche Unterlassungspflichten, die sich bei bestimmten, sich wiederholenden Gelegenheiten aktualisieren (so genannte „wiederkehrende Un-

---

1338 Statt vieler *Hüffer*, AktG, § 55, Rn. 4; *Lutter*, in: KölnKomm, AktG, § 55, Rn. 6; *Henze*, in: GroßKomm, AktG, § 55, Rn. 17; *Janssen*, in: AnwaltKomm, AktienR, AktG, § 55, Rn. 7; *Bungeroth*, in: MünchKomm, AktG, § 55, Rn. 16; ferner *Hefermehl/Bungeroth*, in: Geßler/Hefermehl, AktG, § 55, Rn. 14; *A. Hueck*, in: Baumbach/Hueck, AktG, § 55, Rn. 6; ferner BayObLG, AG 1989, S. 173, 174.

1339 *Bungeroth*, in: MünchKomm, AktG, § 55, Rn. 16 a.E.; *Henze*, in: GroßKomm, AktG, § 55, Rn. 18; vgl. ferner *Leist*, Untersuchungen zum inneren Vereinsrecht, S. 19 mit Fn. 2, der dies aus einem Umkehrschluss zu § 197 BGB ableitet. § 197 Abs. 2 BGB spricht im Gegensatz zu § 55 Abs. 1 AktG von *regelmäßig* wiederkehrenden Leistungen.

1340 *Henze*, in: GroßKomm, AktG, § 55, Rn. 18.

1341 Daneben mag teilweise auch eine Qualifizierung von Unterlassungspflichten als – ebenfalls unzulässige – einmalige Leistung möglich sein, wenn die Unterlassungspflicht zeitlich befristet ist. Eine Unterlassung als Dauerleistung ist dagegen zeitlich unbefristet; vgl. *Sallach*, Die Nebenleistungsaktiengesellschaft, S. 26.

1342 So aber *Schlegelberger/Quassowski*, AktG, § 50, Rn. 6.

terlassungen").[1343] Als Beispiel werden immer wieder Konditionenkartelle[1344] angeführt, welche sich in Form von Nebenleistungsaktiengesellschaften organisieren können. Die Unterlassungspflicht der Aktionäre bestehe hier darin, anlässlich entsprechender Rechtsgeschäfte von bestimmten Regeln nicht abzuweichen. Diese Rechtsgeschäfte treten wiederholt auf, so dass sich gleichfalls die Unterlassungspflicht wiederholt aktualisiere und daher als wiederkehrend zu qualifizieren sei.[1345]

Im Gegensatz dazu ist ein Wettbewerbsverbot (wohl) als eine Dauerpflicht anzusehen.[1346] Da das Wettbewerbsverbot ständig zu beachten ist, aktualisiert es sich also gerade nicht periodisch. Nach allgemeiner Ansicht kann es daher nicht unter das Tatbestandsmerkmal „wiederkehrend" subsumiert werden.[1347]

Folglich kommt ein Wettbewerbsverbot für Aktionäre nach der allgemeinen Ansicht nicht als zulässige Nebenverpflichtung im Sinne des § 55 Abs. 1 AktG in Betracht.[1348] Weil die vorherrschende Ansicht § 55 Abs. 1 AktG ferner für Verpflichtungen zu Lasten der Aktionäre, welche über die Pflicht zur Leistung ihrer

---

1343 *Bungeroth*, in: MünchKomm, AktG, § 55, Rn. 17; *Henze*, in: GroßKomm, AktG, § 55, Rn. 19; *Lutter*, in: KölnKomm, AktG, § 55, Rn. 7; ferner *A. Hueck*, in: Baumbach/-Hueck, AktG, § 55, Rn. 6.

1344 § 2 Abs. 2 GWB.

1345 *Lutter*, in: KölnKomm, AktG, § 55, Rn. 7; *Bungeroth*, in: MünchKomm, AktG, § 55, Rn. 17; *Henze*, in: GroßKomm, AktG, § 55, Rn. 19.

1346 Ausführlich dazu unten S. 295 ff.

1347 *Hüffer*, AktG, § 55, Rn. 4; *ders.*, Festschrift Röhricht, S. 251, 262; *Lutter*, in: Köln-Komm, AktG, § 55, Rn. 7; *Bungeroth*, in: MünchKomm, AktG, § 55, Rn. 17; *Hefermehl/Bungeroth*, in: Geßler/Hefermehl, AktG, § 55, Rn. 15; *Janssen*, in: AnwaltKomm, AktienR, AktG, § 55, Rn. 7 a.E.; *Henze*, in: GroßKomm, AktG, § 55, Rn. 17; *Wiesner*, in: MünchHdbGesR AG, § 16, Rn. 39; *Koppensteiner*, in: KölnKomm, AktG, Anh. § 318, Rn. 25; *Kropff*, in: MünchKomm, AktG, Vor § 311, Rn. 85 mit Fn. 205; ferner *Seydel*, Konzernbildungskontrolle bei der Aktiengesellschaft, S. 173; *Eckert*, Konzerneingangskontrolle im Aktienkonzernrecht, S. 92; *Binnewies*, Die Konzerneingangskontrolle in der abhängigen Gesellschaft, S. 319; *Friedewald*, Die personalistische Aktiengesellschaft, S. 103; *Kim*, Der konzernrechtliche Präventivschutz, S. 114; *Bouchon*, Konzerneingangschutz im GmbH- und Aktienrecht, S. 113 f.; früher schon *A. Hueck*, in: Baumbach/Hueck, AktG, § 55, Rn. 6; *Barz*, in: GroßKomm, AktG, 3. Aufl., § 55, Anm. 8; *S. Wilhelmi*, in: Godin/Wilhelmi, AktG, § 55, Anm. 4; *Ritter*, AktG, § 50, Anm. 3c; *Schlegelberger/Quassowski*, AktG, § 50, Rn. 6; sowie in einem obiter dictum KG, OLGRspr. 27, S. 345, 346; ferner *Sallach*, Die Nebenleistungsaktiengesellschaft, S. 27.

1348 Vgl. die Nachweise in der vorhergehenden Fn. 1347.

Einlage nach § 54 Abs. 1 AktG hinausgehen, als eine abschließende Regelung im Sinne des § 23 Abs. 5 Satz 2 AktG versteht,[1349] ist für sie demnach ein statuarisches Wettbewerbsverbot für Aktionäre gemäß §§ 23 Abs. 5 Satz 2, 55 Abs. 1 AktG unzulässig.[1350] Ein satzungsändernder Hauptversammlungsbeschluss, der nachträglich ein satzungsmäßiges Wettbewerbsverbot für Aktionäre vorsieht, wäre gemäß § 243 Nr. 3 AktG nichtig. Enthält bereits die Gründungssatzung – nach Eintragung der Gesellschaft – ein satzungsmäßiges Wettbewerbsverbot für Aktionäre, wäre dieses analog § 241 Nr. 3 AktG nichtig.[1351]

(2) Eigene Auslegung

Meines Erachtens sind jedoch Zweifel an der dargestellten Auslegung des Begriffes „wiederkehrend" angebracht.

Zunächst – und insoweit kann mit der allgemeinen Ansicht noch überein gestimmt werden – steht der Begriff „wiederkehrend" nach seinem Wortlaut und – mit Abstrichen – auch nach dem allgemeinen Sprachgebrauch sowohl im Gegensatz zu dem Begriff „einmalig" als auch im Gegensatz zu dem Begriff „dauernd": Etwas Einmaliges wiederholt sich nicht; eine Wiederkehr impliziert Pausen oder Phasen einer Abwesenheit, welche sich bei etwas Dauerndem wiederum nicht ergeben.[1352] Eine Differenzierung zwischen „dauernden" und „wieder-

---

1349 Vgl. nur *Eckert*, Konzerneingangsschutz im Aktienkonzernrecht, S. 92 f.; *Seydel*, Konzernbildungskontrolle bei der Aktiengesellschaft, S. 173; allgemein *Röhricht*, in: GroßKomm, AktG, § 23, Rn. 191, der darauf hinweist, dass soweit bereits das Gesetz ausdrücklich eine Ergänzung zulässt, damit grundsätzlich auch der zulässige Regelungsspielraum festgelegt sei.

1350 Neben den in Fn. 1347 Genannten ferner für die Unzulässigkeit eines satzungsmäßigen Wettbewerbsverbotes für Aktionäre: *Hirte*, in: KölnKomm, WpÜG, § 33, Rn. 173; *U. H. Schneider*, AG 1990, S. 56; *ders./Burgard*, DB 2001, S. 963, 967; *Sonnenschein*, in: Mestmäcker/Behrens, Das Gesellschaftsrecht der Konzerne im internationalen Vergleich, S. 49, 55; *Osten*, GmbHR 1989, S. 450; *Lübking*, Ein einheitliches Konzernrecht für Europa, S. 125; *Mecke*, Konzernstruktur und Aktionärsentscheid, S. 38.

1351 Die Grundlage der Nichtigkeit bei Verstößen gegen den Grundsatz der Satzungsstrenge (§ 23 Abs. 5 AktG) ist ebenso wie das Verhältnis der Tatbestandsvarianten des § 241 Nr. 3 AktG zueinander umstritten; vgl. nur *Hüffer*, in: MünchKomm, AktG, § 241, Rn. 46 ff.; *Pentz*; in: MünchKomm, AktG, § 23, Rn. 162 f.; jeweils m. w. N.

1352 Vgl. *Leist*, Untersuchungen zum inneren Vereinsrecht, S. 20; *Granert*, Die Nebenleistungsaktiengesellschaft, S. 15; *Schildmacher*, Die Nebenleistungsaktiengesellschaft, S. 24, 26; *Köppel*, Die Nebenleistungs-Aktiengesellschaft nach geltendem Handelsrecht, S. 23 f.; *Kulenkampff*, Die Nebenleistungs-Aktiengesellschaft, S. 16; *Walther*, Die Nebenleistungsaktiengesellschaft des Deutschen Handelsgesetzbuches, S. 14, 16; *Tho-*

kehrenden" Leistungen findet sich beispielsweise in der Formulierung des § 1 Abs. 1 Nr. 4 BGB-InfoV, wenn dort von einem Vertrag die Rede ist, der „eine dauernde *oder* [...] wiederkehrende Leistung zum Inhalt hat". Anhaltspunkte dafür, dass der Gesetzgeber unter „wiederkehrenden Leistungen" auch „dauernde Leistungen" begreift, ergeben sich ferner auch nicht aus einer Gesamtschau der §§ 197 Abs. 2, 520, 902 Abs. 1 Satz 2, 1088 Abs. 1 Satz 2, 1105 Abs. 1 Satz 1, 1126, 1822 Nr. 5 BGB, §§ 9 Satz 1, 258, 323 Abs. 1 ZPO, § 13 Abs. 1 ZVG, § 42 GKG,[1353] welche jeweils den Terminus „wiederkehrende Leistung" verwenden.[1354] Umgekehrt kann aus diesen Vorschriften auch nicht geschlossen werden, dass unter „wiederkehrenden Leistungen" keinesfalls „dauernde Leistungen" zu verstehen sind. Denn dies zeigt sich an den Beispielen von § 1105 Abs. 1 Satz 1 BGB und § 1822 Nr. 5 BGB: So kann eine Reallast, welche in § 1105 Abs. 1 Satz 1 BGB legaldefiniert ist, sehr wohl eine dauernde Leistung sein;[1355] beispielsweise die Aufrechterhaltung eines bestimmten Grundstückszustandes.[1356] Ferner kann auch eine wiederkehrende Leistung, zu deren Verpflichtung der Vormund nach § 1822 Nr. 5 BGB der Genehmigung des Vormundschaftsgerichts bedarf, in einer Dauerleistung liegen;[1357] beispielsweise in der dauernden Bereitstellung einer Miet- oder Pachtsache.[1358] Kann also eine „wiederkehrende Leistung" im Sinne des § 55 Abs. 1 AktG auch eine Dauerleistung sein?[1359]

Geht man mit der vorherrschenden – und insofern auch zutreffenden – Ansicht davon aus, dass die zeitlichen Abstände zwischen den einzelnen, sich wiederho-

---

mik, Dienste als Einlagen und Nebenleistungen, S. 95; *Lang*, Die Nebenleistungsaktiengesellschaft, S. 21.

1353 Ohne Anspruch auf Vollständigkeit.

1354 Vgl. *Ebert*, Die Nebenleistungs-Aktiengesellschaft, S. 66.

1355 *Bassenge*, in: Palandt, BGB, § 1105, Rn. 5; *Rothe*, in: RGRK, BGB, § 1105, Rn. 11; *Stürner*, in: Soergel, BGB, § 1105, Rn. 24; *Joost*, in: MünchKomm, BGB, § 1105, Rn. 21; m. w. N.

1356 *Bassenge*, in: Palandt, BGB, § 1105, Rn. 4.

1357 *Diederichsen*, in: Palandt, BGB, § 1822, Rn. 14.

1358 *Diederichsen*, in: Palandt, BGB, § 1822, Rn. 14; *Zimmermann*, in: Soergel, BGB, § 1822, Rn. 29; vgl. aber auch BGH, NJW 1974, S. 1134.

1359 *Leist*, Untersuchungen zum inneren Vereinsrecht, S. 20, verallgemeinert die Auslegung zu § 1822 Nr. 5 BGB und bezieht sie auf die Nebenverpflichtung in der Aktiengesellschaft.

lenden Leistungen (fast) jeden beliebigen Wert annehmen können,[1360] ergeben sich im vorliegenden Kontext erste Zweifel an der Relevanz der Unterscheidung zwischen „andauernden" und „wiederkehrenden Leistungen". Denn verkürzen sich die Intervalle zwischen den einzelnen Leistungen zunehmend, oder anders gewendet, erhöht sich die Frequenz oder Taktung der Leistungserbringung, kann eine wiederkehrende Leistungserbringung faktisch durchaus als eine dauernde Leistungserbringung erscheinen.[1361] Einer Differenzierung kommt dann keine praktische Relevanz mehr zu.

Parallel ist zu hinterfragen, ob ein Wettbewerbsverbot zwingend eine „dauernde Unterlassung" oder nicht doch eine „wiederkehrende Unterlassung" darstellt. Definiert man „wiederkehrendes Unterlassen" als ein Unterlassen, welches zeitweilig aufhört, könnte ein Wettbewerbsverbot als „wiederkehrende Unterlassung" angesehen werden. Denn ein Aktionär kann nicht *jederzeit* in Konkurrenz zur Gesellschaft treten. Dazu hat er nicht die Möglichkeit. Die Aufnahme einer konkurrierenden Tätigkeit, der Erwerb einer maßgeblichen Beteiligung an einem Konkurrenzunternehmen oder auch die Bestellung zum Mitglied des Vorstandes in einer konkurrieren den Gesellschaft können aus mannigfaltigen Gründen – zumindest zeitweise – unmöglich sein. Unter Rekurs auf das Konditionenkartell[1362] könnte insoweit von einem sich in unregelmäßigen Abständen aktualisierenden Wettbewerbsverbot gesprochen werden; ein Wettbewerbsverbot, welches sich immer und nur dann aktualisiert, wenn der Aktionär tatsächlich – und nicht nur theoretisch – die Möglichkeit hat, in Konkurrenz zur Gesellschaft zu treten. Jedoch ist die erstgenannte Definition der „wiederkehrenden Unterlassung" unvollständig. Für eine „wiederkehrende Unterlassung" bedarf es über das zeitweilige Aufhören der Unterlassung hinaus eines Zeitabschnittes entgegengesetzten

---

1360 *Henze*, in: GroßKomm, AktG, § 55, Rn. 18; *Bungeroth*, in: MünchKomm, AktG, § 55, Rn. 16 a.E.; ferner *Sallach*, Die Nebenleistungsaktiengesellschaft, S. 24; *Ebert*, Die Nebenleistungs-Aktiengesellschaft, S. 67; *Walther*, Die Nebenleistungsaktiengesellschaft des Deutschen Handelsgesetzbuches, S. 16; *Wolff*, JW 1912, S. 517, 518; ferner *Arnthal*, Die Nebenleistungsaktiengesellschaft, S. 18: Intervalle von 1000 Jahren sind unzulässig.

1361 Vgl. *Leist*, Untersuchungen zum inneren Vereinsrecht, S. 20; *Schildmacher*, Die Nebenleistungsaktiengesellschaft, S. 26; *Wolff*, JW 1912, S. 517, 518. Man denke beispielsweise an das Fernsehbild als eine schnelle Abfolge einzelner Bilder.

1362 Vgl. oben bei Fn. 1344

positiven Tuns.[1363] Danach ist das Wettbewerbsverbot nicht als „wiederkehrende Unterlassung“ zu qualifizieren.

Hinweise zur Auslegung des Begriffes „wiederkehrend“ könnten sich aber aus der Historie der Norm ergeben: Der heutige § 55 Abs. 1 AktG und mit ihm der Begriff der „wiederkehrenden Leistung“ geht auf den § 212 HGB zurück, welcher im Jahre 1900 Gesetz wurde.[1364] Den Anlass, satzungsmäßige Nebenverpflichtungen für die Aktiengesellschaft zuzulassen, stellten Entwicklungen in der Zuckerrübenindustrie dar. So bediente sich dieser Industriezweig in der zweiten Hälfte des 19. Jahrhunderts vornehmlich der Rechtsform der Aktiengesellschaft. Bei der Rechtsform der Genossenschaft wurde es gegenüber der Aktiengesellschaft als nachteilig angesehen, dass die Gesellschafter mittels Kündigung aus der Gesellschaft austreten können[1365] und zudem das Stimmrecht auf maximal drei Stimmen pro Gesellschafter begrenzt ist[1366]. Gegenüber der GmbH wurde die Rechtsform der Aktiengesellschaft wegen des Fehlens einer Haftung für die nicht erbrachten Einlagen der Mitgesellschafter bevorzugt.[1367] Die so genannten „Zuckerrüben-Aktiengesellschaften“ versuchten nun ihre Mitglieder – bei denen es sich hauptsächlich um Zuckerrübenanbauer handelte – mit einer mitgliedschaftlich ausgestalteten Rübenlieferpflicht zu belegen. Denn die Verbindung der Lieferverpflichtung mit der Mitgliedschaft sollte die Belieferung der Gesellschaft mit den betriebsnotwendigen Zuckerrüben sicherstellen, welche insbesondere im Hinblick auf zukünftige Gesellschafter schuldvertraglich nicht hätte gewährleistet werden können.[1368] Schuldvertraglich vereinbarte Liefer-

---

1363 *Schildmacher*, Die Nebenleistungsaktiengesellschaft, S. 28; *Sallach*, Die Nebenleistungsaktiengesellschaft, S. 26.

1364 Vgl. die Anmerkung oben in Fn. 1337.

1365 § 65 GenG.

1366 § 43 Abs. 3 Satz 5 GenG.

1367 § 24 GmbHG, vgl. Protokoll der Sitzung der „Kommission Handel“ vom 6. Dezember 1895, S. 208, abgedruckt bei *Schubert/Schmiedel/Krampe*, Quellen zum Handelsgesetzbuch von 1897, II/1, S. 406. Probleme bereitete die GmbH des Weiteren aufgrund der Mindesthöhe ihrer Geschäftsanteile. Viele, kleinere Rübenbauern konnte dies vielfach nicht aufbringen, da sie neben ihrem Grundbesitz über kein Barvermögen verfügten, vgl. *Kulenkampff*, Die Nebenleistungs-Aktiengesellschaft, S. 8.

1368 Eine mitgliedschaftliche (Neben-)Verpflichtung geht auf den Erwerber der Aktie automatisch über. Zum Sonderfall des gutgläubigen lastenfreien Erwerbs vgl. nur *Henze*, in: GroßKomm, AktG, § 55, Rn. 24 ff., m. w. N. Anders ist dies aber bei einer schuldverpflichten konnten insoweit nur eine „Notlösung" darstellen.[1369] Mit Einführung mitgliedschaftlich ausgestalteter Lieferverpflichtungen stießen die Zuckerrüben-Aktiengesellschaften aber auf den Widerstand der Rechtsprechung, welche mitgliedschaftliche Leistungspflichten neben der Kapitaleinlage für unzulässig erachtete.[1370]

Schließlich kam der Gesetzgeber der Zuckerrübenindustrie – nach streitigen Verhandlungen in den zuständigen Kommissionen –[1371] mit der Regelung des § 212 HGB entgegen. Anders als teilweise gefordert,[1372] ist die Vorschrift des heutigen § 55 AktG jedoch nicht auf die Zuckerrübenindustrie beschränkt, sondern steht jeder Aktiengesellschaft, unabhängig von ihrem Unternehmensgegenstand, offen. Um dem Ausnahmecharakter der Regelung Rechnung zu tragen, wurde der zulässige Gegenstand der Nebenleistungsverpflichtung auf „wiederkehrende, nicht in Geld bestehende Leistungen" beschränkt. Gerade die Voraussetzung der Wiederkehr stellt dabei „eine Reminiszenz an die jährlich sich wiederholenden Rübenlieferungen bei den Zuckerfabriken" dar.[1373] Hatte der historische Gesetzgeber bei der Normierung des § 212 HGB also insbesondere die (jährlichen) Rübenlieferpflichten als Hauptanwendungsfall der Nebenleis-

traglichen Verpflichtung des Aktionärs gegenüber der Aktiengesellschaft, vgl. oben S. 273 ff.

1369 *K. Schmidt*, Gesellschaftsrecht, § 26 III. 2. f), S. 773 f.

1370 Vgl. nur RGZ 17, 5, 14 ff.; 26, 85, 87; 37, 139, 140 f.; 79, 332, 335; 83, 216, 218 f.; 84, 328, 330; vgl. aber auch RGZ 49, 71, 80.

1371 Vgl. Protokoll der Sitzung der „Kommission Handel" vom 6. Dezember 1895, S. 207 ff., abgedruckt bei *Schubert/Schmiedel/Krampe*, Quellen zum Handelsgesetzbuch von 1897, II/1, S. 406 ff.; Protokoll der Sitzung der „Kommission Landwirthschaft" vom 16. März 1896, S. 13 ff., abgedruckt bei *Schubert/Schmiedel/Krampe*, Quellen zum Handelsgesetzbuch von 1897, II/1, S. 542 ff.; ferner *Wolff*, Festgabe Wilke, S. 321, 322 ff.; *Gallati*, Die Nebenleistungs-Aktiengesellschaft des deutschen Handelsgesetzbuches, S. 18 ff.; *Schütt*, Die Nebenleistungsaktiengesellschaft, S. 19 f.; m. w. N.

1372 Neben dem Antrag auf Streichung des § 212 HGB wurden zwei Eventualanträge gestellt. Der erste beinhaltete eine Beschränkung der Nebenleistungsaktiengesellschaft auf Zuckerrübenfabriken, der zweite eine Beschränkung auf landwirtschaftliche Industrieunternehmen. Sämtliche Gegenanträge wurden im Gesetzgebungsverfahren verworfen. Eine Beschränkung auf landwirtschaftliche Industrieunternehmen findet sich dagegen in § 30 des österreichischen Aktienregulativs vom 20. September 1899, abgedruckt bei *Gallati*, Die Nebenleistungs-Aktiengesellschaft des deutschen Handelsgesetzbuches, S. 27 f., Fn. 1.

1373 *Ebert*, Nebenleistungs-Aktiengesellschaft, S. 66; ferner *Wolff*, JW 1912, S. 517, 518.

tungspflicht vor Augen – daneben vielleicht noch (tägliche) Milch- oder Kohlelieferpflichten –[1374], bleibt im Ergebnis aber unklar, ob er den Terminus „wiederkehrend" auch in Abgrenzung zu „andauernd" verstanden haben wollte.[1375]

Zur Beantwortung der Frage, ob auch „andauernde Leistungen" als „wiederkehrende Leistungen" gelten können, ist schließlich auf den Sinn und Zweck des § 55 Abs. 1 AktG abzustellen.[1376] Durch § 55 Abs. 1 AktG soll es Aktiengesellschaften ermöglicht werden, von ihren Gesellschaftern über die nach § 54 Abs. 1 AktG einmalig zu erbringende Kapitaleinlage hinaus zusätzliche, in der Regel das Gesellschafsvermögen mehrende Leistungen einzufordern. Abhängig von dem Unternehmensgegenstand sowie dem Gegenstand der zusätzlichen Leistungen kann die Nebenverpflichtung von großer wirtschaftlicher Bedeutung für die Gesellschaft sein und auch maßgeblich der Förderung des Gesellschaftszwecks dienen. Damit stellt § 55 Abs. 1 AktG eine Ausnahme und gleichzeitig eine Ergänzung zu § 54 Abs. 1 AktG dar.[1377] § 55 Abs. 1 AktG gestattet eine kontinuierliche Erbringung von Leistungen, deren Erbringung in Form einer Sacheinlage nach § 27 AktG – insbesondere im Rahmen mehrerer Kapitalerhöhungen – unpraktikabel wäre.[1378]

Damit zeigt sich, dass „wiederkehrend" im Sinne des § 55 Abs. 1 AktG als Gegensatz zu der nur einmalig zu erbringenden Kapitaleinlage zu verstehen ist. Denn einmalige Leistungen können und sollen – soweit zulässig – als Sachein-

---

1374 Vgl. Protokoll der Sitzung der „Kommission Handel" vom 6. Dezember 1895, S. 208, abgedruckt bei *Schubert/Schmiedel/Krampe*, Quellen zum Handelsgesetzbuch von 1897, II/1, S. 406.

1375 *Wolff*, JW 1912, S. 517, 518; *Schildmacher*, Die Nebenleistungsaktiengesellschaft, S. 27; ferner aber *Silberberg*, Handbuch des Deutschen Kartellrechts, S. 139, der davon ausgeht, dass der Gesetzgeber nur einmalige Leistungen ausschließen wollte.

1376 Denn maßgeblicher als der Wille des Gesetzgebers, der sich aus der Entstehungsgeschichte der Norm ergibt, ist die objektive Funktion einer Norm, *Larenz*, Methodenlehre der Rechtswissenschaft, S. 317 f.

1377 *Bungeroth*, in: MünchKomm, AktG, § 55, Rn. 2.

1378 Zudem können (wiederkehrende) Dienstleistungen und Leistungen ohne Vermögenswert, an denen die Gesellschaft aber dennoch ein Interesse hat, als Nebenleistungspflichten vereinbart werden, vgl. nur *Bungeroth*, in: MünchKomm, § 55, Rn. 14, 16, m. w. N. Beides kann aber wegen § 27 Abs. 2 AktG nicht Gegenstand einer Sacheinlage sein.

lage in Form einer einmaligen Hauptverpflichtung geleistet werden.[1379] Daneben können einmalige Leistungen auch ohne weiteres schuldvertraglich mit der Aktiengesellschaft vereinbart werden. Dabei treten gerade nicht die beschriebenen Unsicherheiten auf, welche mit der schuldvertraglichen Vereinbarung wiederkehrender Leistungen verbunden sind.[1380] Indessen spricht die Ratio des § 55 Abs. 1 AktG nicht gegen eine Einbeziehung „andauernder Leistungen"; ihre Einbeziehung erscheint im Gegenteil sogar geboten. Denn mit einer strengen Auslegung des Begriffes „wiederkehrend" werden Dauerleistungen ohne einen sachlichen Grund als Nebenverpflichtung ausgeschlossen. Es ist wenig einsichtig, warum nach der vorherrschenden Ansicht ein Aktionär zur Vornahme von Revisionen, nicht aber zur Wahrnehmung eines anderen Amtes innerhalb der Gesellschaft oder deren Unternehmen verpflichtet werden kann,[1381] oder warum ein Aktionär zu täglichen Rohstofflieferungen, nicht aber zur Beteiligung an einer anderen Gesellschaft – beispielsweise einer Tochtergesellschaft – verpflichtet werden kann.[1382] Ein Differenzierungsgrund ist meines Erachtens nicht gegeben.

Im Ergebnis sind durch den Terminus „wiederkehrend" im Rahmen des § 55 Abs. 1 AktG allein einmalige Leistungen ausgeschlossen. Dauerleistungen sind dagegen mitumfasst.[1383] Da Unterlassungen Leistungen im Sinne des § 55 Abs. 1 AktG darstellen, können auch dauernde Unterlassungen als mitgliedschaftliche Nebenverpflichtungen in der Satzung festgeschrieben werden. Die

---

1379 Entsprechend ist auch die Voraussetzung, dass die Nebenleistung „nicht in Geld" erfolgen darf, zu verstehen. Leistungen in Geld sollen als Bareinlage in Form einer einmaligen Hauptverpflichtung geleistet werden.

1380 Vgl. oben bei Fn. 1368.

1381 Vgl. nur *Bungeroth*, in: MünchKomm, AktG, § 55, Rn. 16.

1382 Vgl. nur *Henze*, in: GroßKomm, AktG, § 55, Rn. 17.

1383 So auch schon *Silberberg*, Handbuch des Deutschen Kartellrechts, S. 138 f.; *ders.*, JW 1912, S. 281, 282; *Wolff*, JW 1912, S. 517, 518 a.E.; *Schildmacher*, Die Nebenleistungsaktiengesellschaft, S. 27; *Leist*, Untersuchungen zum inneren Vereinsrecht, S. 20; ferner *Flechtheim*, Die rechtliche Organisation der Kartelle, S. 99; widersprüchlich *ders.*, in: Düringer/Hachenburg, HGB, § 212, Anm. 6, der nunmehr „fortdauernde" Leistungen für ausgeschlossen erachtet, sich gleichzeitig aber für die Anerkennung „dauernder Unterlassungen" ausspricht.

satzungsmäßige Verankerung eines Wettbewerbsverbotes für Aktionäre ist damit auf der Grundlage von § 55 Abs. 1 AktG zulässig.[1384, 1385]

2. Das Wettbewerbsverbot als Konkretisierung der gesetzlichen Regelung

Unabhängig von der Frage, ob ein Wettbewerbsverbot als Nebenverpflichtung im Sinne des § 55 AktG zu qualifizieren ist, können Wettbewerbsverbote für Aktionäre in der Satzung verankert werden, soweit sie bloße Konkretisierungen der gesetzlichen Wettbewerbsverbote darstellen.[1386]

Die Aktionäre unterliegen – wie ausführlich gezeigt – aufgrund ihrer gesellschaftsrechtlichen Treuepflicht in bestimmten Fallkonstellationen einem gesetzlichen Wettbewerbsverbot. Diese Wettbewerbsverbote gehören zu dem Pflichtenkanon, der mit der Mitgliedschaft in der Aktiengesellschaft verbunden ist. Wird ein gesetzliches Wettbewerbsverbot nun in die Satzung aufgenommen, hat es daher nur deklaratorischen Charakter.[1387] Gleichzeitig stellt es damit eine zulässige Ergänzung im Sinne des § 23 Abs. 5 Satz 2 AktG dar. Eine solche Sat-

---

1384 Ebenso schon *Schildmacher*, Die Nebenleistungsaktiengesellschaft, S. 28; ferner tendenziell für die wortgleiche Norm des österreichischen Rechts *Jarbornegg*, in: Schiemer/Jarbornegg/Strasser, AktG, § 50, Rn. 7.

1385 Soweit auf die fehlende oder stark eingeschränkte Fungibilität der Aktien von Nebenleistungsaktiengesellschaften hingewiesen wird, vgl. *Lutter*, in: KölnKomm, AktG, § 55, Rn. 2 a.E.; *Henze*, in: GroßKomm, AktG, § 55, Rn. 5 a.E., sei angemerkt, dass ein Wettbewerbsverbot als Nebenverpflichtung die Handelbarkeit der Aktie weit weniger einschränkt als eine Lieferverpflichtung.

1386 Ebenso *Habersack*, in: Emmerich/Habersack, Aktien- und GmbH-Konzernrecht, Vor § 311, Rn. 8 a.E.; *ders.*, in: Emmerich/Habersack, Konzernrecht, § 8 III. 2., S. 97; *Burgard*, Festschrift Lutter, S. 1033, 1046, Fn. 58 a.E.; für personalistische Aktiengesellschaften ferner *Friedewald*, Die personalistische Aktiengesellschaft, S. 143. *Binnewies*, Die Konzerneingangskontrolle in der abhängigen Gesellschaft, S. 315 ff., welcher von *Habersack*, a.a.O., ebenfalls für diese Ansicht angeführt wird, bejaht im Ergebnis allein die Möglichkeit eines satzungsmäßigen Abhängigkeitsbegründungsverbotes (S. 321, 324); die Möglichkeit eines satzungsmäßigen Wettbewerbsverbotes verneint er dagegen (S. 319). Des Weiteren für ein satzungsmäßiges Wettbewerbsverbot für Aktionäre so genannter kleiner Aktiengesellschaften *Liebscher*, Konzernbildungskontrolle, S. 388; *Raiser*, Recht der Kapitalgesellschaften, § 52, Rn. 27; für „Großaktionäre" *ders.*, ZHR 153 (1989), S. 1, 27; für nicht börsenotierte Aktiengesellschaften *Mai*, Aktionärsschutz, S. 89 ff., 104.

1387 *Burgard*, Festschrift Lutter, S. 1033, 1046, Fn. 58 a.E.; *Friedewald*, Die personalistische Aktiengesellschaft, S. 143.

zungsklausel gerät insbesondere nicht in Konflikt mit § 55 AktG. Denn § 55 AktG regelt die Begründung mitgliedschaftlicher (Neben-)Pflichten. Gesetzliche Wettbewerbsverbote hingegen müssen nicht mehr begründet werden; sie bestehen bereits.[1388]

Gewisse Probleme ergeben sich bei der Formulierung der Satzungsklausel, da die Konkretisierung der gesellschaftsrechtlichen Treuepflicht zu einem Wettbewerbsverbot grundsätzlich vom jeweiligen Einzelfall abhängt. Jedoch sind diese Schwierigkeiten aber auch nicht unüberwindlich.[1389] Wie die Bearbeitung der Fallgruppen gezeigt hat, können viele Fallkonstellationen, in denen ein gesetzliches Wettbewerbsverbot ganz sicher anzunehmen ist – so beispielsweise für den Mehrheitsaktionär (in Abwesenheit eines Entherrschungsvertrages) –, in gebotener Kürze abstrakt umschrieben werden. Geht die Satzungsklausel über die gesetzliche Regelung hinaus, stellt sie eine unzulässige Ergänzung im Sinne von § 23 Abs. 5 AktG dar.

D. Ergebnis

Ein Wettbewerbsverbot für Aktionäre kann Bestandteil der Satzung sein. Zum einen kann es als Nebenverpflichtung im Sinne des § 55 AktG eingefügt werden, zum anderen kann es sich in der Konkretisierung eines gesetzlichen Wettbewerbsverbotes erschöpfen. Beide Spielarten des satzungsmäßigen Wettbewerbsverbotes können sich auch gemeinsam in einer Satzung befinden. Ein solches Nebeneinander macht praktisch allerdings nur Sinn, wenn die Satzung nur für einen Teil der Aktien ein Wettbewerbsverbot als Nebenverpflichtung festlegt.[1390]

1388 A.A. *Hüffer*, Festschrift Röhricht, S. 251, 262.

1389 So aber *Binnewies*, Die Konzerneingangskontrolle in der abhängigen Gesellschaft, S. 348, der die Vorwegnahme der Einzelfallentscheidung für nicht möglich erachtet. Jedoch geht *Binnewies* davon aus, dass das Wettbewerbsverbot von der Realstruktur der Gesellschaft abhängt. Unter dieser Prämisse wäre ihm beizupflichten. Allerdings hat die Realstruktur keinen Einfluss auf das Bestehen oder Nichtbestehen eines gesetzlichen Wettbewerbsverbotes, vgl. oben S. 231 ff.

1390 Die Nebenleistungsaktien bilden dann eine besondere Gattung im Sinne von § 11 AktG, vgl. nur *Lutter*, in: KölnKomm, AktG, § 55, Rn. 4.

Die Option, Wettbewerbsverbote in die Satzung aufnehmen zu können, erscheint insbesondere für so genannte „kleine Aktiengesellschaften" sehr wertvoll. Stimmen aus der Praxis halten eine solche Option für nicht börsennotierte Gesellschaften – zumindest rechtspolitisch – für absolut notwendig. Da die Zulässigkeit jedoch noch heftig umstritten ist, wird zur Vermeidung registerrechtlicher Schwierigkeiten in der Praxis auf die Aufnahme von Wettbewerbsverboten in die Satzung verzichtet. Das Interesse an einer zügigen Eintragung überwiegt – verständlicherweise – das Interesse gegenüber einer Rechtsfortbildung. Eine Befassung der Rechtsprechung mit dieser Problematik ist daher auch für die nahe Zukunft nicht zu erwarten.

IV. Zusammenfassung der wesentlichen Ergebnisse

1. Ein Wettbewerbsverbot für Aktionäre lässt sich weder auf Einzelanalogien zu § 88 Abs. 1 AktG oder § 112 Abs. 1 HGB noch auf eine Gesamtanalogie beider Normen stützen. Allein die gesellschaftsrechtliche Treuepflicht kommt als Rechtsgrundlage in Betracht.

2. Die Rechtsgrundlage der gesellschaftsrechtlichen Treuepflicht ist § 242 BGB.

3. Der Entstehungsgrund der Treuepflicht des Aktionärs im Verhältnis zur Aktiengesellschaft wie auch im Verhältnis der Aktionäre untereinander ist das Gesellschaftsverhältnis.

4. Auch der Alleinaktionär unterliegt einer gesellschaftsrechtlichen Treuepflicht im Verhältnis zur Gesellschaft. Das Eigeninteresse der Aktiengesellschaft, welches weitgehend zur Disposition der Gesellschafter steht, ist in seiner aktuellen Ausgestaltung der Bezugspunkt der Treuepflicht.

5. Der Aktionär unterliegt vor- und nachmitgliedschaftlichen Treuepflichten.

6. Die gesellschaftsrechtliche Treuepflicht ist eine Generalklausel. Bei ihrer Konkretisierung ist der Grundsatz der Verhältnismäßigkeit zu beachten.

7. Das Wettbewerbsverbot für Aktionäre ist geeignet, die Aktiengesellschaft vor spezifischen Gefahren einer Konkurrenztätigkeit durch ihre Gesellschafter zu schützen.

8. Ein Wettbewerbsverbot zu Lasten des Mehrheitsaktionärs ist unter den Gesichtspunkten seiner faktischen Einflussnahme- und Informationsmöglichkeiten erforderlich.

9. Ein Wettbewerbsverbot zu Lasten des Alleinaktionärs ist ebenso erforderlich.

10. Ein Wettbewerbsverbot zu Lasten des Großaktionärs ist erforderlich, wenn er aufgrund seiner Beteiligungsquote einen maßgeblichen Einfluss auf die Beschlüsse der Hauptversammlung ausüben kann.

11. Ein Wettbewerbsverbot zu Lasten des Minderheitsaktionärs ist nicht erforderlich, selbst wenn er Inhaber einer Sperrminorität ist. Etwas anderes kann gelten, wenn Minderheitsaktionäre ihre Stimmabgabe in der Hauptversammlung koordinieren.

12. Ein Wettbewerbsverbot zu Lasten des Aktionärs mit einem Zustimmungsvorbehalt zu Satzungsänderungen ist nicht erforderlich.

13. Ein Wettbewerbsverbot zu Lasten des Aktionärs mit einem Entsendungsrecht in den Aufsichtsrat ist unter dem Gesichtspunkt seiner faktischen Informationsmöglichkeiten erforderlich.

14. Ein Wettbewerbsverbot zu Lasten des Aktionärs mit zusätzlichen Informationsrechten ist – soweit diese überhaupt zulässig sind – nicht erforderlich.

15. Ein Wettbewerbsverbot zu Lasten des erst zukünftigen Aktionärs kann unter Umständen erforderlich sein. Ein Wettbewerbsverbot zu Lasten eines zukünftigen Mehrheitsaktionärs ist unter dem Gesichtspunkt seiner faktischen Einflussnahme- und Informationsmöglichkeiten erforderlich, wenn sein (zeitnaher) Eintritt in die Gesellschaft hinreichend wahrscheinlich ist. Ein Wettbewerbsverbot zu Lasten eines zukünftigen Aktionärs ist – zeitlich früher – auch dann erforder-

lich, wenn ihm als (potentiell) zukünftigen Aktionär – beispielsweise im Rahmen einer Due Diligence – wettbewerbsrelevante Gesellschaftsinterna offenbart werden.

16. Ein Wettbewerbsverbot zu Lasten des ehemaligen Aktionärs kann unter dem Gesichtspunkt seines nach dem Ausscheiden fortbestehenden Informations- und Wissensbestandes erforderlich sein.

17. Ein Wettbewerbsverbot zu Lasten des Aktionärs ist in der gemeinnützigen Aktiengesellschaft ebenso erforderlich wie in der erwerbswirtschaftlichen Aktiengesellschaft.

18. Ein Wettbewerbsverbot zu Lasten des Aktionärs einer sich in der Abwicklung oder der Insolvenz befindlichen Aktiengesellschaft ist ebenso erforderlich wie in der werbenden Aktiengesellschaft, solange das Gesellschaftsunternehmen erwerbswirtschaftlich fortgeführt wird oder ein Fortsetzungsbeschluss hinreichend wahrscheinlich oder bereits getroffen wurde.

19. Ist ein Wettbewerbsverbot für Aktionäre zum Schutz der Gesellschaft erforderlich, ist es regelmäßig auch angemessen.

20. Ein Aktionär kann nur durch einen satzungsändernden Beschluss der Hauptversammlung oder den Abschluss eines Beherrschungsvertrages von seinem Wettbewerbsverbot befreit werden.

21. Satzungsergänzende Nebenabreden bewirken keine Befreiung vom Wettbewerbsverbot. Im Einzelfall erleichtern sie aber die Herbeiführung eines satzungsändernden Befreiungsbeschlusses.

22. Ein Entherrschungsvertrag wirkt faktisch wie eine Befreiung. Er entzieht dem Wettbewerbsverbot seine Grundlage.

23. Die aus der Verletzung des Wettbewerbsverbotes resultieren Rechtsfolgen etablieren seine konzernpräventive Wirkung; sie wirken *faktisch* abhängigkeitsverhindernd. Die Wirkung ist aber nur dann gegeben, wenn es sich bei dem (potentiell) herrschenden Unternehmen um einen Wettbewerber handelt. Insoweit steht das Wettbewerbsverbot allein horizontalen Übernahmen entgegen und gewährt damit nur einen partiellen Konzerneingangsschutz.

24. Die §§ 311 ff. AktG stehen der Zulässigkeit eines Wettbewerbsverbotes für Aktionäre nicht entgegen.

25. Das Wettbewerbsverbot für Aktionäre steigert im Einzelfall den Druck zum Abschluss eines Beherrschungsvertrages. Innerhalb seines Anwendungsbereiches drängt es die Bildung und die Existenz faktischer Konzerne zurück und unterstützt damit die Verwirklichung des gesetzlichen Leitbildes.

26. Ein Wettbewerbsverbot für Aktionäre kann als Nebenverpflichtung auf der Grundlage des § 55 Abs. 1 AktG satzungsmäßig verankert werden.

27. Auch können Wettbewerbsverbote für Aktionäre in der Satzung verankert werden, wenn sie eine bloße Konkretisierung der gesetzlichen Wettbewerbsverbote darstellen.

Literaturverzeichnis

Adams, Michael:
Der Markt für Unternehmenskontrolle und sein Missbrauch,
in: AG 1989, S. 333-338.

Adams, Michael:
Stellungnahme: Macht der Banken – Anhörung im Bundestag,
in: ZBB 1994, S. 77-86.

Adler, Hans/Düring, Walther/Schmaltz, Kurt:
Rechnungslegung und Prüfung der Unternehmen, 6. Aufl., bearbeitet von Karl-Heinz Forster u. a.,
Teilband 2, §§ 284-289 HGB, Stuttgart 1995,
Teilband 4, AktG, GmbHG, PublG, Stuttgart 1997.

Alberth, Markus:
USA: Vertraglicher Gläubigerschutz und Ausschüttungsbemessung durch Covenants als Vorbild zur Änderung des deutschen Bilanzrechts,
in: WPg 1997, S. 744-750.

Altmeppen, Holger:
Anmerkung zu Bundesgerichtshof, Urteil vom 20.3.1995 – II ZR 205/94 (Düsseldorf) (Girmes),
in: NJW 1995, S. 1749-1750.

Altmeppen, Holger:
Gesellschafterhaftung und „Konzernhaftung“ bei der GmbH,
in: NJW 2002, S. 321-324.

Altmeppen, Holger:
Grundlegend Neues zum „qualifiziert faktischen“ Konzern und zum Gläubigerschutz in der Einmann-GmbH,
in: ZIP 2001, S. 1837-1847.

Angelis, Marco de:
Ungeschriebene Wettbewerbsverbote für Gesellschafter im GmbH-Recht, Everswinkel 1997.

Anwaltskommentar zum Aktienrecht:
Herausgegeben von Thomas Heidel, Bonn 2003.

Arians, Knut:
Der strafrechtliche Schutz des Geschäfts- und Betriebsgeheimnisses in der Bundesrepublik Deutschland,
in: Der strafrechtliche Schutz des Geschäfts- und Betriebsgeheimnisses in den

Ländern der Europäischen Gemeinschaft sowie Österreich und der Schweiz, herausgegeben von Dietrich Oehler, Köln u.a. 1978, S. 307-408.

Armbrüster, Christian:
Grundlagen und Reichweite von Wettbewerbsverboten im Personengesellschaftsrecht,
in: ZIP 1997, S. 261-273.

Armbrüster, Christian:
Wettbewerbsverbote im Kapitalgesellschaftsrecht,
in: ZIP 1997, S. 1269-1279.

Arnthal, Hans:
Die Nebenleistungsaktiengesellschaft, Borna-Leipzig 1910.

Assmann, Heinz-Dieter/Schneider, Uwe H.:
WpHG, 3. Aufl., Köln 2003.

Assmann, Heinz-Dieter:
Der faktische GmbH-Konzern,
in: Festschrift 100 Jahre GmbH-Gesetz, herausgegeben von Marcus Lutter u.a., Köln 1992, S. 657-735.

Assmann, Heinz-Dieter:
Gläubigerschutz im faktischen GmbH-Konzern durch richterliche Rechtsfortbildung – Teil 2,
in: JZ 1986, S. 928-938.

Assmann, Heinz-Dieter:
Rechtsanwendungsprobleme des Insiderrechts,
in: AG 1997, S. 50-58.

Bachmann, Gregor/Veil, Rüdiger:
Grenzen atypischer stiller Beteiligung an einer Aktiengesellschaft,
in: ZIP 1999, S. 348-355.

Bachmann, Gregor:
Die Einmann-AG,
in: NZG 2001, S. 961-971.

Bachmann, Gregor:
Zum Verbot von Insichgeschäften im GmbH-Konzern,
in: ZIP 1999, S. 85-94.

Ballerstedt, Kurt:
Kapital, Gewinn und Ausschüttung bei Kapitalgesellschaften, Tübingen 1949.

Banerjea, Nirmal Robert:
Due Diligence beim Erwerb von Aktien über die Börse,
in: ZIP 2003, S. 1730-1738.

Baumann, Horst/Reiß, Wilhelm:
Satzungsergänzende Vereinbarungen – Nebenverträge im Gesellschaftsrecht, in: ZGR 1989, S. 157-215.

Baumbach, Adolf/Hefermehl, Wolfgang:
Wettbewerbsrecht,
22. Aufl., München 2001,
23. Aufl., kommentiert von Helmut Köhler u.a., München 2004.

Baumbach, Adolf/Hopt, Klaus J.:
HGB, 32. Aufl., bearbeitet von Klaus J. Hopt u.a., München 2006.

Baumbach, Adolf/Hueck, Alfred und Götz:
Aktiengesetz, 13. Aufl., München 1968.

Baumbach, Adolf/Hueck, Alfred:
GmbHG, 18. Aufl., bearbeitet von Lorenz Fastrich u.a., München 2006.

Baumgarten, Arthur:
Die Wissenschaft vom Recht und ihrer Methode, Teil 1, Tübingen 1920.

Baums, Theodor:
Stellungnahme: Macht der Banken – Anhörung im Bundestag, in: ZBB 1994, S. 86-100.

Beater, Axel:
Unlauterer Wettbewerb, München 2002.

Beck'scher Bilanz-Kommentar:
5. Aufl., herausgegeben von Axel Berger u.a., München 2003.

Beck'sches Handbuch der Rechnungslegung:
Herausgegeben von Edgar Castan u.a., Band II, München, Stand: Juni 2003.

Becker, Jörn:
Das gesellschaftsrechtliche Wettbewerbsverbot in der Einmann-GmbH, Frankfurt a.M. 1997.

Becker, Michael:
Der Ausschluss aus der Aktiengesellschaft, in: ZGR 1986, S. 383-417.

Beinert, Stefanie:
Die Konzernhaftung für die satzungsgemäß abhängig gegründete GmbH, Köln 1995.

Bender, Bernd:
Zur Methode der Rechtsfindung bei der Auslegung und Fortbildung gesetzten Rechts, in: JZ 1957, S. 593-602.

Berding, Benjamin:
Gesellschafts- und Kapitalmarktrechtliche Grundsätze im Übernahmerecht, in: WM 2002, S. 1149-1158.

Berens, Wolfgang/Schmitting, Walter/Strauch, Joachim:
Funktionen, Terminierung und rechtliche Einordnung der Due Diligence, in: Due Diligence bei Unternehmensakquisitionen, herausgegeben von Wolfgang Berens u.a., 3. Aufl., Stuttgart 2002, S. 77-119.

Bergmann:
Über den Missbrauch gesellschaftlicher Machtstellungen, in: ZHR 105 (1938), S. 1-43.

Beuthien, Volker:
GenG, 13. Aufl., München 2000.

Beuthien, Volker:
Gesellschaftsrecht und Kartellrecht, in: ZHR 142 (1978), S. 259-300.

Beuthien, Volker:
Unternehmenskonzentration und Kleinaktionärsschutz, in: JuS 1970, S. 53-60.

Bihr, Dietrich:
Due Diligence: Geschäftsführungsorgane im Spannungsfeld zwischen Gesellschafts- und Gesellschafterinteressen, in: BB 1998, S. 1198-1201.

Binnewies, Burkhard:
Die Konzerneingangskontrolle in der abhängigen Gesellschaft, Köln u.a. 1996.

Bitter, Georg:
Der Anfang vom Ende des „qualifiziert faktischen GmbH-Konzerns“, in: WM 2001, S. 2133-2141.

Bollmann, Christian-Friedrich:
Der Schadenersatzanspruch gemäß § 317 AktG bei Schädigung der abhängigen Eine-Person-AG, Berlin 1995.

Bommert, Rainer:
Anmerkung zu Bundesgerichtshof, Urteil vom 1.2.1988 – II ZR 75/87 (Linotype), in: JR 1988, S. 509-511.

Bouchon, Martin:
Konzerneingangsschutz im GmbH- und Aktienrecht, Bielefeld 2002.

Bozenhardt, Friedrich:
Freiwillige Übernahmeangebote im deutschen Recht, Tübingen 1990.

Brandi, Tim Oliver/Süßmann, Rainer:
Neue Insiderregeln und Ad-hoc-Publizität – folgen für Ablauf und Gestaltung von M&A-Transaktionen,
in: AG 2004, S. 642-658.

Brondics, Klaus:
Die Aktionärsklage, Berlin 1988.

Bundesanstalt für Finanzdienstleistungsaufsicht (BaFin):
Emittentenleitfaden, Stand: 15. Juli 2005.

Bungert, Hartwin:
Konzernbildungskontrolle – Eine Rezension von vier Dissertationen,
in: VersR 1997, S. 27-38.

Burgard, Ulrich:
Anmerkung zu Bundesgerichtshof, Urteil vom 17.9.2001 – II ZR 178/99 (OLG Bremen),
in: WuB II C. § 13 GmbHG 1.02.

Burgard, Ulrich:
Das Wettbewerbsverbot des herrschenden Aktionärs,
in: Festschrift Lutter, herausgegeben von Uwe H. Schneider u.a., Köln 2000, S. 1033-1051.

Burgard, Ulrich:
Die Förder- und Treupflicht des Alleingesellschafters einer GmbH,
in: ZIP 2002, S. 827-839.

Busch, Torsten/Groß, Wolfgang:
Vorerwerbsrechte der Aktionäre beim Verkauf von Tochtergesellschaften über die Börse?,
in: AG 2000, S. 503-510.

Buyer, Christoph:
Die verdeckte Gewinnausschüttung bei Verletzung des Wettbewerbsverbots durch den Gesellschafter-Geschäftsführer oder den Nur-Gesellschafter einer GmbH,
in: BB 1993, S. 2057-2067.

Bydlinski, Franz:
Möglichkeiten und Grenzen der Präzisierung aktueller Generalklauseln,
in: Rechtsdogmatik und praktische Vernunft, herausgegeben von Okko Behrends u.a., Göttingen 1990, S. 189-230.

Callmann, Rudolf:
Der unlautere Wettbewerb, Mannheim u. a. 1929.

Canaris, Claus-Wilhelm:
Die Feststellung von Lücken im Gesetz, 2. Aufl., Berlin 1983.

Clark, Robert Clark:
Corporate Law, Boston u.a. 1986.

Claussen, Carsten P./Korth, H.-Michael:
Das Wettbewerbsverbot des Geschäftsführers/Gesellschafters einer GmbH, in: Festschrift Beusch, herausgegeben von Heinrich Beisse u.a., Berlin u.a. 1993, S. 111-129.

Claussen, Carsten P.:
Literaturhinweis auf Aßmann/Basaldua/Bozenhardt/Peltzer, Übernahmeangebote, Berlin u.a. 1990,
in: ZHR 154 (1990), S. 488-492.

Crezelius, Georg:
Wettbewerbsverbote im GmbH-Recht – Steuerrecht contra Gesellschaftsrecht? –, in: Gesellschaftsrecht 1995, herausgegeben von Hartwig Henze u.a., Köln 1996, S. 47-74.

Dannecker, Gerhard:
Der Schutz von Geschäfts- und Betriebsgeheimnissen,
in: BB 1987, S. 1614-1622.

Decher, Christian E.:
Information im Konzern und Auskunftsrecht der Aktionäre gem. § 131 Abs. 4 AktG,
in: ZHR 158 (1994), S. 473-494.

Deutscher Anwaltsverein:
Stellungnahme Nr. 13/03 des Deutschen Anwaltsvereins durch den Handelsrechtsausschuss zu den Gesetzgebungsvorschlägen der Regierungskommission Corporate Governance,
abgedruckt in: Sonderbeilage zu NZG Heft 9/2003.

Doralt, Peter:
Zur Entwicklung eines österreichischen Konzernrechts,
in: Konzernrecht im Ausland, herausgegeben von Marcus Lutter, Berlin u.a. 1994, S. 192-228.

Dorpalen, Andreas:
Die Treupflicht des Aktionärs,
in: ZHR 102 (1936), S. 1-32.

Dreher, Meinhard:
Interessenkonflikte bei Aufsichtsratsmitgliedern von Aktiengesellschaften,
in: JZ 1990, S. 896-904.

Dreher, Meinhard:
Treuepflichten zwischen Aktionären und Verhaltenspflichten bei der Stimmrechtsbündelung,
in: ZHR 157 (1993), S. 150-171.

Druey, Jean Nicolas:
Der informelle Ansatz im Gesellschaftsrecht,
in: Festschrift Wiedemann, herausgegeben von Rolf Wank u.a., München 2002, S. 809-826.

Druey, Jean Nicolas:
Geheimsphäre des Unternehmens, Basel u.a. 1977.

Druey, Jean Nicolas:
Verantwortlichkeit aus Leitung,
in: Festschrift Zöllner, herausgegeben von Manfred Lieb u.a., Köln u.a. 1998, S. 129-141.

Düringer, Adelbert/Hachenburg, Max:
Das Handelsgesetzbuch vom 10. Mai 1897, 3.Auflage,
III. Band, 1. Teil, Mannheim u.a. 1943.

Ebenroth, Carsten Thomas/Boujong, Karlheinz/Joost, Detlev:
HGB, Band 1, §§ 1-342a, München 2001.

Ebert, Erich:
Die Nebenleistungs-Aktiengesellschaft, Leipzig 1904.

Eckert, Thomas:
Konzerneingangsschutz im Aktienkonzernrecht auf der Ebene der Untergesellschaft, Frankfurt a.M. u.a. 1998.

Ehricke, Ulrich/Ekkenga, Jens/Oechsler, Jürgen:
WpÜG, München 2003.

Ehricke, Ulrich:
Das abhängige Konzernunternehmen in der Insolvenz, Tübingen 1998.

Eisenberg, Ulrich:
Kriminologie, 6. Aufl., München 2005.

Ekkenga, Jens/Hofschroer, Josef:
Das Wertpapiererwerbs- und Übernahmegesetz,
in: DStR 2002, S. 724-734 und S. 768-777.

Ekkenga, Jens:
Insichgeschäfte geschäftsführender Organe im Aktien- und GmbH-Recht unter besonderer Berücksichtigung der Einmann-Gesellschaft,
in: AG 1985, S. 40-48.

Elze, Hans:
Lücken im Gesetz, Halle 1913.

Emmerich Volker:
Unlauterer Wettbewerb, 6. Aufl. München 2002.

Emmerich, Volker/Habersack, Mathias:
Aktien- und GmbH-Konzernrecht,
3. Aufl., München 2003,
4. Aufl., München 2005.

Emmerich, Volker/Habersack, Mathias:
Konzernrecht, 8. Aufl., München 2005.

Emmerich, Volker/Sonnenschein, Jürgen/Habersack, Mathias:
Konzernrecht, 7. Aufl., München 2001.

Emmerich, Volker/Sonnenschein, Jürgen:
Konzernrecht, 6. Aufl., München 1997.

Emmerich, Volker:
Das GmbH-Konzernrecht (II),
in: AG 1975, S. 275-293.

Emmerich, Volker:
Das Konzernrecht der Personengesellschaften – Rückblick und Ausblick,
in: Festschrift Stimpel, herausgegeben von Marcus Lutter u.a., Berlin u.a. 1985, S. 743-757.

Engisch, Karl:
Der Begriff der Rechtslücke,
in: Festschrift Sauer, ohne Angabe eines Herausgebers, Berlin 1949, S. 85-102.

Engisch, Karl:
Einführung in das juristische Denken, 9. Auflage, Stuttgart u.a. 1997.

Enneccerus, Ludwig/Nipperdey, Hans Carl:
Allgemeiner Teil des Bürgerlichen Rechts, Erster Halbband, 15. Aufl., Tübingen 1959.

Erfurter Kommentar zum Arbeitsrecht:
5. Aufl., herausgegeben von Thomas Dietrich u.a., München 2005.

Erman, Walter (Begr.):
BGB, herausgegeben von Harm Peter Westermann,
10. Aufl., Band 1, §§ 1-853, Münster 2000,
11. Aufl., Band 1, §§ 1-811, Münster 2004.

Esser, Josef:
Grundsatz und Norm in der richterlichen Fortbildung des Privatrechts, 2. Auflage, Tübingen 1964.

Esser, Josef:
Vorverständnis und Methodenwahl in der Rechtsfindung, Frankfurt a.M. 1972.

Fechner, Erich:
Die Treubindungen des Aktionärs, Weimar 1942.

Fehrensen, Hans:
Treuepflicht des Großaktionärs, Göttingen 1965.

Fillmann, Andreas:
Treuepflichten der Aktionäre, Frankfurt a.M. 1991.

Fischer, Robert:
Die Grenzen der Ausübung gesellschaftlicher Mitgliedschaftsrechte, in: NJW 1954, S. 777-780.

Flechtheim, Julius:
Deutsches Kartellrecht, Erster Band: Die rechtliche Organisation der Kartelle, 2. Aufl., Mannheim u.a. 1923.

Fleck, Hans-Joachim:
Die Drittanstellung des GmbH-Geschäftsführers, in: ZHR 149 (1985), S. 387-418.

Fleck, Hans-Joachim:
Missbrauch der Vertretungsmacht oder Treubruch des mit Einverständnis aller Gesellschafter handelnden GmbH-Geschäftsführers aus zivilrechtlicher Sicht, in: ZGR 1990, S. 31-49.

Fleischer, Holger:
Gelöste und ungelöste Probleme der gesellschaftsrechtlichen Geschäftschancenlehre, in: NZG 2003, S. 985-992.

Fleischer, Holger:
Grundfragen der ökonomischen Theorie im Gesellschafts- und Kapitalmarktrecht, in: ZGR 2001, S. 1-32.

Fleischer, Holger:
Juristische Personen als Organmitglieder im Europäischen Gesellschaftsrecht, in: RIW 2004, S. 16-21

Fleischer, Holger:
Konkurrenzangebote und Due Diligence, in: ZIP 2002, S. 651-656.

Fleischer, Holger:
Marktschutzvereinbarungen beim Börsengang,
in: WM 2002, S. 2305-2314.

Fleischer, Holger:
Wettbewerbs- und Betätigungsverbote für Vorstandsmitglieder im Aktienrecht,
in: AG 2005, S. 336-348.

Fleischer, Holger:
Zur organschaftlichen Treuepflicht der Geschäftsleiter im Aktien- und GmbH-Recht,
in: WM 2003, S. 1045-1058.

Flume, Werner:
Allgemeiner Teil des Bürgerlichen Rechts, Erster Band, Zweiter Teil, Die Juristische Person, Berlin u.a. 1983.

Flume, Werner:
Die Rechtsprechung des II. Zivilsenats des BGH zur Treupflicht des GmbH-Gesellschafters und des Aktionärs,
in: ZIP 1995, S. 161-167.

Freudenberg, Hans:
Das Nebentätigkeitsrecht der Vorstandsmitglieder nach § 88 Aktiengesetz, Frankfurt a.M. 1989.

Friedewald, Rolf:
Die personalistische Aktiengesellschaft, Köln u.a. 1991.

Fuchs, Andreas:
Der Schutz der Aktionäre beim Börsengang der Tochtergesellschaft,
in: Gesellschaftsrecht 2001, herausgegeben von Hartwig Henze u.a., Köln 2001, S. 259-284.

Gallati, Rudolf:
Die Nebenleistungs-Aktiengesellschaft des deutschen Handelsgesetzbuches, Glarus 1907.

Gaul, Dieter:
Die Durchsetzung des Schutzes eines betriebsgeheimen Know-how,
in: WRP 1988, S. 215-225.

Geiger, Martin:
Wettbewerbsverbote im Konzernrecht, Baden-Baden 1996.

Germann, Oscar Adolf:
Probleme und Methoden der Rechtsfindung, 2. Aufl., Bern 1967.

Geßler, Ernst/Hefermehl, Wolfgang/Eckardt, Ulrich/Kropff, Bruno:
Aktiengesetz,
Band I, §§ 1-75, München 1984,
Band II, §§ 76-147, München 1974,
Band IV, §§ 179-240, München 1994,
Band VI, §§ 291-410, München 1994.

Godin, Reinhard Freiherr von/Wilhelmi, Hans:
Aktiengesetz,
4. Aufl., neubearbeitet von Sylvester Wilhelmi,
Band I, §§ 1-178, Berlin u.a. 1971,
Band II, §§ 179-410, Berlin u.a. 1971.

Goette, Wulf:
Das Anstellungsverhältnis des GmbH-Geschäftsführers in der Rechtsprechung des Bundesgerichtshofs,
in: DStR 1998, S. 1137-1143.

Götz, Jürgen:
Der Entherrschungsvertrag im Aktienrecht, Frankfurt a.M. 1991.

Granert, Paul Clemens:
Die Nebenleistungsaktiengesellschaft, Waldenburg 1910.

Grauer, Wolfram:
Konzernbildungskontrolle im GmbH-Recht, Konstanz 1991.

Großkommentar zum Aktiengesetz:
Begründet von Wilhelm Gadow u.a.,
3. Aufl., bearbeitet von Carl Hans Barz u.a.,
Erster Band, 1. Halbband, §§ 1-75, Berlin u.a. 1973,
Erster Band, 2. Halbband, §§ 76-147, Berlin u.a. 1973,
Dritter Band, §§ 179-290, Berlin u.a. 1973,

4. Aufl., herausgegeben von Klaus J. Hopt u.a.,
Erster Band, Einleitung, §§ 1-53, Berlin u.a. 2004,
5. Lieferung, §§ 179-191, Berlin u.a. 1995,
6. Lieferung, §§ 241-255, Berlin u.a. 1996,
7. Lieferung, §§ 23-40, Berlin u.a. 1997,
8. Lieferung, §§ 399-410, Berlin u.a. 1997,
15. Lieferung, §§ 54-66, Berlin u.a. 2001,
16. Lieferung, §§131, 132, Berlin u.a. 2001,
22. Lieferung, § 53a, Berlin u.a. 2004.

Großkommentar zum UWG:
Herausgegeben von Rainer Jacobs u.a.,
1. Lieferung, Vor § 13 Abschnitte A, B, C, Berlin u.a. 1991,
3. Lieferung, §§ 16-24, Berlin u.a. 1991.

Grundmann, Stefan:
Der Treuhandvertrag, München 1997.

Grunewald, Barbara:
Der Ausschluss aus Gesellschaft und Verein, Köln u.a. 1987.

Grunewald, Barbara:
Einsichts- und Auskunftsrecht des GmbH-Gesellschafters nach neuem Recht, in: ZHR 146 (1982), S. 211-237.

Grunewald, Barbara:
Gesellschaftsrecht, 5. Aufl., Tübingen 2002.

Gündel, Matthias:
Interessenwahrung bei der Besetzung des Aufsichtsrates, Frankfurt a.M. 2003.

Günther, Klaus:
Einschränkungen der Erhebung von Dokumentenbeweisen aufgrund von Vertraulichkeit und Geschäftsgeheimnissen,
in: Festschrift Sandrock, herausgegeben von Klaus Peter Berger u.a., Heidelberg 2000, S. 341-356.

Guntz, Peter:
Treubindungen von Minderheitsaktionären, Berlin 1997.

Hachenburg, Max:
GmbHG, 8. Aufl., herausgegeben von Peter Ulmer,
Erster Band, §§ 1-34, Berlin u.a. 1992,
Dritter Band, §§ 53-85, Berlin u.a. 1997.

Hammen, Horst:
Zur Haftung bei der Stimmrechtsvertretung durch Kreditinstitute in der Hauptversammlung der Aktiengesellschaft,
in: ZBB 1993, S. 239-247.

Handbuch der Gemeinnützigkeit:
Herausgegeben von Stephan Schauhoff, München 2000.

Handbuch des Unternehmens- und Beteiligungskaufs:
Herausgegeben von Wolfgang Hölters, 5. Aufl., Köln 2002.

Handbuch des Wirtschafts- und Steuerstrafrechts:
Herausgegeben von Heinz-Bernd Wabnitz u.a., München 2000.

Harbarth, Stephan:
Ad-hoc-Publizität beim Unternehmenskauf,
in: ZIP 2005, S. 1898-1909.

Harbarth, Stephan:
Kontrollerlangung und Pflichtangebot,
in: ZIP 2002, S. 321-332.

Harte-Bavendamm, Henning/Henning-Bodewig, Frauke:
UWG, München 2004.

Hartmann, Christian:
Der Schutz der GmbH vor ihren Gesellschaftern – Zu den Grenzen gesellschafterlicher Disposition über die Treuepflicht gegenüber der Gesellschaft,
in: GmbHR 1999, S. 1061-1069.

Haß, Gerhard:
Der strafrechtliche Schutz von Computerprogrammen,
in: Rechtsschutz und Verwertung von Computerprogrammen, herausgegeben von Michael Lehmann, 2. Aufl., Köln 1993, S. 467-512.

Häuser, Franz:
Unbestimmte „Maßstäbe" als Begründungselement richterlicher Entscheidungen, Berlin 1981.

Häuser, Helmut:
Interessenkollisionen durch Wahrnehmung des Aufsichtsratsmandats in der unabhängigen Aktiengesellschaft, Steinbach 1985.

Heck, Philipp:
Grundriss des Schuldrechts, Tübingen 1929.

Hedemann, Justus Wilhelm:
Die Flucht in die Generalklausel, Tübingen 1933.

Heidelberger Kommentar zum HGB:
Herausgegeben von Peter Glanegger u.a., 6. Aufl., Heidelberg 2002.

Hemeling, Peter:
Gesellschaftsrechtliche Fragen der Due Diligence beim Unternehmenskauf,
in: ZHR 169 (2005), S. 274-294.

Hengeler, Hans:
Zum Beratungsgeheimnis im Aufsichtsrat einer Aktiengesellschaft,
in: Festschrift Schilling, herausgegeben von Robert Fischer u.a., Berlin u.a. 1973, S. 175-205.

Henn, Günter:
Handbuch des Aktienrechts, 7. Auf., Heidelberg 2002.

Hennrichs, Joachim:
Treupflichten im Aktienrecht,
in: AcP 195 (1995), S. 221-273.

Henssler, Martin:
Verhaltenspflichten bei der Ausübung von Aktienstimmrechten durch Bevollmächtigte,
in: ZHR 157 (1993), S. 91-124.

Hentzen, Matthias:
Der Entherrschungsvertrag im Aktienrecht,
in: ZHR 157 (1993), S. 65-73.

Henze, Hartwig:
Aktienrecht – Höchstrichterliche Rechtsprechung, 5. Auflage, Köln 2002.

Henze, Hartwig:
Die Treupflicht im Aktienrecht,
in: BB 1996, S. 489-499.

Henze, Hartwig:
Entwicklungen der Rechtsprechung des BGH im GmbH-Recht – Freud und Leid der Kommentatoren,
in: GmbHR 2000, S. 1069-1078.

Henze, Hartwig:
Gesichtspunkte des Kapitalerhaltungsgebotes und seiner Ergänzung im Kapitalgesellschaftsrecht in der Rechtsprechung des BGH,
in: NZG 2003, S. 649-659.

Henze, Hartwig:
Treuepflichtwidrige Stimmrechtsausübung und ihre rechtlichen Folgen,
in: Gesellschaftsrecht 1995, herausgegeben von Hartwig Henze u.a., Köln 1996, S. 1-21.

Henze, Hartwig:
Treupflichten der Gesellschafter im Kapitalgesellschaftsrecht,
in: ZHR 162 (1998), S. 186-196.

Henze, Hartwig:
Zur Treupflicht unter Aktionären,
in: Festschrift Kellermann, herausgegeben von Reinhard Goerdeler u.a., Berlin u.a. 1991, S. 141-152.

Heße, Manfred:
Die historische Entwicklung der Wettbewerbsverbote im Gesellschaftsrecht der Neuzeit, Frankfurt a.M. 1994.

Hettrich, Eduard/Pöhlmann, Peter/Gräser, Bernd/Röhrich, Roland:
GenG, 2. Aufl., München 2001.

Heymann, Ernst:
HGB, herausgegeben von Norbert Horn, 2. Aufl.,
Band 2, Zweites Buch, §§ 105-237, Berlin u.a. 1996.

Hildebrandt, Heinz:
Rechtsfindung im neuen deutschen Staate, Berlin u.a. 1935.

Hirte, Heribert:
Bezugsrechtsausschluss und Konzernbildung, Köln u.a.1986.

Hirte, Heribert:
Genussscheine mit Eigenkapitalcharakter in der Aktiengesellschaft,
in: ZIP 1988, S. 477-490.

Hirte, Heribert:
Zivil- und kartellrechtliche Schranken für Wettbewerbsverbote im Zusammenhang mit Unternehmensveräußerungen,
in: ZHR 154 (1990), S. 443-469.

Hommelhoff, Peter:
Die Konzernleitungspflicht, Köln u.a. 1982.

Hopt, Klaus Jürgen:
Grundsatz- und Praxisprobleme nach dem Wertpapierhandelsgesetz,
in: ZHR 159 (1995), S. 135-163.

Hopt, Klaus Jürgen:
Self-Dealing and Use of Corporate Opportunity and Information: Regulating Directors' Conflicts of Interest,
in: Corporate Governance and Directors Liabilities, herausgegeben von Klaus J. Hopt u.a., Berlin u.a. 1985, S. 285-326.

Horn, Daniel/Schneider, Jörg:
Rechtsprobleme der derivativen Gründung,
in: Gründungsprozess und Gründungserfolg, herausgegeben von Michael Fritsch u.a., Heidelberg 2004, S. 219-250.

Horn, Norbert:
Aktien- und konzernrechtlicher Vermögensschutz der Aktiengesellschaft und der Gang an die Börse,
in: ZIP 1987, S. 1225-1234.

Hübner, Heinz:
Informationsmanagement und strategische Unternehmensführung, München u.a. 1996.

Hueck, Alfred:
Das Recht der offenen Handelsgesellschaft, 4. Aufl., Berlin u.a. 1971.

Hueck, Alfred:
Der Treugedanke im modernen Privatrecht, München 1947.

Hueck, Alfred:
Die Sittenwidrigkeit von Generalversammlungsbeschlüssen der Aktiengesellschaften und die Rechtsprechung des Reichsgerichts,
in: Festgabe der juristischen Fakultäten zum 50jährigen Bestehen des Reichsgerichts, herausgegeben von Otto Schreiber, Vierter Band, Berlin u.a. 1929, S. 167-189.

Hueck, Götz/Windbichler, Christine:
Gesellschaftsrecht, 20. Aufl., München 2003.

Hueck, Götz:
Gesellschaftsrecht, 19. Aufl., München 1991.

Hüffer, Uwe:
Aktiengesetz, 6. Aufl., München 2004.

Hüffer, Uwe:
Besprechung von Winter, Martin: Mitgliedschaftliche Treuebindungen im GmbH-Recht, München 1988,
in: ZHR 153 (1989), S. 85-90.

Hüffer, Uwe:
Der herrschende Aktionär – Adressat eines ungeschriebenen Wettbewerbsverbots?,
in: Festschrift Röhricht, herausgegeben von Georg Crezelius u.a., Köln 2005, S. 251-275.

Hüffer, Uwe:
Zur gesellschaftsrechtlichen Treupflicht als richterrechtlicher Generalklausel,
in: Festschrift Steindorff, herausgegeben von Jürgen F. Baur u.a., Berlin u.a. 1990, S. 59-78.

Hüttemann, Rainer:
Der Entherrschungsvertrag im Aktienrecht,
in: ZHR 156 (1992), S. 314-329.

Immenga, Ulrich:
Anmerkung zu Bundesgerichtshof, Urteil vom 5.12.1983 – II ZR 242/82 (OLG Frankfurt),
in: JZ 1984, S. 576-580.

Immenga, Ulrich:
Bindung von Rechtsmacht durch Treuepflichten,
in: Festschrift 100 Jahre GmbH-Gesetz, herausgegeben von Marcus Lutter u.a., Köln 1992, S. 189-208.

Immenga, Ulrich:
Die personalistische Kapitalgesellschaft, Bad Homburg v.d.H. 1970.

Immenga, Ulrich:
Schutz der abhängigen Gesellschaften durch Bindung oder Unterbindung beherrschenden Einflusses?,
in: ZGR 1978, S. 269-285.

Ipsen, Jörn:
Richterrecht und Verfassung, Berlin 1975.

Ivens, Michael:
Das Fördergebot des GmbH-Gesellschafters,
in: GmbHR 1988, S. 249-256.

Ivens, Michael:
Das satzungsmäßige Konkurrenzverbot des GmbH-Gesellschafters, Hamburg 1987.

Jakobs, Michael Ch.:
Der Grundsatz der Verhältnismäßigkeit, Köln u.a. 1985.

Janberg, Hans:
Das Auskunftsrecht des Aktionärs außerhalb der Hauptversammlung,
in: AG 1965, S. 191-194.

Jansen, Stephan A.:
Mergers & Acquisitions, 4. Aufl., Wiesbaden 2001.

Jilg, Thomas:
Die Treuepflicht des Aktionärs, Frankfurt a. M. u.a. 1996.

Joost, Detlev:
Grundlagen und Rechtsfolgen der Kapitalerhaltungsregeln in der GmbH,
in: ZHR 148 (1984), S. 27-55.

Joussen, Edgar:
Die Treuepflicht des Aktionärs bei feindlichen Übernahmen,
in: BB 1992, S. 1075-1081.

Jungkurth, Frank:
Konzernleitung bei der GmbH: die Pflichten des Geschäftsführers, Berlin 2000.

Kamanabrou, Sudabeh:
Die Interpretation zivilrechtlicher Generalklauseln,
in: AcP 202 (2002), S. 662-688.

Kardaras, Athanasios:
Das Wettbewerbsverbot in den Personalgesellschaften, München u.a. 1967.

Keßler, Jürgen:
Die Durchgriffshaftung der GmbH-Gesellschafter wegen „existenzgefährlicher" Eingriffe – Zur dogmatischen Konzeption des Gläubigerschutzes in der GmbH,
in: GmbHR 2002, S. 945-951.

Keßler, Jürgen:
Kapitalerhaltung und normativer Gläubigerschutz in der Einpersonen-GmbH – zum „beiläufigen" Ende des „qualifizierten faktischen" GmbH-Konzerns,
in: GmbHR 2001, S. 1095-1100.

Kiethe, Kurt:
Vorstandshaftung aufgrund fehlerhafter Due Diligence beim Unternehmenskauf,
in: NZG 1999, S. 976-983.

Kim, Han-Jong:
Der konzernrechtliche Präventivschutz im Recht der Kapitalgesellschaften, Göttingen 1999.

Kittner, Michael:
Unternehmensverfassung und Information – Die Schweigepflicht von Aufsichtsratsmitgliedern,
in: ZHR 136 (1972), S. 208-251.

Klausing, Friedrich:
Treupflicht des Aktionärs?,
in: Festschrift Schlegelberger, herausgegeben von Erwin Bumke u.a., Berlin 1936, S. 405-456.

Klenke, Hilmar:
Der Rückzug mehrfach notierter Unternehmen von den deutschen Regionalbörsen,
in: WM 1995, S. 1089-1101.

Kloepfer, Michael:
Informationsrecht, München 2002.

Knobbe-Keuk, Brigitte:
Der Tatbestand der verdeckten Gewinnausschüttung und branchengleiche Tätigkeit des Gesellschafter-Geschäftsführers,
in: GmbHR 1992, S. 333-338.

Knöfler, Kathrin:
Rechtliche Auswirkungen der Due Diligence bei Unternehmensakquisitionen, Frankfurt a.M. u.a., 2001.

Köhler, Helmut/Piper, Henning:
UWG, 3. Aufl., München 2002.

Koller, Ingo/Roth, Wulf-Henning/Morck, Winfried:
HGB, 5. Aufl., München 2005.

Kölner Kommentar zum Aktiengesetz:
1. Aufl., herausgegeben von Wolfgang Zöllner,
Einleitungs-Band, Köln u.a. 1984,
Band 1, §§ 1-147, Köln u.a. 1985,
Band 3, §§ 148-290, Köln u.a. 1984,

2. Aufl., herausgegeben von Wolfgang Zöllner,
Band 1, §§ 1-75, Köln u.a. 1988,
Band 2, §§ 76-117, Köln u.a. 1996,
Band 5/1, §§ 179-240, Köln u.a. 1995,
Band 5/3, §§ 262-277, Köln u.a. 1996,
Band 6, §§ 291-328, Köln u.a. 1987,

3. Aufl., herausgegeben von Wolfgang Zöllner und Ulrich Noack,
Band 6, §§ 15-22, §§ 291-328, Köln u.a. 2004.

Kölner Kommentar zum WpÜG:
Herausgegeben von Heribert Hirte u.a., Berlin u.a. 2003.

Komp, Gabriele:
Die juristische Person als Geschäftsführungsorgan einer Kapitalgesellschaft, Frankfurt a.M. u.a. 2000.

Köppel, Rudolf:
Die Nebenleistungs-Aktiengesellschaft nach geltendem Handelsrecht, Borna-Leipzig 1926.

Koppensteiner, Hans-Georg:
GmbH-rechtliche Probleme des Management-Buy-Out, in: ZHR 155 (1991), S, 97-119.

Koppensteiner, Hans-Georg:
Treuwidrige Stimmabgabe bei Kapitalgesellschaften, in: ZIP 1994, S. 1325-1330.

Körber, Torsten:
Geschäftsleitung der Zielgesellschaft und due diligence beim Paketerwerb und Unternehmenskauf,
in: NZG 2002, S. 263-272.

Korsmeier, Kors:
Der vertragliche Ausschluss von Abhängigkeit, Hamburg 2000.

Kort, Michael:
Zur Treupflicht des Aktionärs,
in: ZIP 1990, S. 294-297.

Kraft, Alfons/Kreutz, Peter:
Gesellschaftsrecht, 11. Aufl., Neuwied u.a. 2000.

Kragler, Peter:
Das Strafverfahren wegen privater Wirtschaftsspionage,
in: wistra 1983, S. 1-12.

Krieger, Gerd:
Vorwirkende Abhängigkeit?,
in: Festschrift Semler, herausgegeben von Marcus Bierich u.a., Berlin u.a. 1993, S. 503-515.

Krömker, Michael:
Der Anspruch des Paketaktionärs auf Informationsoffenbarung zum Zwecke der Due Diligence,
in: NZG 2003, S. 418-424.

Krömker, Michael:
Die Due Diligence im Spannungsfeld zwischen Gesellschafts- und Aktionärsinteressen, Frankfurt a.M. u.a. 2002.

Kropff, Bruno:
Aktiengesetz 1965, Düsseldorf 1965.

Kübler, Friedrich/Waltermann, Jens:
Geschäftschancen der Kommanditgesellschaft – Besprechung der Entscheidung BGH, ZIP 1989, 986 ff,
in: ZGR 1991, S. 162-174.

Kübler, Friedrich:
Aufsichtsratsmandate in konkurrierenden Unternehmen,
in: Festschrift Claussen, herausgegeben von Klaus-Peter Martens u.a., Köln u.a. 1997, S. 239-250.

Kübler, Friedrich:
Erwerbschancen und Organpflichten,
in: Festschrift Werner, herausgegeben von Walther Hadding u.a., Berlin u.a. 1984, S. 437-448.

Kuhlmann, Jens/Ahnis, Erik:
Konzernrecht, München 2001.

Kulenkampff, Hans-Heinrich:
Die Nebenleistungs-Aktiengesellschaft, Kiel 1927.

Lang, Albert:
Die Nebenleistungsaktiengesellschaft, Borna-Leipzig 1903.

Lang, Johann/Weidmüller, Ludwig/Metz, Egon/Schaffland, Hans-Jürgen:
GenG, 33. Aufl., Berlin u.a. 1997.

Larenz, Karl/Canaris, Claus-Wilhelm:
Methodenlehre der Rechtswissenschaft, 3. Auflage, Berlin u.a. 1995.

Larenz, Karl:
Methodenlehre der Rechtswissenschaft, 6. Auflage, Berlin u.a. 1991.

Larenz, Karl:
Wegweiser zu richterlicher Rechtsschöpfung,
in: Festschrift Nikisch, bearbeitet von Eduard Bötticher u.a., Tübingen 1958, S. 275-305.

Lawall, Lars:
Das ungeschriebene Wettbewerbsverbot des GmbH-Gesellschafters, Frankfurt a.M. 1996.

Lawall, Lars:
Verdeckte Gewinnausschüttungen und Geschäftschancenlehre im GmbH-Recht,
in: NJW 1997, S. 1742-1746.

Lehmann, Hans:
Kurzrezension zu Wolff, Eugen R.: Die Nebenleistungsaktiengesellschaft des neuen Handelsgesetzbuchs, in: Festgabe Wilke, S. 321-349,
in: ZHR 51 (1901), S. 303.

Leist, Alexander:
Untersuchungen zum inneren Vereinsrecht, Jena 1904.

Liebl, Karlhans:
Die bundesweite Erfassung von Wirtschaftsstraftaten nach einheitlichen Gesichtspunkten, Freiburg i.Br. 1984.

Liebscher, Thomas:
Konzernbildungskontrolle, Berlin 1995.

Liebscher, Thomas:
Umgehungsresistenz von Vinkulierungsklauseln,
in: ZIP 2003, S. 825-833.

Limmer, Peter:
Die Haftungsverfassung des faktischen GmbH-Konzerns, Köln 1992.

Löffler, Joachim:
Zur Reichweite des gesetzlichen Wettbewerbsverbots in der Kommanditgesellschaft,
in: NJW 1986, S. 223-229.

Loges, Rainer/Distler, Wolfram:
Gestaltungsmöglichkeiten durch Aktiengattungen,
in: ZIP 2002, S. 467-474.

Lübking, Johannes:
Ein einheitliches Konzernrecht für Europa, Baden-Baden 2000.

Luchterhandt, Hans Friedrich:
Leitungsmacht und Verantwortlichkeit im faktischen Konzern,
in: ZHR 133 (1970), S. 1-60.

Lutter, Marcus/Drygala, Tim:
Die besondere sachverständige Beratung des Aufsichtsrats durch seine Mitglieder,
in: Festschrift Ulmer, herausgegeben von Mathias Habersack u.a., Berlin 2003,
S. 381-398.

Lutter, Marcus/Hommelhoff, Peter:
Das Unternehmens- und Gesellschaftsrecht in der Bundesrepublik Deutschland – ein Bericht über die Jahre 1980-1984 (Fortsetzung),
in: SAG 1986, S. 17-32.

Lutter, Marcus/Hommelhoff, Peter:
GmbHG,
13. Aufl., Köln 1991,
14. Aufl., Köln 1995,
15. Aufl., Köln 2000,
16. Aufl., Köln 2004.

Lutter, Marcus/Krieger, Gerd:
Rechte und Pflichten des Aufsichtsrats, 4. Aufl., Köln 2002.

Lutter, Marcus/Timm, Wolfram:
Konzernrechtlicher Präventivschutz im GmbH-Recht,
in: NJW 1982, S. 409-420.

Lutter, Marcus/Wahlers, Henning W.:
Der Buy-out: Amerikanische Fälle und die Regeln des deutschen Rechts,
in: AG 1989, S. 1-17.

Lutter, Marcus:
Anmerkung zu Bundesgerichtshof, Urteil vom 16.2.1976 – II ZR 61/74 (OLG Celle) (Audi/NSU),
in: JZ 1976, S. 562-563.

Lutter, Marcus:
Auswahlpflichten und Auswahlverschulden bei der Wahl von Aufsichtsratsmitgliedern,
in: ZIP 2003, S. 417-419.

Lutter, Marcus:
Bankenvertreter im Aufsichtsrat,
in: ZHR 145 (1981), S. 224-251.

Lutter, Marcus:
Das Vor-Erwerbsrecht/Bezugsrecht der Aktionäre beim Verkauf von Tochtergesellschaften über die Börse,
in: AG 2000, S. 342-345.

Lutter, Marcus:
Defizite für eine effiziente Aufsichtsratstätigkeit und gesetzliche Möglichkeiten der Verbesserung,
in: ZHR 159 (1995), S. 287-309.

Lutter, Marcus:
Die Fortentwicklung des Aktienrechts durch die Rechtsprechung,
in: 25 Jahre Aktiengesetz, herausgegeben von Marcus Lutter, Düsseldorf 1991, S. 53-78.

Lutter, Marcus:
Die Haftung des herrschenden Unternehmens im GmbH-Konzern,
in: ZIP 1985, S. 1425-1435.

Lutter, Marcus:
Die Unwirksamkeit von Mehrfachmandaten in den Aufsichtsräten von Konkurrenzunternehmen,
in: Festschrift Beusch, herausgegeben von Heinrich Beisse u.a., Berlin u.a. 1993.

Lutter, Marcus:
Due diligence des Erwerbers beim Kauf einer Beteiligung,
in: Festschrift Schippel, herausgegeben von der Bundesnotarkammer, München 1996, S. 455-472.

Lutter, Marcus:
Due diligence des Erwerbers beim Kauf einer Beteiligung,
in: ZIP 1997, S. 613-620 (Neuabdruck des Beitrags aus der Festschrift Schippel).

Lutter, Marcus:
Entwicklung und Fortbildung des Rechts durch Entscheidung: Der Bundesgerichtshof und das Aktienrecht,
in: 50 Jahre Bundesgerichtshof – Festgabe aus der Wissenschaft, herausgegeben von Claus-Wilhelm Canaris u.a., München 2000, S. 321-336.

Lutter, Marcus:
Information und Vertraulichkeit im Aufsichtsrat,
1. Aufl., Köln u.a. 1979,
2. Aufl., Köln u.a. 1984.

Lutter, Marcus:
Theorie der Mitgliedschaft,
in: AcP 180 (1980), S. 84-159.

Lutter, Marcus:
Treupflicht des Aktionärs,
in: ZHR 153 (1989), S. 446-471.

Lutter, Marcus:
Treupflichten und ihre Anwendungsprobleme,
in: ZHR 162 (1998), S. 164-185.

Lutter, Marcus:
Vermögensveräußerungen einer abhängigen Aktiengesellschaft,
in: Festschrift Steindorff, herausgegeben von Jürgen F. Baur u.a., Berlin u.a. 1990, S. 125-150.

Lutter, Marcus:
Zur Treuepflicht des Großaktionärs,
in: JZ 1976, S. 225-233.

Mai, Johannes:
Aktionärsschutz und Minderheitenschutz bei der Abwehr unkoordinierter Übernahmen börsennotierter Aktiengesellschaften, Baden-Baden 2004.

Marsch-Barner, Reinhard:
Treuepflichten zwischen Aktionären und Verhaltenspflichten bei der Stimmrechtsbündelung,
in: ZHR 157 (1993), S. 172-195.

Martens, Klaus-Peter:
Die Entscheidungsautonomie des Vorstands und die „Basisdemokratie" in der Aktiengesellschaft,
in: ZHR 147 (1983), S. 377-428.

Martens, Klaus-Peter:
Die Treupflicht des Aktionärs,
in: Rechtsdogmatik und Rechtspolitik, herausgegeben von Karsten Schmidt, Berlin 1990, S. 251-267.

Matthießen, Volker:
Stimmrecht und Interessenkollision im Aufsichtsrat, Köln u.a. 1989.

Mayer, Dieter:
Verletzung des Wettbewerbsverbots durch Gesellschafter und Gesellschafter-Geschäftsführer einer GmbH,
in: DNotZ 1992, S. 641-655.

Mecke, Thomas:
Konzernstruktur und Aktionärsentscheid, Baden-Baden 1992.

Meier-Hayoz, Arthur:
Lücken intra legem,
in: Festschrift Germann, herausgegeben von Peter Noll u.a., Bern 1969, S. 149-158.

Meincke, Eberhard:
Geheimhaltungspflichten im Wirtschaftsrecht,
in: WM 1998, S. 749-757.

Merkt, Hanno:
Grundsatz- und Praxisprobleme der Amerikanisierungstendenzen im Recht des Unternehmenskaufs,
in: Festschrift Sandrock, herausgegeben von Klaus Peter Berger u.a., Heidelberg 2000, S. 657-688.

Merkt, Hanno:
Unternehmensleitung und Interessenkollision,
in: ZHR 159 (1995), S. 423-453.

Mertens, Hans-Joachim/Cahn, Andreas:
Wettbewerbsverbot und verdeckte Gewinnausschüttung im GmbH-Konzern,
in: Festschrift Heinsius, herausgegeben von Friedrich Kübler u.a., Berlin u.a. 1991, S. 545-574.

Mertens, Hans-Joachim:
Deliktsrecht und Sonderprivatrecht – Zur Rechtsfortbildung des deliktischen Schutzes von Vermögensinteressen,
in: AcP 178 (1978), S. 227-262.

Mertens, Hans-Joachim:
Die Geschäftsführungshaftung in der GmbH und das ITT-Urteil,
in: Festschrift Fischer, herausgegeben von Marcus Lutter u.a., Berlin u.a. 1979, S. 461-475.

Mertens, Kai:
Die Information des Erwerbers einer wesentlichen Unternehmensbeteiligung an einer Aktiengesellschaft durch deren Vorstand,
in: AG 1997, S. 541-547.

Mestmäcker, Ernst-Joachim:
Verwaltung, Konzerngewalt und Rechte der Aktionäre, Karlsruhe 1958.

Meyer-Landrut, Joachim/Miller, Georg F./Niehus, Rudolf J.:
GmbHG, Berlin u.a. 1987.

Meyer-Landrut, Joachim:
Mehrheitsherrschaft und Treupflicht im Aktienrecht,
in: Festschrift Häußling, herausgegeben von Jürgen Brand u.a., Otterbach 1990, S. 249-257.

Michalski, Lutz:
GmbHG,
Band I, §§ 1-34, München 2002.

Mödl, Robert:
Pflichten des einzigen Gesellschafters gegenüber „seiner" GmbH – BGHZ 149, 10,
in: JuS 2003, S. 14-17.

Mülbert, Peter O.:
Abschied von der „TBB"-Haftungsregel für den qualifizierten faktischen GmbH-Konzern,
in: DStR 2001, S. 1937-1947.

Mülbert, Peter O.:
Aktiengesellschaft, Unternehmensgruppe und Kapitalmarkt, 2. Aufl., München 1996.

Mülbert, Peter O.:
Unternehmensbegriff und Konzernorganisationsrecht,
in: ZHR 163 (1999), S. 1-53.

Müller, Andreas:
Das Wettbewerbsverbot des GmbH-Gesellschafters und seine körperschaftssteuerlichen Folgen, Frankfurt a.M. 1995.

Müller, Klaus J.:
Gestattung der Due Diligence durch den Vorstand der Aktiengesellschaft, in: NJW 2000, S. 3452-3456.

Müller, Rudolf/Wabnitz, Heinz-Bernd:
4. Kapitel, Die Rechtslage in der Bundesrepublik Deutschland, in: Betriebs-Spionage, herausgegeben von Karlhans Liebl, Ingelheim 1987, S. 235-343.

Münchener Handbuch des Gesellschaftsrechts:
2. Aufl.,
Band 1, BGB-Gesellschaft, Offene Handelsgesellschaft, Partnerschaftsgesellschaft, Partnerreederei, EWIV, herausgegeben von Hans Gummert u.a., München 2004,
Band 3, GmbH, herausgegeben von Hans-Joachim Priester u.a., München 2003,
Band 4, Aktiengesellschaft, herausgegeben von Michael Hoffmann-Becking, München 1999.

Münchener Kommentar zum Aktiengesetz:
2. Aufl., herausgegeben von Bruno Kropff u.a.,
Band 1, §§ 1-53, München 2000,
Band 2, §§ 53a-75, München 2003,
Band 3, §§ 76-117, München 2004,
Band 4, §§ 118-147, München 2004,
Band 7, §§ 222-277, München 2001,
Band 8, §§ 278-328, München 2000.

Münchener Kommentar zum Bürgerlichen Gesetzbuch:
3. Aufl., herausgegeben von Kurt Rebmann u.a.,
Band 5, §§ 705-853, München 1997,

4. Aufl., herausgegeben von Kurt Rebmann u.a.,
Band 1, §§ 1-240, München 2001,
Band 2a, §§ 241-432, München 2003,
Band 5, §§ 705-853, München 2004,
Band 6, §§ 854-1296, München 2004..

Münchener Kommentar zum Handelsgesetzbuch:
Herausgegeben von Karsten Schmidt,
Band 2, §§ 105-160, München 2004,
Band 3, §§ 161-237, München 2002,
Band 4, §§ 238-342a, München 2001,

2. Auflage, herausgegeben von Karten Schmidt,
Band 1, §§ 1-104, München 2005.

Münchener Kommentar zur Insolvenzordnung:
Herausgegeben von Hans-Peter Kirchhof u.a.,
Band 1, §§ 1-102, München 2001,
Band 2, §§ 103-269, München 2002.

Nehls, Albrecht:
Die gesellschaftsrechtliche Treuepflicht im Aktienrecht, Hamburg 1993.

Noack, Ulrich:
Gesellschaftervereinbarungen bei Kapitalgesellschaften, Tübingen 1994.

Noll, Bernd:
Haftungsbeschränkungen im Konzern – Eine ökonomische Analyse,
in: ORDO 43 (1992), S. 205-235.

Nordemann, Wilhelm:
Wettbewerbs- und Markenrecht, 9. Aufl., Baden-Baden 2003.

Oelrichs, Carsten P.:
Muss der Versammlungsleiter bei der Feststellung von Haupt- oder Gesellschafterversammlungsbeschlüssen treuwidrig abgegebene Stimmen mitzählen?,
in: GmbHR 1995, S. 863-869.

Osten, Dinnies von der:
Das Wettbewerbsverbot von Gesellschaftern und Gesellschaftergeschäftsführern in der GmbH,
in: GmbHR 1989, S. 450-455.

Paefgen, Thomas Christian:
Die Geschäftschancenlehre: Ein notwendiger Rechtsimport?,
in: AG 1993, S. 467-464.

Palandt, Otto:
Bürgerliches Gesetzbuch, bearbeitet von Peter Bassenge u.a.,
57. Aufl., München 1998;
65. Aufl., München 2006.

Palzer, Carmen:
Fortwirkende organschaftliche Pflichten des Geschäftsführers der GmbH, Köln u.a. 2001.

Paschke, Marian:
Rechtsfragen der Durchgriffsproblematik im mehrstufigen Unternehmensverbund,
in: AG 1988, S. 196-206.

Paschke, Marian:
Treupflichten im Recht der juristischen Personen,
in: Festschrift Serick, herausgegeben von Ulrich Huber u.a., Heidelberg 1992,
S. 313-327.

Picot, Gerhard:
Due Diligence und privatrechtliches Haftungssystem,
in: Due Diligence bei Unternehmensakquisitionen, herausgegeben von Wolfgang Berens u.a., 3. Aufl., Stuttgart 2002, S. 241-267.

Polley, Notker:
Wettbewerbsverbot und Geschäftschancenlehre, Baden-Baden 1993.

Priester, Hans-Joachim:
Die eigene GmbH als fremder Dritter – Eigensphäre der Gesellschaft und Verhaltenspflichten ihrer Gesellschafter,
in: ZGR 1993, S. 512-533.

Priester, Hans-Joachim:
Satzungsänderungen und Satzungsdurchbrechung,
in: ZHR 151 (1987), S. 40-58.

Raiser, Thomas:
100 Bände BGHZ: GmbH-Recht,
in: ZHR 151 (1987), S. 422-443.

Raiser, Thomas:
Recht der Kapitalgesellschaften, 3. Aufl., München 2001.

Raiser, Thomas:
Wettbewerbsverbote als Mittel des konzernrechtlichen Präventivschutzes,
in: Festschrift Stimpel, herausgegeben von Marcus Lutter u.a., Berlin u.a. 1985,
S. 855-865.

Regierungskommission Corporate Governance:
Bericht der Regierungskommission Corporate Governance, herausgegeben von Theodor Baums, Köln 2001.

Rehbinder, Eckhard:
Gesellschaftsrechtliche Probleme mehrstufiger Unternehmensbindungen,
in: ZGR 1977, S. 581-649.

Rehbinder, Eckhard:
Minderheiten- und Gläubigerschutz im faktischen GmbH-Konzern,
in: AG 1986, S. 85-99.

Rehbinder, Eckhard:
Treuepflichten im GmbH-Konzern,
in: ZGR 1976, S. 386-399.

Rehbinder, Manfred:
Einführung in die Rechtswissenschaft, 8. Auflage, Berlin u.a. 1995.

Reichert, Bernhard:
Handbuch Vereins- und Verbandsrecht, 9. Aufl., Neuwied u.a. 2003.

Reichert, Jochem/Schlitt, Michael:
Konkurrenzverbot für Aufsichtsratsmitglieder,
in: AG 1995, S. 241-254.

Reichert, Jochem/Winter, Martin:
Vinkulierungsklauseln und gesellschafterliche Treupflicht,
in: Festschrift 100 Jahre GmbH-Gesetz, herausgegeben von Marcus Lutter u.a., Köln 1992, S. 209-243.

Reichsgerichträtekommentar:
Herausgegeben von den Mitgliedern des Bundesgerichtshofes, 12. Aufl., Band III, 2. Teil, §§ 1018-1203, Berlin u.a. 1996.

Reinhardt, Rudolf/Schultz, Dietrich:
Gesellschaftsrecht, 2. Aufl., Tübingen 1981.

Reinhardt, Rudolf:
Gesellschaftsrecht, Tübingen 1973.

Reinisch, Armin:
Der Ausschluss von Aktionären aus der Aktiengesellschaft, Köln 1992.

Reiß, Wilhelm:
Die Besetzung des Aufsichtsrates durch das herrschende Unternehmen im (qualifizierten) faktischen Aktienkonzern – Probleme und Konsequenzen, Berlin 1991.

Reul, Jürgen:
Die Pflicht zur Gleichbehandlung der Aktionäre bei privaten Kontrolltransaktionen, Tübingen 1991.

Reuter, Dieter:
Ansätze eines Konzernrechts der Personengesellschaft in der höchstrichterlichen Rechtsprechung,
in: AG 1986, S. 130-138.

Ritter, Carl:
Aktiengesetz, 2. Aufl., Berlin u.a. 1939.

Ritter, Carl:
Gleichmäßige Behandlung der Aktionäre,
in: JW 1934, S. 3025-3029.

Rittmeister, Maximilian:
Due Diligence und Geheimhaltungspflichten beim Unternehmenskauf, in: NZG 2004, S. 1032-1037.

Röhl, Klaus F.:
Allgemeine Rechtslehre, 1. Auflage, Köln u.a. 1995.

Röhl, Klaus F.:
Allgemeine Rechtslehre, 2. Auflage, Köln u.a. 2001.

Röhricht, Volker/Westphalen, Friedrich Graf von:
HGB, 2. Aufl., Köln 2001.

Röhricht, Volker:
Das Wettbewerbsverbot des Gesellschafters und des Geschäftsführers, in: WPg 1992, S. 766-786.

Röhricht, Volker:
Die aktuelle höchstrichterliche Rechtsprechung zum Gesellschaftsrecht, in: Gesellschaftsrecht in der Diskussion 2001, herausgegeben von der Gesellschaftsrechtlichen Vereinigung (VGR), Band 5, Köln 2002, S. 3-37.

Röhricht, Volker:
Die GmbH im Spannungsfeld zwischen wirtschaftlicher Dispositionsfreiheit ihrer Gesellschafter und Gläubigerschutz, in: Festschrift aus Anlass des 50jährigen Bestehens von Bundesgerichtshof, Bundesanwaltschaft und Rechtsanwaltschaft beim BGH, herausgegeben von Karlmann Geiß u.a., Köln u.a. 2000, S. 83-122.

Röhricht, Volker:
Treuepflichten der Aktionäre, insbesondere des Mehrheitsgesellschafters, in: Handbuch Corporate Governance, herausgegeben von Peter Hommelhoff u.a., Köln u.a. 2003, S. 513-547.

Roitsch, Frank:
Der Minderheitenschutz im Verbandsrecht, Königstein im Taunus 1981.

Roschmann, Christian/Frey, Johannes:
Geheimhaltungsverpflichtungen der Vorstandsmitglieder von Aktiengesellschaften bei Unternehmenskäufen, in: AG 1996, S. 449-455.

Roth, Günter H./Altmeppen, Holger:
GmbHG, 5. Aufl., München 2005.

Roth, Günter H./Wörle, Ulrike:
Die Unabhängigkeit des Aufsichtsrats – Recht und Wirklichkeit, in: ZGR 2004, S. 565-630.

Roth, Markus/Schoneweg, Hans:
Einsicht in Aufsichtsratsprotokolle als due diligence defence,
in: NZG 2004, S. 206-210.

Roth, Markus:
Möglichkeiten vorstandsunabhängiger Information des Aufsichtsrats,
in: AG 2004, S. 1-13.

Rowedder, Heinz:
GmbHG,
3. Auflage, München 1997,
4. Aufl., herausgegeben von Christian Schmidt-Leithoff, München 2002.

Ruhwedel, Peter/Epstein, Rolf:
Eine empirische Analyse der Strukturen und Prozesse in den Aufsichtsräten deutscher Aktiengesellschaften,
in: BB 2003, S. 161-166.

Rüthers, Bernd:
Rechtstheorie, 2. Aufl., München 2005.

Sachs, Michael:
Grundgesetz, 3. Auflage, München 2003.

Säcker, Franz Jürgen:
Behördenvertreter im Aufsichtsrat,
in: Festschrift Rebmann, herausgegeben von Heinz Eyrich u.a., München 1989, S. 781-805.

Säcker, Franz Jürgen:
Die Anpassung der Satzung der Aktiengesellschaft an das Mitbestimmungsgesetz,
in: DB 1977, S. 1791-1799.

Säcker, Franz Jürgen:
Rechtliche Anforderungen an die Qualifikation und Unabhängigkeit von Aufsichtsratsmitgliedern,
in: AG 2004, S. 180-186.

Salfeld, Rainer:
Wettbewerbsverbote im Gesellschaftsrecht, Frankfurt am Main u.a. 1987.

Sallach, Paul:
Die Nebenleistungsaktiengesellschaft, Borna-Leipzig 1910.

Sandrock, Otto:
Kartellrecht und Genossenschaften, Tübingen 1976.

Schäfer, Hans-Bernd/Ott, Claus:
Lehrbuch der ökonomischen Analyse des Zivilrechts, 3. Aufl., Berlin u.a. 2000.

Schaub, Günter:
Arbeitsrechts-Handbuch, 10. Aufl., München 2002.

Scheffler, Eberhard:
Die Überwachungsaufgabe des Aufsichtsrats im Konzern,
in: DB 1994, S. 793-799.

Scheuerle, Wilhelm A.:
Das Wesen des Wesens,
in: AcP 163 (1963), S. 429-471.

Schiemer, Karl/Jabornegg, Peter/Strasser, Rudolf:
Aktiengesetz, 3. Aufl., Wien 1993.

Schießl, Maximilian:
Die beherrschte Personengesellschaft, Köln 1985.

Schießl, Maximilian:
Die Wahrnehmung von Geschäftschancen der GmbH durch ihren Geschäftsführer,
in: GmbHR 1988, S. 53-56.

Schießl, Maximilian:
Leitungs- und Kontrollstrukturen im internationalen Wettbewerb,
ZHR 167 (2003), S. 235-256.

Schildmacher, Rudolf:
Die Nebenleistungsaktiengesellschaft, Magdeburg 1922.

Schilling, Wolfgang:
Gesellschaftstreue und Konzernrecht,
in: Freundesgabe Hengeler, herausgegeben von Wolfgang Bernhardt u.a., Berlin u.a. 1972, S. 226-239.

Schlegelberger, Franz/Quassowski, Leo/Herbig, Gustav/Geßler, Ernst/Hefermehl, Wolfgang:
AktG, 3. Aufl., Berlin 1939.

Schlegelberger, Franz:
HGB, 5. Auflage, bearbeitet von Ernst Geßler u.a.,
Band III, 1. Halbband, §§ 105-160, München 1992,
Band III, 2. Halbband, §§ 161-177, §§ 335-342 (§§ 230-237 n. F.), München 1986.

Schmalz, Dieter:
Methodenlehre, 4. Aufl., Baden-Baden 1998.

Schmidt, Jens Peter/Schreiber Gero:
Anspruch eines Minderheitsgesellschafters auf wettbewerblich erhebliche Informationen im Spannungsfeld zwischen Gesellschafts- und Kartellrecht,
in: BB 2002, S. 1921-1926.

Schmidt, Karsten/Uhlenbruck, Wilhelm:
Die GmbH in Krise, Sanierung und Insolvenz, 3. Aufl., Köln 2003.

Schmidt, Karsten:
Gesellschafterhaftung und „Konzernhaftung" bei der GmbH,
in: NJW 2001, S. 3577-3656.

Schmidt, Karsten:
Gesellschaftsrecht, 4. Aufl., Köln u.a. 2002.

Schmidt, Karsten:
Handelsrecht, 5. Aufl., Köln u.a. 1999.

Schmidt, Karsten:
Konkursverschleppungshaftung und Konkursverursachungshaftung,
in: ZIP 1988, S. 1497-1508.

Schmidt, Karsten:
Konzernhaftung oder mitgliedschaftliche Haftung des privaten GmbH-Gesellschafters?,
in: ZIP 1986, S. 146-149.

Schmidt, Karsten:
Satzungsähnliche Bindungen der GmbH-Gesellschafter,
in: Jahrbuch der Fachanwälte für Steuerrecht 1988/1989, S. 143-146.

Schmidt, Karsten:
Unternehmensbegriff und Vertragskonzern – zum Funktionswandel des § 291 AktG,
in: Festschrift Koppensteiner, herausgegeben von Ernst A. Kramer u.a., Wien 2001, S. 191-210.

Schmidt, Karsten:
Verlustausgleichspflicht und Konzernleitungshaftung im qualifizierten faktischen GmbH-Konzern,
in: ZIP 1989, S. 545-551.

Schmidt, Karsten:
Zum Haftungsdurchgriff wegen Sphärenvermischung und zur Haftungsverfassung im GmbH-Konzern,
in: BB 1985, S. 2074-2079.

Schmidt, Karsten:
Zur Durchgriffsfestigkeit der GmbH,
in: ZIP 1994, S. 837-844.

Schmiedel, Burkhard:
Besprechung von Wohlmann, Herbert: Die Treuepflicht des Aktionärs, Zürich 1968,
in: ZHR 134 (1970), S. 173-183.

Schnauder, Franz/Müller-Christmann, Bernd:
Durchblick: Der zivilrechtliche Schutz des GmbH-Vermögens vor dem Zugriff der Gesellschafter,
in: JuS 1998, S. 980-985.

Schneider, Helmut:
Wettbewerbsverbot und verdeckte Gewinnausschüttung,
in: BB 1991, S. 1681-1685.

Schneider, Jörg:
Die Haftung der Muttergesellschaft als Organ der Tochtergesellschaft nach deutschem und englischem Recht,
in: ZVglRWiss 102 (2003), S. 387-424.

Schneider, Uwe H./Burgard, Ulrich:
Treuepflichten im mehrstufigen Unterordnungskonzern,
in: Festschrift für Peter Ulmer, herausgegeben von Mathias Habersack u.a. Berlin 2003, S. 579-603.

Schneider, Uwe H./Burgard, Ulrich:
Übernahmeangebote und Konzerngründung – Zum Verhältnis von Übernahmerecht, Gesellschaftsrecht und Konzernrecht,
in: DB 2001, S. 963-969.

Schneider, Uwe H./Singhof, Bernd:
Die Weitergabe von Insidertatsachen in der konzernfreien Aktiengesellschaft, insbesondere im Rahmen der Hauptversammlung und an einzelne Aktionäre,
in: Festschrift Kraft, herausgegeben von Günther Hönn u.a., Neuwied u.a. 1998, S. 585-605.

Schneider, Uwe H.:
Anmerkung zu Bundesgerichtshof, Urteil vom 5. Dezember 1983, II ZR 242/82 (Frankfurt) (Heumann/Ogilvy),
in: WuB II G. § 112 HGB 1.84.

Schneider, Uwe H.:
Börsenrechtliche Bewertung einer Einbeziehung der Trägergesellschaft der Frankfurter Wertpapierbörse in einen multinationalen Börsenkonzern und die Verlagerung des Handels in Standardwerten an eine andere Börse,
in: WM 2000, Sonderbeilage 3, S. 24-45.

Schneider, Uwe H.:
Gesetzliches Verbot für Stimmrechtsbeschränkungen bei der Aktiengesellschaft,
in: AG 1990, S. 56-63.

Schneider, Uwe H.:
GmbH und GmbH & Co KG in der Mitbestimmung – Korreferat,
in: ZGR 1977, S. 335-351.

Schneider, Uwe H.:
Konzernbildung, Konzernleitung und Verlustausgleich im Konzernrecht der Personengesellschaften,
in: ZGR 1980, S. 511-547.

Schneider, Uwe H.:
Konzernleitung als Rechtsproblem,
in: BB 1981, S. 249-259.

Schneider, Uwe H.:
Wettbewerbsverbot für Aufsichtsratsmitglieder einer Aktiengesellschaft?,
in: BB 1995, S. 365-370.

Scholz, Franz:
GmbHG, 9. Aufl., bearbeitet von Georg Crezelius u.a.,
Band I, §§ 1-44, Köln 2000,
Band II, §§ 45-87, Köln 2002.

Schramm, Carl:
Betriebsrat, Aufsichtsrat, Geheimnisverrat,
in: MuW 30 (1930), S. 339-344.

Schroeder, Ulrich:
Darf der Vorstand dem Aktienkäufer eine Due Diligence gestatten?,
in: DB 1997, S. 2161-2166.

Schubert, Werner/Schmiedel, Burkhard/Krampe, Christoph:
Quellen zum Handelsgesetzbuch von 1897,
Band II, Erster Halbband, Frankfurt a.M. 1987,
Band II, Zweiter Halbband, Frankfurt a.M. 1988.

Schuberth, Ernst-Markus:
Konzernrelevante Regelungen im britischen Recht, München 1997.

Schuhknecht, Rainer:
Schranken der Geschäftschancenwahrnehmung und Wettbewerbsverbot beim GmbH-Geschäftsführer, Tübingen 1992.

Schütt, Karl:
Die Nebenleistungsaktiengesellschaft, Bergisch Gladbach 1928.

Schwalbach, Joachim:
Effizienz des Aufsichtsrats,
in: AG 2004, S. 186-190.

Schwimann, Michael:
ABGB, 2. Aufl.,
Band 6, §§ 1090-1292, Wien 1997.

Seifert, Peter:
Zum Auskunftsrecht des Aktionärs nach neuem Aktienrecht,
in: AG 1967, S. 1-4.

Semler, Johannes/Stengel, Arndt:
Interessenkonflikte bei Aufsichtsratsmitgliedern von Aktiengesellschaften am Beispiel von Konflikten bei Übernahme,
in: NZG 2003, S. 1-8.

Semler, Johannes:
Leitung und Überwachung der Aktiengesellschaft, 2. Aufl., Köln u.a. 1996.

Seydel, Eberhard:
Konzernbildungskontrolle bei der Aktiengesellschaft, Baden-Baden 1995.

Siebert, Wolfgang:
Anmerkung zu Reichsgericht, Urteil vom 22. Januar 1935 – II. 198/34 (München),
in: JW 1935, S. 1553-1554.

Siebert, Wolfgang:
BGB-System und völkische Ordnung,
in: DRW 1936, S. 204-262.

Siegert, Theo:
Wettbewerbsinformation und Erfolgsanalyse,
in: Information als Wettbewerbsfaktor, herausgegeben von Arnold Picot, Stuttgart 1997, S. 123-144.

Silberberg, Ludwig:
Die Bedeutung des § 212 HGB für die moderne Industrieorganisation,
in: JW 1912, S. 281-283.

Silberberg, Ludwig:
Handbuch des Deutschen Kartellrechts, Berlin 1910.

Skibbe, Manfred:
Die Rechtsprechung des BGH auf dem Gebiet des Aktienrechts,
in: WM 1977, S. 726-730.

Soergel, Hans Theodor (Begr.):
BGB, neu herausgegeben von Wolfgang Siebert,
11. Aufl.,
Band 4, §§ 705-853, Stuttgart u.a. 1985,

12. Aufl.,
Band 2, §§ 241-432, Stuttgart u.a. 1990,

13. Aufl.,
Band 16, §§ 1018-1296, Stuttgart u.a. 2001.
Band 20, §§ 1741-1921, Stuttgart u.a. 2000.

Sonnenschein, Jürgen:
Der Schutz von Minderheitsgesellschaftern und Gläubigern der abhängigen Gesellschaft im deutschen Recht,
in: Das Gesellschaftsrecht der Konzerne im internationalen Vergleich, herausgegeben von Ernst Joachim Mestmäcker u.a., Baden-Baden 1991, S. 49-90.

Specht, Dieter:
Wissensbasierte Systeme im Produktionsbetrieb, München u.a. 1989.

Spiegelberger, Sebastian:
Das GmbH-Wettbewerbsverbot – ein Bumerang für den BFH,
in: GmbHR 1992, S. 727-737.

Spindler, Gerald:
Haftung und Aktionärsklage nach dem neuen UMAG,
in: NZG 2005, S. 865-872.

Staub, Hermann (Begr.):
HGB,
3. Aufl., bearbeitet von Dieter Brüggemann u. a.,
Zweiter Band, 1. Halbband, §§ 105-144, Berlin u. a. 1973,

4. Aufl., herausgegeben von Claus-Wilhelm Canaris u.a.,
Erster Band, §§ 1-104, Berlin u.a. 1995,
9. Lieferung, §§ 161-177a, Berlin u.a. 1987,
12. Lieferung, §§ 105-113, Berlin u.a. 1989,
13. Lieferung, §§ 230-237, Berlin u.a. 1990.

Staudinger, Julius von (Begr.):
BGB,
12. Aufl., §§ 652-740, Berlin 1991,
13. Aufl., §§ 705-740, Berlin 2003.

Stebut, Dietrich von:
Geheimnisschutz und Verschwiegenheitspflicht im Aktienrecht, Köln u.a. 1971.

Stebut, Dietrich von:
Gesetzliche Vorschriften gegen den Missbrauch von Insiderinformationen, in: DB 1974, S. 613-619.

Stehle, Hans-Joachim:
Gesellschafterschutz gegen fremdunternehmerischen Einfluss in der Personenhandelsgesellschaft, Konstanz 1986.

Stein, Ursula:
Das faktische Organ, Köln u.a. 1984.

Stein, Ursula:
Die Normadressaten der §§ 64, 84 GmbHG und die Verantwortlichkeit von Nichtgeschäftsführern wegen Konkursverschleppung, in: ZHR 148 (1984), S. 207-237.

Steindorff, Ernst:
Der Wettbewerber als Minderheitsaktionär, in: Festschrift Rittner, herausgegeben von Manfred Löwisch u.a., München 1991, S. 676-694.

Stelzig, Peter:
Zur Treuepflicht des Aktionärs unter besonderer Berücksichtigung ihrer geschichtlichen Entwicklung, Stadtlohn 2000.

Stern, Klaus:
Das Staatsrecht der Bundesrepublik Deutschland, Band III, Zweiter Halbband, München 1994.

Stimpel, Walter:
Aus der Rechtsprechung des II. Zivilsenats, in: 25 Jahre Bundesgerichtshof, herausgegeben von Gerda Krüger-Nieland, München 1975, S. 13-31.

Stimpel, Walter:
Bemerkungen zur BGH-Rechtsprechung zum Gläubigerschutz im faktischen GmbH-Konzern, in: Entwicklungen im GmbH-Konzernrecht, herausgegeben von Peter Hommelhoff u.a., Berlin u.a. 1986, S. 39-52.

Stimpel, Walter:
Die Rechtsprechung des Bundesgerichtshofes zur Innenhaftung des herrschenden Unternehmens im GmbH-Konzern,
in: AG 1986, S. 117-123.

Stimpel, Walter:
Richterliche Rechtsfortbildung im Personenhandelsgesellschaftsrecht,
In: Richterliche Rechtsfortbildung, herausgegeben von den Gründern der Juristischen Studiengesellschaft, Karlsruhe 1969, S. 15–24.

Stoffels, Markus:
Grenzen der Informationsweitergabe durch den Vorstand einer Aktiengesellschaft im Rahmen einer „Due Diligence",
in: ZHR 165 (2001), S. 362-382.

Stoll, Jutta:
Zur Verschwiegenheit des Wirtschaftsprüfers gegenüber Auftraggebern und geprüften Unternehmen,
in: BB 1998, S. 785-788.

Strohn, Lutz:
Die Verfassung der Aktiengesellschaft im faktischen Konzern, Köln u.a. 1977.

Süßmann, Rainer:
Die unbefugte Weitergabe von Insidertatsachen,
in: AG 1999, S. 162-173.

Thießen, Friedrich:
Covenants in Kreditverträgen: Alternative oder Ergänzung zum Insolvenzrecht?
in: ZBB 1996, S. 19-37.

Thomik, Rudolf:
Dienste als Einlagen und Nebenleistungen, Borna-Leipzig 1932.

Thüsing, Gregor:
Nachorganschaftliche Wettbewerbsverbote bei Vorständen und Geschäftsführern,
in: NZG 2004, S. 9-15.

Tiedemann, Klaus:
Strafrecht in der Marktwirtschaft,
in: Von totalitärem zu rechtstaatlichem Strafrecht, herausgegeben von Albin Eser u.a., Freiburg i.Br. 1993, S. 461-475.

Tieves, Johannes:
Der Unternehmensgegenstand der Kapitalgesellschaft, Köln 1998.

Tillmann, Bert:
Konkurrierende Tätigkeit des beherrschenden Gesellschafter-Geschäftsführers,
in: Festgabe Felix, herausgegeben von Dieter Carlé u.a., Köln 1989, S. 507-528.

Timm, Wolfram:
Anmerkung zu Bundesgerichtshof, Urteil vom 1.2.1988 – II ZR 75/87 (Frankfurt), in: NJW 1988, S. 1582-1583.

Timm, Wolfram:
Die Aktiengesellschaft als Konzernspitze, Köln u.a. 1980.

Timm, Wolfram:
Grundfragen des „qualifizierten" faktischen Konzerns im Aktienrecht, in. NJW 1987, S. 977-987.

Timm, Wolfram:
Treuepflichten im Aktienrecht, in: WM 1991, S. 481-494.

Timm, Wolfram:
Wettbewerbsverbote und „Geschäftschancen"-Lehre im Recht der GmbH, in: GmbHR 1981, S. 177-186.

Timm, Wolfram:
Zur Sachkontrolle von Mehrheitsentscheidungen im Kapitalgesellschaftsrecht, in: ZGR 1987, S. 403-442.

Timmann, Henrik:
Die Durchsetzung von Konzerninteressen in der Satzung der abhängigen Aktiengesellschaft, Baden-Baden 2001.

Traugott, Rainer:
Informationsflüsse nach Transaktionsschluss bei Aktiengesellschaften, in: BB 2001, S. 2277-2282.

Treeck, Joachim:
Die Offenbarung von Unternehmensgeheimnissen durch den Vorstand einer Aktiengesellschaft im Rahmen einer Due Diligence, in: Festschrift Fikentscher, herausgegeben von Bernhard Großfeld u.a., Tübingen 1998, S. 434-455.

Tröger, Tobias:
Treupflicht im Konzernrecht, Köln u.a. 2000.

Ulmer, Eugen/Reimer, Dietrich:
Das Recht des unlauteren Wettbewerbs in den Mitgliedstaaten der europäischen Wirtschaftsgemeinschaft, Band III, Deutschland, München u.a. 1968.

Ulmer, Peter:
Anmerkung zu Bundesgerichtshof, Urteil vom 24.6.2002 – II ZR 300/00 (OLG München), in: JZ 2002, S. 1049-1052.

Ulmer, Peter:
Aufsichtsratsmandat und Interessenkollision,
in: NJW 1980, S. 1603-1607.

Ulmer, Peter:
Der Gläubigerschutz im faktischen GmbH-Konzern beim Fehlen von Minderheitsgesellschaftern,
in: ZHR 148 (1984), S. 391-427.

Ulmer, Peter:
Gesellschafterpflicht zur Erhaltung des satzungsmäßigen Haftungsfonds der GmbH?,
in: ZGR 1985, S. 598-608.

Ulmer, Peter:
Schutz der GmbH gegen Schädigung zugunsten ihrer Gesellschafter?,
in: Festschrift Pfeiffer, herausgegeben von Otto Friedrich Freiherr von Gamm u.a., Köln u.a. 1988, S. 853-871.

Ulmer, Peter:
Verletzung schuldrechtlicher Nebenabreden als Anfechtungsgrund im GmbH-Recht?,
in: NJW 1987, S. 1849-1855.

Ulmer, Peter:
Von „TBB" zu „Bremer Vulkan" – Revolution oder Evolution?,
in: ZIP 2001, S. 2021-2029.

Vischer, Markus:
Due diligence bei Unternehmenskäufen,
in: SJZ 2000, S. 229-236.

Vollmer, Lothar/Lorch, Bernhard:
Der Schutz des aktienähnlichen Genusskapitals bei Kapitalveränderungen,
in: ZBB 1992, S. 44-50.

Vollmer, Lothar:
Der Genussschein – ein Instrument für mittelständische Unternehmen zur Eigenkapitalbeschaffung an der Börse,
in: ZGR 1983, S. 445-475.

Wackerbarth, Ulrich:
Grenzen der Leitungsmacht in der internationalen Unternehmensgruppe, München 2001.

Wagener, Dominique/Schultze, Jörg-Martin:
Zwei Jahre sind genug! Ein Beitrag zu Laufzeiten von Wettbewerbsverboten in Unternehmenskaufverträgen,
in: NZG 2001, S. 157-161.

Walter, Andrea:
Verdeckte Gewinnausschüttung und Wettbewerbsverbot,
in: Berlin u.a. 1998.

Walther, Carl Felix:
Die Nebenleistungsaktiengesellschaft des Deutschen Handelsgesetzbuches, Leipzig 1908.

Wank, Rolf:
Die Grenzen richterlicher Rechtsfortbildung, Berlin 1978.

Wardenbach, Frank:
Interessenkonflikte und mangelnde Sachkunde als Bestellungshindernisse zum Aufsichtsrat der AG, Köln 1996.

Wardenbach, Frank:
Niederlegung des Aufsichtsratsmandats bei Interessenkollisionen,
in: AG 1999, S. 74-77.

Wasmann, Dirk:
Anmerkung zu KG Berlin, Beschluss vom 23.10.2001 – 1 W 6157/00,
in: BB 2002, S. 479.

Wasmann, Dirk:
Juristische Personen als gekorene Mitglieder von Körperschaftsorganen, Baden-Baden 1996.

Wassermeyer, Franz:
Das Wettbewerbsverbot des Gesellschafters und des Gesellschafter-Geschäftsführers einer GmbH,
in: GmbHR 1993, S. 329-336.

Wastl, Ulrich:
Der Handel mit größeren Aktienpaketen börsennotierter Unternehmen,
in: NZG 2000, S. 505-514.

Weber, Martin:
Vormitgliedschaftliche Abhängigkeitsbegründung,
in: ZIP 1994, S. 678-690.

Weber, Martin:
Vormitgliedschaftliche Treubindungen, München 1999.

Weimar, Robert:
Risiken bei Konkurrenzverboten in Unternehmens- und Beteiligungskaufverträgen,
in: DB 2001, S. 1477-1481.

Weisser, Johannes:
Corporate Opportunities, Köln u.a. 1991.

Weisser, Johannes:
Gesellschafterliche Treuepflicht bei der Wahrnehmung von Geschäftschancen der Gesellschaft durch de facto geschäftsführende Gesellschafter,
in: DB 1989, S. 2010-2012.

Weitnauer, Wolfgang/Rasmussen-Bonne, Hans-Eric:
Der Beteiligungsvertrag,
in: Handbuch Venture Capital, herausgegeben von Wolfgang Weitnauer, 2. Aufl., München 2001, S. 271-289.

Weitnauer, Wolfgang:
Der Beteiligungsvertrag,
in: NZG 2001, S. 1065-1073.

Werner, Horst S.:
Der aktienrechtliche Abhängigkeitstatbestand, Göttingen 1979.

Werner, Winfried:
Zur Treupflicht des Kleinaktionärs,
in: Festschrift Semler, herausgegeben von Marcus Bierich u.a., Berlin u.a. 1993, S. 419-437.

Westermann, Harm Peter:
Due Diligence beim Unternehmenskauf,
in: ZHR 169 (2005), S. 248-273.

Westermann, Harm Peter:
Vertragsfreiheit und Typengesetzlichkeit im Recht der Personengesellschaften, Heidelberg u.a. 1970.

Wiedemann, Herbert/Hirte, Heribert:
Die Konkretisierung der Pflichten des herrschenden Unternehmens,
in: ZGR 1986, S. 163-174.

Wiedemann, Herbert:
Anmerkung zu Bundesgerichtshof, Urteil vom 1.2.1988 – II ZR 75/87 (OLG Frankfurt) (Linotype),
in: JZ 1989, S. 447-449.

Wiedemann, Herbert:
Die Bedeutung der ITT-Entscheidung,
in: JZ 1976, S. 392-397.

Wiedemann, Herbert:
Die Unternehmensgruppe im Privatrecht, Tübingen 1988.

Wiedemann, Herbert:
Gesellschaftsrecht, Band I, Grundlagen, München 1980.

Wiedemann, Herbert:
Minderheitenschutz und Aktienhandel, Stuttgart 1968.

Wiedemann, Herbert:
Unternehmerische Verantwortlichkeit und formale Unternehmensziele in einer zukünftigen Unternehmensverfassung,
in: Festschrift Barz, herausgegeben von Robert Fischer u.a., Berlin u.a. 1974, S. 561-577.

Wilburg, Walter:
Entwicklung eines beweglichen Systems im bürgerlichen Recht, Graz 1950.

Wilhelm, Jan:
Kapitalgesellschaftsrecht, 2. Aufl., Berlin 2005.

Wilhelm, Jan:
Rechtsform und Haftung bei der juristischen Person, Köln u.a. 1981.

Wilhelm, Jan:
Zurück zur Durchgriffshaftung – das „KBV"-Urteil des II. Zivilsenats des BGH vom 24.6.2002,
in: NJW 2003, S. 175-180.

Wilhelmi, Carl-Heinz:
Der Notar in der Hauptversammlung der Aktiengesellschaft,
in: BB 1987, S. 1331-1338.

Willke, Helmut:
Systematisches Wissensmanagement, 2. Aufl., Stuttgart 2001.

Wimmer-Leonhardt, Susanne:
Konzernhaftungsrecht, Tübingen 2004.

Winter, Martin:
Eigeninteresse und Treupflicht bei der Einmann-GmbH in der neueren BGH-Rechtsprechung,
in: ZGR 1994, S. 570-594.

Winter, Martin:
Mitgliedschaftliche Treuebindungen im GmbH-Recht, München 1988.

Wirth, Gerhard:
Anforderungsprofil und Inkompatibilitäten für Aufsichtsratsmitglieder, in: ZGR 2005, S. 327-347.

Wittkowski, Lutz:
Haftung und Haftungsvermeidung beim Management-Buy-Out einer GmbH, in: GmbHR 1990, S. 544-552.

Wolff, Eugen N.:
Die Nebenleistungs-Aktiengesellschaft des neuen Handelsgesetzbuchs, in: Festgabe Wilke, herausgegeben von der Rechtsanwaltschaft des Kammergerichts, Berlin 1900, S. 319-349.

Wolff, Eugen N.:
Zur Auslegung des § 212 HGB, in: JW 1912, S. 517-518.

Würdinger, Hans:
Aktienrecht und das Recht der verbundenen Unternehmen, 4. Aufl., Karlsruhe 1981.

Zetzsche, Dirk:
Sicherung der Interessen von (Wagnis-)Kapitalgebern, in: NZG 2002, S. 942-948.

Ziche, Christian:
Die Verweisung des § 35 Absatz 4 GmbHG auf das Verbot der Vornahme von Insichgeschäften, Baden-Baden 1991.

Ziegler, Ole:
"Due Diligence" im Spannungsfeld zur Geheimhaltungspflicht von Geschäftsführern und Gesellschaftern, in: DStR 2000, S. 249-255.

Ziemons, Hildegard/Jäger, Carsten:
Treupflichten bei der Veräußerung einer Beteiligung an einer Aktiengesellschaft, in: AG 1996, S. 358-366.

Ziemons, Hildegard:
Die Haftung der Gesellschafter für Einflussnahmen auf die Geschäftsführung der GmbH, Köln u.a. 1996.

Ziemons, Hildegard:
Die Weitergabe von Unternehmensinterna an Dritte durch den Vorstand einer Aktiengesellschaft, in: AG 1999, S. 492-500.

Zippelius, Reinhold:
Juristische Methodenlehre, 9. Aufl., München 2005.

Zöllner, Wolfgang/Winter, Martin:
Folgen der Nichtigkeitserklärung durchgeführter Kapitalerhöhungsbeschlüsse, in: ZHR 158 (1994), S. 59-100.

Zöllner, Wolfgang:
Beschluss, Beschlussergebnis und Beschlussergebnisfeststellung, in: Festschrift Lutter, herausgegeben von Uwe H. Schneider u.a., Köln 2000, S. 821-831.

Zöllner, Wolfgang:
Die Schranken mitgliedschaftlicher Stimmrechtsmacht bei den privatrechtlichen Personenverbänden, München u.a. 1963.

Zöllner, Wolfgang:
Qualifizierte Konzernierung im Aktienrecht, in: Gedächtnisschrift Knobbe-Keuk, herausgegeben von Wolfgang Schön, Köln 1997, S. 369-382.

Zöllner, Wolfgang:
Treupflichtgesteuertes Aktienkonzernrecht, in: ZHR 162 (1998), S. 235-248.

Kolibri 360 GmbH
Ferdinand-Jühlke-Straße 7
99095 Erfurt, Deutschland
produktsicherheit@kolibri360.de

Druck:
CPI Druckdienstleistungen GmbH
im Auftrag der
Kolibri 360 GmbH
Ferdinand-Jühlke-Str. 7
99095 Erfurt